교육행정직

해설편

PART 1

국어

국어 | 2024년 국가직 9급

한눈에 훑어보기

✔ 빠른 정답

01	02	03	04	05	06	07	08	09	10
②	②	②	④	④	①	③	③	①	②

11	12	13	14	15	16	17	18	19	20
③	④	③	②	③	④	②	③	①	④

✔ 점수 체크

구분	1회독	2회독	3회독
맞힌 문항 수	/ 20	/ 20	/ 20
나의 점수	점	점	점

---

01 난도 ★☆☆   정답 ②

비문학 > 글의 순서 파악

[정답의 이유]

- (나)에서는 '오남용'의 의미를 설명하고 있으므로, '약물의 오남용'이라는 화제가 처음으로 제시된 두 번째 문장 뒤에 오는 것이 적절하다.
- (라)에서는 약물을 오남용하면 신체적 · 정신적 피해를 입을 수 있다는 내용을 제시하고 있으므로, 약물 오남용의 폐해를 언급한 (가) 앞에 오는 것이 적절하다.
- (가)에서는 약물이 내성이 있어 신체적 · 정신적 피해가 점점 더 커진다는 내용을 제시하고 있으며, 접속어 '더구나'는 이미 있는 사실에 새로운 사실을 더하는 의미를 가지므로 약물 오남용 피해를 언급한 (라) 다음에 오는 것이 적절하다.
- (다)에서는 '그러므로'라는 접속어를 사용하여 적절한 약물 복용법에 대해 언급하고 있으므로 약물 오남용의 폐해에 대해 설명한 (가) 뒤에 오는 것이 적절하다.

따라서 문맥에 맞게 순서대로 나열한 것은 ② (나) – (라) – (가) – (다)이다.

02 난도 ★★☆   정답 ②

비문학 > 화법

[정답의 이유]

② 을은 빈부 격차에 따라 계급이 나뉘고 이것이 대물림되면서 개인의 계급이 결정되고 있다며 현대 사회가 계급사회라고 주장하고 있다. 갑 역시 현대 사회에서 인간의 사회적 지위는 부모의 경제력과 직결된다는 점을 근거로 현대 사회가 계급사회라고 주장하고 있다. 따라서 을의 주장은 갑의 주장과 대립하지 않는다.

[오답의 이유]

① 을은 귀속지위가 성취지위를 결정하는 면이 있다고 하며 현대 사회가 계급사회라고 주장하고 있다. 갑은 현대 사회에서 인간의 사회적 지위는 부모의 경제력과 직결되기 때문에 현대 사회가 계급사회라고 주장한다. 이를 통해 갑은 을과 같은 주장을 하고 있으며, 을의 주장 중 일부는 수용하고 일부는 반박했다는 내용은 적절하지 않음을 확인할 수 있다.

③ 병은 오늘날 각종 문화나 생활 방식 전체를 특정한 계급 논리만으로 설명할 수 없다며 현대 사회를 계급사회로 보기 어렵다는 결론을 내리고 있다. 반면, 갑은 경제적 계급 논리로 현대 사회의 문화를 충분히 설명하고 규정할 수 있으며, 현대 사회는 계급사회라는 결론을 내리고 있다. 이를 통해 갑과 병은 상이한 전제로 서로 다른 결론을 내리고 있다는 것을 확인할 수 있다.

④ 병은 현대 사회를 계급사회로 보기는 어렵다고 주장하며, 갑과 을은 현대 사회가 계급사회라고 주장하고 있으므로 병은 갑과 을 모두와 대립한다. 이를 통해 병의 주장은 갑의 주장과는 대립하지 않지만 을의 주장과는 대립한다는 내용은 적절하지 않음을 확인할 수 있다.

03 난도 ★☆☆　　　　　　　　　　　정답 ②

문법 > 표준어 규정

정답의 이유

② 통째로(○): '나누지 아니한 덩어리 전부'를 의미하는 말은 '통째'이다.

오답의 이유

① 허구헌(×) → 허구한(○): '날, 세월 따위가 매우 오래다.'를 의미하는 말은 '허구하다'이므로 '허구한'이라고 써야 한다.

③ 하마트면(×) → 하마터면(○): '조금만 잘못하였더라면'을 의미하는 말로 위험한 상황을 겨우 벗어났을 때에 쓰는 말은 '하마터면'이다.

④ 잘룩하게(×) → 잘록하게(○): '기다란 물건의 한 군데가 패어 들어가 오목하다.'를 의미하는 말은 '잘록하다'이므로 '잘록하게'라고 써야 한다.

04 난도 ★★☆　　　　　　　　　　　정답 ④

문법 > 의미론

정답의 이유

④ '나는 그 팀이 이번 경기에 질 줄 알았다.'에서 '알다'는 '어떠한 사실에 대하여 그러하다고 믿거나 생각하다.'라는 의미이므로 ㉣의 예로 적절하지 않다. ㉣의 의미로 쓰인 예시로는 '네 일은 네가 알아서 해라.' 등이 있다.

오답의 이유

① '그 외교관은 무려 7개 국어를 할 줄 안다.'의 '알다'는 '어떤 일을 할 능력이나 소양이 있다.'라는 의미이므로 ㉠의 예로 적절하다.

② '이 두 사람은 서로 알고 지낸 지 오래이다.'의 '알다'는 '다른 사람과 사귐이 있거나 인연이 있다.'라는 의미이므로 ㉡의 예로 적절하다.

③ '그 사람이 무엇을 하든 내가 알 바 아니다.'의 '알다'는 '어떤 일에 대하여 관여하거나 관심을 가지다.'라는 의미이므로 ㉢의 예로 적절하다.

05 난도 ★★☆　　　　　　　　　　　정답 ④

비문학 > 화법

정답의 이유

④ 진행자는 시내 도심부에서의 제한 속도 조정이라는 화제에 대하여 강 교수에게 질문하고, 강 교수의 말을 요약·정리하고 있다. 진행자가 자신의 경험을 예로 들어 강 교수가 설명한 내용을 뒷받침하는 부분은 나타나지 않는다.

오답의 이유

① 강 교수가 ○○시에서 제도를 시험 적용한 결과를 통계 수치로 제시하자, 진행자는 '아, 그러니까 속도를 10km/h 낮출 때 2분 정도 늦어지는 것이라면 인명 사고의 예방과 오염물질의 감소를 위해 충분히 감수할 만한 시간이라는 말씀이시군요.'라며 강 교수의 의도를 자기 나름대로 풀어 설명하고 있다.

② 진행자는 '교통사고를 줄이고 보행자 안전을 확보할 수 있다는 점, 교통체증 유발은 미미할 것이라는 점, 오염물질 배출이 감소할 것이라는 점에서 이번의 제한 속도 조정 정책은 훌륭한 정책이라는 것이군요. 맞습니까?'라며 강 교수의 견해를 요약하고 자신이 이해한 바가 맞는지 확인하고 있다.

③ 진행자는 '그런데 일각에서는 그런 효과는 미미하고 오히려 교통체증을 유발하여 대기오염이 심화될 것이라며 이 정책에 반대합니다. 이에 대해 말씀해 주시겠어요?'라며 강 교수의 주장에 대해 반대하는 일각의 견해를 소개하고 그에 대한 강 교수의 의견을 요청하고 있다.

06 난도 ★★☆　　　　　　　　　　　정답 ①

문법 > 형태론

정답의 이유

① • '지우개'는 어근 '지우-'에 '그러한 행위를 하는 간단한 도구'의 뜻을 더하는 접미사 '-개'가 결합한 파생어이다.
　• '새파랗(다)'는 어근 '파랗-'에 '매우 짙고 선명하게'의 뜻을 더하는 접두사 '새-'가 결합한 파생어이다.

오답의 이유

② • '조각배'는 어근 '조각'과 어근 '배'가 결합한 합성어이다.
　• '드높이(다)'는 어근 '드높-'에 사동의 뜻을 더하는 접미사 '-이-'가 결합한 파생어이다. 이때 '드높-'은 어근 '높-'에 '심하게' 또는 '높이'의 뜻을 더하는 접두사 '드-'가 결합한 파생어이다.

③ • '짓밟(다)'는 어근 '밟-'에 '마구, 함부로'의 뜻을 더하는 접두사 '짓-'이 결합한 파생어이다.
　• '저녁노을'은 어근 '저녁'과 어근 '노을'이 결합한 합성어이다.

④ • '풋사과'는 어근 '사과'에 '처음 나온' 또는 '덜 익은'의 뜻을 더하는 접두사 '풋-'이 결합한 파생어이다.
　• '돌아가(다)'는 어근 '돌-'과 어근 '가-'가 연결 어미 '-아'를 매개로 하여 결합한 합성어이다.

07 난도 ★★☆ 　　　　　　　　　　　　　정답 ③

현대 문학 > 현대 시

정답의 이유

③ 제시된 작품은 화자가 표면에 드러나지 않으며, 아름다운 고향의 풍경과 이에 대한 그리움이 나타날 뿐 고향에 대한 상실감은 나타나지 않는다.

오답의 이유

① '마늘쪽', '들길', '아지랑이', '제비' 등 향토적 소재를 사용하여 고향의 풍경을 묘사하고 있다.

② 2연의 '~가(이) ~듯', 4연의 '–ㄴ 마을이 있다'처럼 유사한 문장 구조를 반복하여 리듬감을 조성하고 있다.

④ 3연에서 '천연히'라는 하나의 시어로 독립적인 연을 구성하여 주제 의식을 강조하고 있다.

> **작품 해설**
>
> 박용래, 「울타리 밖」
>
> • 갈래: 자유시, 서정시
> • 성격: 서정적, 향토적, 자연친화적
> • 주제: 자연과 인간이 어우러진 고향에 대한 그리움, 자연과 인간이 조화된 아름다운 세계에 대한 소망
> • 특징
>   – 시각적인 이미지를 활용하여 풍경을 묘사함으로써 회화성을 살림
>   – 동일한 연결 어미를 반복하여 다양한 소재의 동질적 속성을 부각함
>   – 하나의 시어로 독립적인 연을 구성하여 주제 의식을 강조함

08 난도 ★★☆ 　　　　　　　　　　　　　정답 ③

비문학 > 추론적 읽기

정답의 이유

③ 1문단의 '인간의 행동은 유전적인 적응 성향과 이러한 적응 성향을 발달시키고 활성화되게 하는 환경으로부터의 입력이 상호작용한 결과이다.'를 통해 유전적인 적응 성향이 동일하더라도 환경에서 얻은 정보가 다르면 행동은 다르게 나타날 수 있음을 추론할 수 있다.

오답의 이유

① 1문단에서 인간의 행동은 유전적인 적응 성향과 환경으로부터의 입력이 상호작용한 결과라고 하였으므로 인간의 행동은 환경의 영향이 아니라 유전과 환경의 상호작용으로 결정된다는 것을 알 수 있다. 그리고 인간의 마음이 유전의 영향으로 결정된다는 내용은 제시되지 않았다.

② 2문단에서 '우리가 복잡한 상황에 적응하는 데는 원시시대의 적응 방식이 부적절한 경우가 있을 수 있다.'라고 하였지만, 주어진 상황의 복잡한 정도가 클수록 인지적 전략의 최적화가 이루어진다는 내용은 제시되지 않았다.

④ 1문단에서 '인간의 행동은 유전적인 적응 성향과 이러한 적응 성향을 발달시키고 활성화되게 하는 환경으로부터의 입력이 상호작용한 결과이다.'라고 하였지만, 유전과 환경 중 어느 것이 인간의 진화 방향을 우선적으로 결정하는지는 제시되지 않았다.

09 난도 ★★☆ 　　　　　　　　　　　　　정답 ①

어휘 > 한자어

정답의 이유

(가) 度外視(법도 도, 바깥 외, 볼 시): 상관하지 아니하거나 무시함

(나) 食言(먹을 식, 말씀 언): 한번 입 밖에 낸 말을 도로 입속에 넣는다는 뜻으로, 약속한 말대로 지키지 아니함을 이르는 말

(다) 矛盾(창 모, 방패 순): 어떤 사실의 앞뒤, 또는 두 사실이 이치상 어긋나서 서로 맞지 않음을 이르는 말

오답의 이유

• 白眼視(흰 백, 눈 안, 볼 시): 남을 업신여기거나 무시하는 태도로 흘겨봄

• 添言(더할 첨, 말씀 언): 덧붙여 말함

• 腹案(배 복, 책상 안): 겉으로 드러내지 아니하고 마음속으로만 생각함. 또는 그런 생각

10 난도 ★★☆ 　　　　　　　　　　　　　정답 ②

비문학 > 추론적 읽기

정답의 이유

② 2문단의 '한편 오프라인 대면 상호작용에서보다 온라인 비대면 상호작용에서 만난 사람들에게 더 끈끈한 유대감을 느끼기도 한다.'를 통해 비대면 온라인 상호작용으로 사람들 간에 깊은 유대 관계를 형성할 수 있음을 추론할 수 있다.

오답의 이유

① 2문단의 '상호작용 양식들이 서로 겹치거나 교차하는 현상들을 이해하고자 할 때 이분법적인 범주는 심각한 한계를 지닌다.'를 통해 이분법적 시각으로는 상호작용 양식이 교차하는 양상을 이해하기 어려움을 추론할 수 있다.

③ 2문단의 '이처럼 오늘날과 같은 초연결 사회에서 우리의 경험은 비대면 혹은 대면, 온라인 혹은 오프라인 같은 이분법적 범주로 온전히 분리되지 않는다.'를 통해 온라인 비대면 활동과 오프라인 대면 활동이 온전히 분리되어 있지 않음을 추론할 수 있다.

④ 1문단의 '예를 들어 누군가와 만나서 대화하는 중에 문자를 주고받음으로써 대면 상호작용과 온라인 상호작용을 동시에 할 수 있다.'를 통해 오늘날에는 대면 상호작용 중에도 디지털 수단에 의한 상호 관계가 이루어질 수 있음을 추론할 수 있다.

11 난도 ★☆☆ 　　　　　　　　　　　　　정답 ③

고전 문학 > 고전 산문

정답의 이유

③ 후처는 장화가 음행을 저질러 부끄러움을 못 이기고 스스로 물에 빠져 죽었다고 하며 부사에게 이를 입증하는 증거물을 제시하였다. 그날 밤 장화와 홍련이 나타나 '다시 그것을 가져다 배

를 갈라 보시면 분명 허실을 알게 되실 겁니다.'라며 후처가 제시한 증거가 거짓임을 확인할 수 있는 계책을 부사에게 알려 주었다.

오답의 이유

① 1문단의 '부사는 그것을 보고 미심쩍어하며 모두 물러가게 했다.'를 통해 부사는 배 좌수의 후처가 제시한 증거를 보고 장화와 홍련의 말이 거짓이라고 확신하지 않았음을 알 수 있다.

② 1문단의 '장녀 장화는 음행을 저질러 낙태한 뒤 부끄러움을 못 이기고 밤을 틈타 스스로 물에 빠져 죽었습니다.'를 통해 후처가 음행을 저질러 스스로 물에 빠져 죽었다고 한 것은 홍련이 아닌 장화임을 알 수 있다.

④ 1문단의 '딸들이 무슨 병으로 죽었소?'를 통해 부사가 배 좌수에게 물어본 것은 장화와 홍련이 스스로 목숨을 끊은 이유가 아님을 알 수 있다.

작품 해설

작자 미상, 「장화홍련전」
- 갈래: 고전 소설, 가정 소설, 계모갈등형 소설
- 성격: 전기적, 교훈적
- 주제: 계모의 흉계로 인한 가정의 비극과 권선징악
- 특징
  - 인물의 대화와 내면 심리 묘사를 통해 사건을 전개함
  - 고전 소설의 전형적 서술방식인 순행적 구성과 서술자의 개입이 나타남
  - 후처제의 제도적 모순과 가장의 무책임함을 다룸으로써 현실의 모순을 비판함

12 난도 ★☆☆　　　　　　　　　　　　　정답 ④

비문학 > 글의 순서 파악

정답의 이유

④ 제시된 문장의 '나라에 위기에 닥쳤을 때 제 몸을 희생해 가며 나라 지키기에 나섰으되 역사책에 이름 한 줄기 남기지 못한 이들'은 (라) 앞의 '휘하 장수에서부터 병졸들과 하인, 백성들'을 가리킨다. 또한 '이들이 이순신의 일기에는 뚜렷하게 기록된 것'은 『난중일기』의 위대함'과도 자연스럽게 연결되므로 제시된 문장은 (라)에 위치하는 것이 적절하다.

13 난도 ★★☆　　　　　　　　　　　　　정답 ③

현대 문학 > 현대 소설

정답의 이유

③ 제시된 작품은 주인공이 서울 거리를 배회하며 느낀 것들을 의식의 흐름에 따라 서술하고 있다. 주인공 '구보'는 '전보 배달 자전거'를 보고 '전보를 그 봉함(封緘)을 떼지 않은 채 손에 들고 감동하고 싶은 충동'을 느끼다가 '서울에 있지 않은 모든 벗'을 떠올리고 '가장 열정을 가져, 벗들에게 편지를 쓰고 있는 제 자신'을 생각한다. 따라서 제시된 작품은 연상 작용에 의해 인물의 생각이 연속되고 있다고 볼 수 있다.

오답의 이유

① 제시된 작품에서 '구보'는 벗들이 오랫동안 소식을 전하여 오지 않았다고 생각하며 그들에게 엽서를 쓰는 자신을 떠올리고 있을 뿐 벗들과의 추억을 시간순으로 회상하고 있지는 않다.

② 제시된 작품에서 '문득, 제비와 같이 경쾌하게 전보 배달의 자전거가 지나간다.'처럼 서술자가 주변 거리의 모습을 재현하고 있긴 하지만 서술자는 주인공 '구보'가 아닌 작품 외부의 서술자이다.

④ 제시된 작품에서 '구보'는 '전보 배달 자전거'를 보고 전보를 받고 싶다고 생각하고 '오랫동안 소식을 전하여 오지' 않는 '벗들'에게 엽서를 쓰는 자신을 떠올리고 있을 뿐 전보가 이동된 경로를 따라 사건이 전개되고 있지는 않다.

작품 해설

박태원, 「소설가 구보 씨의 일일」
- 갈래: 중편 소설, 모더니즘 소설, 심리 소설, 세태 소설
- 성격: 묘사적, 관찰적, 심리적, 사색적
- 주제: 1930년대 무기력한 소설가의 눈에 비친 도시의 일상과 그의 내면 의식
- 특징
  - 주인공의 하루 여정에 따라 사건이 전개되는 여로형 구성
  - 특별한 줄거리 없이 주인공의 의식의 흐름에 따라 서술됨
  - 당대 서울의 모습과 세태를 구체적으로 보여줌

14 난도 ★★☆　　　　　　　　　　　　　정답 ②

어휘 > 한자어

정답의 이유

② '무진장(無盡藏)하다'는 '다함이 없이 굉장히 많다.'라는 의미이므로 '무진장하다'를 '여러 가지가 있다'로 바꾸어 쓰는 것은 적절하지 않다.

오답의 이유

① '배회(徘徊)하다'는 '아무 목적도 없이 어떤 곳을 중심으로 어슬렁거리며 이리저리 돌아다니다.'라는 의미이므로 '배회하였다'를 '돌아다녔다'로 바꾸어 쓰는 것은 적절하다.

③ '경청(傾聽)하다'는 '귀를 기울여 듣다.'라는 의미이므로 '경청할'을 '귀를 기울여 들을'로 바꾸어 쓰는 것은 적절하다.

④ '명기(明記)하다'는 '분명히 밝히어 적다.'라는 의미이므로 '명기하지를'을 '밝혀 적지'로 바꾸어 쓰는 것은 적절하다.

15 난도 ★★☆　　　　　　　　　　　　　정답 ④

고전 문학 > 고전 운문

정답의 이유

④ '과(過)도 허물도 천만(千萬) 업소이다'에서 큰 숫자가 나타나기는 하지만 이는 화자 자신에게는 잘못도 허물도 전혀 없다는 의미로, 결백을 주장하는 것이다. 따라서 큰 숫자를 활용하여 임을 향한 화자의 그리움을 강조하고 있다는 내용은 적절하지 않다.

① '산(山) 졉동새 난 이슷ᄒ요이다'에서 화자는 임을 그리워하는 자신과 '졉동새'가 비슷하다며 자연물인 '졉동새'에게 감정을 이입하여 자신의 처지를 드러내고 있다.

② '잔월효성(殘月曉星)이 아ᄅ시리이다'의 '잔월효성'은 지는 달과 새벽 별을 가리키는데 화자는 '달'과 '별'이라는 천상의 존재를 통해 자신의 결백을 나타내고 있다.

③ '벼기더시니 뉘러시니잇가'에서 화자는 설의적 표현을 통하여 자신에게 허물이 있다고 우기던 이, 즉 자신을 모함한 이에 대한 원망을 드러내고 있다. 또한 '니미 나ᄅᆯ ᄒ마 니즈시니잇가'라는 설의적 표현을 통하여 임이 자신을 잊었을까 염려하는 마음을 나타내고 있다.

작품 해설

정서, 「정과정」
- 갈래: 고려 가요
- 성격: 충신연주지사(忠臣戀主之詞)
- 주제: 자신의 결백과 임금에 대한 충절
- 특징
 - 3단 구성, 낙구의 감탄사 존재 등 향가의 영향이 남아 있음
 - 감정이입을 통하여 전통적인 정서인 한의 이미지를 표현함
 - 자신의 결백과 억울함을 자연물에 의탁하여 표현함

16 난도 ★★★   정답 ①

비문학 > 추론적 읽기

정답의 이유

① 2문단의 '그러다가 수정이 이루어지면 수컷은 곧바로 새끼를 돌볼 준비를 하게 되는데, 이때부터 그 수치는 떨어진다. 새끼가 커서 둥지를 떠나게 되면 수컷은 더 이상 영역을 지킬 필요가 없기 때문에 번식기가 끝나지 않았는데도 테스토스테론 수치는 좀 더 떨어지고, 번식기가 끝나면 테스토스테론은 거의 분비되지 않는다.'를 통해 노래참새 수컷의 테스토스테론 수치는 새끼를 돌볼 준비를 할 때 떨어져서 새끼가 둥지를 떠나면, 즉 양육이 끝나면 그 수치가 더 낮아짐을 알 수 있다.

오답의 이유

② 2문단의 '그러다가 수정이 이루어지면 수컷은 곧바로 새끼를 돌볼 준비를 하게 되는데, 이때부터 그 수치는 떨어진다.'를 통해 번식기 동안 노래참새 수컷의 테스토스테론 수치는 암컷의 수정이 이루어지기 전보다 이루어진 후에 낮게 나타난다고 추론할 수 있다.

③ 3문단의 '검정깃찌르레기 수컷은 테스토스테론 수치가 번식기가 되면 올라갔다가 암컷이 수정한 이후부터 번식기가 끝날 때까지 떨어지지 않는다.'를 통해 검정깃찌르레기 수컷은 암컷이 수정한 이후 번식기가 끝날 때까지 테스토스테론 수치가 떨어지지 않는다고 추론할 수 있다.

④ 2문단의 '번식기가 끝나면 테스토스테론은 거의 분비되지 않는다.'를 통해 노래참새 수컷의 테스토스테론은 번식기에 분비되고 번식기가 끝나면 분비되지 않음을 확인할 수 있다. 그리고 3

문단의 '검정깃찌르레기 수컷은 테스토스테론 수치가 번식기가 되면 올라갔다가 암컷이 수정한 이후부터 번식기가 끝날 때까지 떨어지지 않는다.'를 통해 검정깃찌르레기 수컷의 테스토스테론 수치는 번식기가 끝날 때까지는 떨어지지 않지만 끝나면 떨어짐을 확인할 수 있다. 따라서 노래참새 수컷과 검정깃찌르레기 수컷 모두 번식기의 테스토스테론 수치가 번식기가 아닌 시기의 테스토스테론 수치보다 높다는 것을 추론할 수 있다.

17 난도 ★★★   정답 ②

비문학 > 사실적 읽기

정답의 이유

② 2문단의 '다중지능이론이 설정한 새로운 종류의 지능들을 정확하게 측정할 수 있는 도구가 만들어지기는 어려울 것이라 주장한다.'를 통해 대인 관계의 능력과 관련된 지능을 정확하게 특정할 수 있는 도구의 개발 가능성에 대해 회의적인 사람들이 있음을 알 수 있다.

오답의 이유

① 1문단의 '그는 기존 지능이론이 언어지능이나 논리수학지능 등 인간의 인지 능력에만 초점을 맞추고 있다고 비판하면서 이뿐 아니라 신체와 정서, 대인 관계의 능력까지 포괄한 총체적 지능 개념을 창안해 냈다.'를 통해 다중지능이론은 언어지능이나 논리수학지능뿐 아니라 신체와 정서, 대인 관계의 능력까지 포괄한 총체적 지능임을 알 수 있다. 따라서 논리수학지능은 다중지능이론의 지능 개념에 포함되지 않는다.

③ 1문단의 '다중지능이론에서는 좌뇌의 능력에만 초점을 둔 기존의 지능 검사에 대해 반쪽짜리 검사라고 혹평한다.'를 통해 다중지능이론에서는 인간의 우뇌에서 담당하는 능력과 관련된 지능보다 좌뇌에서 담당하는 능력과 관련된 지능에 더 많이 주목함을 알 수 있다.

④ 2문단의 "그들에 따르면, 전자는 후자의 하위 영역에 속해 있고, 둘 사이에는 유의미한 상관관계가 있으므로 서로 독립적일 수 없으며, 따라서 '다중'이라는 개념이 성립하지 않는다."를 통해 다중지능이론에 대해 비판적인 연구자들은 인간의 모든 지능 영역들이 상호 독립적이라는 이유에서 '다중' 개념이 성립하지 않는다고 주장함을 알 수 있다.

18 난도 ★★☆   정답 ③

비문학 > 작문

정답의 이유

③ '과'로 연결되는 병렬 구조에서는 앞과 뒤의 문법 구조가 대등하게 호응해야 한다. '국가 정책 수립과 국제 협약을 체결하기 위해'는 '국가 정책 수립(구)'과 '국제 협약을 체결하기 위해(절)'의 호응 구조가 어색하다. 따라서 '국가 정책을 수립하고 국제 협약을 체결하기 위해'로 수정하는 것이 적절하다.

19 난도 ★★★

비문학 > 추론적 읽기

정답의 이유

① '고정'은 독자가 글을 읽을 때 생소하거나 이해하기 어려운 단어에 눈동자를 멈추는 것으로, 평균 고정 빈도가 높다는 것은 생소하거나 이해하기 어려운 단어의 수가 많음을 의미하고, 평균 고정 시간이 낮다는 것은 단어를 이해하는 데 드는 시간이 더 적다는 것을 의미한다. 따라서 읽기 능력이 부족한 독자는 읽기 능력이 평균인 독자에 비하여 이해하기 어려운 단어의 수가 많고, 단어를 이해하는 데 드는 시간은 더 적으므로 빈칸에는 '더 많지만 난해하다고 느끼는 각각의 단어를 이해하는 과정에 들이는 평균 시간은 더 적다'가 들어가는 것이 적절하다.

20 난도 ★★☆

정답 ④

비문학 > 추론적 읽기

정답의 이유

④ 제시된 글에 따르면 락토오보 채식주의자와 락토 채식주의자, 오보 채식주의자는 고기와 생선은 모두 먹지 않되 유제품과 달걀 섭취 여부에 따라 구분된다. '락토'는 '우유'를 의미하고, '오보'는 '달걀'을 의미하는데 락토오보 채식주의자는 유제품과 달걀을 먹으므로 각 채식주의자는 그 명칭에 해당하는 식품을 먹는다는 것을 알 수 있다. 이에 따라 락토 채식주의자는 유제품은 먹지만 고기와 생선과 달걀은 먹지 않고 오보 채식주의자는 달걀은 먹지만 고기와 생선과 유제품은 먹지 않는다는 것을 추론할 수 있다. 따라서 (가)에는 '유제품은 먹지만 고기와 생선과 달걀은'이 들어가는 것이 적절하고, (나)에는 '달걀은 먹지만 고기와 생선과 유제품은'이 들어가는 것이 적절하다.

국어

교육행정직

국어 | 2024년 지방직 9급

한눈에 훑어보기

✔ 영역 분석

어휘　　06　18
2문항, 10%

문법　　01　02　09
3문항, 15%

고전 문학　　05　15
2문항, 10%

현대 문학　　08　16
2문항, 10%

비문학　　03　04　07　10　11　12　13　14　17　19　20
11문항, 55%

✔ 빠른 정답

01	02	03	04	05	06	07	08	09	10
②	②	②	③	②	④	③	④	①	②

11	12	13	14	15	16	17	18	19	20
④	③	①	③	②	①	③	④	①	④

✔ 점수 체크

구분	1회독	2회독	3회독
맞힌 문항 수	/ 20	/ 20	/ 20
나의 점수	점	점	점

---

01 난도 ★☆☆　　　　　정답 ②

문법 > 의미론

[정답의 이유]

② '아이가 말을 참 잘 듣는다.'의 '듣다'는 '다른 사람의 말을 받아들여 그렇게 하다.'라는 뜻이다. '학교에 가면 선생님 말씀을 잘 들어라.'의 '듣다' 역시 같은 의미로 쓰였다.

[오답의 이유]

① '이 약은 나에게 잘 듣는다.'의 '듣다'는 '주로 약 따위가 효험을 나타내다.'라는 뜻이다.

③ '이번 학기에는 여섯 과목을 들을 계획이다.'의 '듣다'는 '수업이나 강의 따위에 참여하여 어떤 내용을 배우다.'라는 뜻이다.

④ '브레이크가 말을 듣지 않아 사고가 날 뻔했다.'의 '듣다'는 '기계, 장치 따위가 정상적으로 움직이다.'라는 뜻이다.

02 난도 ★★☆　　　　　정답 ②

문법 > 한글 맞춤법

[정답의 이유]

② 쉰다(○): '쇠다'는 '명절, 생일, 기념일 같은 날을 맞이하여 지내다.'라는 의미로 제시된 문장에서 적절하게 쓰였다.

[오답의 이유]

① 옭죄는(×) → 옥죄는(○): '옥여 바싹 죄다.'를 뜻하는 단어는 '옥죄다'이므로 '옥죄는'이라고 써야 한다.

③ 들렸다가(×) → 들렀다가(○): '지나가는 길에 잠깐 들어가 머무르다.'를 뜻하는 단어는 '들르다'이다. '들르다'는 어미 '-어' 앞에서 어간의 끝소리 '_'가 탈락하는 '_' 탈락 용언이며 '들러', '들르니', '들러서' 등으로 활용한다. 따라서 '들렀다가'라고 써야 한다.

④ 짜집기(×) → 짜깁기(○): '직물의 찢어진 곳을 그 감의 올을 살려 본디대로 흠집 없이 짜서 깁는 일'을 뜻하는 단어는 '짜깁기'이다.

03 난도 ★★☆　　　　　정답 ②

비문학 > 사실적 읽기

[정답의 이유]

② 1문단에서 '저작물에는 1차적 저작물뿐만 아니라 2차적 저작물과 편집 저작물도 포함되어 있으므로 2차적 저작물 또는 편집 저작물의 작성자 또한 저작자가 된다.'라며 1차적 저작물과 2차적 저작물 모두 저작물에 포함된다고 설명하고 있긴 하지만 이 둘의 차이에 대한 내용은 나타나지 않는다.

오답의 이유

① 1문단에서 저작물은 '인간의 사상 또는 감정을 표현한 창작물'이며 저작자는 '저작 행위를 통해 저작물을 창작해 낸 사람'을 가리킨다고 하였다. 이를 통해 저작물의 개념과 저작자의 정의를 알 수 있다.

③ 2문단에서 창작자는 다른 사람이 만들어 놓은 저작물을 모방하거나 인용할 수밖에 없지만, 선배 저작자들의 허락을 받거나 그에 따른 대가를 지불해야 한다고 하였다. 이를 통해 저작물에 대해 창작자가 지녀야 할 태도를 알 수 있다.

④ 3문단에서 창작물을 저작한 사람에게 저작권이라는 권리를 부여해서 보호하는 이유는 '저작물은 문화 발전의 원동력이 되므로 좋은 저작물이 많이 나와야 그 사회가 문화적으로 풍요로워질 수 있기 때문'이라고 하였다. 이를 통해 저작권을 보호해야 하는 이유를 알 수 있다.

04 난도 ★★☆
정답 ③

비문학 > 사실적 읽기

정답의 이유

③ '급격하게 돌아가는 현대적 생활 방식은 종종 삶을 즐기지 못하게 방해한다.'와 '출근길에 연주가를 지나쳐 간 대략 천여 명의 시민이 대부분 그에게 관심조차 주지 않았고, 단지 몇 사람만 걷는 속도를 늦추었을 뿐이다.'를 통해 출근하는 사람들이 연주를 감상할 여유가 없었기 때문에 연주를 듣기 위해 서 있는 사람은 아무도 없었다는 것을 추론할 수 있다.

오답의 이유

① 제시된 글에 지하철역은 연주하기에 적절한 장소가 아니라는 내용은 나타나지 않는다.

② 출근길에 대략 천여 명의 시민이 연주가를 지나쳐 갔다고 했으므로 연주하는 동안 연주가를 지나쳐 간 사람이 적었기 때문이라는 내용은 적절하지 않다.

③ 조슈아 벨은 세계적으로 유명한 바이올린 연주가이며 평상시 그의 콘서트 입장권이 백 달러가 넘는 가격에 판매되지만, 그의 지하철역 연주를 듣기 위해 백 달러의 입장권이 필요한 것은 아니다.

05 난도 ★★☆
정답 ②

고전 문학 > 고전 운문

정답의 이유

② ⓛ '초야우생(草野愚生)'은 '시골에 묻혀서 사는 어리석은 사람'이라는 의미로, (나)의 화자는 '초야우생(草野愚生)이 이러타 엇더ᄒ료'라며 자연을 벗 삼아 사는 삶의 자세를 강조하고 있다.

오답의 이유

① (가)는 가을 달밤의 풍류와 정취를 즐기며 유유자적하는 삶을 나타낸 작품이다. ㉠ '븬 빈'는 세속의 욕심을 초월한 삶의 경지를 의미하므로, 욕심 없는 화자의 모습을 볼 수 있다.

③ (다)는 자연에 은거하며, 자연과 한데 어울리는 물아일체(物我一體)의 경지를 드러낸 작품이다. 따라서 ㉢ '강산(江山)'을 통해 자연의 일부가 되어 살아가는 화자의 모습을 볼 수 있다.

④ (라)는 자연을 벗 삼아 유유자적하게 살고 싶은 마음을 나타낸 작품이다. 따라서 ㉣ '이 몸'을 통해 자연에 묻혀서 현실의 근심으로부터 초탈한 화자의 모습을 볼 수 있다.

작품 해설

(가) 월산 대군, 「추강에 밤이 드니 ~」
- 갈래: 평시조, 단시조
- 성격: 한정가, 낭만적, 풍류적, 탈속적
- 주제: 가을 달밤의 풍류와 정취
- 특징
  - 대구법을 통하여 가을밤 강가의 정적인 분위기를 표현함
  - '빈 배'를 통하여 무욕의 경지를 형상화함

(나) 이황, 「도산십이곡」
- 갈래: 평시조, 연시조
- 성격: 교훈적, 관조적, 예찬적, 회고적
- 주제: 자연에 동화된 삶(전 6곡), 학문 수양에 정진하는 마음(후 6곡)
- 특징
  - 생경한 한자어가 많이 사용된 강호가도의 대표적 작품
  - 자연과 학문에 대한 진지한 성찰이 드러나 있으며, 화자 자신의 심경을 노래함

(다) 송순, 「십 년을 경영ᄒ여 ~」
- 갈래: 평시조, 단시조
- 성격: 강호한정가, 전원적, 관조적, 풍류적
- 주제: 자연귀의(自然歸依), 안빈낙도(安貧樂道), 물아일체(物我一體)
- 특징
  - 안빈낙도(安貧樂道)의 삶이 잘 드러남
  - 중장에서 '근경(近景)'을, 종장에서 '원경(遠景)'을 제시함

(라) 성혼, 「말 업슨 청산이오 ~」
- 갈래: 평시조, 단시조
- 성격: 풍류적, 한정가
- 주제: 자연을 벗 삼는 즐거움
- 특징
  - 학문에 뜻을 두고 살아가는 옛 선비의 생활상을 그림
  - '업슨'이라는 말의 반복으로 운율감을 느낌

06 난도 ★★☆
정답 ④

어휘 > 한자어

정답의 이유

④ '발현(發現)하다'는 '속에 있거나 숨은 것이 밖으로 나타나다. 또는 나타나게 하다.'라는 뜻이다. 따라서 '발현하는'을 '헤아려 보는'으로 풀어 쓴 것은 적절하지 않다.

오답의 이유

① 수시(隨時)로: 아무 때나 늘

② 과언(過言): 지나치게 말을 함. 또는 그 말

③ 편재(偏在)하다: 한곳에 치우쳐 있다.

비문학 > 추론적 읽기

정답의 이유

③ 제시된 글에서는 기술 주도적인 상징의 창조와 확산은 사람들이 자신의 감정을 묘사하기 위한 새로운 선택지를 만든다고 하였다. 하지만 이를 통해 감정 어휘를 풍부하게 갖고 있는 집단은 그렇지 않은 집단보다 기술 발전에 더 유연한 태도를 보이는지는 추론할 수 없다.

오답의 이유

① '모든 문화가 감정에 관한 동일한 개념적 자원을 발전시켜 온 것은 아니다. 이를테면 미국인들은 보통 당혹감, 수치심, 죄책감, 수줍음을 구별하지만 자바 사람들은 이러한 감정을 하나의 단어로 표현한다.'를 통해 감정에 대한 개념적 자원은 문화에 따라 달리 형성된다는 것을 추론할 수 있다.

② "감정 어휘들은 문화마다 다를 뿐만 아니라 역사적으로도 다르다. 중세 시대에는 우울감이 '검은 담즙(melan chole)'으로 인해 발생한다고 생각했기에 우울증을 '멜랑콜리(melancholy)'라고 불렀지만 오늘날 그렇게 생각하는 사람은 거의 없다."를 통해 동일한 감정이라도 그것을 표현하는 방식은 시대에 따라 다를 수 있다는 것을 추론할 수 있다.

④ '또한 인터넷의 발명과 함께 감정 어휘는 이메일 보내기, 문자 보내기, 트위터하기에 스며든 관습에 의해서도 형성된다. 이제는 내 감정을 말로 기술하기보다 이모티콘이나 글자의 일부를 따서 표현하기도 한다.'를 통해 오늘날 인터넷에서 이모티콘을 사용하는 것과 같이 과거에는 없었던 감정 표현 방식이 활용되기도 한다는 것을 추론할 수 있다.

현대 문학 > 현대 시

정답의 이유

④ 제시된 작품은 화자의 주관적인 정서는 배제하고 불국사의 고즈넉한 분위기와 경치를 묘사하는 것에 집중하고 있다. 따라서 대상과의 거리를 조정하여 화자와 현실 세계의 대립을 나타내고 있다는 설명은 적절하지 않다.

오답의 이유

① '자하문 – 대웅전 큰 보살 – 범영루'로 시선을 이동하며 대상을 그려내고 있다.

② 1, 2연과 7, 8연에서 '달 안개', '바람 소리'만 바꾸는 변형된 수미상관 구조를 사용하여 시의 구조적 안정감을 드러내고 있다.

③ '바람 소리, 솔 소리, 물 소리' 등 청각적 이미지와 '달 안개, 흰 달빛' 등 시각적 이미지를 활용하여 불국사의 고즈넉한 분위를 조성하고 있다.

작품 해설

박목월, 「불국사」

• 갈래: 자유시, 서정시

• 성격: 전통적, 회화적, 정적

• 주제: 불국사의 고요하고 신비로운 정경

• 특징

　– 주관적 감정 표현을 배제하여 대상을 묘사함

　– 시각적, 청각적 이미지 등 감각적 이미지를 활용함

　– 명사 중심의 절제된 언어와 3음절 중심의 느린 호흡으로 여백의 미를 형성함

문법 > 음운론

정답의 이유

① 색연필 → [색년필]: 'ㄴ' 첨가(첨가) → [생년필]: 비음화(교체)

'색연필'은 '색'과 '연필'의 합성어로 앞 단어가 자음으로 끝나고 뒤 단어가 '여'로 시작하여 'ㄴ' 첨가가 일어나고, 'ㄴ'의 영향으로 앞 단어의 자음 'ㄱ'이 'ㅇ'으로 바뀌어 [생년필]로 발음된다.

오답의 이유

② 외곬 → [외골/웨골]: 자음군 단순화(탈락)

'외곬'은 받침 'ㄲ'의 'ㅅ'이 탈락하여 [외골/웨골]로 발음된다. 참고로 표준 발음법 제4항 [붙임] 규정에 따라 'ㅚ'는 이중 모음으로 발음하는 것도 인정되어 'ㅞ'로도 발음할 수 있다.

③ 값지다 → [갑지다]: 자음군 단순화(탈락) → [갑찌다]: 된소리되기 (교체)

'값지다'는 받침 'ㅄ'의 'ㅅ'이 자음군 단순화로 탈락하고, 받침 'ㅂ'의 영향으로 'ㅈ'이 된소리로 바뀌어 [갑찌다]로 발음한다.

④ 깨끗하다 → [깨끋하다]: 음절의 끝소리 규칙(교체) → [깨끄타다]: 자음 축약(축약)

'깨끗하다'는 받침 'ㅅ'이 음절의 끝소리 규칙으로 'ㄷ'으로 바뀌고, 'ㄷ'이 'ㅎ'과 합쳐져 'ㅌ'으로 축약되어 [깨끄타다]로 발음된다.

비문학 > 추론적 읽기

정답의 이유

② 빈칸의 앞 문장 '프랑스 국민에게 그들 자신과도 같은 포도주가 보이지 않는다는 사실은 참을 수 없는 일이었다.'를 통해 프랑스 국민은 포도주를 자신과 같은 존재로 여김을 알 수 있다. 따라서 빈칸에 들어갈 내용으로 가장 적절한 것은 '자신들의 정체성을 나타내는 상징과도 같다.'이다.

오답의 이유

① '또한 배고프거나 지칠 때, 지루하거나 답답할 때, 심리적으로 불안할 때나 육체적으로 힘든 그 어느 경우에도 프랑스인들은 포도주가 절실하다고 느낀다.'를 통해 포도주가 프랑스인의 심신을 치유하는 의미를 지니고 있음을 알 수 있다. 하지만 제시문에 프랑스인이 포도주를 신성한 물질로 여긴다는 내용은 나타나지 않는다.

③ 제시된 글에 프랑스에서 포도주는 간단한 식사에서 축제까지, 작은 카페의 대화에서 연회장의 교제에 이르기까지 언제 어디서나 함께한다는 내용이 나타나긴 하지만 국가의 주요 행사에서 가장 주목받는다는 내용은 나타나지 않는다. 또한 빈칸 앞의 내용을 포괄하지 않기 때문에 빈칸에 들어갈 내용으로 적절하지 않다.

④ '포도주는 계절에 따른 어떤 날씨에도 분위기를 고양시킬 수 있어 추운 계절이 되면 따뜻한 분위기를 연출하고 한여름이 되면 서늘하거나 시원한 그늘을 떠올리는 분위기를 조성한다.'를 통해 포도주는 어느 계절에나 쉽게 분위기를 고양시킬 수 있는 음료라는 것을 알 수 있지만, 빈칸 앞의 내용을 포괄하지 않기 때문에 빈칸에 들어갈 내용으로 적절하지 않다.

11 난도 ★★☆　　　　　　　　　　　　　　　정답 ④

비문학 > 작문

정답의 이유

④ '비록'은 '-ㄹ지라도', '-지마는'과 같은 어미가 붙는 용언과 함께 쓰이는 부사이다. 따라서 부사 '비록'과의 호응을 고려하여 '일로'는 '일일지라도' 또는 '일이지만' 등으로 수정하는 것이 적절하다.

오답의 이유

① '고난'은 '괴로움과 어려움을 아울러 이르는 말'이라는 뜻이므로 '괴로운 고난'은 괴롭다는 의미가 중복된다. 따라서 '괴로운 고난'을 '고난'으로 고치는 것은 적절하다.

② 제시된 글에서는 방송을 본 대부분의 사람들은 '선수'의 노력과 집념에 감동을 받았지만, 나는 그 선수의 '주변 사람들'에게 더 큰 감명을 받았다고 서술하고 있다. 따라서 '그러므로'를 상반된 내용을 이어주는 '그러나'로 바꾸는 것은 적절하다.

③ 제시된 글은 유명 축구 선수의 성공에 주변 사람들이 많은 역할을 하고 있다는 내용을 서술하고 있다. 따라서 훈련 트레이너가 되는 과정이 궁금해졌다는 것은 글의 흐름과 관련이 없으므로 삭제하는 것이 적절하다.

12 난도 ★☆☆　　　　　　　　　　　　　　　정답 ③

비문학 > 화법

정답의 이유

③ 제시된 강연에서 강연자가 시각 자료를 제시하는 부분은 나타나지 않는다.

오답의 이유

① 1문단의 '여러분들 표정을 보니 더 모르겠다는 표정인데요, 오늘 강연을 듣고 나면 제가 어떤 공부를 하는지 조금 더 알게 되실 겁니다.'를 통해 강연자가 청중의 반응을 살피면서 발표를 진행하고 있음을 알 수 있다.

② 3문단의 '이러한 주장을 뒷받침하는 연구 결과가 있습니다. 하버드 보건대학원의 글로리안 소런슨 교수 팀은 제조업 사업체 15곳의 노동자 9,019명을 대상으로 연구를 진행하면서 다음과 같은 질문을 던집니다.'를 통해 강연자가 전문가의 연구 결과를 제시하여 신뢰성을 높이고 있음을 알 수 있다.

④ 강연자는 위험한 작업환경에서 일하는 노동자에게 금연해야 한다고 말하는 상황을 가정하여 내용의 이해를 돕고 있다.

13 난도 ★★★　　　　　　　　　　　　　　　정답 ①

비문학 > 사실적 읽기

정답의 이유

① 제시된 글에서는 '범죄소설의 탄생은 자본주의의 출현이라는 사회적 조건과 맞물려 있다.'라고 하며, 원시사회에서는 죽음이 자연스러운 결과로 받아들여졌지만 부르주아 사회에서 죽음은 파국적 사고로 바뀌었다고 하였다. 이를 바앝은 때 중심 내용으로 가장 적절한 것은 '범죄소설은 자본주의의 출현 이후 죽음에 대한 달라진 태도에 기반을 두고 있다.'이다.

오답의 이유

② 부르주아 사회의 인간소외와 노동 문제는 범죄소설이 탄생하게 된 배경에 해당하는 것으로, 범죄소설이 다루는 주제는 아니다.

③ 제시된 글에 따르면, 원시사회에서는 죽음이 자연스러운 결과로 받아들여졌고 자본주의 출현 이후 달라진 죽음에 대한 견해가 범죄소설에 반영되었다고 하였다. 따라서 범죄소설이 원시사회부터 이어져 온 죽음에 대한 보편적 공포로부터 생겨났다는 내용은 적절하지 않다.

④ 제시된 글에 따르면, 자본주의 출현 이후 죽음을 예기치 않은 사고라고 바라보게 되면서 살인과 범죄에 몰두하고, 범죄소설이 탄생하였다. 죽음을 자연스럽고 불가피한 것으로 받아들인 것은 원시사회이므로 적절하지 않다.

14 난도 ★☆☆　　　　　　　　　　　　　　　정답 ③

비문학 > 사실적 읽기

정답의 이유

③ 2문단의 '재미있는 사실은 통각 신경이 다른 감각 신경에 비해서 매우 가늘어 신호를 느리게 전달한다는 것이다.'를 통해 통각 신경은 매우 가늘어서 신호의 전달이 느림을 확인할 수 있다.

오답의 이유

① 1문단의 '이 통로를 통해 세포의 안과 밖으로 여러 물질들이 오가면서 세포 사이에 다양한 신호를 전달한다.'를 통해 확인할 수 있다.

② 3문단의 '폐암과 간암이 늦게 발견되는 것도 폐와 간에 통점이 거의 없기 때문이다.'를 통해 통점이 없어 통증을 느끼지 못하게 되면, 치명적인 질병에 걸려도 질병의 발견이 늦을 수 있음을 확인할 수 있다.

④ 3문단의 '이렇게 통점이 빽빽이 배치되어야 아픈 부위를 정확하게 알 수 있다.'를 통해 확인할 수 있다.

15 난도 ★★☆　　　　　　　　　　정답 ②

고전 문학 > 고전 산문

[정답의 이유]

② (가)에서 '승상 부인'은 ⊙의 빛이 검어지며 귀에 물이 흐르자 심소저가 죽었다고 탄식했고, ⊙의 빛이 완연히 새로워지자 심 소저가 살았다고 여겼다. 이를 통해 (가)의 ⊙은 심 소저가 처한 상황을 암시한다는 것을 알 수 있다. (나)의 ⓒ에는 '토끼'의 눈, 입, 귀, 코, 발, 털, 꼬리 등 외양이 그려져 있다. 따라서 ⓒ은 대상인 '토끼'의 외양을 드러낸다는 것을 알 수 있다.

[오답의 이유]

① (가)에서 '승상 부인'은 ⊙을 보고 "아이고, 이것 죽었구나! 아니고, 이를 어쩔끄나?"라며 안타까움을 드러내고 있다. (나)의 ⓒ에는 토끼의 외양이 그려져 있을 뿐 유쾌한 정서를 유발하고 있지는 않다.

③ (가)의 ⊙은 '족자 빛이 홀연히 검어지고, 귀에 물이 흐르거'나 '족자 빛이 완연히 새로'워진다고 하였으므로 일상적인 사건이라고 볼 수 없다. (나)의 ⓒ 역시 '용궁'을 배경으로 별주부에게 토끼 화상을 전달하고 있으므로 현실 공간을 배경으로 일상적인 사건을 전개해 나간다는 설명은 적절하지 않다.

④ (나)의 ⓒ은 '신농씨'라는 중국 고대 제왕, 즉 역사적 인물을 인용하여 대상을 묘사하고 있지만 (가)에는 역사적 인물과 사건의 인용이 나타나지 않는다.

　　작품 해설

(가) 작자 미상, 「심청가」

- 갈래: 판소리 사설
- 성격: 교훈적, 비현실적, 우연적
- 주제: 심청의 지극한 효성
- 특징
  - 일상어와 한문 투의 표현이 혼재함
  - 당시 서민들의 생활과 가치관이 드러남

(나) 작자 미상, 「수궁가」

- 갈래: 판소리 사설
- 성격: 교훈적, 비현실적, 우연적
- 주제: 헛된 욕망에 대한 경계, 위기에서 벗어나는 지혜
- 특징
  - 조선 시대 판소리 중 유일하게 우화적 성격을 띰
  - 표면적 주제와 이면적 주제가 동시에 나타남

16 난도 ★★★　　　　　　　　　　정답 ①

현대 문학 > 현대 소설

[정답의 이유]

① '나'는 인도교 대신 얼음 위를 걸어가는 사람들을 보며 '인도교가 어엿하게 있음에도 불구하고 그들은 왜 얼음 위를 걸어가지 않으면 안 되었나?'라고 이질감을 느끼고 있다. 그와 동시에 '그들의 발바닥이 감촉하였을, 너무나 차디찬 얼음장을 생각하고, 저 모르게 부르르 몸서리치지 않을 수 없었다'며 그들에게 공감하고 있다.

[오답의 이유]

② '나'는 목을 움츠리고 얼음 위를 걸어가는 사람들을 바라보며, 그 모습이 풍경을 삭막하게 만들었다고 생각한다. 그리고 그 길을 걸어갈 '나' 또한 그 풍경의 일부가 될 것이라 생각하며 자신도 모르게 악연하다고 하였다. 따라서 '나'가 대도시에서 마주하는 타인의 비정함 때문에 좌절하고 있다고 이해한 것은 적절하지 않다.

③ '나'는 인도교 대신 얼음 위를 걷는 사람들을 관찰하고 있을 뿐, 인도교 위를 지나는 사람들의 어리석음을 비판적으로 바라보고 있지는 않다.

④ '나'는 인도교 대신 얼음 위를 걷는 사람들을 보며 '나'가 처해 있는 현실을 자각하고 자신도 모르게 악연한다. 따라서 '나'가 생의 종말이 멀지 않았다는 사실을 확인하고 슬퍼하고 있다고 이해한 것은 적절하지 않다.

　　작품 해설

박태원, 「피로」

- 갈래: 단편 소설, 세대 소설, 심리 소설
- 성격: 교훈적, 비현실적, 우연적
- 주제: 한 소설가의 일상과 그의 내면 의식
- 특징
  - 특별한 사건이나 갈등, 인과적인 사건 전개가 뚜렷하지 않음
  - 인물의 내면세계에 대한 섬세한 묘사가 나타남

17 난도 ★★☆　　　　　　　　　　정답 ③

비문학 > 글의 순서 파악

[정답의 이유]

- (나)에서 '전자'는 도입부의 '경제적으로 어려운 아이들'이라는 시각'에 해당하므로 도입부 다음에 오는 것이 적절하다.
- (다)에서 '생활비 마련' 외에 노동을 선택하는 복합적인 이유가 삭제된다고 하였다. 따라서 '생계비 마련'을 언급한 (나) 뒤에 오는 것이 적절하다.
- (라)에서 '후자의 시각'은 도입부의 '지나치게 돈을 좋아하는 아이들이라는 시각'에 해당한다. (나)와 (다)에서는 '경제적으로 어려운 아이들'에 대한 내용이 제시되었으므로 새롭게 '후자의 시각'을 언급한 (라)는 (나)와 (다)의 뒤에 오는 것이 적절하다.
- (가)의 '비행'은 (라)에 나오는 '학생의 본문을 저버린 그릇된 행위'에 해당하므로 (라)의 뒤에 오는 것이 적절하다.

따라서 글의 순서를 자연스럽게 배열한 것은 ③ (나) – (다) – (라) – (가)이다.

18 난도 ★★☆   정답 ④

어휘 > 한자어

정답의 이유

④ 省察(살필 성, 살필 찰)(ㅇ): 자기의 마음을 반성하고 살핌

오답의 이유

① 共文書(함께 공, 글월 문, 글 서)(×) → 公文書(공변될 공, 글월 문, 글 서)(ㅇ): 공공 기관이나 단체에서 공식으로 작성한 서류

② 公間(공변될 공, 사이 간)(×) → 空間(빌 공, 사이 간)(ㅇ): 아무 것도 없는 빈 곳. 물리적으로나 심리적으로 널리 퍼져 있는 범위, 영역이나 세계를 이르는 말

③ 日想(날 일, 생각 상)(×) → 日常(날 일, 항상 상)(ㅇ): 날마다 반복되는 생활

19 난도 ★★☆   정답 ①

비문학 > 글의 전개 방식

정답의 이유

① 제시된 글은 인간을 움직이게 하는 두 축인 '보상과 처벌'을 설명하며 아이가 꾹꾹 눌러 쓴 카드, 직장인이 주말마다 떠나는 여행 등을 예로 들어 설명하고 있다.

오답의 이유

② 제시된 글에 전문가의 의견을 인용한 부분은 나타나지 않는다.

③ 제시된 글에 묻고 답하는 형식은 나타나지 않는다.

④ 인간을 움직이게 하는 두 축인 보상과 처벌을 '당근'과 '채찍'에 비유하고 있지만 이를 설명하고 있을 뿐 문제의 심각성을 강조하고 있지는 않다.

20 난도 ★☆☆   정답 ④

비문학 > 화법

정답의 이유

④ 박 과장은 두 번째 발언에서 누리집에 홍보 자료를 올리자는 윤 주무관의 의견에 동의하고 있으나 김 주무관, 이 주무관의 제안과 비교하며 의견을 절충하고 있지는 않다.

오답의 이유

① 제시된 대화는 구성원들이 '벚꽃 축제'의 홍보 방안에 대하여 논의하는 과정을 보여 주고 있다.

② 김 주무관은 '지역 주민들이 SNS로 정보도 얻고 소통도 하니까 우리도 SNS를 통해 홍보하는 것은 어떨까요?'라고 말하며 지역 주민들이 SNS를 즐겨 이용한다는 사실을 근거로 SNS를 통한 홍보 방안을 제시하고 있다.

③ 이 주무관은 '라디오는 다양한 연령과 계층이 듣기 때문에 광고 효과가 더 클 것입니다.'라고 말하며 라디오 광고가 SNS보다 홍보 효과가 클 것이라고 추측하고 있다.

한눈에 훑어보기

✔ 영역 분석

어휘   03 06 10
3문항, 15%

문법   09 15
2문항, 10%

고전 문학   07
1문항, 5%

현대 문학   05 17
2문항, 10%

비문학   01 02 04 08 11 12 13 14 16 18 19 20
12문항, 60%

✔ 빠른 정답

01	02	03	04	05	06	07	08	09	10
③	①	③	②	④	④	①	①	②	④
11	12	13	14	15	16	17	18	19	20
③	①	②	②	④	③	④	④	②	③

✔ 점수 체크

구분	1회독	2회독	3회독
맞힌 문항 수	/ 20	/ 20	/ 20
나의 점수	점	점	점

---

01 난도 ★★☆   정답 ③

비문학 > 작문

[정답의 이유]

③ '자기 집이라면 이렇게 함부로 쓰레기를 버렸을까요?'에서 설의적 표현이 쓰였고, '바다가 몸살을 앓는다고 합니다.'와 '양심이 모래밭 위를 뒹굴고 있습니다.'에서 비유적 표현이 쓰였다. 또한 마지막에 '자기 쓰레기는 자기가 집으로 되가져가도록 합시다.'라며 생활 속 실천 방법을 포함하였다.

[오답의 이유]

① '바다는 쓰레기 없는 푸른 날을 꿈꾸고 있습니다.', '미세 플라스틱은 바다를 서서히 죽이는 보이지 않는 독입니다.' 등 비유적 표현을 쓰긴 했지만, 설의적 표현이 쓰이지 않았으며 생활 속 실천 방법도 포함하지 않았다.

② '분리수거를 철저히 하고 일회용품을 줄이는 것'이라는 생활 속 실천 방법을 포함하긴 했지만 설의적 표현과 비유적 표현이 쓰이지 않았다.

④ '인간도 고통받게 되지 않을까요?'에서 설의적 표현이, '바다는 쓰레기 무덤'에서 비유적 표현이 쓰였지만, 해양 오염을 줄일 수 있는 생활 속 실천 방법을 포함하지 않았다.

02 난도 ★☆☆   정답 ①

비문학 > 화법

[정답의 이유]

① 백 팀장은 '워크숍 장면을 사내 게시판에 올리면 좋겠다'는 바람을 전달하고 있다. 하지만 팀원들에 대한 유대감을 드러내는 표현은 사용하지 않았다.

[오답의 이유]

② 고 대리는 '사내 게시판에 영상을 공개하는 것은 부담스러워요. 타 부서와 비교될 것 같기도 하고요.'라며 백 팀장의 제안에 반대하는 이유를 명시적으로 밝히고 있다.

③ 임 대리는 '팀장님 말씀대로 정보를 공유한다는 취지는 좋다고 생각해요.'라며 백 팀장의 발언 취지에 공감하고 있다.

④ 임 대리는 '팀원들 의견을 먼저 들어보고, 잘된 것만 시범적으로 한두 개 올리는 것이 어떨까요?'라며 의견을 묻는 의문문을 사용해 자신의 의견을 간접적으로 드러내고 있다.

03 난도 ★★☆

정답 ③

어휘 > 관용 표현

정답의 이유

③ '입추의 여지가 없다'는 송곳 끝도 세울 수 없을 정도라는 뜻으로, 발 들여놓을 데가 없을 정도로 많은 사람이 꽉 들어찬 경우를 비유적으로 이르는 속담이다.

오답의 이유

① 홍역을 치르다[앓다]: 몹시 애를 먹거나 어려움을 겪다.

② 잔뼈가 굵다: 오랜 기간 일정한 곳이나 직장에서 일을 하여 그 일에 익숙하다.

④ 어깨를 나란히 하다: 서로 비슷한 지위나 힘을 가지다.

04 난도 ★★☆

정답 ②

비문학 > 글의 순서 파악

정답의 이유

• (가)에서는 기업들이 많은 돈을 투자해 마케팅 조사를 해 왔다는 화제를 제시하고 있으므로 처음에 위치하는 것이 적절하다.

• (다)의 '기업들의 그런 노력'은 (가)에 나오는 '많은 돈을 투자해 마케팅 조사를 해 왔다.'를 가리키므로 (가) 뒤에 위치하는 것이 적절하다.

• (나)의 '그런 상황'은 (다)에 나오는 '기업들은 많은 광고비를 쓰지만 그 돈이 구체적으로 어느 부분에서 효과를 내는지는 알지 못했다.'를 가리키므로 (다) 뒤에 위치하는 것이 적절하다.

따라서 글의 순서를 자연스럽게 배열한 것은 ② (가) - (다) - (나)이다.

05 난도 ★☆☆

정답 ④

현대 문학 > 현대 소설

정답의 이유

④ 제시된 작품에서 '그들'은 "무진(霧津)엔 명산물이 …… 뭐 별로 없지요?", "원, 아무리 그렇지만 한 고장에 명산물 하나쯤은 있어야지."라며 무진에 명산물이 없다는 대화를 나누고 있다. 무진에 명산물이 있고 그것이 안개라고 여기는 사람은 서술자뿐이다. 따라서 무진이 누구나 인정할 만한 지역의 명산물로 안개가 유명한 공간이라는 설명은 적절하지 않다.

오답의 이유

① "바다가 가까이 있으니 항구로 발전할 수도 있었을 텐데요?"와 "가 보시면 아시겠지만 ~ 수심(水深)이 얕은 데다가 얕은 바다를 몇백 리나 밖으로 나가야만 비로소 수평선이 보이는 진짜 바다가 나오는 곳이니까요."를 통해 무진은 수심이 얕아서 항구로 개발하기 어려운 공간임을 알 수 있다.

② "그렇지만 이렇다 할 평야가 있는 것도 아닙니다."와 '무진을 둘러싸고 있는 산들도'를 통해 무진은 산으로 둘러싸여 있고 평야가 발달하지 않은 공간임을 알 수 있다.

③ "그럼 그 오륙만이 되는 인구가 어떻게들 살아가나요?"를 통해 무진은 지역 여건에 비하여 인구가 적지 않은 공간임을 알 수 있다.

김승옥, 「무진기행」

• 갈래: 단편 소설

• 성격: 상징적, 암시적

• 주제: 이상과 현실 사이에서 갈등하는 현대인의 허무 의식

• 특징

– 서정적이고 몽환적인 분위기가 강함

– 배경(안개)을 통해 서술자의 의식을 표출함

06 난도 ★★☆

정답 ④

어휘 > 한자성어

정답의 이유

④ 내용상 빈칸에는 별것 아닌 사실을 부풀려 말한다는 뜻의 사자성어가 들어가야 한다. 따라서 '작은 일을 크게 불리어 떠벌린다.'라는 뜻의 針小棒大(침소봉대)가 들어가는 것이 적절하다.

• 針小棒大: 바늘 침, 작을 소, 막대 봉, 큰 대

오답의 이유

① 刻舟求劍(각주구검): 융통성 없이 현실에 맞지 않는 낡은 생각을 고집하는 어리석음을 이르는 말

• 刻舟求劍: 새길 각, 배 주, 구할 구, 칼 검

② 捲土重來(권토중래): 땅을 말아 일으킬 것 같은 기세로 다시 온다는 뜻으로, 한 번 실패하였으나 힘을 회복하여 다시 쳐들어옴을 이르는 말

• 捲土重來: 말 권, 흙 토, 무거울 중, 올 래

③ 臥薪嘗膽(와신상담): 불편한 섶에 몸을 눕히고 쓸개를 맛본다는 뜻으로, 원수를 갚거나 마음먹은 일을 이루기 위하여 온갖 괴로움과 외로움을 참고 견딤을 이르는 말

• 臥薪嘗膽: 누울 와, 섶 신, 맛볼 상, 쓸개 담

07 난도 ★★☆

정답 ①

고전 문학 > 고전 운문

정답의 이유

① 초장에서 '못 오던가'라는 구절을 반복하여 오지 않는 임에 대한 섭섭한 감정을 표출하고 있다.

오답의 이유

② 종장의 '흔 둘이 서른 날이어니 날 보라 올 하루 업스랴'는 한 달이 삼십 일인데 날 보러 올 하루가 없겠냐며 오지 않는 임에 대한 섭섭한 마음을 드러내는 구절이다. 날짜 수의 대조나 헤어진 기간이 길다는 내용은 나타나지 않는다.

③ 중장에서 '성', '담', '뒤주', '궤' 등을 연쇄적으로 나열하고 있긴 하지만 임이 오지 못하는 이유를 추측할 뿐 감정의 기복이 나타나지는 않는다.

④ 중장에서 '성-담-집-뒤주-궤'로 공간을 단계적으로 축소하여 오지 않는 임에 대한 섭섭한 마음을 나타내고 있다.

작자 미상, 「어이 못 오던가 ~」
- 갈래: 사설시조
- 성격: 해학적, 과장적
- 주제: 임을 기다리는 안타까운 마음
- 특징
  - 사물을 연쇄적으로 나열하여 오지 않는 임에 대한 간절한 마음을 드러냄
  - 임을 기다리는 안타까운 마음을 해학과 과장을 통해 나타냄

08 난도 ★★★ 정답 ①

비문학 > 추론적 읽기

[정답의 이유]

(가) 2문단에서 '발음 능력을 습득하면 음성 기관의 움직임은 자동화되어 음성 기관의 어느 부분을 언제 어떻게 움직일지를 화자가 거의 의식하지 않는다.'라고 하였으므로 모어에 없는 외국어 음성을 발음하기 어려운 이유는 음성 기관의 움직임이 영·유아기에 습득된 모어를 기준으로 자동화되었기 때문임을 추론할 수 있다. 따라서 (가)에 들어갈 말로는 '음성 기관의 움직임이 모어의 음성에 맞게 자동화되어'가 적절하다.

(나) 3문단에서 '글씨를 쓰기 위해 손을 놀리는 것은 ~ 상당히 의식적이라 할 수 있다.'라며 필기가 의식적이라고 하였지만 다음 문장의 '그렇지만 개인의 의지와 관계없이 필체가 꽤 일정하다'는 내용을 볼 때 (나)에는 필기에도 어느 정도 무의식적인 면이 개입된다는 내용이 나와야 함을 알 수 있다. 따라서 (나)에 들어갈 말로는 '무의식적이고 자동적인 면이 있음을'이 적절하다.

09 난도 ★☆☆ 정답 ②

문법 > 한글 맞춤법

[정답의 이유]

㉠·㉢ 무정타(○)/선발토록(○): 한글 맞춤법 제40항에 따르면 어간의 끝음절 '하'의 'ㅏ'가 줄고 'ㅎ'이 다음 음절의 첫소리와 어울려 거센소리로 될 적에는 거센소리로 적는다. 이때 어간의 끝음절이 울림소리 [ㄴ, ㅁ, ㅇ, ㄹ]로 끝나면 'ㅏ'는 줄고 'ㅎ'만 남아 뒷말과 결합하여 거센소리로 표기된다. 따라서 '무정하다'와 '선발하도록'은 어간 '무정'과 '선발'의 끝음절이 울림소리인 'ㅇ, ㄹ'이므로 '무정타', '선발토록'으로 줄여 쓰는 것이 적절하다.

[오답의 이유]

㉡·㉣ 섭섭치(×) → 섭섭지(○)/생각컨대(×) → 생각건대(○): 한글 맞춤법 제40항 [붙임 2]에 따르면 어간의 끝음절 '하'가 아주 줄 적에는 준 대로 적는다. 이때 어간의 끝음절이 안울림소리 [ㄱ, ㅂ, ㅅ(ㄷ)]로 끝나면 '하'가 아주 준다. 따라서 '섭섭하다'와 '생각하건대'는 어간 '섭섭'과 '생각'의 끝음절이 안울림소리인 'ㅂ, ㄱ'이므로 '섭섭지'와 '생각건대'로 쓰는 것이 적절하다.

한글 맞춤법 제40항
어간의 끝음절 '하'의 'ㅏ'가 줄고 'ㅎ'이 다음 음절의 첫소리와 어울려 거센소리로 될 적에는 거센소리로 적는다.

본말	준말	본말	준말
간편하게	간편케	다정하다	다정타
연구하도록	연구토록	정결하다	정결타
가하다	가타	흔하다	흔타

[붙임 1] 'ㅎ'이 어간의 끝소리로 굳어진 것은 받침으로 적는다.

않다	않고	않지	않든지
그렇다	그렇고	그렇지	그렇든지
아무렇다	아무렇고	아무렇지	아무렇든지
어떻다	어떻고	어떻지	어떻든지
이렇다	이렇고	이렇지	이렇든지
저렇다	저렇고	저렇지	저렇든지

[붙임 2] 어간의 끝음절 '하'가 아주 줄 적에는 준 대로 적는다.

본말	준말	본말	준말
거북하지	거북지	넉넉하지 않다	넉넉지 않다
생각하건대	생각건대	못하지 않다	못지않다
생각하다 못해	생각다 못해	섭섭하지 않다	섭섭지 않다
깨끗하지 않다	깨끗지 않다	익숙하지 않다	익숙지 않다

[붙임 3] 다음과 같은 부사는 소리대로 적는다.

결단코	결코	기필코	무심코
아무튼	요컨대	정녕코	필연코
하마터면	하여튼	한사코	

10 난도 ★★☆ 정답 ④

어휘 > 한자어

[정답의 이유]

④ 記憶(기록할 기, 생각할 억)(×) → 追憶(쫓을 추, 생각할 억)(○)
- 기억(記憶): 이전의 인상이나 경험을 의식 속에 간직하거나 도로 생각해 냄
- 추억(追憶): 지나간 일을 돌이켜 생각함. 또는 그런 생각이나 일

[오답의 이유]

① 도착(倒着: 이를 도, 붙을 착)(○): 목적한 곳에 다다름
② 불상(佛像: 부처 불, 모양 상)(○): 부처의 형상을 표현한 상
③ 경지(境地: 지경 경, 땅 지)(○): 몸이나 마음, 기술 따위가 어떤 단계에 도달해 있는 상태

11 난도 ★★☆　　　　　　　　　　　　　　정답 ③

비문학 > 사실적 읽기

정답의 이유

③ 제시된 글에 따르면 인간의 지각과 생각은 프레임을 바탕으로 이루어진다. 따라서 지각과 사고를 확장하는 과정에서 프레임을 극복해야 하는 대상이라고 이해한 내용은 적절하지 않다.

오답의 이유

① '인간의 모든 정신 활동은 진공 상태에서 일어나는 것이 아니라, 어떤 맥락이나 가정하에서 일어난다.'라고 하였다. 여기서 맥락이나 가정은 프레임을 의미하므로 인간의 정신 활동은 프레임 없이 일어나지 않는다고 이해한 것은 적절하다.

② '어떤 사람이 자신은 어떤 프레임의 지배도 받지 않고 세상을 있는 그대로 객관적으로 본다고 주장한다면, 그 주장이 진실이 아닐 것이다.'라고 하였으므로 프레임이 어떤 편향성을 가지게 하는 개념이라고 이해한 것은 적절하다.

④ '사람의 지각과 생각은 인간의 모든 정신 활동을 뜻하고 항상 어떤 맥락, 관점 혹은 어떤 평가 기준이나 가정하에서 일어난다.', '이러한 맥락, 관점, 평가 기준, 가정을 프레임이라고 한다.'라고 하였으므로 프레임이 인간의 정신 활동에 영향을 미치는 어떤 맥락이나 평가 기준이라고 이해한 것은 적절하다.

12 난도 ★★☆　　　　　　　　　　　　　　정답 ①

비문학 > 사실적 읽기

정답의 이유

① 2문단에서 '시스템은 불안정하고 완벽하지 않기 때문에 컴퓨터가 조종사의 판단보다 우선시 될 수 없다는 것이다.'라고 하였으며, '인간은 실수할 수 있는 존재'라는 에어버스의 아버지 베테유의 전제를 언급하였다. 이를 통해 보잉은 시스템의 불안정성을, 에어버스는 인간의 실수 가능성을 고려하여 설계되었음을 알 수 있다.

오답의 이유

② 2문단에서 베테유는 인간은 실수할 수 있는 존재라고 전제하였다. 하지만 윌리엄 보잉은 시스템이 불안정하고 완벽하지 않아 조종사의 판단보다 우선시될 수 없다고 여겼을 뿐, 이것이 인간이 실수하지 않는 존재라고 본 것은 아니다.

③ 1문단에서 에어버스는 컴퓨터가 조종사의 조작을 감시하고 제한한다고 하였다. 이를 통해 에어버스의 조종사는 자동조종시스템의 통제를 받음을 알 수 있다.

④ 1문단에서 보잉과 에어버스의 중요한 차이점이 자동 조종 시스템의 활용 정도에 있으며 보잉의 경우 대개 항공기를 조종간으로 직접 통제한다고 하였으므로 보잉의 조종사가 자동 조종 시스템을 아예 활용하지 않는다고 볼 수 없다.

13 난도 ★★★　　　　　　　　　　　　　　정답 ②

비문학 > 추론적 읽기

정답의 이유

② 제시된 글에서 '불안은 현재 발생하지 않았으며 미래에 일어날지 모르는 불명확한 위협에 의해 야기된 상태를 의미한다.'라고 하였다. 따라서 전기 · 가스 사고가 날까 두려워 외출하지 못하는 사람은 불안한 상태에 있다고 추론할 수 있다.

오답의 이유

① 제시된 글에서 '공포를 느끼는 것은 나 자신이 위험한 상황에 놓여 있다는 사실을 아는 것'이라고 하였다. 따라서 자신이 처한 위험한 상황을 정확히 인식하는 경우는 불안감에 비해 공포감이 더 클 것이다.

③ 제시된 글에서 '공포는 실재하는 객관적 위험에 의해 야기된 상태를 의미하고, 불안은 현재 발생하지 않았으며 미래에 일어날지 모르는 불명확한 위험에 의해 야기된 상태'라고 하였다. 따라서 시험에 불합격할 수 있다는 생각에 사로잡힌 사람은 공포감이 아닌 불안감에 빠져 있을 것이다.

④ 제시된 글에서 '공포의 상태와 불안의 상태를 구분하는 것은 쉽지 않다. 왜냐하면 두 감정을 함께 느끼거나 한 감정이 다른 감정을 유발할 때가 많기 때문이다.'라고 하였다. 따라서 과거에 큰 교통사고를 경험한 사람은 미래에 일어날지 모르는 교통사고를 걱정하게 되기 때문에 공포감과 동시에 불안감도 크다.

14 난도 ★★★　　　　　　　　　　　　　　정답 ②

비문학 > 사실적 읽기

정답의 이유

② 1문단의 '프톨레마이오스가 천체들의 공전 궤도를 관찰하던 도중, ~ 즉 주전원(周轉圓)을 따라 공전 궤도를 그리면서 행성들이 운동한다고 주장하였다.'라는 내용을 통해 주전원은 지동설을 지지하고자 만든 개념이 아니라 프톨레마이오스가 자신의 관찰 결과를 천동설로 설명하기 위해 도입한 것임을 알 수 있다.

오답의 이유

① 1문단의 '과학 혁명 이전 아리스토텔레스 철학은 ~ 지구의 주위를 공전한다는 천동설이 정설로 자리 잡고 있었다.'라는 내용을 통해 과학 혁명 이전 시기에는 천동설이 정설로 받아들여졌음을 알 수 있다.

③ 1문단의 '아리스토텔레스의 세계관을 따라 ~ 천동설이 정설로 자리 잡고 있었다.'와 2문단의 '코페르니쿠스는 천체의 중심에 지구 대신 태양을 놓고 지구가 태양의 주위를 공전한다고 주장하였다.'라는 내용을 통해 천동설은 우주의 중심을 지구라 여기고 지동설은 우주의 중심을 태양이라 여김을 알 수 있다. 따라서 천동설과 지동설은 우주의 중심을 어디에 두느냐에 따라 구분된다.

④ 2문단의 '태양을 우주의 중심에 둔 코페르니쿠스의 ~ 수학적으로 단순하게 설명하였다.'라는 내용을 통해 행성의 공전에 대한 프톨레마이오스의 설명은 코페르니쿠스의 설명보다 수학적으로 복잡하였음을 알 수 있다.

15 난도 ★☆☆　　　　　　　　　　정답 ④

문법 > 표준어 규정

정답의 이유

④ 으레(○): 표준어 규정 제10항에 따라 '으레'를 표준어로 삼는다.

오답의 이유

① 수염소(×) → 숫염소(○): 표준어 규정 제7항에서 '수'와 뒤의 말이 결합할 때, 발음상 [ㄴ(ㄴ)] 첨가가 일어나거나 뒤의 예사소리가 된소리가 되는 경우 사이시옷과 유사한 효과를 보이는 것이라 판단하여 '수'에 'ㅅ'을 붙인 '숫'을 표준어형으로 규정하고 있다. 이러한 경우는 '숫양[순냥], 숫염소[순념소], 숫쥐[순쥐]'만 해당하므로 '숫염소'로 표기하는 것이 적절하다.

② 윗층(×) → 위층(○): 표준어 규정 제12항 '다만 1.'에 따르면 '웃-' 및 '윗-'은 명사 '위'에 맞추어 '윗-'으로 통일하지만 된소리나 거센소리 앞에서는 '위-'로 한다고 하였으므로 '위층'으로 표기하는 것이 적절하다.

③ 아지랭이(×) → 아지랑이(○): 표준어 규정 제9항 [붙임 1]에 따르면 '아지랑이'는 'ㅣ' 역행 동화가 일어나지 아니한 형태를 표준어로 삼는다고 하였으므로 '아지랑이'로 표기하는 것이 적절하다.

16 난도 ★☆☆　　　　　　　　　　정답 ③

비문학 > 작문

정답의 이유

③ 제시된 글에서 '정교한 독서'라는 뜻의 '정독'은 한자로 '精讀'이라 하였고, '빨리 읽기'라는 뜻의 '속독'은 한자로 '速讀'이라 하였다. 따라서 '정교하고 빠르게 읽기'를 뜻하는 '정속독'은 '精速讀'으로 표기하는 것이 적절하다.

오답의 이유

① '정교한 독서'라는 뜻의 '정독(精讀)'과 '바른 독서'라는 뜻의 '정독(正讀)'은 소리는 같지만 뜻이 다르다. 따라서 ㉠을 '다르게 읽지만 뜻이 같다'로 수정하는 것은 적절하지 않다.

② ㉡ 앞부분에서 '무엇이 정교한 것일까? 모든 단어에 눈을 마주치면서 제대로 인식하는 것이다.'라고 하였으므로 ㉡은 '정교한 독서'를 뜻하는 '정독(精讀)'임을 알 수 있다. 따라서 '정독(正讀)'으로 수정하는 것은 적절하지 않다.

④ ㉣ 뒷부분에서 '빼먹고 있는 습관, 즉 난독의 일종임을 잊지 말아야 한다.'라고 하였으며 제시된 글의 첫 문장에서 '난독을 해결하려면 정독을 해야 한다.'라고 하였으므로 ㉣에는 '정독이 빠진 속독'이 들어가야 한다. 따라서 '속독이 빠진 정독'으로 수정하는 것은 적절하지 않다.

17 난도 ★★☆　　　　　　　　　　정답 ④

현대 문학 > 현대 시

정답의 이유

④ 1연에서 매미 울음소리가 절정에 이르렀다가 사라진 직후의 상황을 '정적의 소리'라고 표현하였다. 이는 원래 표현하려는 의미와 반대로 표현하는 반어법이 사용된 것이 아니라, 울음이 사라지고 고요한 상태인 '정적'을 '쟁쟁쟁'이라는 시끄러운 소리로 표현한 역설법이 사용된 것이다.

오답의 이유

① '매미 울음', '정적의 소리인 듯 쟁쟁쟁' 등의 청각적 이미지, '뙤약볕', '소나기', '맑은 구름만 눈이 부시게' 등의 시각적 이미지, '그늘의 소리' 등의 공감각적 이미지를 활용하여 절정이었던 매미 울음소리가 잦아들고 고요해진 상황을 감각적으로 제시하고 있다.

② '매미 울음', '정적의 소리인 듯 쟁쟁쟁' 등의 청각적 이미지, '맑은 구름만 눈이 부시게', '하늘 위에 펼쳐지기만 하노니' 등 시각적 이미지를 활용하여 시상을 전개하고 있다.

③ 2연에서 사랑의 속성을 세차게 들이붓다가 어느 순간 아무 일 없었던 양 멈추는 '소나기'에 비유하여 표현하였다.

> ### 작품 해설
>
> **박재삼, 「매미 울음 끝에」**
> - 갈래: 자유시, 서정시
> - 성격: 관찰적, 감각적, 낭만적, 유추적
> - 주제: 매미의 울음을 통해 본 사랑의 본질적 속성
> - 특징
>   - 다양한 감각적 심상을 활용하여 대상을 표현함
>   - 역설법을 통해 매미 울음소리가 잦아든 상황을 제시함
>   - 자연 현상(매미 울음소리)과 인생(사랑)의 공통된 속성에서 주제를 이끌어 냄

18 난도 ★★★　　　　　　　　　　정답 ④

비문학 > 사실적 읽기

정답의 이유

④ '호메로스의 『일리아드』와 『오디세이아』에서는 신과 인간의 세계가 하나로 얽혀 있다.'와 '소포클레스나 에우리피데스의 비극에서는 총체성이 흔들려 신과 인간의 세계가 분리된다.'를 통해 『오디세이아』가 에우리피데스의 비극에 비해 신과 인간의 결합 정도가 높음을 알 수 있다.

오답의 이유

① '철학의 시대'가 '이미 계몽된 세계'라는 내용은 있으나 계몽사상이 '서사시의 시대'에서 '철학의 시대'로의 전환을 이끌었다는 내용은 제시되지 않았다.

② '비극의 시대'는 신과 인간이 분리되나 신탁이라는 약한 통로로 이어져 있고, 플라톤으로 대표되는 '철학의 시대'는 신탁을 신뢰할 수 없는, 신과 인간이 완전히 분리된 세계이다. 따라서 플라톤의 이데아가 표현하는 것은 '철학의 세계'이지 '비극적 세계'가 아니다.

③ '루카치는 그리스 세계를 신과 인간의 결합 정도를 가리키는 '총체성' 개념을 기준으로 세 시대로 구분하였다.'를 통해 루카치는 그리스 세계를 '총체성'이라는 단일한 개념을 기준으로 시대를 구분하였음을 알 수 있다.

19 난도 ★★☆   정답 ②

비문학 > 사실적 읽기

정답의 이유

② '16~17세기에 창작되었던 몽유록에는 참여자형이 많다. 참여자형에서는 몽유자와 꿈속 인물들이 동질적인 이념을 공유하고 현실의 고통스러운 문제에 대해 의견을 나누며 비판적 목소리를 낸다.'라고 하였으므로 몽유자가 현실을 비판하는 경향이 강하게 나타나는 시기는 16~17세기임을 알 수 있다.

오답의 이유

① 제시된 글에 따르면, 몽유록은 몽유자의 역할에 따라 참여자형과 방관자형으로 구분할 수 있다. 참여자형에서는 몽유자가 꿈에서 만난 인물들의 모임에 직접 참여하지만, 방관자형에서는 모임을 엿볼 뿐 직접 참여하지는 않는다. 이를 통해 몽유자가 꿈속 인물들의 모임에 직접 참여하는지, 참여하지 않는지에 따라 몽유록의 유형을 나눌 수 있음을 알 수 있다.

③ '그러나 주로 17세기 이후에 창작된 방관자형에서는 ~ 이 시기의 몽유록이 통속적이고 허구적인 성격으로 변모하는 것은 몽유자의 역할 변화와 무관하지 않다.'를 통해 몽유자가 구경꾼 역할을 하는 몽유록은 통속적이고 허구적인 성격이 강하다는 것을 알 수 있다.

④ '참여자형에서는 몽유자와 꿈속 인물들이 동질적인 이념을 공유하고 현실의 고통스러운 문제에 대해 의견을 나누며 비판적 목소리를 낸다.'를 통해 몽유자가 꿈속 인물들과 함께 현실을 비판하는 몽유록은 참여자형에 해당함을 알 수 있다.

20 난도 ★★☆   정답 ③

비문학 > 사실적 읽기

정답의 이유

③ '국내외의 글로벌 기업들은 여러 산업 분야에서 디지털 트윈을 도입하여 사전에 위험 요소를 제거하고 수익 모델의 효율성을 높이고 있다.'를 통해 디지털 트윈에서의 시뮬레이션으로 현실 세계의 위험 요소를 찾아내고 방지할 수 있음을 알 수 있다.

오답의 이유

① 디지털 트윈을 활용함에 따라 글로벌 기업들의 고용률이 향상되었다는 내용은 제시되어 있지 않다.

② 디지털 트윈이 주목받는 이유는 안정성과 경제성 때문이며, 가상 세계에 데이터를 전송, 취합, 분석, 이해, 실행하는 과정은 실제 실험보다 비용이 적게 든다고 하였다. 따라서 디지털 트윈의 데이터 모델은 현실 세계의 각종 실험 모델보다 경제성이 높음을 알 수 있다.

④ 이용자들에게 새로운 경제 · 사회 · 문화적 경험을 제공하는 데 목적을 둔 것은 메타버스이다. 디지털 트윈은 현실 세계에 존재하는 것을 컴퓨터상에 똑같이 복제하고 실시간으로 반응할 수 있도록 하는 데 목적이 있다.

한눈에 훑어보기

✔ 영역 분석

어휘   04   12   14
3문항, 15%

문법   03   13
2문항, 10%

고전 문학   05   16
2문항, 10%

현대 문학   09   10
2문항, 10%

비문학   01   02   06   07   08   11   15   17   18   19   20
11문항, 55%

✔ 빠른 정답

01	02	03	04	05	06	07	08	09	10
①	①	③	④	②	④	④	③	④	②
11	12	13	14	15	16	17	18	19	20
②	②	④	①	③	③	②	②	①	①

✔ 점수 체크

구분	1회독	2회독	3회독
맞힌 문항 수	/ 20	/ 20	/ 20
나의 점수	점	점	점

---

01 난도 ★☆☆   정답 ①

비문학 > 화법

[정답의 이유]

① 최 주무관은 AI에 대한 국민 이해도를 높이기 위해 설명회를 개최할 필요가 있다는 김 주무관의 의견에 대하여 '저도 요즘 그 필요성을 절감하고 있어요.'라고 말하며 공감을 표현하고 있다.

[오답의 이유]

② 김 주무관은 어떻게 준비해야 효과적으로 전달할 수 있을지 고민이라고 말하며 최 주무관의 의견을 듣고 싶다는 것을 간접적으로 표현하고 있다.

③ 최 주무관은 '그럼 청중의 관심 분야를 파악하려면 청중의 특성 중에서 어떤 것들을 조사하면 좋을까요?'라며 청중 분석에 대한 구체적인 방안을 묻고 있으므로 자신의 반대 의사를 우회적으로 드러내고 있다고 볼 수 없다.

④ 김 주무관은 '나이, 성별, 직업 등을 조사할까요?'라는 의문문을 통해 자신의 답변에 확신을 얻고자 하는 것이지 상대의 의견을 반박하고 있는 것은 아니다.

02 난도 ★★☆   정답 ①

비문학 > 글의 순서 파악

[정답의 이유]

• (나)에서는 독서가 뇌 발달에 끼치는 영향에 대한 A 교수의 연구를 소개하고 있으므로 화제를 제시하는 첫 문장 '독서는 아이들의 전반적인 뇌 발달에 큰 영향을 미친다.'의 뒤에 오는 것이 적절하다.

• (가)의 '그'는 (나)의 A 교수를 가리키므로 (나) 뒤에 오는 것이 적절하다.

• (다)의 '이처럼'은 앞에 나오는 내용을 받아 뒷문장과 이어주는 기능을 하는 접속어이다. '이처럼' 뒤에 책을 많이 읽으면 전두엽이 훈련되어 뇌 발달의 가능성이 높아진다는 내용을 제시하고 있으므로 (다) 앞에도 독서와 전두엽의 관계에 대한 내용이 나와야 한다. 그러므로 책을 읽으면 상상력이 자극되어 전두엽을 많이 사용하게 된다는 내용의 (가) 뒤에 오는 것이 적절하다.

따라서 맥락에 따라 가장 자연스럽게 배열한 것은 ① (나) – (가) – (다)이다.

03 난도 ★★☆ 정답 ③

문법 > 통사론

정답의 이유

③ ⓒ '얼음이'는 부사어가 아니고, 서술어 '되다' 앞에서 말을 보충해 주는 역할을 하는 보어이다.

오답의 이유

① ㉠ '지원은'은 서술어 '깨우다'의 주체인 주어이다.

② ㉡ '만들었다'는 문맥상 '노력이나 기술 따위를 들여 목적하는 사물을 이루다.'라는 뜻이며, 이 경우 '~이/가 …을/를 만들다'와 같이 쓰이므로 주어와 목적어를 요구하는 두 자리 서술어임을 알 수 있다.

④ ㉢ '어머나'는 문장에서 다른 성분과 직접적으로 관련을 맺지 않는 독립어로, 생략되어도 문장이 성립한다.

04 난도 ★★☆ 정답 ④

어휘 > 한자어

정답의 이유

④ '부유(浮遊)하다'는 '물 위나 물속, 또는 공기 중에 떠다니다.'라는 뜻이고, '헤엄치다'는 '사람이나 물고기 따위가 물속에서 나아가기 위하여 팔다리를 젓거나 지느러미를 움직이다.'라는 뜻이므로 '헤엄치는'은 ㉣과 바꿔 쓸 수 없다.

오답의 이유

① '맹종(盲從)하다'는 '옳고 그름을 가리지 않고 남이 시키는 대로 덮어놓고 따르다.'라는 뜻이므로 '무분별하게 따르는'과 바꿔 쓸 수 있다.

② '탈피(脫皮)하다'는 일정한 상태나 처지에서 완전히 벗어나다.'라는 뜻이므로 '벗어나'와 바꿔 쓸 수 있다.

③ '제고(提高)하다'는 '수준이나 정도 따위를 끌어올리다.'라는 뜻이므로 '끌어올리기'와 바꿔 쓸 수 있다.

05 난도 ★★☆ 정답 ②

고전 문학 > 고전 운문

정답의 이유

② (나)에서는 '청산(青山)', '유수(流水)' 등과 같은 시각적 심상을 활용하여 항상 푸른 청산과 밤낮으로 흐르는 유수처럼 학문 수양에 끊임없이 정진하겠다는 의지를 강조하고 있다. (나)에서 청각적 심상은 나타나지 않는다.

오답의 이유

① (가)는 변하지 않는 '청산(青山)'과 변하는 '녹수(綠水)'를 대조하여 임에 대한 '나'의 변함없는 사랑을 나타내고 있다.

③ (가)는 '청산(青山)은 내 뜻이오 녹수(綠水)는 님의 정(情)이'에서 대구를 활용하여 시상을 전개하였고, (나)는 '청산(青山)는 엇뎨호야 만고(萬古)애 프르르며 / 유수(流水)는 엇뎨호야 주야(晝夜)애 긋디 아니는고'에서 대구를 활용하여 시상을 전개하였다.

④ (가)는 '청산(青山)이야 변(變)홀손가'에서 설의적 표현을 활용하여 '임'에 대한 변함없는 사랑을 나타내고 있다. (나)는 '유수(流水)는 엇뎨호야 주야(晝夜)애 긋디 아니는고'에서 설의적 표현을 활용하여 유수가 그치지 않고 밤낮으로 흐르는 것처럼 학문 수양에 정진하겠다는 의지를 나타내고 있다.

작품 해설

(가) 황진이, 「청산은 내 뜻이오 ~」
- 갈래: 평시조, 단시조
- 성격: 감상적, 상징적, 은유적
- 주제: 임을 향한 변함없는 사랑
- 특징
  - 시어의 대비를 통하여 주제를 강조함
  - 임에 대한 미움을 자연물에 대입함

(나) 이황, 「청산는 엇뎨호야 ~」
- 갈래: 평시조, 연시조
- 성격: 관조적, 교훈적, 한정가
- 주제: 끊임없는 학문 수양에 대한 의지
- 특징
  - 총 12수로 이루어진 연시조 『도산십이곡』 중 제11곡
  - 생경한 한자어를 많이 사용한 강호가도의 대표적 작품
  - 설의법, 대구법 등을 사용하여 주제를 강조함

06 난도 ★☆☆ 정답 ④

비문학 > 사실적 읽기

정답의 이유

④ 1문단에서는 교환가치가 아무리 높아도 '나'에게 사용가치가 없다면 상품을 구매하지 않는다고 설명하였으며, 2문단에서는 댓글로 인해 공연 티켓의 사용가치를 잘못 판단한 사례를 제시하였다. 그리고 3문단에서는 건강한 소비를 위해 상품이 '나'에게 얼마나 필요한가에 대한 고민이 필요하다고 하였으므로 제시된 글의 중심 내용으로는 '상품을 구매할 때 사용가치가 자신의 필요에 의해 결정된 것인지 신중하게 따져야 한다.'가 가장 적절하다.

오답의 이유

① 사용가치보다 교환가치가 큰 상품을 구매해야 한다는 내용은 나타나지 않는다.

② 상품에는 사용가치와 교환가치가 섞여 있다고 하였으나 3문단에서 '건강한 소비를 위해서는 구매하려는 상품의 사용가치가 어떤 과정을 거쳐 결정된 것인지 곰곰이 생각해 봐야 한다.'라고 하였으므로 상품을 구매할 때 고려해야 하는 것은 상품의 사용가치임을 알 수 있다. 따라서 '상품을 구매할 때 사용가치와 교환가치를 두루 고려해야 한다.'는 중심 내용으로 적절하지 않다.

③ 3문단에서 '다른 사람들의 말에 휩쓸려 어떤 상품의 사용가치가 결정될 때, 그 상품은 '나'에게 쓸모없는 골칫덩이가 될 수 있다.'라고 하였으므로 '상품에 대한 다른 사람들의 평가를 반영해서 상품을 구매해야 한다.'는 중심 내용으로 적절하지 않다.

07 난도 ★★☆   정답 ④

비문학 > 작문

정답의 이유

④ '그들은 서학을 검토하며 어떤 부분은 수용했지만' 뒤에 '반대로'를 덧붙였으므로 ㉣에는 '수용하다'와 상반되는 단어가 와야 한다. ㉣의 '지향하다'는 '어떤 목표로 뜻이 쏠리어 향하다.'라는 뜻이며, 이는 '수용하다'와 상반되는 단어가 아니므로 '더 높은 단계로 오르기 위하여 어떠한 것을 하지 아니하다.'라는 뜻의 '지양하다'로 수정하는 것이 적절하다.

오답의 이유

① 천주학의 '학(學)'은 '학문'을 의미하므로 ㉠을 '학문적 관점에서보다 종교적인 관점에서'로 수정하는 것은 적절하지 않다.

② 조선 후기에 서학은 신봉의 대상이 아니라 분석의 대상이었다. 따라서 서학 수용에 적극적인 이들도 무조건 따르자고 주장하지는 않았을 것이므로 ㉡을 '주장하였는데'로 수정하는 것은 적절하지 않다.

③ 외부에서 유입된 사유 체계에는 '양명학'이나 '고증학' 등도 있다고 하였으므로 ㉢을 '유일한 대안이었다'로 수정하는 것은 적절하지 않다.

08 난도 ★☆☆   정답 ③

비문학 > 추론적 읽기

정답의 이유

③ 빈칸 뒤의 내용을 살펴보면, 글을 쓸 때 독자의 수준을 고려하지 않고 너무 어려운 개념과 전문용어를 사용하면 독자가 글을 이해하기 어렵다고 하였다. 또한 글쓰기는 필자가 글을 통해 자신의 메시지를 독자에게 전달하는 행위이기 때문에 계획하기 단계에서 반드시 예상 독자를 분석해야 한다고 하였다. 따라서 빈칸에 들어갈 말로 가장 적절한 것은 '필자의 메시지를 독자에게 효과적으로 전달하는 데 도움이 되기'이다.

오답의 이유

① 계획하기 과정이 글쓰기 과정 중 첫 단계라는 내용은 제시되지 않았다.

② '글을 쓸 때 독자의 수준에 비해 너무 어려운 개념과 전문용어를 사용한다면 독자가 글을 이해하기 어렵게 된다.'라고 하였으므로 예상 독자의 수준에 따라 어려운 개념과 전문용어를 적절히 사용해야 한다.

④ 독자의 배경지식에 따라 글의 목적과 주제가 결정된다는 내용은 제시되지 않았다.

09 난도 ★★☆   정답 ④

현대 문학 > 현대 시

정답의 이유

④ 화자는 글을 쓰는 행위를 통해 사랑을 잃은 후의 절망과 공허한 마음을 나타내고 있다. 잃어버린 사랑의 회복을 열망하는 마음은 드러나지 않는다.

오답의 이유

① '짧았던 밤', '겨울 안개', '촛불', '흰 종이', '눈물', '열망' 등을 호명하며 이별에 대한 안타까운 심정을 드러내고 있다.

② 화자는 사랑을 잃은 뒤 '가엾은 내 사랑'을 '빈집'에 가두었다. 이를 통해 '빈집'은 사랑을 잃은 절망적인 공간이자, 사랑을 잃은 화자의 공허한 내면을 상징한다는 것을 알 수 있다.

③ '밤들아', '안개들아', '촛불들아' 등 대상을 부르는 돈호법과 '나는 쓰네', '빈집에 갇혔네' 등 감탄형 어미 '-네'의 반복적 사용을 통해 영탄적 어조로 이별에 따른 공허함과 절망감을 부각하고 있다.

작품 해설

기형도, 「빈집」

· 갈래: 자유시, 서정시

· 성격: 애상적, 비유적, 독백적

· 주제: 사랑을 잃은 공허함과 절망

· 특징

　－ 영탄적 어조를 사용하여 화자의 감정을 부각함

　－ 대상을 열거하며 화자의 상실감을 강조함

　－ 사랑을 잃은 화자의 공허함과 절망적 내면을 빈집으로 형상화함

10 난도 ★☆☆   정답 ②

현대 문학 > 현대 소설

정답의 이유

② 제시된 작품의 서술자는 등장인물인 '나'이다. '나'는 주인공인 '그'의 행동을 관찰하고 심리를 추측한다. 즉, 제시된 작품은 주인공이 아닌 '나'가 작품 속 서술자가 되어 주인공을 관찰하여 서술하는 1인칭 관찰자 시점을 취하고 있다.

오답의 이유

① 서술자인 '나'는 대화나 행동, 표정 등을 통하여 '그'의 심리를 추측할 뿐 전지적 위치에서 심리를 전달하고 있지 않다.

③ 서술자인 '나'는 작품의 주인공이 아니라 관찰자이며, 유년 시절을 회상하며 갈등 원인을 해명하고 있지 않다.

④ 서술자인 '나'는 관찰자로 '그'의 행동을 진술하고 있으며, '끼니조차 감당 못 하는 주제에 막벌이 아니면 어쩌다 간간이 얻어걸리는 출판사 싸구려 번역 일 가지고 어느 해가에 빚을 갚을 것인가.'를 통해 '그'에 대해 주관적인 판단을 내리고 있음을 확인할 수 있다.

작품 해설

윤흥길, 「아홉 켤레의 구두로 남은 사내」

· 갈래: 중편 소설, 세태 소설

· 성격: 비판적, 사실적, 현실 고발적

· 주제: 산업화로 소외된 계층의 삶과 그에 대한 연민

· 특징

　－ 상징적 소재와 관련된 행위로 인물의 심리와 성격을 드러냄

　－ 사실적 문체를 통해 현실의 모순을 예리하게 지적함

비문학 > 화법

정답의 이유

② 운용은 설탕세를 부과하면 당 소비가 감소한다는 은지의 발언에 대하여 믿을 만한 근거가 있냐고 질문하고 있을 뿐 은지의 주장에 반대하고 있지는 않다.

오답의 이유

① 은지는 첫 번째 발언에서 '설탕세 부과 여부'라는 화제를 제시하고 있다.

③ 은지는 두 번째 발언에서 '세계보건기구 보고서'를 자신의 주장에 대한 근거로 제시하고 있다.

④ 재윤은 '그런데 설탕세 부과가 질병을 예방한다는 것은 타당하지 않아. 여러 연구 결과를 보면 당 섭취와 질병 발생은 유의미한 상관관계가 없어.'라며 은지가 제시한 주장의 근거를 부정하고 있다.

어휘 > 한자어

정답의 이유

② 매수(買受: 살 매, 받을 수)(×) → 매수(買售: 살 매, 팔 수)(○)
- 買受(매수): 물건을 사서 넘겨받음
- 買售(매수): 물건을 팔고 사는 일

오답의 이유

① 구가(謳歌: 노래할 구, 노래 가)(○): 여러 사람이 입을 모아 칭송하여 노래함 / 행복한 처지나 기쁜 마음 따위를 거리낌 없이 나타냄. 또는 그런 소리

③ 알력(軋轢: 삐걱거릴 알, 수레에 칠 력)(○): 수레바퀴가 삐걱거린다는 뜻으로, 서로 의견이 맞지 아니하여 사이가 안 좋거나 충돌하는 것을 이르는 말

④ 편달(鞭撻: 채찍 편, 매질할 달)(○): 경계하고 격려함

문법 > 한글 맞춤법

정답의 이유

④ 걷잡아서(×) → 겉잡아서(○): '걷잡다'는 '한 방향으로 치우쳐 흘러가는 형세 따위를 붙들어 잡다. / 마음을 진정하거나 억제하다.'라는 의미이다. 제시된 문장에서는 '겉으로 보고 대강 짐작하여 헤아리다.'라는 의미로 사용되었으므로 '겉잡다'가 적절하다.

오답의 이유

① 부치는(○): 모자라거나 미치지 못하다.

② 알음(○): 사람끼리 서로 아는 일

③ 닫혔다(○): 열린 문짝, 뚜껑, 서랍 따위가 도로 제자리로 가 막히다.

어휘 > 한자어

정답의 이유

㉠ 長官(길 장, 벼슬 관): 국무를 나누어 맡아 처리하는 행정 각부의 우두머리

㉡ 補償(기울 보, 갚을 상): 남에게 끼친 손해를 갚음 / 국가 또는 단체가 적법한 행위에 의하여 국민이나 주민에게 가한 재산상의 손실을 갚아 주기 위하여 제공하는 대상

㉢ 決裁(결정할 결, 마를 재): 결정할 권한이 있는 상관이 부하가 제출한 안건을 검토하여 허가하거나 승인함

오답의 이유

- 將官(장수 장, 벼슬 관): 군사를 거느리는 우두머리
- 報償(갚을 보, 갚을 상): 남에게 진 빚 또는 받은 물건을 갚음
- 決濟(결정할 결, 건널 제): 증권 또는 대금을 주고받아 매매 당사자 사이의 거래 관계를 끝맺는 일

비문학 > 추론적 읽기

정답의 이유

③ 제시된 글에서 우리는 '사회 속에서 여럿이 모여 복수의 상태로 살아갈 수밖에 없는 존재'이며 동시에 '각각 유일무이성을 지닌 단수'라고 하였다. 또한 '개별적 유일무이성을 제거하는 것은 우리가 살아가는 사회의 다원성을 파괴하는 일'이라고 하였다. 하지만 개인의 유일무이성을 보존하려는 제도가 개인의 보편적 복수성을 침해하는지의 여부는 제시된 글에 나타나 있지 않다.

오답의 이유

① 제시된 글에서 '우리는 개별적으로 고립된 채 살아가는 존재일 수 없다. 사회 속에서 여럿이 모여 '복수(複數)'의 상태로 살아갈 수밖에 없는 존재라는 것이다.'라고 하였으므로 우리는 고립된 상태에서 '단수'로 살아가는 존재가 아니라는 내용은 적절하다.

② 제시된 글에서 '바로 이러한 이유로 우리는 다원적 존재이다.', '우리가 이 같은 사회에서 살아가기 위해서는 타인을 포용하는 공존의 태도가 필요하다.'라고 하였으므로 우리는 다원성을 지닌 존재로서 포용적으로 공존해야 한다는 내용은 적절하다.

④ 제시된 글에서 '공동체 정화 등을 목적으로 개별적 유일무이성을 제거하는 것은 우리가 살아가는 사회의 다원성을 파괴하는 일이다.'라고 하였으므로 개인의 특수한 단수성을 제거하려는 시도는 사회의 다원성을 파괴하는 결과로 이어질 수 있다는 내용은 적절하다.

고전 문학 > 고전 산문

정답의 이유

③ 제시된 작품에서 주인공 춘향은 이도령에 대한 굳은 절개를 드러내고 매를 맞는 자신의 상황에 대해 한탄하고 있을 뿐, 대화를 통하여 주인공의 내적 갈등이 해결되고 있지는 않다.

① '일편단심, 일정지심, 일부종사, 일신난처, 일각인들, 일월 같은'과 '이부불경, 이군불사, 이 몸이, 이왕 이리 되었으니, 이 자리에서', '삼청동, 삼생연분, 삼강을, 삼척동자, 삼종지도, 삼생에, 삼월삼일, 삼십삼천, 삼태성계'에서 동일한 글자를 반복하여 리듬감을 조성하고 있다.

② '일자(一字)', '이자(二字)', '삼자(三字)' 등 숫자를 활용하여 춘향이 매를 맞는 상황과 매를 맞으면서도 이도령에 대한 절개를 지키려는 모습을 제시하고 있다.

④ '일부종사(한 남편만을 섬김)', '이부불경(두 남편을 공경할 수 없음)', '이군불사(두 임금을 섬기지 않음)', '삼종지도(여자가 따라야 할 세 가지 도리)' 등 유교적 가치를 담고 있는 말을 활용하여 이도령에 대한 절개를 지키려는 춘향의 의지를 드러내고 있다.

17 난도 ★★☆   정답 ②

비문학 > 사실적 읽기

정답의 이유

② 2문단의 '차람은 소설을 소유하고 있는 사람에게 직접 빌려서 보는 것으로, 알고 지내던 개인들 사이에서 이루어졌다.'를 통해 차람은 알고 지내던 사람에게 책을 빌려 보는 방식임을 알 수 있다. 하지만 대가를 지불했는지의 여부는 제시된 글에서 확인할 수 없다.

오답의 이유

① 1문단의 '구연에 의한 유통은 구연자가 소설을 사람들에게 읽어 주는 방식으로, 글을 모르는 사람들과 글을 읽을 수 있지만 남이 읽어 주는 것을 선호하는 이들을 대상으로 이루어졌다.'를 통해 전기수가 글을 모르는 사람들에게 소설을 구연하였다고 이해한 것은 적절하다.

③ 1문단의 '하지만 이 방식은 문헌에 의한 유통에 비해 시간과 공간의 제약이 많아서 유통 범위를 넓히는 데 뚜렷한 한계가 있었다.'를 통해 문헌에 의한 유통은 구연에 의한 유통에 비해 시간과 공간의 제약이 적었다고 이해한 것은 적절하다.

④ 2문단의 '세책가에서는 소설을 구매하는 것보다 훨씬 적은 비용으로 빌려 볼 수 있었기 때문에 경제적으로 넉넉하지 않은 사람도 소설을 쉽게 접할 수 있었다. 이로 인해 조선 후기 사회에서 세책가가 성행하게 되었다.'를 통해 조선 후기에 세책가가 성행한 원인은 소설을 구매하는 비용보다 세책가에서 빌리는 비용이 적다는 데 있다고 이해한 것은 적절하다.

18 난도 ★★★   정답 ②

비문학 > 사실적 읽기

정답의 이유

② 반신이지만 민족적 영웅의 모습으로 기록된 연개소문의 사례는 『삼국사기』가 신라 정통론에 기반에 있다는 기존의 평가와는 다르게 다면적이고 중층적인 역사 텍스트임을 보여주는 근거이다. 따라서 열전에 수록된 반신 중 『삼국사기』에 대한 기존 평가를 다르게 할 수 있는 사례가 있다고 이해한 것은 적절하다.

① 1문단의 '이 중 열전은 전체 분량의 5분의 1을 차지하며, 수록된 인물은 86명으로, 신라인이 가장 많고, 백제인이 가장 적다.'와 2문단의 '가령 고구려의 연개소문은 반신이지만, 당나라에 당당히 대적한 민족적 영웅의 모습도 포함되어 있다.'에서 『삼국사기』에는 신라인뿐만 아니라 백제인과 고구려인도 포함되어 있음을 확인할 수 있다. 그러나 2문단에 따르면, 『삼국사기』는 신라 정통론에 기반해 당시 지배 질서를 공고히 하고자 했다고 평가받으므로 『삼국사기』가 신라 정통론을 계승하지 않았다고 단정할 수 없다.

③ 1문단에서 '수록 인물의 배치에는 원칙이 있는데, 앞부분에는 명장, 명신, 학자 등을 수록했고, 다음으로 관직에 있지는 않았으나 기릴 만한 사람을 실었다.'라고 하였으므로 『삼국사기』 열전에는 관직에 오르지 못한 사람이더라도 기릴 만한 업적이 있으면 수록되었다는 것을 알 수 있다.

④ 1문단의 『삼국사기』는 본기 28권, 지 9권, 표 3권, 열전 10권의 체제로 되어 있다. 이 중 열전은 전체 분량의 5분의 1을 차지하며, 수록된 인물은 86명으로, 신라인이 가장 많고, 백제인이 가장 적다.'를 통해 『삼국사기』의 체제 중 가장 많은 권수를 차지하는 것은 '본기'임을 알 수 있다.

19 난도 ★★☆   정답 ①

비문학 > 추론적 읽기

정답의 이유

① 1문단의 '프랑스에서 의무교육 제도를 실시하면서 정규학교에 입학하기 어려운 지적장애아, 학습부진아를 가려내고자 하였다. 이에 기초 학습 능력 평가를 목적으로, 1905년 최초의 IQ 검사가 이루어졌다.'를 통해 IQ 검사가 정규학교에 입학하기 어려운 지적장애아, 학습부진아를 가려내고자 시행되었음을 알 수 있다.

오답의 이유

② 1문단의 '이 검사를 통해 비로소 인간의 지능을 구체적으로 수치화하고 객관적으로 비교할 수 있게 되었다.'를 통해 IQ 검사가 만들어진 이후에야 인간의 지능을 구체적으로 수치화할 수 있었음을 파악할 수 있다. 따라서 IQ 검사가 만들어지기 전에는 인간의 지능을 수치로 비교할 수 없었음을 추론할 수 있다.

③ 2문단의 '하지만 문제는 IQ 검사가 인간의 지능 중 일부만을 측정한다는 점이다.'를 통해 IQ 검사가 인간의 지능 중 일부만 측정한다는 것을 알 수 있다. 따라서 IQ가 높은 아이라도 전체 지능은 높지 않을 수 있음을 추론할 수 있다.

④ 2문단의 '이는 IQ 검사가 기초 학습에 필요한 최소 능력인 언어이해력, 어휘력, 수리력 등을 측정하기 때문이다.'를 통해 IQ 검사가 읽기 능력과 관련된 언어이해력, 어휘력 등을 측정한다는 것을 알 수 있다. 따라서 IQ가 높은 아이가 읽기 능력이 좋을 확률이 높다는 것을 추론할 수 있다.

비문학 > 추론적 읽기

정답의 이유

① '그런데 한자는 문맥에 따라 같은 글자가 다른 뜻으로 쓰이지는 않지만 다른 문장성분으로 사용되기도 해 혼란을 야기한다.'에서 한자는 문맥에 따라 같은 글자가 다른 문장성분으로 사용되기도 한다는 것을 알 수 있지만 한국어 문장보다 문장성분이 복잡하다는 내용은 나타나지 않는다.

오답의 이유

② 제시된 글에서 '愛人'은 문맥에 따라 '愛'가 '人'을 수식하는 관형어일 때도, '人'을 목적어로 삼는 서술어일 때도 있다고 하였다. 따라서 '淨水'가 문맥상 '깨끗하게 한 물'일 때 '淨'은 '水'를 수식하는 관형어로 사용되었음을 추론할 수 있다. 만일 '淨水'가 '물을 깨끗하게 하다.'라는 의미로 사용되었다면, '淨'은 '水'를 목적어로 삼는 서술어일 것이다.

③ '한글에서는 동음이의어, 즉 형태와 음이 같은데 뜻이 다른 단어가 많아 글자만으로 의미를 파악하지 못하는 경우가 많다.'라고 하였으므로 한글에서 동음이의어는 형태와 음은 같지만 뜻이 다른 단어이다. 하지만 한자는 '문맥에 따라 같은 글자가 다른 뜻으로 쓰이지는 않지만 다른 문장성분으로 사용되기도 해 혼란을 야기한다.'를 통해 문장성분이 달라져도 뜻은 달라지지 않기 때문에 동음이의어가 아님을 확인할 수 있다. 따라서 '愛人'에서 '愛'의 문장성분이 바뀌더라도 '愛'의 뜻은 바뀌지 않기 때문에 동음이의어가 아님을 추론할 수 있다.

④ '한글에서는 동음이의어, 즉 형태와 음이 같은데 뜻이 다른 단어가 많아 글자만으로 의미를 파악하지 못하는 경우가 많다.'를 통해 한글은 글자만으로 의미를 파악하는 못하는 경우가 많음을 알 수 있다. 또한, 한글로 '사고'라고만 쓰면 '뜻밖에 발생한 사건'인지 '생각하고 궁리함'인지 알 수 없다고 예시를 제시하고 있으므로 한글로 적힌 '의사'만으로는 '병을 고치는 사람'인지 '의로운 지사'인지 구별할 수 없다고 추론할 수 있다.

국어 | 2022년 국가직 9급

한눈에 훑어보기

✔ 영역 분석

어휘 03 07 16
3문항, 15%

문법 01 02 19
3문항, 15%

고전 문학 05 06
2문항, 10%

현대 문학 14 18
2문항, 10%

비문학 04 08 09 10 11 12 13 15 17 20
10문항, 50%

✔ 빠른 정답

01	02	03	04	05	06	07	08	09	10
③	②	④	③	②	④	①	②	④	③
11	12	13	14	15	16	17	18	19	20
②	②	④	①	④	③	④	④	①	③	①

✔ 점수 체크

구분	1회독	2회독	3회독
맞힌 문항 수	/ 20	/ 20	/ 20
나의 점수	점	점	점

---

01 난도 ★★☆　　　　　　　　　　정답 ③

문법 > 의미론

[정답의 이유]

③ 속을 썩혀(×) → 속을 썩여(○): '걱정이나 근심 따위로 마음이 몹시 괴로운 상태가 되게 만들다.'라는 의미로 사용되었으므로 '썩이다'가 적절하다.

[오답의 이유]

① 능력을 썩히고(○): '물건이나 사람 또는 재능 따위가 쓰여야 할 곳에 제대로 쓰이지 못하고 내버려진 상태로 있게 하다.'라는 뜻의 '썩히다'가 쓰였으므로 적절하다.

② 쓰레기를 썩혀서(○): '유기물이 부패 세균에 의하여 분해됨으로써 원래의 성질을 잃어 나쁜 냄새가 나고 형체가 뭉개지는 상태가 되게 하다.'라는 뜻의 '썩히다'가 쓰였으므로 적절하다.

④ 기계를 썩히고(○): '물건이나 사람 또는 재능 따위가 쓰여야 할 곳에 제대로 쓰이지 못하고 내버려진 상태로 있게 하다.'라는 뜻의 '썩히다'가 쓰였으므로 적절하다.

02 난도 ★★☆　　　　　　　　　　정답 ②

문법 > 통사론

[정답의 이유]

② 우리말에는 피동보다 능동 표현을 쓰는 것이 자연스러우므로 '맺어졌으면'을 '맺었으면'으로 고쳐 쓴 것은 적절하다. 하지만 '어떤 일이 이루어지기를 기다리는 간절한 마음'을 뜻하는 단어는 '바람'이며, '바램'은 비표준어이다.

[오답의 이유]

① '틀리다'는 '셈이나 사실 따위가 그르게 되거나 어긋나다.'를 의미한다. 따라서 '비교가 되는 두 대상이 서로 같지 아니하다.'의 뜻을 가진 '다르다'가 적절한 표현이다.

③ '내가 오직 바라는 것은 ~ 좋겠어.'는 주어와 서술어의 호응이 맞지 않으므로 서술어를 '좋겠다는 거야.'로 고쳐 쓴 것은 적절하다.

④ '주다'는 주어, 목적어, 부사어를 필수로 요구하는 세 자리 서술어이므로 '인간에게'라는 필수적 부사어를 추가하여 고쳐 쓴 것은 적절하다.

표준어 규정 제11항

다음 단어에서는 모음의 발음 변화를 인정하여, 발음이 바뀌어 굳어진 형태를 표준어로 삼는다. (ㄱ을 표준어로 삼고, ㄴ을 버림)

ㄱ	ㄴ
나무라다	나무래다
바라다	바래다

→ '나무래다, 바래다'는 방언으로 해석하여 '나무라다, 바라다'를 표준어로 삼았다. 그런데 근래 '바라다'에서 파생된 명사 '바람'을 '바램'으로 잘못 쓰는 경향이 있다. '바람[風]'과의 혼동을 피하려는 심리 때문인 듯하다. 그러나 동사가 '바라다'인 이상 그로부터 파생된 명사가 '바램'이 될 수는 없다. '바라다'의 활용형으로, '바랬다, 바래요'는 비표준형이고 '바랐다, 바라요'가 표준형이 된다. '나무랐다, 나무라요'도 '나무랬다, 나무래요'를 취하지 않는다.

03 난도 ★☆☆ 정답 ④

어휘 > 한자성어

④ 당랑거철(螳螂拒轍)은 제 역량을 생각하지 않고, 강한 상대나 되지 않을 일에 덤벼드는 무모한 행동거지를 비유적으로 이르는 말이다. 제시된 문장에서는 신중한 태도와 관련된 사자성어를 사용해야 하므로 무모한 행동을 비유하는 말인 '당랑거철'은 적절하지 않다.

• 螳螂拒轍: 사마귀 당, 사마귀 랑, 막을 거, 바퀴자국 철

① 구곡간장(九曲肝腸): 굽이굽이 서린 창자라는 뜻으로, 깊은 마음속 또는 시름이 쌓인 마음속을 비유적으로 이르는 말
• 九曲肝腸: 아홉 구, 굽을 곡, 간 간, 창자 장

② 곡학아세(曲學阿世): 바른길에서 벗어난 학문으로 세상 사람에게 아첨함
• 曲學阿世: 굽을 곡, 배울 학, 언덕 아, 세대 세

③ 구밀복검(口蜜腹劍): 입에는 꿀이 있고 배 속에는 칼이 있다는 뜻으로, 말로는 친한 듯하나 속으로는 해칠 생각이 있음을 이르는 말
• 口蜜腹劍: 입 구, 꿀 밀, 배 복, 칼 검

04 난도 ★☆☆ 정답 ③

비문학 > 화법

③ 지민이 '하긴 아이스크림 매출 증가에 관한 통계 자료를 인용해서 답변한 전략도 설득력이 있었어.'라고 말한 부분을 통해 상대방의 견해를 존중하고 있음을 확인할 수 있다. 또한 '하지만 초두 효과의 효용성도 크지 않을까 해.'라고 말한 부분을 통해 자신의 의견을 제시하고 있음을 확인할 수 있다. 이러한 지민의 발화에는 공손성의 원리 중 자신의 의견과 다른 사람의 의견 사이의 차이점을 최소화하고, 자신의 의견과 다른 사람의 의견의 일치점을 극대화하는 '동의의 격률'이 사용되었다.

① 지민이 면접 전략 강의에 대한 자신의 의견을 제시하고 있으나, 면접 경험을 예로 들어 정수를 설득하고 있는 것은 아니다.

② 지민이 정수의 약점을 공략하거나 정수의 이견을 반박하는 발화는 확인할 수 없다.

④ 지민이 '맞아. 그중에서도 두괄식으로 답변하라는 첫 번째 내용이 정말 인상적이더라.'라고 말한 부분을 통해 자신의 감정을 표현하고 있음을 확인할 수 있으나, 상대방과의 갈등 해소를 위한 감정 표현이라고 볼 수는 없다.

공손성의 원리

대화를 할 때 공손하지 않은 표현은 최소화하고, 공손하고 정중한 표현은 최대화한다.

요령의 격률	상대방에게 부담이 되는 표현은 최소화하고, 상대방에게 이익이 되는 표현은 최대화한다.
관용의 격률	자신에게 이익이 되는 표현은 최소화하고, 자신에게 부담이 되는 표현은 최대화한다.
찬동(칭찬)의 격률	상대방을 비난하는 표현은 최소화하고, 상대방을 칭찬하는 표현은 최대화한다.
겸양의 격률	자신을 칭찬하는 표현은 최소화하고, 자신을 낮추거나 자신을 비방하는 표현은 최대화한다.
동의의 격률	상대방의 의견과 불일치하는 표현은 최소화하고, 상대방의 의견과 일치하는 표현은 최대화한다.

05 난도 ★★☆ 정답 ②

고전 문학 > 고전 산문

② 3문단의 '이는 필시 사부가 ~ 허무한 일임을 알게 하신 것이로다.'에서 성진의 사부인 육관 대사가 성진에게 가르침을 주기 위해 꿈을 꾸게 하였음을 확인할 수 있다. 또한 1문단의 '승상이 말을 마치기도 전에 구름이 걷히더니 노승은 간 곳이 없고 좌우를 돌아보니 팔낭자도 간 곳이 없었다.'에서 육관 대사가 꿈속에서 노승으로 나타나 성진이 꿈에서 깰 수 있도록 하였음을 추론할 수 있다. 따라서 양소유가 인간 세상에 환멸을 느껴 스스로 성진의 모습으로 되돌아왔다는 설명은 적절하지 않다.

① 3문단의 '그리고 장원급제를 하여 한림학사가 된 후 출장입상하고'에서 꿈속의 양소유가 장원급제를 하여 한림학사가 되었음을 확인할 수 있다.

③ 2문단의 '이에 제 몸이 인간 세상의 승상 양소유가 아니라 연화도량의 행자 성진임을 비로소 깨달았다.'에서 성진은 인간 세상이 아닌 연화도량에 있음을 확인할 수 있다.

④ 2문단의 '자신의 몸을 보니 ~ 완연한 소화상의 몸이요, 전혀 대승상의 위의가 아니었으니'에서 성진은 자신의 외양을 보고 꿈에서 돌아왔음을 인식했다는 것을 확인할 수 있다.

김만중, 「구운몽」

- 갈래: 고전 소설, 국문 소설, 몽자류 소설
- 성격: 불교적, 유교적, 도교적, 우연적, 전기적, 비현실적
- 주제
  - 인생무상의 깨달음을 통한 허무의 극복
  - 불교적 인생관에 대한 각성
- 특징
  - '현실-꿈-현실'의 이원적 환몽 구조를 취하는 몽자류 소설의 효시
  - 천상계가 현실적 공간, 인간계가 비현실적 공간으로 설정됨
  - 꿈속 양소유의 삶은 영웅 소설의 구조를 지님
  - 유교적, 불교적, 도교적 사상이 작품에 반영되어 있음

06 난도 ★★☆　　　　　　　　　　정답 ④

고전 문학 > 고전 운문

정답의 이유

④ (라)는 임금의 승하를 애도하는 마음을 노래한 시조이다. '서산의 히 다다 흐니 그룰 셜워 흐노라.'에서 해가 진다는 표현은 임금의 승하를 비유적으로 나타낸 것으로 ② '히'는 '임금'을 의미한다.

오답의 이유

① (가)는 수양 대군의 횡포를 비판하는 시조이다. '눈서리'는 '시련' 또는 '수양 대군의 횡포'를 의미하는데, 눈서리로 인해 낙락장송이 다 기울어 간다고 하였으므로 ⊙ '낙락장송'은 수양 대군에 의해 억울하게 희생된 '충신'들을 의미한다.

② (나)는 임금에게 버림받고 괴로운 마음을 나타낸 시조이다. 화자는 구름에게 님이 계신 곳에 비를 뿌려 달라고 하며 자신의 억울함을 호소하고자 하므로 ⓛ '님'은 '궁궐에 계신 임금'을 의미한다.

③ (다)는 이별한 임을 그리워하는 마음을 드러낸 시조이다. 화자는 지는 낙엽을 보며 이별한 임이 자신을 생각하는지 궁금해하고 있으므로 © '저'는 '이별한 임'을 의미한다.

(가) 유응부, 「간밤의 부던 브람에 ~」

- 갈래: 평시조, 절의가
- 성격: 우국적, 풍자적
- 주제: 수양 대군의 횡포에 대한 비판과 인재 희생에 대한 걱정
- 특징
  - 시간의 흐름에 따라 시상을 전개함
  - 자연물에 함축적 의미를 부여함(눈서리: 세조의 횡포, 낙락장송: 충신)
  - 주제를 우회적으로 표현함

(나) 이항복, 「철령 노픈 봉에 ~」

- 갈래: 평시조, 연군가
- 성격: 풍유적, 비탄적, 우의적
- 주제: 억울한 심정 호소와 귀양길에서의 정한

- 특징
  - '님'은 궁궐(구중심처)에 계신 임금, 즉 광해군을 가리킴
  - 임금을 떠나는 자신의 억울한 마음을 자연물에 빗대어 표현함

(다) 계랑, 「이화우(梨花雨) 훗쌜릴 제 ~」

- 갈래: 평시조, 서정시
- 성격: 애상적, 감상적, 여성적
- 주제: 이별의 슬픔과 임에 대한 그리움
- 특징
  - 임과 헤어진 뒤의 시간적 거리감과 임과 떨어져 있는 공간적 거리감이 조화를 이룸
  - 시간의 흐름과 하강적 이미지를 통해 시적 화자의 정서를 심화함

(라) 조식, 「삼동(三冬)의 뵈옷 닙고 ~」

- 갈래: 평시조, 연군가
- 성격: 애도적, 유교적
- 주제: 임금의 승하를 애도함
- 특징
  - 군신유의(君臣有義)의 유교 정신을 잘 보여줌
  - 중종 임금이 승하했다는 소식을 듣고 애도함

07 난도 ★☆☆　　　　　　　　　　정답 ①

어휘 > 혼동 어휘

정답의 이유

⊙ '승부나 등수 따위를 정하는 일'이라는 뜻을 가진 '가름'을 쓰는 것이 적절하다.

ⓛ '일정한 기준에 따라 분류하거나 나누어 놓은 낱낱의 범위나 부분'이라는 뜻을 가진 '부문(部門)'을 쓰는 것이 적절하다.

© '성질이나 종류에 따라 갈라놓음'이라는 뜻을 가진 '구별(區別)'을 쓰는 것이 적절하다.

오답의 이유

- 갈음: 다른 것으로 바꾸어 대신함
- 부분(部分): 전체를 이루는 작은 범위 또는 전체를 몇 개로 나눈 것의 하나
- 구분(區分): 일정한 기준에 따라 전체를 몇 개로 갈라 나눔

'가름'과 '갈음'

가름	쪼개거나 나누어 따로따로 되게 하는 일 예 둘로 가름
	승부나 등수 따위를 정하는 일 예 이기고 지는 것은 대개 외발 싸움에서 가름이 났다.
갈음	다른 것으로 바꾸어 대신함 예 새 책상으로 갈음하였다.

08 난도 ★★★

비문학 > 화법

정답의 이유

1단계: (가)에서 친구가 자전거를 타다가 사고를 당해 머리를 다쳤다는 이야기를 제시함으로써 주제에 대한 청자의 주의나 관심을 환기하고 있다.

2단계: (다)에서 청자인 '여러분'이 자전거를 타는 경우를 언급함으로써 자전거 사고 문제를 청자와 관련지어 설명하고 있다.

3단계: (나)에서 헬멧을 착용하면 머리를 보호할 수 있다고 언급함으로써 문제에 대한 해결 방안을 제시하고 있다.

4단계: (라)에서 헬멧을 착용한다면 신체 피해를 줄일 수 있고, 즐거움과 편리함을 안전하게 누릴 수 있다고 언급함으로써 해결 방안이 청자에게 어떤 도움이 되는지 구체화하고 있다.

5단계: (마)에서 자전거를 탈 때 반드시 헬멧을 착용해야 한다고 언급함으로써 특정 행동을 요구하고 있다.

따라서 동기화 단계 조직에 따라 순서대로 배열하면 ② (가) - (다) - (나) - (라) - (마)이다.

09 난도 ★★☆

비문학 > 사실적 읽기

정답의 이유

④ 2문단에서 복지 공감 지도로 수급자 현황을 한눈에 확인함으로써 복지 기관의 맞춤형 대응이 가능하고, 최적의 복지 기관 설립 위치를 선정할 수 있음을 확인할 수 있다. 그러나 복지 공감 지도로 복지 혜택에 대한 수급자들의 개별 만족도를 파악할 수 있는 것은 아니다.

오답의 이유

① 1문단의 '국가정보자원관리원과 ○○시는 빅데이터 기반의 맞춤형 복지 서비스 분석 사업을 수행했다.'에서 빅데이터 기반의 맞춤형 복지 서비스 분석 사업을 활용하고 있음을 확인할 수 있다. 또한 1문단의 '국가정보자원관리원은 ~ 취약 지역 지원 방안을 제시했다.'에서 이 사업을 통해 복지 사각지대를 줄이는 방안이 제시되었음을 확인할 수 있다.

② 3문단의 '이 사업을 통해 ○○시는 그동안 복지 기관으로부터 도보로 약 15분 내 위치한 수급자에게 복지 혜택이 집중되고 있는 것도 확인했다.'에서 복지 기관과 수급자 거주지 사이의 거리가 복지 혜택의 정도에 영향을 주고 있음을 확인할 수 있다.

③ 3문단의 '이에 ~ 복지 셔틀버스 노선을 4개 증설할 계획을 수립했다.'에서 복지 기관 접근성 분석 결과를 통해 복지 셔틀버스 노선을 증설하기로 하였음을 확인할 수 있다.

10 난도 ★★★

비문학 > 추론적 읽기

정답의 이유

③ '탯줄이 떨어지면서 배의 한가운데에 생긴 자리'를 뜻하는 '배꼽'이 바둑판에서 '바둑판의 한가운데'의 뜻으로 쓰이는 것은 일반적으로 쓰이는 말이 특수한 영역에서 사용되는 경우에 해당한다. 따라서 ⓒ의 사례로 적절하지 않다.

오답의 이유

① '코'는 '포유류의 얼굴 중앙에 튀어나온 부분'을 의미하지만, '아이들의 코 묻은 돈'에서의 '코'는 '콧구멍에서 흘러나오는 액체', 즉 '콧물'이라는 의미를 포함하는 방향으로 변화한 것이다.

② '수세미'는 본래 식물의 이름으로, 과거에 설거지할 때 그릇을 씻는 데 쓰는 물건을 만드는 재료였다. 그러나 이후 '수세미'는 설거지할 때 그릇을 씻는 데 쓰는 물건이라는 의미로 변하였으므로 지시 대상 자체가 바뀐 사례로 볼 수 있다.

④ 과거의 사람들은 전염병인 '천연두'에 대해 심리적인 두려움이 있었기 때문에 이를 대신하여 '손님'이라고 불렀다. 이후 '손님'은 '천연두'를 일상적으로 이르는 말이 되었다.

더 알아보기

단어 의미 변화의 원인

- 언어적 원인
  - 전염: 특정한 단어와 어울리면서 의미가 변하는 현상이다.
    - 예 결코 우연한 일이 아니었다.
      - → '별로', '결코' 등은 긍정과 부정에 모두 쓰이던 표현이었는데, 부정적 표현과 자주 어울리면서 부정적 표현에만 쓰이게 되었다.
  - 생략: 단어의 일부분이 생략되면서 생략된 부분의 의미가 남은 부분에 감염되는 현상이다.
    - 예 아침을 먹었다.
      - → '밥'이 생략되어도 '아침'이 '아침밥'의 의미를 갖는다. '머리(머리카락)', '코(콧물)'도 같은 예이다.
  - 민간 어원: 민간에 전해오는 이야기에 의해 의미가 변하는 현상이다.
    - 예 행주치마
      - → 원래는 '행자승이 걸치는 치마'라는 뜻으로 행주산성과 전혀 관련이 없으나, 행주산성 이야기의 영향을 받아 '행주산성의 치마'라는 의미로 쓰이게 되었다.
- 역사적 원인
  - 지시물의 변화
    - 예 바가지
      - → 원래는 '박을 두 쪽으로 쪼개 만든 그릇'을 의미했으나, '나무, 플라스틱 등으로 만든 그릇'을 지칭하는 말로 바뀌었다.

- 지시물에 대한 정서적 태도의 변화

  예 나일론

  → 원래는 질기고 강하고 좋은 의미로 쓰였지만, 새롭고 좋은 소재들이 나오면서 나일론은 좋지 않은 부정적인 의미로 바뀌었다. 이러한 변화로 '나일론 환자'는 '가짜 환자'라는 뜻으로 사용된다.

- 지시물에 대한 지식의 변화

  예 해가 뜨고 진다.

  → 원래는 '지구를 중심으로 해가 돈다.'는 생각에서 나온 표현이었지만, 과학 지식의 발달로 지금은 '지구가 돈다.'라는 의미로 사용된다.

- 심리적 원인(금기에 의한 변화)

  예 손님(홍역), 마마(천연두), 산신령(호랑이), 돌아가시다(죽다)

11 난도 ★☆☆   정답 ②

비문학 > 사실적 읽기

정답의 이유

② 지나친 야간 조명이 식물의 성장에 부정적 영향을 끼쳐 작물 수확량을 감소시킬 수 있음이 여러 연구를 통해 입증된 바 있다는 내용을 근거로 들어 건의에 대한 신뢰성을 높이고 있다. 하지만 인용한 자료의 출처를 밝히고 있지는 않다.

오답의 이유

① '하지만 지나친 야간 조명이 식물의 성장에 부정적인 영향을 끼쳐 작물 수확량을 감소시킬 수 있음은 이미 여러 연구를 통해 입증된 바 있습니다.'와 '실제로 골프장이 야간 운영을 시작했을 때를 기점으로 우리 농장의 수확률이 현저히 낮아졌음을 제가 확인했습니다.'에서 글쓴이는 △△시 시장에게 빛 공해로 농장이 겪는 어려움에 대해 관심을 촉구하고 있음을 확인할 수 있다.

③ '또한 ○○군에서도 빛 공해 문제를 해결하기 위해 야간 조명의 조도를 조정하는 프로젝트를 진행한 바 있으니 참고해 보시기 바랍니다.'에서 다른 지역의 사례를 언급하고 있음을 확인할 수 있다.

④ '물론, 이윤을 추구하는 골프장의 야간 운영을 무조건 막는다면 골프장 측에서 반발할 것입니다.'에서 예상되는 문제점을 제시하고 있으며, '그래서 계절에 따라 야간 운영 시간을 조정하거나 운영 제한에 따른 손실금을 보전해 주는 등의 보완책도 필요합니다.'에서 그에 따른 해결 방안에 대해 제시하고 있음을 확인할 수 있다.

12 난도 ★★☆   정답 ②

비문학 > 화법

정답의 이유

② ⓒ에서 '저'는 말하는 이와 듣는 이로부터 멀리 있는 대상을 가리키는 지시 관형사이다. 따라서 ⓒ이 화자보다 청자에게 멀리 있는 대상을 가리킨다는 설명은 적절하지 않다.

오답의 이유

① ㉠에서 '이'는 말하는 이에게 가까이 있는 대상을 가리키는 지시 관형사이고 ㉡에서 '그'는 듣는 이에게 가까이 있는 대상을 가리키는 지시 관형사이므로 ㉠은 청자보다 화자에게, ㉡은 화자보다 청자에게 가까이 있는 대상을 가리킨다.

③ 이진이가 ⓒ을 추천한 후에 태민이가 ⓔ를 읽어 보겠다고 하였으므로, ⓒ과 ⓔ은 모두 한국 대중문화를 다양한 시각에서 다룬 재미있는 책을 가리킨다.

④ 이진이가 두 책을 들고 계산대로 가는 상황에서 '이 책' 두 권을 사 주겠다고 하였으므로, ⓗ은 앞에서 언급한 ㉡과 ⓒ을 모두 가리킨다.

더 알아보기

'이', '그', '저'

• 의미

  – 이: 말하는 이에게 가까이 있거나 말하는 이가 생각하고 있는 대상을 가리킬 때 쓰는 말

  – 그: 듣는 이에게 가까이 있거나 듣는 이가 생각하고 있는 대상을 가리킬 때 쓰는 말

  – 저: 말하는 이와 듣는 이로부터 멀리 있는 대상을 가리킬 때 쓰는 말

• 품사

구분	특징	예문
관형사	후행하는 체언을 수식	• 이 사과가 맛있게 생겼다. • 그 책을 좀 줘 봐. • 저 거리에는 항상 사람이 많다.
대명사	조사와 결합할 수 있음	• 이보다 더 좋을 수는 없다. • 그는 참으로 좋은 사람이다. • 이도 저도 다 싫다.

13 난도 ★★★   정답 ④

비문학 > 사실적 읽기

정답의 이유

④ 3문단의 '그러나 여기에서도 아동은 ~ 적극적인 권리의 주체로 인식되지는 않았다.'를 통해 「아동권리에 관한 제네바 선언」에서 아동을 적극적인 권리의 주체로 인식하지 않았음을 확인할 수 있다. 아동이 자신의 권리를 주장할 수 있는 능동적인 존재로 자리매김할 수 있게 된 것은 1989년 유엔총회에서 채택된 「아동권리협약」에서이다.

① 1문단의 '산업혁명으로 봉건제도가 붕괴되고 자본주의가 탄생한 근대사회에 이르러 ~ 아동보호가 시작되었다.'에서 아동의 권리에 대한 인식이 근대사회 이후에 형성되었음을 확인할 수 있다.
② 3문단의 '1989년 유엔총회에서 채택된 「아동권리협약」이 그것이다.'와 4문단의 '우리나라는 이를 토대로 2016년 「아동권리헌장」 9개 항을 만들었다.'에서 「아동권리헌장」은 「아동권리협약」을 토대로 만들어졌음을 확인할 수 있다.
③ 2문단에서는 「아동권리에 관한 제네바 선언」에 '아동은 물질적으로나 정신적으로 정상적인 발달을 위해 필요한 조건이 충족되어야 한다.'라는 내용이 포함되었다고 제시하고 있다. 또한 4문단에서는 「아동권리협약」을 토대로 만든 「아동권리헌장」에 '생존과 발달의 권리'라는 원칙을 포함하였다고 제시하고 있다. 따라서 「아동권리에 관한 제네바 선언」, 「아동권리협약」, 「아동권리 헌장」에는 모두 아동의 발달에 대한 내용이 들어가 있음을 확인할 수 있다.

14 난도 ★★☆　　　　　　　　　　　　　　　정답 ①

현대 문학 > 현대 시

정답의 이유
① 제시된 작품은 '봄'과 '겨울'의 대립적인 이미지를 통해 통일에 대한 염원을 나타낸 현실 참여적인 시이다. 따라서 현실을 초월한 순수 자연의 세계를 노래한 것이라는 설명은 적절하지 않다.

오답의 이유
② '오지 않는다', '움튼다', '움트리라' 등의 단정적 어조를 사용해 자주적인 통일에 대한 희망과 신념을 드러내고 있다.
③ '봄'은 통일을, '겨울'은 분단의 현실을, '남해', '북녘', '바다와 대륙 밖'은 한반도의 외부 세력을, '눈보라'는 분단의 아픔과 고통을, '쇠붙이'는 군사적 대립과 긴장을 상징한다. 이처럼 시어들의 상징적인 의미를 통해 '자주적이고 평화적인 통일에 대한 염원'이라는 주제를 형성하고 있다.
④ '봄'은 통일을 의미하는 긍정적인 시어이고, '겨울'은 분단을 의미하는 부정적인 시어이다. 이러한 시어들의 이원적 대립을 통해 시상을 전개하고 있다.

작품 해설

신동엽, 「봄은」
- 갈래: 자유시, 참여시
- 성격: 저항적, 의지적, 현실 참여적
- 주제: 자주적이고 평화적인 통일에 대한 염원
- 특징
  - 단정적 어조로 통일에 대한 화자의 확고한 의지를 표현함
  - 상징법, 대유법, 대조법 등 다양한 표현 방법을 사용함

15 난도 ★★☆　　　　　　　　　　　　　　　정답 ④

비문학 > 글의 순서 파악

정답의 이유
- (마)에서는 사회는 여러 사람의 뜻이 통해야 한다는 화제를 제시하고 있으므로 글의 처음에 오는 것이 적절하다.
- (다)에서는 뜻이 서로 통하여 번듯한 사회의 모습을 갖추려면 '말과 글'이 필요하다는 내용을 제시하고 있으므로 (마)의 다음에 오는 것이 적절하다.
- (나)에서는 '이러므로'라는 접속 표현을 사용하여 사회가 조직되는 근본이 '말과 글'임을 제시하고 있으므로 (다)의 다음에 오는 것이 적절하다.
- (가)에서는 '이 기관'을 잘 수리하여 다스려야 한다는 내용을 제시하고 있으므로 '말과 글'을 '기관'에 빗대어 표현한 (나)의 다음에 오는 것이 적절하다.
- (라)에서는 '기관'을 쓸 수 없는 지경에 이르면 사회가 유지될 수 없다는 내용을 제시하고 있으므로 '기관'을 수리하지 않으면 작동이 막혀 버릴 것이라고 제시한 (가)의 다음에 오는 것이 적절하다.

따라서 글의 전개 순서로 가장 자연스러운 것은 ④ (마) – (다) – (나) – (가) – (라)이다.

16 난도 ★★☆　　　　　　　　　　　　　　　정답 ③

어휘 > 한자어

정답의 이유
③ 해결(解結: 풀 해, 맺을 결)(×) → 해결(解決: 풀 해, 결정할 결)(○): 제기된 문제를 해명하거나 얽힌 일을 잘 처리함

오답의 이유
① 만족(滿足: 찰 만, 발 족)(○): 마음에 흡족함
② 재청(再請: 다시 재, 청할 청)(○): 회의할 때에 다른 사람의 동의에 찬성하여 자기도 그와 같이 청함을 이르는 말
④ 재론(再論: 다시 재, 논의할 론)(○): 이미 논의한 것을 다시 논의함

17 난도 ★★☆　　　　　　　　　　　　　　　정답 ④

비문학 > 추론적 읽기

정답의 이유
④ 제시된 문장의 앞에는 신분에 따라 문체를 고착화하는 것을 인정하지 않았다는 구체적인 사례나 진술이 언급되어야 한다. 따라서 '이 낭만주의 시기에 ~ 전통 시학을 거부했다.'라는 문장 뒤에 '신분에 따라 문체를 고착화하는 것을 인정하지 않았던 것이다.'의 문장이 이어지는 것이 자연스러우므로 ②에 들어가는 것이 적절하다.

18 난도 ★☆☆　　　　　　　　　　　　　　　정답 ①

현대 문학 > 현대 소설

정답의 이유

① '정거장에 나온 박은 수염도 깎은 지 오래어 터부룩한 데다 버릇처럼 자주 찡그려지는 비웃는 웃음은 전에 못 보던 표정이었다.'에서 '현'이 '박'의 외양을 보고 '박'이 예전과 달라졌음을 인식하고 있다는 것을 확인할 수 있다. 그러나 '현은 박의 그런 지싯지싯함에서 선뜻 자기를 느끼고 또 자기의 작품들을 느끼고 그만 더 울고 싶게 괴로워졌다.'에서 박의 모습을 통해 자신의 작품들을 떠올리고는 있으나, '박'의 달라진 태도가 자신의 작품 때문이라고 생각하는 내용은 확인할 수 없으므로 적절하지 않은 이해이다.

오답의 이유

② '현은 박의 그런 지싯지싯함에서 선뜻 자기를 느끼고 또 자기의 작품들을 느끼고 그만 더 울고 싶게 괴로워졌다.'에서 '현'이 시대 상황에 적응하지 못하는 자신과 비슷한 처지에 있는 '박'을 통해 자신을 연민하고 있음을 확인할 수 있다.

③ '오면서 자동차에서 시가도 가끔 내다보았다. 전에 본 기억이 없는 새 빌딩들이 꽤 많이 늘어섰다.'에서 '현'이 자동차에서 새 빌딩들을 보면서 도시가 많이 변화하고 있음을 인지하고 있다는 것을 확인할 수 있다.

④ '그중에 한 가지 인상이 깊은 것은 ~ 시뻘건 벽돌만으로, 무슨 큰 분묘와 같이 된 건축이 웅크리고 있는 것이다. 현은 운전사에게 물어보니, 경찰서라고 했다.'에서 시뻘건 벽돌로 만든 경찰서를 '분묘'로 표현한 것을 통해 '현'이 경찰서를 보고 암울한 분위기를 느끼고 있음을 확인할 수 있다.

작품 해설

이태준, 「패강랭」

- 갈래: 단편 소설
- 성격: 현실 비판적
- 주제
  - 일본의 식민지 지배 정책에 대한 비판
  - 식민지 지식인의 비감(悲感)
- 특징
  - 일제 강점기 말의 시대 상황을 사실적으로 반영함
  - 일제의 식민지 지배 정책에 대한 시대적 고뇌를 펼쳐 보임
  - '패강랭'은 대동강 물이 찬 것을 의미함(계절적으로 겨울을 의미하고, 시대적으로 일제 치하의 암흑과 같은 현실을 상징함)

19 난도 ★★☆　　　　　　　　　　　　　　　정답 ③

문법 > 한글 맞춤법

정답의 이유

③ 전셋방(×) → 전세방(○): '전세방'은 한자어인 '전세(傳貰)'와 '방(房)'이 결합한 합성어로서, 제시된 규정에 해당하지 않는다. 따라서 '전세방'으로 적는 것이 적절하다.

오답의 이유

① 아랫집(○): '아랫집'은 순우리말인 '아래'와 '집'으로 이루어진 합성어로서, 앞말이 모음으로 끝나면서 뒷말의 첫소리가 된소리로 나는 것이다. 따라서 (가)에 따라 사이시옷을 받치어 적는 것이 적절하다.

② 쇳조각(○): '쇳조각'은 순우리말인 '쇠'와 '조각'으로 이루어진 합성어로서, 앞말이 모음으로 끝나면서 뒷말의 첫소리가 된소리로 나는 것이다. 따라서 (가)에 따라 사이시옷을 받치어 적는 것이 적절하다.

④ 자릿세(○): '자릿세'는 순우리말인 '자리'와 한자어인 '세(貰)'가 결합한 합성어로서, 앞말이 모음으로 끝나면서 뒷말의 첫소리가 된소리로 나는 것이다. 따라서 (나)에 따라 사이시옷을 받치어 적는 것이 적절하다.

더 알아보기

사이시옷 표기

- 순우리말로 된 합성어

뒷말의 첫소리가 된소리로 나는 것	바닷가, 선짓국, 모깃불, 냇가, 찻집, 아랫집
'ㄴ, ㅁ' 앞에서 'ㄴ' 소리가 덧나는 것	잇몸, 아랫마을, 아랫니, 빗물, 냇물, 뒷머리
모음 앞에서 'ㄴㄴ' 소리가 덧나는 것	베갯잇, 나뭇잎, 뒷일, 뒷입맛, 댓잎, 깻잎

- 순우리말과 한자어로 된 합성어

뒷말의 첫소리가 된소리로 나는 것	찻잔(차+盞), 전셋집(傳貰+집), 머릿방(머리+房)
'ㄴ, ㅁ' 앞에서 'ㄴ' 소리가 덧나는 것	제삿날(祭祀+날), 훗날(後+날), 툇마루(退+마루)
모음 앞에서 'ㄴㄴ' 소리가 덧나는 것	예삿일(例事+일), 훗일(後+일), 가욋일(加外+일)

- 한자어: 곳간(庫間), 셋방(貰房), 숫자(數字), 찻간(車間), 툇간(退間), 횟수(回數)

비문학 > 사실적 읽기

정답의 이유

① 3문단의 '그러나 문화 전파의 기제를 설명하는 이론으로는 밈 이론보다 의사소통 이론이 더 적절해 보인다.'에서 문화의 전파 기제는 의사소통 이론으로 설명하는 것이 적절함을 확인할 수 있다.

오답의 이유

② 4문단의 '이에 따르면 사람들은 자신이 들은 이야기를 남에게 전달할 때 들은 이야기에다 자신의 생각을 더해서 그 이야기를 전달하기 때문이다.'를 통해 의사소통 이론에 따르면 문화이 수용 과정에서 수용 주체의 주관이 개입한다는 것을 확인할 수 있다.

③ 2문단의 '밈 역시 유전자와 마찬가지로 공동체 내에서 복제를 통해 확산된다.'에서 복제를 통해 문화가 전파될 수 있다는 이론은 의사소통 이론이 아닌 밈 이론임을 확인할 수 있다.

④ 4문단의 '복제의 관점에서 문화의 전파를 설명하는 이론으로는 이와 같은 현상을 설명하기 어렵다.'에서 복제의 관점에서 문화의 전파를 설명하는 이론인 밈 이론에 의해 요크셔 푸딩 요리법의 전파 현상을 설명하기 어렵다는 것을 확인할 수 있다.

국어 | 2022년 지방직 9급

한눈에 훑어보기

✔ 영역 분석

어휘   13   16   18
3문항, 15%

문법   01   10   15
3문항, 15%

고전 문학   12   14
2문항, 10%

현대 문학   05   06
2문항, 10%

비문학   02   03   04   07   08   09   11   17   19   20
10문항, 50%

✔ 빠른 정답

01	02	03	04	05	06	07	08	09	10
③	①	③	②	②	③	④	④	④	④
11	**12**	**13**	**14**	**15**	**16**	**17**	**18**	**19**	**20**
③	①	③	③	④	④	③	②	①	④

✔ 점수 체크

구분	1회독	2회독	3회독
맞힌 문항 수	/ 20	/ 20	/ 20
나의 점수	점	점	점

---

01 난도 ★★☆   정답 ③

문법 > 통사론

정답의 이유

③ 처음 뵙겠습니다. 박혜정입니다(○): 국립국어원 '표준 언어 예절'에 따르면, 처음 자기 자신을 직접 소개할 때에는 '처음 뵙겠습니다.'로 인사한 다음 '저는 ○○○입니다.'라고 자신의 이름을 밝힌다고 하였다. 따라서 이는 언어 예절을 지킨 문장이다.

오답의 이유

① 계시겠습니다(×) → 있으시겠습니다(○): 높이려는 대상의 신체 부분, 소유물, 생각 등을 높임으로써 주체를 간접적으로 높이는 간접 높임에서는 '계시다'와 같은 특수 어휘를 사용하지 않고, 서술어에 높임 선어말 어미 '-(으)시-'를 사용하여 높임의 뜻을 실현한다. 따라서 '회장님의 말씀이 있으시겠습니다.'라고 쓰는 것이 적절하다.

② 고모(×) → 형님/아가씨/아기씨(○): '시누이'는 '남편의 누나나 여동생'을 이르는 말로, 남편의 누나를 지칭할 때는 '형님'을 쓰고, 남편의 여동생을 지칭할 때는 '아가씨/아기씨'를 쓴다. 시누이에게 '고모'라는 말을 쓰는 경우 자녀의 이름을 활용해 '○○ 고모'라고 부를 수 있다.

④ 부인입니다(×) → 아내/집사람/안사람/처입니다(○): 다른 사람에게 자기 아내를 가리킬 때는 '아내, 집사람, 안사람, 처'라고 표현하는 것이 적절하다. '부인'은 '남의 아내를 높여 이르는 말'로 자신의 아내를 소개할 때는 쓰지 않는다.

---

02 난도 ★☆☆   정답 ①

비문학 > 글의 전개 방식

정답의 이유

① 제시된 글에서는 달빛과 밤길의 풍경을 다양한 감각을 활용해 묘사하고 있다. 따라서 제시된 글의 주된 서술 방식은 어떤 대상의 이미지를 그림을 그리듯 생생하게 전달하는 '묘사'이다.

오답의 이유

② '설명'은 어떤 지식이나 정보를 제공하기 위해 사용하는 방식이다.

③ '유추'는 비슷한 대상의 특징을 제시하고 그러한 특징을 다른 대상에 비교하여 설명하는 방식이다.

④ '분석'은 하나의 관념이나 대상을 구성 요소로 나누어 설명하는 방식이다.

작품 해설

이효석, 「메밀꽃 필 무렵」
- 갈래: 단편 소설
- 성격: 낭만적, 묘사적, 서정적
- 주제: 떠돌이 삶의 애환과 혈육의 정
- 특징
  - 낭만적이고 서정적인 문체가 두드러짐
  - 대화에 의해 등장인물 간의 관계에 대한 암시와 추리가 드러남
  - 과거는 요약적 서술로, 현재는 장면적 서술(묘사)로 제시함

03 난도 ★★☆   정답 ③

비문학 > 사실적 읽기

정답의 이유

③ '무대연출 작업 중에서 독보적인 창작을 걸러내서 배타적인 권한인 저작권을 부여하는 것은 매우 흔치 않은 경우이고, 후발 창작을 방해하는 요소로 작용할 수도 있다.'에서 독보적인 무대연출 작업에 저작권을 부여한다면 후발 창작에 방해가 될 수 있다는 것을 확인할 수 있다.

오답의 이유

① '창작적인 표현을 도용당했는지 밝혀야 하는데, 이것이 쉽지 않다.'에서 무대연출의 창작적인 표현의 도용 여부를 밝히기 쉽지 않다는 것을 확인할 수 있다.

② '연출자가 자신의 저작권을 침해당했다고 주장하기 위해서는 우선 그가 유효한 저작권을 소유하고 있어야 한다.'에서 저작권 침해를 당했다고 주장하려면 유효한 저작권을 소유하고 있어야 함을 확인할 수 있다.

④ '저작권법은 창작자에게 개인적인 인센티브를 제공하여 창작을 장려함과 동시에 일반 공중이 저작물을 원활하게 이용할 수 있도록 해야 하는 두 가지 가치의 균형을 이루는 것이 목표다.'에서 저작권법의 목표는 창작을 장려하고 저작물 이용을 원활하게 하는 것임을 확인할 수 있다.

04 난도 ★☆☆   정답 ②

비문학 > 작문

정답의 이유

② 파놉티콘이란 교도관이 다수의 죄수를 감시하는 시스템으로, 이는 권력자에 의한 정보 독점 아래 다수가 통제되는 구조이다. 따라서 ⓛ에는 그대로 '다수'가 들어가는 것이 적절하다.

오답의 이유

① ㉠의 앞부분에서는 교도관은 죄수들을 바라볼 수 있지만, 죄수들은 교도관을 바라볼 수 없는 구조인 파놉티콘에 대해 제시하였다. 따라서 죄수들은 교도관이 실제로 없어도 그 사실을 알 수 없으므로 ㉠을 '없음'로 고치는 것이 적절하다.

③ ㉢의 뒷부분에서는 인터넷에서 권력자에 대한 비판을 신변 노출 없이 자유롭게 표현할 수 있게 되었다고 제시하였다. 이는 인터넷에서는 어떤 행위를 한 사람이 누구인지 드러나지 않는다는 것이므로 ㉢을 '익명성'으로 고치는 것이 적절하다.

④ ㉣의 앞부분에서는 인터넷에서 권력자에 대한 비판을 신변 노출 없이 자유롭게 표현할 수 있게 되었다고 제시하였고, ㉣의 뒷부분에서는 네티즌의 활동으로 권력자들을 감시하는 전환이 일어났다고 제시하였다. 따라서 다수가 자유롭게 정보를 수용하고 생산할 수 있기 때문에 권력자를 감시하게 된 것이므로 ㉣을 '누구나가'로 고치는 것이 적절하다.

05 난도 ★★☆   정답 ②

현대 문학 > 현대 시

정답의 이유

② ㉡ '칠팔십 리(七八十里)'는 화자에게 주어진 고통스러운 유랑의 길을 의미한다.

오답의 이유

① ㉠ '산(山)새'는 시메산골 영(嶺)을 넘어가지 못해서 울고, 화자는 삼수갑산에 돌아가지 못해서 슬퍼한다. 따라서 '산(山)새'는 화자와 같은 처지에 놓여 있는 화자의 감정이 이입된 자연물이므로 화자와 상반되는 처지에 놓여 있다는 설명은 적절하지 않다.

③ ㉢ '불귀(不歸), 불귀, 다시 불귀'는 다시 돌아가지 못한다는 뜻으로, 고향에 돌아갈 수 없는 안타까움을 반복을 통해 강조하고 있다. 따라서 화자의 이국 지향 의식을 강조한다는 설명은 적절하지 않다.

④ ㉣ '위에서 운다'는 울고 있는 산새의 모습을 의미하며 화자가 지닌 애상의 정서를 대변하고 있으므로 화자가 지닌 분노의 정서를 대변한다는 설명은 적절하지 않다.

작품 해설

김소월, 「산」
- 갈래: 자유시, 서정시
- 성격: 민요적, 향토적, 애상적
- 주제: 이별의 정한과 그리움
- 특징
  - 대체로 7 · 5조 3음보의 민요조 율격
  - 반복법을 통해 운율을 형성함
  - 감정 이입을 활용해 화자의 비애를 노래함

06 난도 ★☆☆   정답 ③

현대 문학 > 현대 소설

정답의 이유

③ 백화와 함께 떠날 것을 권유하는 정 씨에게 '어디 능력이 있어야죠.'라고 말하는 부분을 통해 영달이 자신의 경제적인 능력 때문에 고민하다 결국 백화와 함께 떠나지 않았음을 알 수 있다. 따라서 백화를 신뢰할 수 없었기 때문에 백화와 함께 떠나지 않은 것이 아니므로 이는 적절하지 않다.

오답의 이유

① 정 씨의 '같이 가시지. 내 보기엔 좋은 여자 같군.', '또 알우? 인연이 닿아서 말뚝 박구 살게 될지. 이런 때 아주 뜨내기 신셀 청산해야지.'라는 말을 통해 정 씨가 영달에게 백화와 함께 떠날 것을 권유하고 있음을 알 수 있다.

② '백화는 뭔가 쑤군대고 있는 두 사내를 불안한 듯이 지켜보고 있었다.'를 통해 백화는 정 씨와 영달을 바라보면서 영달의 선택이 어떤 것일지 몰라 불안해하고 있음을 알 수 있다.

④ '영달이가 내민 것들을 받아 쥔 백화의 눈이 붉게 충혈되었다.'를 통해 백화는 정 씨와 영달의 배려에 대한 고마움과 헤어짐에 대한 아쉬움을 느끼고 있음을 알 수 있다. 그 이후에 백화가 '내 이름은 백화가 아니에요. 본명은…… 이점례예요.'라고 하는 부분을 통해 자신의 진짜 모습을 뜻하는 본명을 밝힘으로써 영달에 대한 고마움을 표현하고 있음을 알 수 있다.

07 난도 ★★☆　　　　　　　　　　정답 ④

비문학 > 글의 순서 파악

정답의 이유

- (나)에서는 과거 한반도가 특수한 지정학적 조건으로 인해 국권을 상실하는 아픔을 겪었다는 글의 화제를 제시하고 있으므로 글의 도입에 오는 것이 적절하다.
- (라)에서는 '그 아픔'이라는 표현을 사용해 아픔으로 인한 결과와 극복을 논하며 과거에서 현재로 이어지는 내용을 제시하고 있으므로 한반도의 아픔을 제시한 (나)의 다음에 오는 것이 적절하다.
- (다)에서는 '지금은'이라는 표현으로 현재를 나타내고 있고, 경제력이 국력을 좌우하는 시대라며 우리나라는 전쟁의 폐허를 극복하고 세계적인 경제 강국을 건설하고 있다는 내용을 제시하고 있으므로 과거의 아픔과 새로운 희망을 제시한 (라)의 다음에 오는 것이 적절하다.
- (가)에서는 과거에는 고통을 주었던 한반도의 지정학적 조건이 이제는 희망의 조건이 될 것이라는 미래의 내용을 제시하고 있으므로 글의 마지막에 오는 것이 적절하다.

따라서 글의 전개 순서로 가장 자연스러운 것은 ④ (나) - (라) - (다) - (가)이다.

08 난도 ★☆☆　　　　　　　　　　정답 ②

비문학 > 화법

정답의 이유

② A와 B는 대화 중에 고개를 끄덕이면서 상대방의 말에 공감을 나타내고 있으므로 적절하다.

오답의 이유

① A는 B에게 내용 요약 방식을 제안하고 있는 것이 아니라 B가 언급한 개조식 요약 방식에 대하여 '문제가 있지 않을까요?'라며 문제를 제기하고 있다.

③ B는 회의 내용 요약 방식에 대한 A의 문제 제기에 고개를 끄덕이면서 동의하고 있다.

④ A는 개조식 요약 방식이 문제가 있다고만 언급하였다. 회의 내용을 과도하게 생략하고 이해에 어려움을 줄 수 있다고 언급한 사람은 B이다.

09 난도 ★★☆　　　　　　　　　　정답 ④

비문학 > 사실적 읽기

정답의 이유

④ '참석 학생들은 1일 시의원이 되어 의원 선서를 한 후 주제에 관한 자유 발언 시간을 가졌다. 이어서 관련 조례안을 상정한 후 찬반 토론을 거쳐 전자 투표로 표결 처리하였다.'에서 의원 선서, 자유 발언, 조례안 상정, 찬반 토론, 전자 투표의 순서로 회의가 진행되었음을 확인할 수 있다.

오답의 이유

① '여기에 참여할 수 있는 대상은 A시에 있는 학교에 재학 중인 만 19세 미만의 청소년이다.'에서 A시에 있는 학교의 만 19세 미만 재학생이 청소년 의회 교실에 참여할 수 있는 대상임을 확인할 수 있다.

② '이 조례에 따르면 시의회 의장은 의회 교실의 참가자 선정 및 운영 방안을 결정할 수 있다. 운영 방안에는 지방자치 및 의회의 기능과 역할, 민주 시민의 소양과 자질 등에 관한 교육 내용이 포함된다.'에서 시의회 의장이 민주 시민의 소양과 관련된 교육 내용을 결정할 수 있음을 확인할 수 있다.

③ '또한 시의회 의장은 고유 권한으로 본회의장 시설 사용이 가능하도록 지원할 수 있다.'와 '최근 ~ 본회의장에서 첫 번째 의회 교실을 운영하였다.'에서 시의회 의장이 본회의장 시설을 사용하도록 지원하였음을 확인할 수 있다.

10 난도 ★★☆　　　　　　　　　　정답 ④

문법 > 의미론

정답의 이유

④ '언행이나 태도가 의젓하고 신중하다.'를 의미하는 '점잖다'는 '어리다, 젊다'를 의미하는 '점다'에 '-지 아니하다'가 결합하여 '점지 아니하다'가 되었고, 이를 축약하여 오늘날의 '점잖다'가 된 것으로 볼 수 있다.

오답의 이유

① '살림살이가 넉넉하지 못함 또는 그런 상태'를 의미하는 '가난'은 한자어인 '간난(艱難)'에서 'ㄴ'이 탈락하여 만들어진 단어이다.

② '어리다'는 중세국어에서 '어리석다'라는 뜻으로 쓰이다가 현대 국어에서 '나이가 적다.'라는 뜻으로 의미가 이동하였다.

③ '닭의 수컷'을 의미하는 '수탉'의 '수'는 역사적으로 '숳'과 같이 'ㅎ'을 맨 마지막 음으로 가지고 있는 말이었으나 현대에 와서는 'ㅎ'이 모두 떨어진 형태를 기본적인 표준어로 규정하였다. 이러한 흔적으로 인해 'ㅎ'이 뒤의 예사소리와 만나면 거센소리로 나는 것을 인정하여 '숳'에 '둙(닭)'이 결합할 때 '수탉'이라고 하였다.

11 난도 ★★☆   정답 ③

비문학 > 사실적 읽기

정답의 이유

③ 제시된 글에서 혐오 현상은 자체의 역사와 사회적 배경이 반드시 선행하며 사회문제의 기원이나 원인이 아니라 발현이며 결과라고 하였다. 또한 혐오 그 자체를 사회악으로 지목해 도덕적으로 지탄하는 데서 그쳐서는 안 된다고 하였다. 이를 통해 글쓴이가 혐오 현상을 바르게 이해하기 위해서는 이를 만들어 내는 사회문제를 찾는 것이 중요하다고 주장하고 있음을 알 수 있다. 따라서 '혐오 현상을 만들어 내는 근본 원인을 찾아야 한다.'가 주제로 적절하다.

오답의 이유

① 1문단의 '혐오 현상은 외계에서 뚝 떨어진 괴물이 만들어 낸 것이 아니라, 거기엔 자체의 역사와 사회적 배경이 반드시 선행한다.'에서 혐오 현상에는 인과관계가 존재한다는 것을 알 수 있다. 따라서 '혐오 현상에는 인과관계가 존재하지 않는다.'는 주제로 적절하지 않다.

② 2문단의 '왜 혐오가 나쁘냐고 물어보면 많은 사람들은 이렇게 답한다. ~ 이 대답들은 분명 선량한 마음에서 나온 것이다. 하지만 문제의 성격을 오인하게 만들 수 있다.'에서 혐오 현상을 선량한 마음으로 바라보면 안 된다는 것을 알 수 있다. 따라서 '혐오 현상은 선량한 마음으로 바라보아야 한다.'는 주제로 적절하지 않다.

④ 2문단의 '혐오나 증오라는 특정 감정에 집착해선 안 된다는 것이다.', "혐오나 증오라는 감정에 집중할수록 우린 '달을 가리키는 손가락만 바라보는' 잘못을 범하기 쉬워진다."에서 혐오라는 감정에 집중해서는 안 된다는 것을 알 수 있다. 따라서 '혐오라는 감정에 집중할수록 사회문제는 잘 보인다.'는 주제로 적절하지 않다.

12 난도 ★★☆   정답 ①

고전 문학 > 고전 운문

정답의 이유

① 화자는 '초가 정자'가 있고 오솔길이 나 있는 곳에서 술을 마시며 시를 읊조리고 있다. 따라서 ㉠ '초가 정자'는 화자가 묘사한 풍경 속의 일부일 뿐, 시간적 흐름에 따른 시상 전개를 매개하고 있는 것이 아니다.

오답의 이유

② 화자는 자연 속에서 '높다랗게' 앉아서 술을 마시며 시를 읊조리고 있다. 따라서 ㉡ '높다랗게'를 통해 시적 화자의 초연한 태도를 파악할 수 있다.

③ '산과 계곡'인 자연은 언제나 변함없이 그대로지만, 인간이 만든 '누대'는 비어 있다고 하였으므로 ㉢ '누대'는 자연과 대비되는 쇠락한 인간사를 암시한다고 볼 수 있다.

④ '봄바람'은 꽃잎을 흔드는 주체이며, 화자는 '붉은 꽃잎 하나라도 흔들지 마라'라고 하였다. 따라서 ㉣ '봄바람'은 꽃잎을 흔드는 부정적 이미지로 기능하고 있음을 알 수 있다.

13 난도 ★★☆   정답 ③

어휘 > 한자어

정답의 이유

③ '각축(角逐: 뿔 각, 쫓을 축)'은 '서로 이기려고 다투며 덤벼듦'이라는 뜻으로, 이 단어에는 사람의 몸을 지시하는 말이 포함되지 않았다.

오답의 이유

① '슬하(膝下: 무릎 슬, 아래 하)'는 '무릎의 아래'라는 뜻으로, '어버이나 조부모의 보살핌 아래, 주로 부모의 보호를 받는 테두리 안'을 이른다.

② '수완(手腕: 손 수, 팔 완)'은 '일을 꾸미거나 치러 나가는 재간 / 손목의 잘록하게 들어간 부분'을 이른다.

④ '발족(發足: 필 발, 발 족)'은 '어떤 조직체가 새로 만들어져서 일이 시작됨 또는 그렇게 일을 시작함'을 이른다.

14 난도 ★★★   정답 ③

고전 문학 > 고전 산문

정답의 이유

③ (가)에서는 계월의 명령에 화가 머리끝까지 난 보국이 억지로 갑옷과 투구를 갖추고 군문에 대령하자 계월이 보국에게 예를 갖추라고 명령하면서 보국과의 갈등 상황을 타개하고자 하는 적극적인 태도를 보인다. 그러나 (나)에서는 까투리가 장끼의 고집에 경황없이 물러서며 갈등 상황을 해결하는 데 소극적인 태도를 보인다.

오답의 이유

① (가)에서는 계월이 보국에게 명령하는 것을 통해 계월이 보국에 비해 우월한 지위를 가지고 있음을 확인할 수 있다. 그러나 (나)에서는 장끼의 고집을 꺾지 못하는 까투리의 모습을 통해 까투리가 장끼에 비해 우월한 지위를 가지고 있지 않음을 확인할 수 있다.

② (가)에서는 계월이 보국의 행동을 거만하다고 비판하고 있으며, (나)에서도 까투리가 장끼의 행동을 보고 '저런 광경 당할 줄 몰랐던가. ~ 계집의 말 안 들어도 망신하네.'라고 하며 장끼의 행동을 비판하고 있음을 확인할 수 있다.

④ (가)에서는 계월의 호령에 '군졸의 대답 소리로 장안이 울릴 정도였다.'라고 묘사한 것을 통해 계월이 주변으로부터 두려움의 반응을 얻었음을 확인할 수 있다. (나)에서는 '아홉 아들 열두 딸과 친구 벗님네들도 불쌍타 의논하며' 장끼의 죽음에 대해 까투리를 위로하고 있으므로 까투리는 주변으로부터 호의적인 반응을 얻었음을 확인할 수 있다.

(가) 작자 미상, 「홍계월전」

- 갈래: 고전 소설, 군담 소설, 영웅 소설
- 성격: 전기적, 영웅적
- 주제: 홍계월의 영웅적 면모와 고난 극복
- 특징
  - 주인공의 고행담과 이를 극복하는 과정을 서술함(전형적인 영웅 일대기적 구조)
  - 중국 명나라를 배경으로 한 소설로, 여성을 우월하게 그림
  - 봉건적 사회 질서에서 벗어나고자 하는 여성들의 욕구를 반영함
  - 남장 모티프를 확인할 수 있음

(나) 작자 미상, 「장끼전」

- 갈래: 고전 소설, 우화 소설
- 성격: 우화적, 교훈적, 풍자적
- 주제: 남존여비와 재가 금지에 대한 비판
- 특징
  - 동물을 의인화하여 풍자의 효과를 높임
  - 남존여비, 여성의 재가 금지 등 당시의 유교 윤리를 비판함
  - 판소리 사설의 문체가 작품 곳곳에 드러남

15 난도 ★★★ 정답 ④

문법 > 통사론

정답의 이유

④ 끼이는(○): '벌어진 사이에 들어가 죄이고 빠지지 않게 되다.'를 뜻하는 '끼이다'는 '끼다'의 피동사이므로 '끼이는'은 문장에서 적절하게 쓰였다.

오답의 이유

① 되뇌이는(×) → 되뇌는(○): '같은 말을 되풀이하여 말하다.'를 뜻하는 단어는 '되뇌다'이므로, '되뇌는'으로 고쳐 써야 한다.

② 헤매이고(×) → 헤매고(○): '갈 바를 몰라 이리저리 돌아다니다.'를 뜻하는 단어는 '헤매다'이므로, '헤매고'로 고쳐 써야 한다.

③ 메이기(×) → 메기(○): '뚫려 있거나 비어 있는 곳이 막히거나 채워지다.'를 뜻하는 단어는 '메다'이므로, '메기'로 고쳐 써야 한다.

16 난도 ★★☆ 정답 ④

어휘 > 한자어

정답의 이유

④ 변호사(辯護事: 말 잘할 변, 보호할 호, 일 사)(×) → 변호사(辯護士: 말 잘할 변, 보호할 호, 선비 사)(○): 법률에 규정된 자격을 가지고 소송 당사자나 관계인의 의뢰 또는 법원의 명령에 따라 피고나 원고를 변론하며 그 밖의 법률에 관한 업무에 종사하는 사람

오답의 이유

① 소방관(消防官: 꺼질 소, 막을 방, 벼슬 관)(○): 소방 공무원을 일상적으로 이르는 말

② 과학자(科學者: 품등 과, 배울 학, 놈 자)(○): 과학을 전문적으로 연구하는 사람

③ 연구원(研究員: 갈 연, 궁구할 구, 관원 원)(○): 연구에 종사하는 사람

17 난도 ★☆☆ 정답 ③

비문학 > 사실적 읽기

정답의 이유

③ 2문단에서 중세의 지적 전통에 대한 의구심이 고대의 학문과 예술, 언어에 대한 재평가로 이어졌고 이에 따라 인간에 대한 관심이 많아졌다고 하였으며, 3문단에서 인간에 대한 관심의 증대로 인해 인체의 아름다움이 재발견되었다고 하였다. 따라서 예술가들이 인체의 아름다움을 재발견함으로써 고대의 학문과 언어에 대한 재평가도 이루어졌다는 이해는 적절하지 않다.

오답의 이유

① 1문단의 '르네상스가 일어나게 된 요인으로 많은 것들이 거론되어 왔지만, 의학사의 관점에서 볼 때 흥미롭고 논쟁적인 원인은 페스트이다.'를 통해 페스트라는 전염병이 르네상스가 일어나게 된 요인 중 하나임을 확인할 수 있다.

② 1문단의 "페스트로 인해 '사악한 자'들만이 아니라 '선량한 자'들까지 무차별적으로 죽는 것을 보고 이전까지 의심하지 않았던 신과 교회의 막강한 권위에 대해서도 회의하게 되었다."를 통해 페스트로 인한 선인과 악인의 무차별적인 죽음은 교회의 권위를 약화시켰음을 확인할 수 있다.

④ 3문단의 '기존의 의학적 전통을 여전히 신봉하던 의사들에게 해부학적 지식은 불필요한 것으로 인식되었던 반면, 당시의 미술가들은 예술가이면서 동시에 해부학자이기도 할 만큼 인체의 내부 구조를 탐색하는 데 골몰했다.'를 통해 르네상스 시기의 해부학은 의사들이 아닌 미술가들의 관심을 끌었음을 확인할 수 있다.

18 난도 ★★☆ 정답 ②

어휘 > 한자성어

정답의 이유

② 밑줄 친 부분은 '간단한 말로도 남을 감동하게 하거나 남의 약점을 찌를 수 있음'을 의미하는 寸鐵殺人(촌철살인)과 어울린다.

- 寸鐵殺人: 마디 촌, 쇠 철, 죽일 살, 사람 인

오답의 이유

① 巧言令色(교언영색): 아첨하는 말과 알랑거리는 태도

- 巧言令色: 교묘할 교, 말씀 언, 명령할 영, 빛 색

③ 言行一致(언행일치): 말과 행동이 하나로 들어맞음 또는 말한 대로 실행함

- 言行一致: 말씀 언, 다닐 행, 하나 일, 이를 치

④ 街談巷說(가담항설): 거리나 항간에 떠도는 소문

- 街談巷說: 거리 가, 말씀 담, 거리 항, 말씀 설

19 난도 ★★☆

비문학 > 추론적 읽기

정답의 이유

① '논리실증주의자들에 따르면, 만약 어떤 것이 과학일 경우 거기에서 사용되는 문장은 유의미하다.'와 '(나)는 검증할 수 없고 과학에서 사용될 수 없는 무의미한 문장이라고 말한다.'를 통해 과학에서 사용될 수 없는 문장은 무의미한 문장임을 확인할 수 있다. 따라서 논리실증주의자들에 따르면 무의미한 문장을 사용하는 것은 과학이 아니라는 점을 추론할 수 있다.

오답의 이유

② '논리실증주의자들에 따르면, 만약 어떤 것이 과학일 경우 거기에서 사용되는 문장은 유의미하다.'를 통해 과학에서 사용되는 문장이 유의미하다는 것은 파악할 수 있다. 하지만 과학의 문장들만 유의미하다는 내용을 추론할 수는 없다.

③ '검증 원리란, 경험을 통해 참이나 거짓을 검증할 수 있는 문장은 유의미하고 그렇지 않은 문장은 유의미하지 않다는 것이다.'를 통해 경험으로 검증할 수 없는 문장은 유의미하지 않다는 사실을 파악할 수 있다. 하지만 아직까지 경험되지 않은 것을 언급한 문장이 무의미하다는 내용을 추론할 수는 없다.

④ '검증 원리란, 경험을 통해 참이나 거짓을 검증할 수 있는 문장은 유의미하고 그렇지 않은 문장은 유의미하지 않다는 것이다.'를 통해 검증할 수 없는 문장은 무의미한 문장임을 확인할 수 있다. 하지만 검증 원리에 따라 '거짓'을 검증할 수 있는 문장은 유의미하다고 할 수 있다.

20 난도 ★★☆

비문학 > 추론적 읽기

정답의 이유

㉠ 1문단의 '즉 컴퓨터는 결정론적 법칙의 지배를 받는 시스템이라는 것이다.'와 2문단의 '결국 결정론적 법칙의 지배를 받는 시스템은 자유의지를 가지지 않는다. 또한 자유의지를 가지지 않는 시스템에 도덕적 의무를 귀속시킬 수 없음은 당연하다.'를 통해 결정론적 법칙의 지배를 받는 시스템인 컴퓨터는 자유의지를 가지지 않으며 도덕적 의무의 귀속 대상이 아님을 추론할 수 있다.

㉡ 2문단의 '결국 결정론적 법칙의 지배를 받는 시스템은 자유의지를 가지지 않는다. 또한 자유의지를 가지지 않는 시스템에 도덕적 의무를 귀속시킬 수 없음은 당연하다.'를 통해 도덕적 의무를 귀속시킬 수 있는 시스템은 결정론적 법칙의 지배를 받지 않음을 추론할 수 있다.

㉢ 2문단의 '어떤 선택을 할 때 그것과 다른 선택을 할 수도 있다는 것은 자유의지의 필요조건이기 때문이다.'를 통해 어떤 선택을 할 때 그것과 다른 선택을 할 수 없는 시스템은 자유의지를 가지지 않음을 추론할 수 있다.

작은 기회로부터 종종 위대한 업적이 시작된다.

– 데모스테네스 –

PART 2

영어

영어 | 2024년 국가직 9급

한눈에 훑어보기

✔ 빠른 정답

01	02	03	04	05	06	07	08	09	10
③	②	①	④	④	②	①	①	②	④
11	12	13	14	15	16	17	18	19	20
③	②	③	④	①	④	③	②	②	①

✔ 점수 체크

구분	1회독	2회독	3회독
맞힌 문항 수	/ 20	/ 20	/ 20
나의 점수	점	점	점

01 난도 ★☆☆   정답 ③

어휘 > 단어

[정답의 이유]

첫 번째 문장에서 언어 과목의 어떤 측면도 학습이나 교습에서 서로 분리되어 있지 않다고 했으므로 문맥상 밑줄에는 stands alone(분리되다)과 반대되는 뜻을 가진 단어가 와야 함을 유추할 수 있다. 따라서 밑줄 친 부분에 들어갈 말로 적절한 것은 ③ 'interrelated(서로 밀접하게 연관된)'이다.

[오답의 이유]

① 뚜렷한, 구별되는
② 왜곡된
④ 독자적인

본문해석

분명히, 언어 과목의 어떤 측면도 학습이나 교습에서 서로 분리되어 있지 않다. 듣기, 말하기, 읽기, 쓰기, 보기, 그리고 시각적 표현은 서로 밀접하게 연관되어 있다.

VOCA

- obviously 확실히[분명히]
- aspect 측면, 양상
- stand alone 독립하다, 분리되다, 혼자[따로] 떨어져 있다
- visually representing 시각적으로 나타내기

02 난도 ★☆☆   정답 ②

어휘 > 단어

[정답의 이유]

밑줄 친 concealed는 conceal(숨기다, 감추다)의 과거분사형으로 '숨겨진, 감춰진'이라는 뜻이다. 이와 의미가 가장 가까운 것은 ② 'hidden(숨겨진)'이다.

[오답의 이유]

① 사용된
③ 투자된
④ 배달된

본문해석

그 돈은 매우 교묘하게 숨겨져 있어서 우리는 그것에 대한 수색을 포기하도록 강요당했다.

VOCA

- be forced to ~하도록 강요 당하다
- abandon 그만두다, 포기하다

03 난도 ★☆☆

어휘 > 단어

[정답의 이유]

밑줄 친 appease는 '달래다, 진정시키다'라는 뜻으로, 이와 의미가 가장 가까운 것은 ① 'soothe(진정시키다)'이다.

[오답의 이유]

② 반박하다, 대응하다

③ 교화하다

④ 동화되다[동화시키다]

본문해석

반대자들을 달래기 위해 그 무선사업자들은 출퇴근 시간대 라디오 방송에서 1,200만 달러의 공교육 캠페인을 시작했다.

VOCA

- critic 비평가, 반대자
- launch 시작[개시/착수]하다
- public-education campaign 공교육 캠페인
- drive-time 드라이브 타임(출퇴근 시간같이 하루 중 많은 사람들이 차를 운전하는 시간대)

04 난도 ★☆☆

정답 ④

어휘 > 어구

[정답의 이유]

밑줄 친 play down은 '경시하다'라는 뜻으로, 이와 의미가 가장 가까운 것은 ④ 'underestimate(과소평가하다)'이다.

[오답의 이유]

① 식별하다, 알아차리다

② 만족시키지 않다

③ 강조하다

본문해석

센터 관계자들은, 그것들이 전형적인 신생기업의 운영 방식이라고 말하면서, 그 문제들을 경시한다.

VOCA

- typical 전형적인, 대표적인
- start-up 신생기업

05 난도 ★☆☆

정답 ④

어휘 > 어구

[정답의 이유]

밑줄 친 had the guts는 '~할 용기가 있었다'라는 뜻으로, 이와 의미가 가장 가까운 것은 ④ 'was courageous(용감했다)'이다.

[오답의 이유]

① 걱정했다

② 운이 좋았다

③ 평판이 좋았다

본문해석

그녀는 부지런히 일했고 자신이 원하는 것을 시도할 용기가 있었다.

VOCA

- diligently 부지런히, 열심히
- go for ~을 시도하다, 찬성하다

06 난도 ★☆☆

정답 ②

어법 > 비문 찾기

[정답의 이유]

② those 앞에 be superior to(~보다 더 뛰어나다)가 있으므로 the quality of older houses(옛날 오래된 주택의 품질)와 those of modern houses(현대의 주택들의 품질)를 비교하고 있음을 알 수 있다. 여기서 those는 단수명사(quality)를 받고 있으므로 those → that이 되어야 한다.

[오답의 이유]

① 전치사 Despite 다음에 명사(구)인 the belief that the quality of older houses is superior to those of modern houses가 왔으므로 어법상 적절하게 사용되었다. the belief 다음의 that절 (that the quality of older houses is superior to those of modern houses)은 명사(the belief)를 가리키는 동격의 that절이다.

③ compared to의 비교 대상이 the foundations of most pre-20th-century houses와 today's이고, 문맥상 20세기 이전 주택의 기초는 오늘날의 주택 기초와 비교가 되는, 즉 수동의 의미이므로 과거분사(compared)가 적절하게 사용되었다.

④ their가 주절의 주어(the foundations ~ houses)를 받고 있으므로 어법상 대명사의 복수형으로 적절하게 사용되었다.

본문해석

예전의 오래된 주택의 품질이 현대 주택의 품질보다 우수하다는 믿음에도 불구하고, 대부분 20세기 이전 주택의 기초는 오늘날의 주택에 비해 기반이 극히 얕으며, 그것들의 목재 구조의 유연성이나 벽돌과 돌 사이의 석회 모르타르 덕분에 시간의 시험을 견뎌왔을 뿐이다.

VOCA

- be superior to ~보다 더 뛰어나다
- foundation (건물의) 토대[기초]
- dramatically 극적으로, 인상적으로
- shallow 얄팍한, 얕은
- stand 견디다
- flexibility 신축성, 유연성
- timber 목재
- framework (건물 등의) 뼈대[골조]
- lime mortar 석회 모르타르

더 알아보기

양보 접속사 vs. 양보 전치사

• 양보 접속사

though[although, even if, even though]+주어+동사: 비록 ~
이지만, ~라 하더라도

예 Sometimes, even though you may want to apologize, you
just may not know how.
(때로는, 사과하고 싶을지라도 단지 방법을 모를 수도 있다.)

예 Though I loved reading about biology, I could not bring
myself to dissect a frog in lab.
(나는 생물학에 관해 읽는 것을 좋아했지만, 아무리 해도 실험
실에서 개구리를 해부할 수 없었다.)

• 양보 전치사

despite[in spite of]+명사[명사상당어구]: 비록 ~이지만, ~라
하더라도

예 The US government began to feed poor children during
the Great Depression despite the food shortage.
(미국 정부는 식량 부족에도 불구하고 대공황 동안 가난한 아
이들에게 급식을 시작했다.)

예 Despite the common conceptions of deserts as hot, there
are cold deserts as well.
(사막은 덥다는 일반적 개념에도 불구하고, 추운 사막도 있다.)

07 난도 ★★☆   정답 ①

어법 > 비문 찾기

정답의 이유

① still more는 '하물며 ~은 말할 것도 없이'라는 의미의 비교급 관
용구문으로, 긍정문에서는 still more를, 부정문에서는 still less
를 쓴다. 제시된 문장은 부정문(are not interested in)이므로
still more → still less가 되어야 한다.

오답의 이유

② 밑줄 친 Once confirmed 다음에 목적어가 없으므로 주어와 동사
가 생략된 분사구문이라는 것을 알 수 있다. 따라서 confirmed의
주어가 주절의 주어(the order)와 같고 수동의 의미이므로 어법
상 과거분사(confirmed)가 적절하게 사용되었다.

③ 밑줄 친 provided (that)은 '~을 조건으로, ~한다면'이라는 뜻
으로, 조건 부사절을 이끄는 분사형 접속사로 적절하게 사용되
었다.

④ news는 셀 수 없는 명사이고, much가 수식하고 있으므로 어법
상 적절하게 사용되었다.

본문해석

① 그들은 시를 읽는 것에 관심이 없으며, 하물며 시를 쓰는 것은
더 아니다(관심이 없다).

② (주문이) 확인되면, 주문은 귀하의 주소로 발송될 것이다.

③ 페리가 정시에 출발한다면, 우리는 아침까지 항구에 도착해야
한다.

④ 외신 기자들은 단기간 수도에 체류하는 동안 가능한 한 많은 뉴
스를 취재하기를 바란다.

VOCA

• still less 하물며 ~은 아니다
• confirm 확인하다
• provided that ~라면
• ferry 연락선[(카)페리]
• cover 취재[방송/보도]하다

더 알아보기

still[much] more vs. still[much] less

• still[much] more: 하물며 ~은 말할 것도 없이

긍정의미 강화표현으로 긍정문 다음에 사용된다.

예 Everyone has a right to enjoy his liberty, much more his
life.
(누구나 자유를 누릴 권리가 있으며, 자신의 삶은 말할 것도
없다.)

• still[much] less: 하물며 ~은 아니다

부정의미 강화표현으로 부정문 다음에 사용된다.

예 I doubt Clemson will even make the finals, much less win.
(Clemson이 우승은 고사하고 하물며 결승까지 진출할지도 의
심스럽다.)

예 The students are not interested in reading poetry, still less
in writing.
(학생들은 시를 쓰는 것은 고사하고, 시를 읽는 것도 관심이
없다.)

08 난도 ★★☆   정답 ①

어법 > 영작하기

정답의 이유

① '감정 형용사(glad)+that ~'에서 that은 감정의 이유를 보충·
설명하는 부사절을 이끄는 접속사이며, 주어(We)가 기쁜 이유
(the number of applicants is increasing)를 설명하고 있으므
로 어법상 적절하게 사용되었다. 또한, that절의 주어(the
number of applicants)는 '~의 수'라는 뜻의 'the number of+
복수명사+단수동사' 구문이므로 단수동사 is가 적절하게 사용
되었다.

오답의 이유

② 과거 부사구(two years ago)가 있으므로 I've received → I
received가 되어야 한다.

③ 관계대명사 which 다음에 불완전한 절이 와야 하는데, 1형식 완전자동사(sleep)가 왔으므로 어법상 적절하지 않다. 따라서 which → where(관계부사) 또는 on which(전치사+관계대명사)가 되어야 한다.

④ 'exchange A with B'는 'A를 B와 교환하다'라는 뜻으로, A(사람) 앞에는 전치사 with를 함께 써야 한다. 따라서 each other → with each other가 되어야 한다. each other는 '서로'라는 뜻의 대명사로, 부사처럼 단독으로 사용할 수 없다.

VOCA
• applicant 지원자
• increase 증가하다, 인상되다
• comfortable 편(안)한, 쾌적한
• exchange 교환하다[주고받다]

09 난도 ★☆☆ 정답 ②

표현 > 일반회화

정답의 이유

밑줄 앞에서 Ace Tour는 'Do you have any specific questions(혹시 구체적으로 궁금한 점이 있으신가요)?'라고 물었고, 뒤에서 'It'll take you to all the major points of interest in the city(도시의 흥미로운 주요 장소들을 모두 안내해 드릴 겁니다).'라고 대답했으므로 밑줄 친 부분에 들어갈 말로 적절한 것은 ② 'What does the city tour include(시티 투어에는 무엇이 포함되어 있나요)?'이다.

오답의 이유

① 투어 기간은 얼마나 됩니까?
③ 패키지여행 리스트가 있나요?
④ 좋은 여행 안내서를 추천해 주실 수 있나요?

본문해석

Brian: 안녕하세요, 시티 투어에 대한 정보를 얻을 수 있을까요?
Ace Tour: 문의주셔서 감사합니다. 혹시 구체적으로 궁금한 점이 있으신가요?
Brian: 시티 투어에는 무엇이 포함되어 있나요?
Ace Tour: 도시의 흥미로운 주요 장소들을 모두 안내해 드릴 겁니다.
Brian: 얼마인가요?
Ace Tour: 4시간 투어에 1인당 50달러입니다.
Brian: 알겠어요. 금요일 오후 티켓 4장을 예약할 수 있을까요?
Ace Tour: 물론입니다. 곧 결제정보를 보내드리겠습니다.

VOCA
• specific 구체적인
• of interest 흥미있는
• book 예약하다
• payment information 결제정보

10 난도 ★☆☆ 정답 ④

표현 > 일반회화

정답의 이유

밑줄 앞에서 A가 'Air freight costs will be added on the invoice(송장에 항공운임이 추가될 겁니다).'라고 한 다음 'I am afraid the free delivery service is no longer available(죄송하지만, 무료배송 서비스는 더 이상 제공되지 않습니다).'라고 했으므로 대화의 흐름상 밑줄 친 부분에 들어갈 말로 적절한 것은 ④ 'Wait a minute. I thought the delivery costs were at your expense(잠시만요. 배송비는 귀사에서 부담하는 줄 알았어요).'이다.

오답의 이유

① 알겠습니다. 송장은 언제 받게 될까요?
② 저희 부서가 2주 안에 결제하지 못할 수도 있어요.
③ 월요일에 저희가 귀사의 법인 계좌로 결제액을 송금해도 될까요?

본문해석

A: 감사합니다. 주문해주셔서 감사합니다.
B: 천만에요. 항공화물로 물품을 보내주실 수 있나요? 저희는 빨리 물건이 필요해요.
A: 네, 지금 바로 귀하의 부서로 보내겠습니다.
B: 알겠습니다. 다음 주 초에 물건을 받을 수 있으면 좋겠어요.
A: 모든 것이 일정대로 진행된다면 월요일까지 받을 수 있을 거예요.
B: 월요일 좋아요.
A: 2주 안에 결제 부탁드립니다. 송장에 항공운임이 추가될 겁니다.
B: 잠시만요. 배송비는 귀사에서 부담하는 줄 알았어요.
A: 죄송하지만, 무료배송 서비스는 더 이상 제공되지 않습니다.

VOCA
• appreciate 고마워하다
• goods 상품, 제품
• by air freight 항공편으로
• air freight cost 항공운임
• add 합하다[더하다]
• invoice 송장

11 난도 ★☆☆ 정답 ③

표현 > 일반회화

정답의 이유

밑줄 앞에서 A가 'Have you contacted the subway's lost and found office(지하철 분실물 센터에 연락해 봤어요)?'라고 물었고, 뒤에서 'If I were you, I would do that first(나라면 먼저 그렇게 하겠어요).'라고 했으므로 밑줄 친 부분에 들어갈 말로 적절한 것은 ③ 'I haven't done that yet, actually(사실, 아직 안 했어요)'이다.

오답의 이유

① 전화에 대해 문의하러 그곳에 갔어요
② 오늘 아침 사무실에 들렀어요
④ 모든 곳을 다 찾아봤어요

A: 휴대폰을 찾았나요?

B: 유감스럽게도, 못 찾았어요. 아직 찾고 있어요.

A: 지하철 분실물 센터에 연락해 봤어요?

B: 사실, 아직 안 했어요.

A: 나라면 먼저 그렇게 하겠어요.

B: 네, 맞는 말이에요. 새 휴대폰을 사기 전에 분실물 센터에 문의해 볼게요.

- unfortunately 유감스럽게도
- lost and found 분실물 보관소
- check with ~에 문의[조회]하다

12 난도 ★☆☆   정답 ②

독해 > 세부 내용 찾기 > 내용 (불)일치

정답의 이유

두 번째 문장에서 'Entry to shows and lectures are first-come, first-served.'라고 했으므로 글의 내용과 일치하는 것은 ② '공연과 강연의 입장은 선착순이다.'이다.

오답의 이유

① 첫 번째 문장에서 'Kids 10 and under are free(10세 이하 어린이는 무료입니다).'라고 했으므로 글의 내용과 일치하지 않는다.

③ 세 번째 문장에서 'All venues open rain or shine(모든 행사장은 날씨와 관계없이 운영합니다).'이라고 했으므로 글의 내용과 일치하지 않는다.

④ 마지막 문장에서 'NEWE organizers may discontinue in-person ticket sales should any venue reach capacity (NEWE 주최 측은 행사장이 수용 인원에 도달하면 현장 입장권 판매를 중단할 수 있습니다).'라고 했으므로 현장 판매도 한다는 것을 유추할 수 있다.

북동부 야생동물 박람회(NEWE)

2024년 3월 30일 토요일 입장권

■ 가격: $40.00

■ 개장시간: 오전 10:00 - 오후 6:00

10세 이하 어린이는 무료입니다. 공연과 강연 입장은 선착순입니다. 모든 행사장은 날씨와 관계없이 운영합니다.

3월 20일은 2024 북동부 야생동물 박람회 입장권 온라인 구매 마지막 날입니다.

참고: NEWE 입장권을 사전에 구매하는 것이 모든 전시장 입장을 보장하는 최선의 방법입니다. NEWE 주최 측은 행사장이 수용 인원에 도달하면 현장 입장권 판매를 중단할 수 있습니다.

- admission ticket 입장권
- entry 입장
- lecture 강의, 강연
- first-come, first-served 선착순
- rain or shine 날씨에 관계 없이
- guarantee 보장[약속]하다
- discontinue 중단하다
- reach ~에 이르다[도달하다]
- capacity 용량, 수용력

13 난도 ★★☆   정답 ③

독해 > 세부 내용 찾기 > 내용 (불)일치

정답의 이유

네 번째 문장에서 '~ they were written and produced several years apart and out of chronological order(그것들은 몇 년 간격으로 연대순을 벗어나 집필·제작되었다).'라고 했으므로 글의 내용과 일치하지 않는 것은 ③ 'The Theban plays were created in time order(테베의 희곡들은 시대순으로 창작되었다).'이다.

오답의 이유

① 소포클레스는 총 123편의 비극을 썼다. → 두 번째 문장에서 'Sadly, only seven of the 123 tragedies he wrote have survived(애석하게도, 그가 쓴 123편의 비극 중 단지 7편만 남아 있지만) ~'라고 했으므로 글의 내용과 일치한다.

② Antigone도 오이디푸스 왕에 관한 것이다. → 세 번째 문장에서 'The play was one of three written by Sophocles about Oedipus, the mythical king of Thebes (the others being *Antigone* and *Oedipus at Colonus*)[그 희곡은 테베의 신화적인 오이디푸스 왕에 대해 쓴 세 편 중 하나(나머지는 *Antigone*와 *Oedipus at Colonus*이다)인데] ~'라고 했으므로 글의 내용과 일치한다.

④ *Oedipus the King*은 고전적인 아테네 비극을 대표한다. → 마지막 문장에서 '*Oedipus the King* follows the established formal structure and it is regarded as the best example of classical Athenian tragedy(*Oedipus the King*은 정해진 형식적 구조를 따르며, 아테네 고전 비극의 가장 좋은 예로 여겨지고 있다).'라고 했으므로 글의 내용과 일치한다.

그리스 극작가 소포클레스의 비극은 그리스 고전극의 절정으로 여겨지게 되었다. 애석하게도, 그가 쓴 123편의 비극 중 단지 7편만 남아 있지만, 이 중에서 가장 빼어난 작품은 *Oedipus the King*일 것이다. 그 희곡은 테베의 신화적인 오이디푸스 왕에 대해 쓴 세 편 중 하나(나머지는 *Antigone*와 *Oedipus at Colonus*이다)인데, 일괄적으로 테베의 희곡이라고 알려져 있다. 소포클레스는 이 희곡들을 각각 별개의 작품으로 구상했고, 그것들은 몇 년 간격으로 연대순을 벗어나 집필·제작되었다. *Oedipus the King*은 정해진 형식적 구조를 따르며, 아테네 고전 비극의 가장 좋은 예로 여겨지고 있다.

VOCA

- dramatist 극작가
- be regarded as ~로 여겨지다
- survive 살아남다, 생존[존속]하다
- mythical 신화적인, 신화[전설]상의
- collectively 전체적으로, 일괄하여
- conceive 생각해 내다, 착상하다
- separate 별개의
- entity 독립체
- chronological order 연대순

14 난도 ★★☆ 　　　　정답 ④

독해 > 대의 파악 > 제목, 주제

정답의 이유

제시문은 고고학자 Arthur Evans가 크노소스 궁전의 유적과 미노스 시대의 유물을 발굴해서 신화로만 여겨졌던 미노스 문명이 사실로 드러났다는 내용이다. 세 번째 문장에서 'But as Evans proved, this realm was no myth(그러나 Evans가 증명했듯이, 이 왕국은 신화가 아니었다).'라고 했고, 마지막 문장에서 'In a series of excavations in the early years of the 20th century, Evans found a trove of artifacts from the Minoan age(20세기 초 일련의 발굴에서, Evans는 미노스 시대의 유물들을 발견했는데) ~'라고 했으므로, 글의 주제로 적절한 것은 ④ 'Bringing the Minoan culture to the realm of reality(미노스 문명을 현실 영역으로 가져오기)'이다.

오답의 이유

① 미노스 왕의 성공적인 발굴
② 미노스 시대의 유물 감상하기
③ 크레타 섬 궁전의 웅장함

본문해석

한 사람이 전체 문명에 대한 우리의 눈을 뜨게 할 수 있다는 것은 믿기 힘든 것처럼 보이지만, 영국의 고고학자 Arthur Evans가 크레타섬에 있는 크노소스 궁전의 유적을 성공적으로 발굴하기 전까지 지중해의 위대한 미노스 문명은 사실보다는 전설에 가까웠다. 실제로 그곳의 가장 유명한 거주자는 신화에 나오는 생명체인 반인반우의 미노타우로스로, 전설적인 미노스 왕의 궁전 아래에서 살았다고 한다. 그러나 Evans가 증명했듯이, 이 왕국은 신화가 아니었다. 20세기 초 일련의 발굴에서, Evans는 기원전 1900년부터 1450년까지 최고로 번창했던 미노스 시대의 유물들을 발견했는데 보석, 조각품, 도자기, 황소 뿔 모양의 제단, 그리고 미노스 문명의 삶을 보여주는 벽화 등이었다.

VOCA

- be responsible for ~을 맡다, 담당하다
- archaeologist 고고학자
- excavate 발굴하다
- ruins 유적, 폐허
- Minoan culture 미노스 문명

- realm 왕국
- excavation 발굴
- trove 귀중한 발견물[수집품]
- reach its height 절정에 도달하다, 최고로 번창하다
- carving 조각품
- pottery 도자기
- altar 제단

15 난도 ★★☆ 　　　　정답 ①

독해 > 대의 파악 > 제목, 주제

정답의 이유

첫 번째 문장에서 '나쁜 버전의 화폐에 의한 좋은 화폐의 가치 저하는 귀금속 함량이 높은 동전이 더 낮은 가치의 금속과 희석되어 낮은 함량의 금 또는 은을 함유하여 재발행되는 방식으로 나타났다.'라고 한 다음, 뒷부분에서 왕이 좋은 화폐를 나쁜 화폐로 대체하는 방법을 설명하고 있으므로 글의 제목으로 적절한 것은 ① 'How Bad Money Replaces Good(나쁜 화폐가 좋은 화폐를 대체하는 법)'이다.

오답의 이유

② 좋은 동전의 요소
③ 동전을 녹이는 게 어때?
④ 나쁜 화폐는 무엇인가?

본문해석

나쁜 버전의 화폐에 의한 좋은 화폐의 가치 저하는 귀금속 함량이 높은 동전이 더 낮은 가치의 금속과 희석되어 금이나 은 함량이 더 낮은 동전으로 재발행되는 방식으로 나타났다. 이러한 변질은 나쁜 동전으로 좋은 동전을 몰아냈다. 아무도 좋은 동전을 사용하지 않았고, 보관했으므로, 좋은 동전은 유통되지 않았고 비축되기에 이르렀다. 한편, 이러한 조치의 배후에는 발행인(대부분 왕)이 있었는데, 왕은 끝없이 계속된 전쟁과 그 밖의 다른 방탕한 생활로 국고를 탕진한 상황이었다. 그들은 모을 수 있는 모든 좋은 옛날 동전을 모았으며, 그것들을 녹여서 더 낮은 순도로 재발행하고 그 잔액을 착복했다. 오래된 동전을 계속 가지고 있는 것은 종종 불법이었지만, 사람들은 그렇게 했고, 한편 왕은 최소한 잠깐 동안은 그의 국고를 보충했다.

VOCA

- currency 화폐, 통화
- debasement 저하, 하락
- occur 일어나다, 생기다
- reissue 재발행하다
- dilute 희석하다
- adulteration 불순물 섞기, 변질
- drive out 몰아내다, 쫓아내다
- circulation 유통, 순환
- hoard 비축, 축적, 저장
- interminable 끝없는
- warfare 전쟁

- dissolute 방탕한
- purity 순도
- pocket 착복하다, 횡령하다
- balance 차액, 차감, 잔액
- replenish 다시 채우다, 보충하다
- treasury 국고

- cite (이유·예를) 들다[끌어내다], 인용하다
- crucial to ~에 있어서 아주 중대한
- the Van Allen belt 밴 앨런 벨트(지구를 둘러싸고 있는 방사능을 가진 층)
- trap 가두다
- magnetic field 자기장

16 난도 ★★☆   정답 ④

독해 > 글의 일관성 > 무관한 어휘·문장

[정답의 이유]

제시문은 미국의 달 착륙이 미국 정부가 꾸며낸 음모론이라고 믿는 사람들의 주장에 관한 내용이다. 이런 음모론 옹호자들이 가장 결정적인 증거로 인용하는 것은 우주비행사들이 지구를 벗어나기 위해 밴 앨런 벨트를 통과하지 못했을 것이라는 주장이다. ③에서 'Crucial to their case is the claim that astronauts never could have safely passed through the Van Allen belt(그들의 논거에서 아주 중요한 것은 우주비행사들이 밴 앨런 벨트를 결코 안전하게 통과할 수 없었을 것이라는 주장이다) ~'라고 했고, 제시문의 마지막 문장에서 'If the astronauts had truly gone through the belt, say conspiracy theorists, they would have died(음모론자들은 말하기를, 만약 우주비행사들이 정말로 밴 앨런 벨트를 통과했다면 그들은 죽었을 것이라고 한다).'라고 했는데, ④에서는 우주선의 금속 덮개가 방사선을 차단하도록 설계되었다고 했으므로 글의 흐름상 어색한 문장은 ④이다.

본문해석

모든 반대되는 증거에도 불구하고, 나사의 아폴로 우주 프로그램이 실제로 사람들을 달에 착륙시킨 적이 없다고 진지하게 믿는 사람들이 있다. 이 사람들은 주장하기를 달 착륙은 러시아와의 필사적인 경쟁과 체면 깎이는 것을 염려한 미국 정부에 의해 영속된 거대한 음모에 불과했다고 했다. 이들 음모론자들의 주장은 미국이 우주 경쟁에서 러시아와 경쟁할 수 없다는 것을 알았고, 그래서 일련의 성공적인 달 착륙을 꾸며낼 수밖에 없었다는 것이다. 음모론 옹호자들은 자신들이 증거라고 생각하는 몇 가지를 인용한다. 그들의 논거에서 아주 중요한 것은 우주비행사들이 지구의 자기장인 밴 앨런 벨트(지구를 둘러싸고 있는 방사능을 가진 층)를 결코 안전하게 통과할 수 없었을 것이라는 주장이다. <u>그들은 또한 우주선의 금속 덮개가 방사선을 차단하도록 설계되었다는 사실을 지적한다.</u> 음모론자들은 말하기를, 만약 우주비행사들이 정말로 밴 앨런 벨트를 통과했다면 그들은 죽었을 것이라고 한다.

VOCA

- claim (~이 사실이라고) 주장하다
- conspiracy 음모
- perpetuate 영속하게 하다, 불멸하게 하다
- in competition with ~와 경쟁하여
- lose face 체면을 잃다
- fake 위조[날조/조작]하다, 꾸며내다
- advocate 옹호자

17 난도 ★★☆   정답 ③

독해 > 글의 일관성 > 문장 삽입

[정답의 이유]

주어진 문장은 '부족의 구전 역사와 전해지는 증거에 따르면 1500년에서 1700년 사이의 어느 시기에 진흙 사태가 마을을 파괴했고 그 바람에 일부 전통 가옥 내부의 물건들이 봉인되었다'는 내용이다. ③ 앞 문장에서 'Ozette 마을은 수천 년 동안 그 지역에 기반을 둔 원주민인 Makah족이 살았던 다섯 개의 주요 마을 중 하나였다.'라고 했고, ③ 다음 문장에서 '그렇지 않았다면, 남아 있지 않았을 바구니, 의복, 요, 포경 도구를 포함한 수천 개의 유물들이 진흙 아래에 보존되어 있었다.'라고 했으므로 글의 흐름상 주어진 문장이 들어갈 위치로 적절한 것은 ③이다.

본문해석

워싱턴의 올림픽 반도 최서단에 위치한 Ozette 마을에서 Makah 부족민들이 고래를 사냥했다. 그들은 자신들의 어획물을 선반과 훈연실에서 훈제했으며, 주변의 Puget Sound와 인근의 Vancouver섬에서 온 이웃 부족들과 물물교환했다. Ozette 마을은 수천 년 동안 그 지역에 기반을 둔 원주민인 Makah족이 살았던 다섯 개의 주요 마을 중 하나였다. <u>부족의 구전 역사와 고고학적 증거는, 1500년에서 1700년 사이의 어느 시기에 진흙 사태가 마을 일부를 파괴했는데, 몇몇 전통 가옥들을 뒤덮고 그 내부에 있던 것들을 봉인했다고 시사한다.</u> 그렇지 않았다면, 남아 있지 않았을 바구니, 의복, 요, 포경 도구를 포함한 수천 개의 유물들이 진흙 아래에 보존되어 있었다. 1970년, 폭풍이 해안침식을 일으켰으며, 이들 전통 가옥과 유물의 잔해가 드러났다.

VOCA

- westernmost 가장 서쪽의, 서단의
- smoke 훈제하다
- catch 잡은 것, 포획한 것
- rack 선반, 받침대, 시렁
- smokehouse 훈제실, 훈연장
- trade with ~와 무역[거래]하다
- neighboring 이웃의, 근처[인근]의
- inhabit 살다, 거주하다
- indigenous 토착의, 원산의
- archaeological 고고학의
- mudslide 진흙 사태
- longhouse (미국에서 일부 원주민들의) 전통 가옥
- seal 봉하다, 봉인하다
- preserve 보존하다
- coastal erosion 해안침식

18 난도 ★★☆　　　　　　　　　　정답 ②

독해 > 글의 일관성 > 글의 순서

정답의 이유

주어진 글에서 유명 영화배우와 운동선수에 대한 관심은 그들의 영화와 경기장에서의 활약을 넘어선다고 하였다. 따라서 문맥상 주어진 글 다음에는 할리우드 영화배우들의 사생활을 취재하는 언론에 대한 내용인 (B)가 오는 것이 적절하며, 다음으로는 '마찬가지로(similarly)' 숙련된 운동선수들의 평상시 행동도 대중의 관심을 받는다는 내용인 (A)로 이어지는 것이 자연스럽다. 마지막으로, 이들 '두 산업(Both industries)'이 '그런 관심(such attention)'을 활성화하는 것은 관객을 늘리고 수입을 증대하기 위한 것이지만, 기본적으로 영화배우와 운동선수들에게는 근본적인 차이가 있다고 마무리하는 (C)가 오는 것이 적절하다. 따라서 주어진 글 다음에 이어질 글의 순서로 적절한 것은 ② '(B) – (A) – (C)'이다.

본문해석

유명 영화배우와 운동선수에 대한 관심은 영화와 경기장에서의 그들의 활약을 넘어선다.
(B) 신문 칼럼, 전문적인 잡지, 텔레비전 프로그램, 웹사이트들은 때로 유명한 할리우드 배우들의 사생활을 정확하게 기록한다.
(A) 마찬가지로, 기량이 뛰어난 야구, 축구, 농구 선수들이 유니폼을 입지 않고 하는 평상시 행동도 대중의 관심을 끈다.
(C) 두 산업 모두 적극적으로 그러한 관심을 활성화하여, 관객을 늘리고 따라서 수입을 증가시킨다. 그러나 근본적인 차이가 그들을 구분한다. 유명 운동선수들이 생계를 위해 하는 일은 허구를 연기하는 영화배우들과는 다르게 진짜라는 것이다.

VOCA
• go beyond 넘어서다
• out of uniform 평복[사복]으로
• attract 불러일으키다[끌다]
• expand 확대[확장/팽창]시키다
• revenue 수입, 수익
• fundamental 근본적인, 기본적인
• authentic 진정성 있는, 진짜인

19 난도 ★★☆　　　　　　　　　　정답 ②

독해 > 빈칸 완성 > 단어 · 구 · 절

정답의 이유

밑줄 다음에는 다양한 계층의 사람들이 자신들의 이익을 위해 여러 방법으로 설득하는 사례가 나열되어 있다. 정치인들은 대중을 설득하기 위해, 사업체와 이익 단체들은 정부를 설득하기 위해, 지역사회 활동가들은 시민들을 설득하기 위해, 직장에서 일반 관리자들은 동료를 설득하기 위해 노력한다고 했으므로 밑줄 친 부분에 들어갈 말로 적절한 것은 ② 'Persuasion shows up in almost every walk of life(설득은 삶의 거의 모든 분야에서 나타난다)'이다.

오답의 이유

① 사업가는 설득력이 있어야 한다

③ 수많은 광고판과 포스터를 만나게 될 것이다
④ 대중 미디어 캠페인은 정부에 유익하다

본문해석

설득은 삶의 거의 모든 분야에서 나타난다. 거의 모든 주요 정치인들이 대중에 어필하는 법을 조언하는 미디어 컨설턴트와 정치 전문가를 고용한다. 실질적으로 모든 주요 기업과 특수 이익 집단은 그 관심사를 의회 또는 주 정부와 지방정부에 전달하기 위해 로비스트를 고용해 왔다. 거의 모든 지역사회에서 활동가들은 중요한 정책 문제에 대해 동료 시민들을 설득하려고 노력한다. 직장도 역시 언제나 사무실 정치와 설득하기에 좋은 현장이었다. 한 연구는 추정하기를, 일반 관리자들이 그들의 시간 80% 이상을 언어적 의사소통에 소비하는데, 그 대부분이 동료 직원들을 설득하는 의도라고 한다. 복사기의 출현으로, 사무실에서의 설득을 위한 완전히 새로운 매체가 발명되었는데, 바로 복사된 메모이다. 미국의 국방부에서만 1일 평균 35만 페이지를 복사하는데, 이것은 소설 1,000권에 해당하는 분량이다.

VOCA
• persuasion 설득
• show up 나타나다, 등장하다
• walk 영역, 부문, 분야, 사회[경제]적 지위, 직업
• appeal 호소하다, 관심을 끌다
• virtually 사실상, 실질적으로, 거의
• special-interest group 특수 이익 집단
• concern 관심사, 사건, 이해관계
• fertile 활동하기에 좋은, 비옥한
• with the intent of ~할 의도를 가지고
• with the advent of ~의 출현으로
• photocopy 복사하다
• the Pentagon 미국 국방부
• equivalent 상당하는 대등한

20 난도 ★★☆　　　　　　　　　　정답 ①

독해 > 빈칸 완성 > 단어 · 구 · 절

정답의 이유

제시문은 사회적 상호작용에서 언어가 차지하는 비중이 성인과 어린아이가 서로 다르다는 내용이다. 성인의 경우 사회적 상호작용이 주로 언어를 통해서 발생하지만, 어린아이의 경우 사회적 상호작용에 언어가 그다지 필수적인 것이 아니라고 했다. 밑줄 앞 문장에서 어린아이들 사이에서 흔한 '평행 놀이'를 예로 들면서 아이들은 서로 별말 없이 혼자 놀면서 그냥 옆에 앉아만 있는 상태에도 만족할 수 있다고 했다. 또 밑줄 문장의 앞부분에서 'Adults rarely find themselves in situations where(성인들은 ~ 상황에 처하는 경우가 거의 없다) ~'라고 했으므로 밑줄에는 앞 문장의 평행 놀이 경우와는 상반되는 상황이 들어가야 함을 유추할 수 있다. 따라서 밑줄 친 부분에 들어갈 말로 적절한 것은 ① 'language does not play a crucial role in social interaction(언어가 사회적 상호작용에서 중요한 역할을 하지 않는)'이다.

② 그들의 의견이 동료들에 의해 선뜻 받아들여지는

③ 그들이 다른 언어를 사용하도록 요청받는

④ 의사소통 능력이 매우 요구되는

본문해석

성인의 경우 사회적 상호작용이 주로 언어 수단을 통해 이루어진다는 데 주목하는 것이 중요하다. 성인 원어민들이 그 언어를 사용하지 않는 누군가와의 상호작용에 시간을 할애하려는 경우는 거의 없으며, 그 결과 성인 외국인은 유의미하면서 폭넓은 언어 교환에 참여할 기회가 거의 없을 것이다. 반대로, 어린아이는 종종 다른 아이들에 의해, 심지어 성인들에 의해서도 선뜻 받아들여진다. 어린아이들의 경우 언어는 사회적 상호작용에 필수적인 것이 아니다. 예를 들어, 소위 '평행 놀이'는 어린아이들 사이에서 흔하다. 그들은 가끔 말하고 혼자 놀면서도 단지 서로 옆에 앉아 있는 것만으로도 만족할 수 있다. 성인들은 언어가 사회적 상호작용에서 중요한 역할을 하지 않는 상황에 처하는 경우가 거의 없다.

VOCA

• interaction 상호작용
• occur 일어나다, 발생하다
• devote to ~에 전념하다
• engage in 참여하다, 관련하다
• readily 선뜻, 기꺼이
• essential 필수적인, 극히 중요한
• parallel play 평행 놀이
• crucial 중대한, 결정적인

영어 | 2024년 지방직 9급

한눈에 훑어보기

✓ 영역 분석

어휘 01 02 03 04 05
5문항, 25%

독해 12 13 14 15 16 17 18 19 20
9문항, 45%

어법 06 07 08
3문항, 15%

표현 09 10 11
3문항, 15%

✓ 빠른 정답

01	02	03	04	05	06	07	08	09	10
②	②	①	①	③	④	③	②	④	④
11	**12**	**13**	**14**	**15**	**16**	**17**	**18**	**19**	**20**
②	③	④	③	③	③	③	④	①	①

✓ 점수 체크

구분	1회독	2회독	3회독
맞힌 문항 수	/ 20	/ 20	/ 20
나의 점수	점	점	점

01 난도 ★☆☆　　　　정답 ②

어휘 > 단어

[정답의 이유]

밑줄 친 markedly는 '현저하게'라는 뜻으로, 이와 의미가 가장 가까운 것은 ② 'obviously(분명하게)'이다.

[오답의 이유]

① 부드럽게
③ 조금만, 가까스로
④ 분별할 수 없게

본문해석

셰익스피어의 희극들은 많은 유사점을 갖고 있지만, 그것들은 또한 서로 현저하게 다르다.

VOCA

• similarity 유사성, 닮음
• differ from ~와 다르다

02 난도 ★☆☆　　　　정답 ②

어휘 > 단어

[정답의 이유]

밑줄 친 diluted는 'dilute(희석하다)'의 과거형으로, 이와 의미가 가장 가까운 것은 ② 'weakened(약화시켰다)'이다.

[오답의 이유]

① 세척했다
③ 연결했다
④ 발효시켰다

본문해석

Jane은 진한 흑차를 따르고 그것을 우유로 희석했다.

03 난도 ★☆☆　　　　정답 ①

어휘 > 어구

[정답의 이유]

밑줄 친 ruled out은 'rule out(제외하다)'의 과거형으로, 이와 의미가 가장 가까운 것은 ① 'excluded(제외했다)'이다.

② 지지했다

③ 제출했다

④ 재가했다

본문해석

수상은 육아 수당 또는 연금 삭감을 <u>제외했던</u> 것으로 여겨진다.

VOCA

- Prime Minister 수상
- be believed to ~로 여겨지다
- cuts 삭감, 감축, 인하
- child benefit (정부가 지급하는) 육아 수당
- pension 연금, 생활 보조금

04 난도 ★☆☆   정답 ①

어휘 > 어구

정답의 이유

밑줄 친 let on은 '(비밀을) 말하다, 털어놓다'라는 뜻으로, 이와 의미가 가장 가까운 것은 ① 'reveal(밝히다, 폭로하다)'이다.

오답의 이유

② 관찰[관측]하다

③ 믿다

④ 소유하다

본문해석

우리가 깜짝 파티를 계획하고 있다고 네가 <u>털어놓으면</u>, 아빠는 네게 질문을 멈추지 않을 거야.

05 난도 ★☆☆   정답 ③

어휘 > 단어

정답의 이유

빈칸 앞에 '슈퍼마켓의 자동문'이 있고, 빈칸 다음에 'the entry and exit of customers with bags or shopping carts(가방이나 쇼핑 카트를 지닌 고객의 출입)'라고 했으므로 문맥상 빈칸에는 슈퍼마켓 자동문의 역할을 나타내는 말이 와야 한다. 따라서 빈칸에 들어갈 말로 적절한 것은 ③ 'facilitate(용이하게 하다)'이다.

오답의 이유

① 무시하다, 묵살하다

② 용서하다

④ 과장하다

본문해석

슈퍼마켓의 자동문은 가방이나 장바구니를 든 고객의 출입을 <u>용이하게 한다</u>.

06 난도 ★☆☆   정답 ④

어법 > 비문 찾기

정답의 이유

④ 전치사구인 because of 다음에는 명사(구)가 와야 하는데, 여기서는 절(the author was working out his approach to psychology as he wrote it)이 왔으므로 because of → because로 고쳐야 한다.

오답의 이유

① one of 다음에 복수명사(virtues)가 어법상 바르게 사용되었으며, virtues를 수식하는 수 형용사인 many가 적절하게 사용되었다.

② 문장의 주어가 One이므로 단수동사(is)가 수일치되어 어법상 바르게 사용되었다.

③ 밑줄 친 which 앞의 Maps of Meaning과 which 다음에 오는 동사(is)가 있고 불완전한 문장이 왔으므로, which는 주격 관계대명사가 계속적 용법으로 올바르게 사용되었다.

본문해석

여러분이 읽고 있는 책의 여러 덕목 중 하나는 *Maps of Meaning*에 대한 진입점을 제공한다는 것이며, *Maps of Meaning*은 상당히 복잡한 작품인데, 작가가 그것을 집필할 때 심리에 대한 자신의 접근법을 끌어냈기 때문이다.

VOCA

- virtue 미덕, 덕목
- entry point 입구, 진입 지점
- work out 이끌어내다, ~을 계획해[생각해] 내다
- psychology 심리, 심리학

07 난도 ★★☆   정답 ③

어법 > 비문 찾기

정답의 이유

③ 관계대명사 who 다음에 daughter가 있고, 이어지는 절(I look after)이 목적어가 없는 불완전한 절이므로, 주격 관계대명사가 아닌 소유격 관계대명사가 와야 한다. 따라서 who → whose가 되어야 한다. that절에서 주어는 the people(관계대명사의 선행사), 동사는 are moving away이다.

오답의 이유

① plan은 to부정사를 목적어로 취하는 동사로, to부정사의 부정은 'not+to부정사'이므로 not to spend가 어법상 올바르게 사용되었다.

② disappear는 '사라지다, 없어지다'라는 뜻의 자동사이다. 따라서 수동태로 쓸 수 없으며, 뒤에 last month라는 과거 시점 부사구가 있으므로 과거동사(disappeared)가 올바르게 사용되었다.

④ '~배만큼 ~한[하게]'이란 의미를 지닌 배수사 비교 구문은 '배수사+as+형용사/부사+as'이며, 2형식 동사 was의 주격 보어는 형용사이므로 twice as expensive as가 올바르게 사용되었다.

here(이곳에서 일하는 것)'가 '흥미를 느끼게 된' 것이 아니라 '흥미를 유발하는 것'이므로, 목적격 보어로 능동의 현재분사인 exciting이 올바르게 사용되었다.

③ 'want+목적어+to부정사'는 '목적어가 to부정사 하기를 원하다'의 뜻이므로, 목적격 보어로 to come이 올바르게 사용되었다.

④ 형용사 skillful과 experienced가 등위접속사 and로 병렬되어 뒤의 명사 teacher를 수식하고 있다. 또한 '좀 더 능숙하고 경험 많은 선생님이었다면 그를 달리 대했을 것'이라며 과거 사실의 반대를 가정하고 있으므로, 가정법 과거완료로 '조동사 과거형+have p.p.'가 올바르게 사용되었다.

본문해석

① 프로젝트에 너무 많은 돈을 쓰지 않도록 계획해야 한다.
② 내 개가 지난달에 사라졌고 그 이후로 보이지 않았다.
③ 내가 돌봐주는 딸의 부모들이 이사 가게 되어 유감이다.
④ 나는 여행 중에 책을 한 권 샀는데, 그것은 본국에서보다 두 배나 더 비쌌다.

VOCA

• look after 돌봐주다, 보살피다
• move away 이사[이전]하다
• at home 본국에서

더 알아보기

수동태로 쓸 수 없는 동사

• 목적어를 갖지 않는 자동사는 수동태로 쓸 수 없다.

appear, disappear, occur, happen, remain, come, arrive 등

예 My dog disappeared last month and hasn't been seen since.
(내 개가 지난달에 사라졌고 그 이후로 보이지 않았다.)

예 I'll be there whatever happens.
(나는 무슨 일이 있어도 거기 갈 것이다.)

예 All passengers should arrive at the railway station on time. (○)
All passengers should be arrived at the railway station on time. (×)
(모든 승객은 제시간에 기차역에 도착해야 한다.)

• 대상의 성질 또는 상태를 나타내는 상태동사는 수동태로 쓸 수 없다.

have, resemble, cost, weigh, equal, lack 등

예 Tom resembles his father. (○)
His father is resembled by Tom. (×)
(Tom은 그의 아버지를 닮았다.)

예 This area lacks enough rain for rice farming.
(이 지역은 벼농사를 짓기에는 비가 부족하다.)

더 알아보기

4형식으로 쓸 수 없는 완전타동사
다음 동사는 수여동사로 사용할 수 없는 완전타동사이다.

believe, explain, describe, announce, introduce, say, mention, prove, suggest, confess, propose 등	+(to+사람)+that절[의문사절]

예 Police believe (that) the man may be armed.
(경찰은 그 남자가 무기를 갖고 있을지도 모른다고 생각한다.)

예 She explained *to them* what to do in an emergency. (○)
She explained *them* what to do in an emergency. (×)
(그녀는 비상시에는 어떻게 해야 하는지를 그들에게 설명했다.)

cf. that절 또는 의문사절을 직접목적어로 취하는 4형식 동사

tell, convince, inform, notify, remind 등	+간접목적어(사람)+that절[의문사절]

예 They've told *us* (that) they're not coming.
(그들은 오지 않을 거라고 우리에게 말했다.)

예 Will you tell *me* what I should do next?
(이제 내가 다음에 뭘 해야 하는지 알려 줄래?)

예 The doctor advised to me(→ me) that I should stop smoking.
(의사는 나에게 내가 금연해야 한다고 충고했다.)

---

08 난도 ★★☆ 정답 ②

어법 > 영작하기

정답의 이유

② mention은 3형식 동사이기 때문에 수여동사로 쓸 수 없으므로 간접목적어(me) 앞에 전치사 to를 써야 한다. 따라서 mentioned me that → mentioned to me that이 되어야 한다. leave(떠나다)는 진행형으로 가까운 미래를 나타낼 수 있는 왕래발착동사로 would be leaving이 올바르게 사용되었다.

오답의 이유

① find가 to부정사를 목적어로 취하는 경우 'find+가목적어(it)+목적격 보어+to부정사'의 구조로 'to부정사가 목적격 보어한 것을 알다[생각하다]'라는 뜻을 갖는다. 그런데 목적어인 'to work

---

09 난도 ★☆☆ 정답 ④

표현 > 일반회화

정답의 이유

A와 B는 행사에 사용할 의자를 더 주문해야 하는지에 대해 대화를 나누고 있다. 빈칸 뒤에서 A가 'I agree. I am also a bit surprised(맞아요. 저도 조금 놀랐어요).'라고 하자 B가 'Looks like I'll have to order more then(그럼 더 주문해야 할 것 같네요).'이라고 했으므로, 빈칸에는 예상한 것보다 참석자가 많아서 놀랐다는 내용이 들어가야 한다. 따라서 빈칸에 들어갈 말로 가장 적절한 것은 ④ 'That's a lot more than I expected(내가 예상했던 것보다 훨씬 더 많네요).'이다.

오답의 이유

① 그 매니저가 행사에 참석할지 궁금해요.
② 나는 350명 이상 참석할 것으로 생각했어요.
③ 그다지 많은 수는 아니에요.

VOCA

• upcoming 다가오는, 곧 있을

• look like ～할 것 같다

• attend 참석하다

10 난도 ★☆☆ 　　　　　　　　　　　　정답 ④

표현 > 일반회화

정답의 이유

대화는 어제 회의에서 언급했던 문서를 이메일로 요청하는 상황으로, B가 빈칸 앞에서 'I don't have it with me. Mr. Park is in charge of the project, so he should have it(내가 그것을 가지고 있지 않아요. Mr. Park이 프로젝트 담당자이니까 가지고 있을 겁니다).'라고 했고, 빈칸 다음에서 'Hope you get the document you want(원하는 문서를 받으시길 바랍니다).'라고 했으므로, 대화의 흐름상 빈칸에 들어갈 말로 적절한 것은 ④ 'Thank you for letting me know. I'll contact him(알려주셔서 감사합니다. 그에게 연락해 볼게요).'이다.

오답의 이유

① 그가 사무실에 있는지 확인해 주시겠습니까?

② Mr. Park이 당신에게 다시 이메일을 보냈어요.

③ 지역 축제에 오시나요?

VOCA

• refer to 언급[지칭]하다

• community 주민, 지역 사회

• via (특정한 사람·시스템 등을) 통하여

• in charge of ～을 맡아서, 담당해서

11 난도 ★☆☆ 　　　　　　　　　　　　정답 ②

표현 > 일반회화

정답의 이유

대화는 다음 주 화요일에 있을 프레젠테이션에 관해 A가 B에게 질문하는 상황으로, 빈칸 다음에서 B가 프레젠테이션 2시간 전에 강의실에서 만날 수 있다고 하였으므로, 대화의 흐름상 빈칸에는 프레젠테이션 전에 미리 만나야 하는 이유와 관련된 내용이 들어가야 함을 유추할 수 있다. 따라서 빈칸에 들어갈 말로 가장 적절한 것은 ② 'When can I have a rehearsal for my presentation(프레젠테이션 리허설은 언제 할 수 있나요)?'이다.

오답의 이유

① 컴퓨터 기술자가 한 시간 전에 여기에 왔어요.

③ 우리 프로그램을 위해 더 많은 자원봉사자를 모집해야 할까요?

④ 회의실에 내 노트북을 두고 가는 게 불편해요.

VOCA

• promote 홍보하다

• laptop 휴대용[노트북] 컴퓨터

• rehearsal 리허설, 예행연습

• Would that work for you? 괜찮으세요?

• technician 기술자, 기사

• recruit 모집하다[뽑다]

12 난도 ★☆☆ 　　　　　　　　　　　　정답 ③

독해 > 세부 내용 찾기 > 내용 (불)일치

정답의 이유

이메일에서 'we would also like to book your restaurant for lunch on all three days(3일 내내 귀사의 레스토랑에 점심식사를 예약하고 싶습니다).'라고 했으므로 이메일의 내용과 일치하지 않는 것은 ③ '3일간의 저녁 식사를 위한 식당 예약이 필요하다.'이다.

① 'We need to have enough room for over 200 delegates in your main conference room(귀사의 주 회의실에 200명 이상의 대표자를 수용할 수 있는 충분한 공간이 필요하며) ~'이라고 했으므로 내용과 일치한다.

② '~ we would also like three small conference rooms for meetings. Each conference room needs wi-fi as well(회의를 위한 소회의실도 3곳이 필요합니다. 각 회의실에는 와이파이도 필요합니다.)'이라고 했으므로 내용과 일치한다.

④ 'We will need accommodations for over 100 delegates each night(매일 밤 100명 이상의 대표단 숙소가 필요합니다.)'라고 했으므로 내용과 일치한다.

본문해석

담당자님께,
Metropolitan Conference Center에 대한 정보를 요청하고자 메일 드립니다.
저희는 올해 9월에 3일 동안 컨퍼런스를 위한 장소를 찾고 있습니다. 귀사의 주 회의실에 200명 이상의 대표자를 수용할 수 있는 충분한 공간이 필요하며, 회의를 위한 소회의실도 3곳이 필요합니다. 각 회의실에는 와이파이도 필요합니다. 오전과 오후 중간에 커피를 마실 수 있어야 하고, 3일 내내 귀사의 레스토랑에 점심식사를 예약하고 싶습니다.
더불어, 메트로폴리탄 고객이나 대규모 단체를 위한 할인이 적용되는 현지 호텔이 있는지 알려주시겠습니까? 매일 밤 100명 이상의 대표단 숙소가 필요합니다.
회신 기다리겠습니다.
안부를 전하며,
Bruce Taylor, 행사 매니저 드림

VOCA

• venue (콘서트 · 스포츠 경기 · 회담 등의) 장소
• delegate 대표(자)
• available 구할[이용할] 수 있는
• book 예약하다
• discount rate 할인율
• accommodation 숙박 시설

13 난도 ★☆☆　　　　　　　　정답 ④

독해 > 세부 내용 찾기 > 내용 (불)일치

정답의 이유

마지막 문장에서 'The cravats were made of many different materials from plaid to lace(cravat는 격자무늬부터 레이스까지 많은 다른 재료들로 제작되어) ~'라고 했으므로 글의 내용과 일치하지 않는 것은 ④ 'The materials used to make the cravats were limited(cravat를 만드는 데 사용된 재료는 제한적이었다).'이다.

① 1660년 한 무리의 크로아티아 군인이 파리를 방문했다. → 첫 번째, 두 번째 문장에서 'According to the historians, neckties date back to 1660. In that year, a group of soldiers from Croatia visited Paris(역사학자들에 따르면, 넥타이는 1660년까지 거슬러 올라간다. 그 해에, 크로아티아에서 온 한 무리의 군인들이 파리를 방문했다.)'라고 했으므로 글의 내용과 일치한다.

② Royal Cravattes는 스카프를 두른 크로아티아 군인들을 기리기 위해 만들어졌다. → 네 번째 문장에서 '~ the king decided to honor the Croats by creating a military regiment called the Royal Cravattes(왕은 Royal Cravattes라고 불리는 군사 연대를 만들어 크로아티아인들을 기리기로 결정했다.)'라고 했으므로 글의 내용과 일치한다.

③ 일부 cravat는 남자가 머리를 자유자재로 움직이기에는 너무 불편했다. → 열 번째 문장에서 'At times, they were so high that a man could not move his head without turning his whole body(때로, 그것들이 너무 높아서 남자가 온몸을 돌리지 않고는 자신의 머리를 움직일 수 없었다.)'라고 했으므로 글의 내용과 일치한다.

본문해석

역사학자들에 따르면, 넥타이는 1660년까지 거슬러 올라간다. 그 해에, 크로아티아에서 온 한 무리의 군인들이 파리를 방문했다. 이 군인들은 루이 14세가 매우 존경했던 전쟁 영웅들이었다. 그들이 목에 걸었던 색깔이 있는 스카프에 감명받은 왕은 Royal Cravattes라고 불리는 군사 연대를 만들어 크로아티아인들을 기리기로 결정했다. cravat라는 단어는 크로아티아어 단어로부터 생겼다. 이 연대의 모든 군인들은 다양한 색깔의 스카프 또는 cravat를 목에 걸었다. 이 새로운 스타일의 목에 두르는 물건은 영국으로 이동했다. 곧 모든 상류층 남자들이 cravat를 착용하고 있었다. 일부 cravat는 꽤 극단적이었다. 때로, 그것들이 너무 높아서 남자가 온몸을 돌리지 않고는 자신의 머리를 움직일 수 없었다. cravat는 격자무늬부터 레이스까지 많은 다른 재료들로 제작되어, 어떤 행사에도 어울렸다.

VOCA

• historian 사학자
• date back ~까지 거슬러 올라가다
• admire 존경하다, 칭찬하다
• impressed with ~에 감동하다, 깊은 감명을 받다
• honor ~에게 영광을 베풀다
• military regiment 군대 연대
• come from ~에서 생겨나다
• cravat 크라바트(넥타이처럼 매는 남성용 스카프)
• plaid 격자[타탄(tartan)]무늬 천
• suitable for ~에 알맞은[어울리는]
• occasion 행사[의식/축하]

독해 > 대의 파악 > 제목, 주제

정답의 이유

도입부에서 최근 라틴 아메리카는 풍력, 태양열, 지열 및 바이오 연료 에너지 자원을 활용하는 데 큰 진전을 이루어서 전력 부문의 석유 의존도를 낮추기 시작했다고 했고, 마지막 문장에서 'Countries in Central America and the Caribbean, ~ were the first to move away from oil-based power plants(중앙 아메리카와 카리브해 국가들은 ~ 석유 기반 발전소로부터 가장 먼저 벗어났다) ~' 라고 했으므로 글의 주제로 적절한 것은 ③ 'advancement of renewable energy in Latin America(라틴 아메리카의 재생 에너지 발전)'이다.

오답의 이유

① 호황을 누리고 있는 라틴 아메리카의 석유 산업
② 감소하는 라틴 아메리카의 전기 사업
④ 라틴 아메리카의 공격적인 석유 기반 자원 개발

본문해석

최근 몇 년 동안 라틴 아메리카는 엄청난 풍력, 태양열, 지열 및 바이오 연료 에너지 자원을 활용하는 데 막대한 진전을 이루었다. 라틴 아메리카의 전력 부문은 이미 석유에 대한 의존도를 점차 낮추기 시작했다. 라틴 아메리카는 2015년에서 2040년 사이에 전력 생산량을 거의 두 배로 늘릴 것으로 예상된다. 사실상 라틴 아메리카의 새로운 대규모 발전소 중 석유를 연료로 사용하는 발전소가 거의 없을 것이고, 이는 다른 기술을 위한 장을 열어줄 것이다. 중앙 아메리카와 카리브해 국가들은 전통적으로 석유를 수입했는데, 금세기 초 10년 동안 높고 불안정한 (석유) 가격으로 고통받은 후에 석유 기반 발전소로부터 가장 먼저 벗어났다.

VOCA

- stride 진전
- exploit 이용하다
- geothermal 지열의
- biofuel 바이오 연료
- energy resource 동력 자원
- electricity sector 전기 부분
- gradually 서서히
- decrease 줄다[감소하다]
- dependence 의존, 의지
- output 생산량, 산출량
- practically 사실상, 거의
- power plant 발전소
- oil-fueled 기름을 연료로 쓰는
- open up ~을[이] 가능하게 하다[가능해지다]
- volatile 변덕스러운, 불안한
- boom 호황을 맞다, 번창[성공]하다
- advancement 발전, 진보
- renewable energy 재생 에너지
- aggressive 공격적인[대단히 적극적인]

독해 > 대의 파악 > 제목, 주제

정답의 이유

두 번째 문장에서 조직의 직무 수행은 자원을 얼마나 갖고 있느냐의 역할이라기보다는 보유 자원을 얼마나 잘 활용하느냐의 역할이라고 했고, 세 번째 문장에서 'You as the organization's leader can always make the use of those resources more efficient and effective(여러분은 조직의 리더로서 항상 이러한 자원을 더 능률적이고 효과적으로 사용할 수 있는데) ~'라고 했다. 마지막 문장에서 조직의 리더로서 주어진 자원을 효율적으로 이용할 수 있는 구체적인 방법을 제시하고 있으므로 글의 제목으로 적절한 것은 ③ 'Making the Most of the Resources: A Leader's Way(자원을 최대한 활용하기: 리더의 길)'이다.

오답의 이유

① 조직 내 자원 교환하기
② 외부 통제를 설정하는 리더의 능력
④ 조직의 기술적 역량: 성공을 가로막는 장벽

본문해석

모든 조직은 임무를 수행하기 위해 사용할 수 있는 자원을 가지고 있다. 조직이 얼마나 직무를 잘 수행하느냐는 부분적으로 이러한 자원을 얼마나 많이 가지고 있느냐에 달려있지만, 대부분 인력과 자금 같은 보유 자원을 얼마나 잘 활용하느냐에 달려있다. 조직의 인사와 정책에 대한 통제권을 가지고 있다는 조건하에, 여러분은 조직의 리더로서 항상 이러한 자원을 더 능률적이고 효과적으로 사용할 수 있는데, 이는 자동적으로 발생하는 조건이 아니다. 인력과 자금을 신중하게 관리하고, 가장 중요한 일을 가장 중요하게 취급하고, 좋은 결정을 내리고, 직면한 문제를 해결함으로써 여러분은 여러분이 이용 가능한 것들을 최대한 활용할 수 있다.

VOCA

- resource 자원, 재원
- mission 임무
- function 기능, 역할
- make use of ~을 이용하다, 활용하다
- efficient 능률적인, 유능한
- effective 효과적인
- personnel 인원[직원들]
- agenda 의제[안건] (목록)
- occur 일어나다, 발생하다
- automatically 자동적으로
- treat 대하다[다루다/취급하다/대우하다]
- encounter 접하다[마주치다]
- set up 설립[수립]하다
- external 외부의[외부적인]
- capacity 용량, 수용력
- barrier 장애물[장벽]

16 난도 ★★☆ 정답 ③

독해 > 글의 일관성 > 무관한 어휘·문장

정답의 이유

제시문은 비판적 사고 과정에서 드러나는 감정을 잘 관리하여 자신의 의견을 설득력 있게 주장해야 한다는 내용이다. ③ 앞 문장에서 '학계는 전통적으로 스스로 논리적이고 감정이 없는 것으로 여기는 것을 좋아하기 때문에, 감정을 드러낼 경우, 이는 특히 어려울 수 있다.'라고 했고, ③ 다음 문장에서 감정을 관리하는 것은 유용한 기술이라고 했다. ③은 '예를 들어, 동일한 정보를 여러 관점에서 보는 것이 중요하지 않다.'라는 내용이므로 글이 흐름상 어색한 문장이다.

본문해석

비판적 사고는 감정적이지 않은 과정처럼 들리지만, 감정과 심지어 격렬한 반응을 끌어들일 수 있다. 특히, 우리는 우리 자신의 의견이나 신념에 반하는 증거를 좋아하지 않을 수도 있다. 만약 그 증거가 도전적인 방향을 향하면, 그것은 예상치 못한 분노, 좌절감 또는 불안감을 불러일으킬 수 있다. 학계는 전통적으로 스스로 논리적이고 감정이 없다고 여기는 것을 좋아하기 때문에, 감정을 드러낼 경우, 이는 특히 어려울 수 있다. 예를 들어, 동일한 정보를 여러 관점에서 보는 것은 중요하지 않다. 그런 상황에서 여러분의 감정을 관리할 수 있는 것은 유용한 기술이다. 만약 여러분이 침착함을 유지하고 논리적으로 자신의 이유를 제시할 수 있다면, 여러분은 자신의 관점을 설득력 있는 방법으로 더 잘 주장할 수 있을 것이다.

VOCA

- unemotional 감정을 드러내지 않는, 침착한
- engage (주의·관심을) 사로잡다[끌다]
- passionate 열정적인, 열렬한
- evidence 증거, 흔적
- contradict 부정[부인]하다, 반박하다
- point (특정 방향으로) 향하다[향하게 되다]
- challenging 도전적인, 도전 의식을 북돋우는
- rouse (어떤 감정을) 불러일으키다[자아내다]
- unexpected 예기치 않은, 예상 밖의, 뜻밖의
- emerge 드러나다, 알려지다
- circumstance 환경, 상황, 정황
- remain (없어지지 않고) 남다
- present 보여 주다[나타내다/묘사하다]
- argue 주장하다, 논증하다
- convincing 설득력 있는, (승리 등이) 확실한

17 난도 ★★★ 정답 ③

독해 > 글의 일관성 > 글의 순서

정답의 이유

주어진 글에서 컴퓨터 보조언어학습(CALL)이 흥미와 좌절감을 동시에 준다고 했으므로, 문맥상 그 두 가지 감정을 주는 이유를 설명하는 (B)가 오는 것이 자연스럽다. (C)에서 '기술(Technology)'이 언어학습 영역에서 새로운 차원을 더해 주어 실무에 적용하려는 사람들에게 새로운 지식과 기술을 요구한다고 했고, (A)에서 '그러나(Yet)' 그 기술(the technology)이 너무 빨리 변해서 따라잡으려면 컴퓨터 보조언어학습이 지식과 기술도 끊임없이 갱신되어야 한다고 했으므로, 흐름상 (C)가 오고 다음에 (A)가 와야 한다. 따라서 주어진 글 다음에 이어질 순서로 적절한 것은 ③ '(B) − (C) − (A)'이다.

본문해석

컴퓨터 보조언어학습(CALL)은 연구 및 실습 분야로서 흥미로우면서 좌절감을 주기도 한다.

(B) 그것은 복잡하고 역동적이면서 빠르게 변하기 때문에 흥미로운데, 같은 이유로 인해 좌절감을 주기도 한다.

(C) 기술은 언어학습 영역에 차원을 더하여 전문적인 실습에 적용하려는 사람들에게 새로운 지식과 기술을 요구한다.

(A) 하지만 그 기술은 너무 빠르게 변해서 CALL 지식과 기술이 그 분야에서 발맞추기 위해서는 끊임없이 갱신되어야 한다.

VOCA

- assist 돕다, 도움이 되다
- frustrating 좌절감을 주는
- dynamic 역동적인
- dimension 차원, 관점
- domain 영역[분야], (책임의) 범위
- apply 꼭 들어맞다, 적용되다,
- constantly 끊임없이, 계속
- renewed 새롭게 한, 회복된, 갱신된
- apace 발맞추어, 빨리

독해 > 글의 일관성 > 문장 삽입

정답의 이유

주어진 문장에서 '그러나 인어공주(she)가 재빨리 다시 머리를 내밀었다.'라고 했으므로 주어진 문장은 물속으로 들어가는 내용 다음에 위치해야 한다. ④ 앞 문장의 후반부에서 '~ she dove down under the water(그녀는 물속으로 들어갔다).'라고 했으므로 주어진 문장이 들어갈 위치로 적절한 것은 ④이다.

본문해석

인어공주는 선실의 작은 창문까지 헤엄쳐 올라갔고, 파도가 그녀를 들어올릴 때마다, 그녀는 투명한 유리를 통해 옷을 잘 차려입은 사람들의 무리를 볼 수 있었다. 그중에 커다란 검은 눈을 가진 젊은 왕자가 있었는데, 그곳에서 가장 잘생긴 사람이었다. 그날은 왕자의 생일이었고, 그것이 바로 그토록 신나는 이유였다. 젊은 왕자가 선원들이 춤추고 있는 갑판으로 나왔을 때, 100개가 넘는 폭죽이 하늘로 올라갔다가 반짝이면서 부서져서 하늘을 낮처럼 밝게 만들었다. 인어공주는 너무 놀라서 물속으로 들어갔다. 그러나 그녀는 재빨리 다시 머리를 내밀었다. 이것 봐! 마치 하늘에 있는 모든 별들이 그녀에게로 떨어지는 것 같았다. 그녀는 그런 불꽃놀이를 본 적이 없었다.

VOCA

- pop 잠깐[불쑥] 내놓다
- mermaid 인어
- lift 들어올리다[올리다]
- rocket 폭죽
- glitter 반짝반짝 빛나다
- startled ~에 놀란
- dive 잠수하다
- firework 불꽃놀이

독해 > 빈칸 완성 > 단어 · 구 · 절

정답의 이유

제시문은 모든 밀레니얼 세대가 현재 같은 삶의 단계에 있는 것이 아니라고 하면서, 나이에 따라 Y.1세대와 Y.2세대로 구분하여 설명하고 있다. 다섯 번째 문장에서 'Not only are the two groups culturally different, but they're in vastly different phases of their financial life(두 집단은 문화적으로 다를 뿐만 아니라, 재정적으로도 크게 다른 단계에 있다).'라고 했고, 이후에서 더 어린 집단(The younger group)과 후자의 집단(The latter group)의 차이를 서술하고 있다. 따라서 빈칸에 들어갈 말로 적절한 것은 ① 'contrast(차이)'이다.

오답의 이유

② 축소, 삭감
③ 반복, 재현
④ 능력, 역량

본문해석

Javelin Research는 모든 밀레니얼 세대가 현재 같은 삶의 단계에 있는 것은 아니라는 것을 주목했다. 모든 밀레니얼 세대는 세기의 전환기에 출생했지만, 그들 중 일부는 아직 성인 초기 단계에 있어서, 새로운 직업과 씨름하면서 정착하고 있다. 반면에, 더 나이가 많은 밀레니얼 세대는 집이 있고 가족을 형성하고 있다. 여러분은 아이를 갖는 것이 여러분의 관심사와 우선순위를 어떻게 바꿀 수 있는지 상상해볼 수 있을 것이다. 따라서 마케팅적인 목적을 위해 이 세대를 Y.1세대와 Y.2세대로 나누는 것이 유용하다. 두 집단은 문화적으로 다를 뿐만 아니라, 재정적으로도 크게 다른 단계에 있다. 나이가 더 어린 집단은 재정적으로 초보자로, 이제 막 그들의 구매력을 보여주기 시작한다. 후자의 집단은 신용 기록이 있고, 그들의 첫 번째 대출을 받았을 수도 있고 어린아이들을 키우고 있다. Y.1세대와 Y.2세대 사이의 우선순위와 필요의 차이는 방대하다.

VOCA

- notice 주목하다, 관심을 기울이다
- Millennials 밀레니얼 세대(1980년대에서 2000년대 사이에 태어난 세대)
- currently 현재는, 지금은
- adulthood 성인(임), 성년
- wrestle with ~을 해결하려고 애쓰다
- settle down 정착하다
- priority 우선순위
- split 분열되다, 의견이 갈리다; 분열시키다
- vastly 대단히, 엄청나게
- phase 단계[시기/국면]
- financial 금융[재정]의
- mortgage (담보) 대출(금), 융자(금)
- vast 어마어마한[방대한/막대한]

20 난도 ★★☆ 정답 ①

독해 > 빈칸 완성 > 단어 · 구 · 절

정답의 이유

제시문은 자유화된 시장에서 비용 압박이 기존 수력 발전 계획과 미래의 수력 발전 계획에 미치는 서로 다른 영향에 대한 내용이다. 두 번째 문장에서 'Because of the cost structure, existing hydropower plants will always be able to earn a profit(비용 구조 때문에 기존 수력 발전소는 항상 이익을 얻을 수 있을 것이다).'라고 한 다음에, 세 번째 문장에서 미래의 수력 발전 계획과 건설은 단기적인 과정이 아니기 때문에, 낮은 발전 비용에도 불구하고 대중적인 투자가 아니라고 했다. 빈칸 앞에서 '대부분의 민간 투자자들은 ~에 자금을 조달하는 것을 선호할 것'이라고 했고, 빈칸 다음에서 '기존 수력 발전소가 고수익 사업처럼 보이지만 아무도 새로운 곳에 투자하기를 원하지 않는 역설적인 상황으로 이어진다.'라고 했으므로 빈칸에는 '단기적인 투자'와 관련된 내용이 와야 함을 알 수 있다. 따라서 빈칸에 들어갈 말로 적절한 것은 ① 'more short-term technologies(더 단기적인 기술)'이다.

오답의 이유

② 모든 첨단 기술 산업
③ 공익의 증진
④ 전력 공급의 향상

본문해석

자유화된 시장에서 비용 압력은 기존의 그리고 미래의 수력 발전 계획에 다른 영향을 미친다. 비용 구조 때문에 기존 수력 발전소는 항상 이익을 얻을 수 있을 것이다. 미래의 수력 발전 계획과 건설은 단기간의 프로세스가 아니기 때문에, 낮은 발전 비용에도 불구하고 대중적인 투자가 아니다. 대부분 민간 투자자들은 더 단기적인 기술에 자금을 조달하는 것을 선호할 것이고, 이는 기존 수력 발전소가 고수익 사업처럼 보이지만 누구도 새로운 곳(수력 발전소)에 투자하기를 원하지 않는 역설적인 상황으로 이어진다. 공공 주주들/소유자들(주, 시, 지방자치단체)이 관련된 경우, 상황은 매우 다르게 보이는데, 그들이 공급 안정성의 중요성을 이해할 수 있고 장기적인 투자를 높이 평가하기 때문이다.

VOCA

- cost pressure 비용 압박
- have effects on ~에 영향을 미치다
- existing 기존의, 현재 사용되는
- hydropower 수력 전기(력)
- scheme 계획, 제도, 책략
- cost structure 원가구조
- short-term process 단기간의 프로세스
- investment 투자
- electricity generation costs 발전(전기 생산) 비용
- prefer to ~보다 선호하다
- finance 자금[재원]을 대다
- paradoxical 역설적인
- cash cow 고수익[효자] 상품[사업]
- shareholder 출자자, 주주
- municipality 지방자치제, 지방자치제 당국
- security 안전, 무사(safety), 안전 확보
- appreciate (가치를) 정당하게 평가하다, 높이 평가하다
- public interest 공익, 일반 대중의 관심
- enhancement 고양, 증진, 증대, 강화
- electricity supply 전력 공급

영어 | 2023년 국가직 9급

한눈에 훑어보기

✔ 영역 분석

어휘 01 02 03 04
5문항, 25%

독해 08 09 13 14 15 16 17 18 19 20
9문항, 45%

어법 05 06 07
4문항, 20%

표현 10 11 12
2문항, 10%

✔ 빠른 정답

01	02	03	04	05	06	07	08	09	10
②	②	④	①	③	④	②	④	④	①
11	**12**	**13**	**14**	**15**	**16**	**17**	**18**	**19**	**20**
②	③	③	①	②	②	③	③	③	①

✔ 점수 체크

구분	1회독	2회독	3회독
맞힌 문항 수	/ 20	/ 20	/ 20
나의 점수	점	점	점

---

01 난도 ★☆☆　　　　　　　　　　　정답 ②

어휘 > 단어

정답의 이유

밑줄 친 intimate는 '친한'의 뜻으로 이와 의미가 가장 가까운 것은 ② 'close(친한)'이다.

오답의 이유

① 참견하기 좋아하는

③ 외향적인

④ 사려 깊은

본문해석

Jane은 화려한 결혼식보다는 작은 결혼식을 하고 싶었다. 따라서 그녀는 가족과 그녀의 친한 친구 몇 명을 초대해 맛있는 음식을 먹고 즐거운 시간을 보내려고 계획했다.

VOCA

• fancy 화려한, 값비싼

• rather than ～보다는

02 난도 ★☆☆　　　　　　　　　　　정답 ②

어휘 > 단어

정답의 이유

밑줄 친 incessant는 '끊임없는'의 뜻으로 이와 의미가 가장 가까운 것은 ② 'constant(끊임없는)'이다.

오답의 이유

① 빠른

③ 중요한

④ 간헐적인

본문해석

더 적은 비용으로 얻는 건강상 이점으로 인한 끊임없는 대중의 호기심과 소비자 수요가 기능성 식품에 대한 관심을 증가시켰다.

VOCA

• public 일반인[대중]의

• consumer demand 소비자 수요

• due to ～에 기인하는, ～때문에

• benefit 혜택, 이득

• functional food 기능성[건강 보조] 식품

03 난도 ★☆☆　　　　　　　　　　정답 ④

어휘 > 어구

정답의 이유

밑줄 친 hold off는 '미루다'의 뜻으로 이와 의미가 가장 가까운 것은 ④ 'suspend(연기하다)'이다.

오답의 이유

① 정교하게 만들다

② 풀어 주다, 석방[해방]하다

③ 수정하다

본문해석

전국적인 유행병 때문에 그 회사는 직원들에게 다양한 연수 프로그램을 제공하려는 계획을 <u>미뤄야</u> 했다.

VOCA

• pandemic　전국[전 세계]적인 유행병

• provide A with B　A에게 B를 제공하다

04 난도 ★☆☆　　　　　　　　　　정답 ①

어휘 > 어구

정답의 이유

밑줄 친 abide by는 '준수하다, 지키다'의 뜻으로 이와 의미가 가장 가까운 것은 ① 'accept(받아들이다, 수용하다)'이다.

오답의 이유

② 보고하다

③ 미루다

④ 발표하다

본문해석

신임 지방 주지사는 그 죄수를 석방하라는 고등법원의 결정을 <u>준수할</u> 것이라고 말했다.

VOCA

• Regional Governor　지방 주지사

• the High Court　고등법원

• release　풀어주다, 석방하다

05 난도 ★★★　　　　　　　　　　정답 ③

어법 > 비문 찾기

정답의 이유

③ 밑줄 친 conceal의 주어는 단수명사(the biomedical view)이므로 3인칭 단수동사로 수일치해야 한다. 따라서 conceal → conceals가 되어야 한다.

오답의 이유

① 'make+it(가목적어)+목적격 보어+to부정사(진목적어)'는 'to부정사하는 것을 목적격 보어하게 만들다'라는 뜻이다. 이때 it은 가목적어로 진목적어(to extend the life of individuals

with end-stage organ disease)를 대신하고 있으므로 올바르게 사용되었다.

② 'it(가주어)+is argued+that(진주어)' 구문에서 가주어(it)와 진주어(that 이하)가 올바르게 사용되었으며, 명사절 접속사 that 다음에 완전한 문장이 왔으므로 어법상 적절하다.

④ accurately는 동사(represents)를 수식하는 부사로 올바르게 사용되었다.

본문해석

이식 기술의 발전은 말기 장기(臟器) 질환 환자의 생명 연장을 가능하게 만들었지만, 장기이식을 일단 심장이나 신장을 성공적으로 교체하면 끝나는 한계성 사건으로 보는 생물 의학적인 견해는 장기이식 경험을 더 정확하게 보여주는 복잡하고 역동적인 과정을 숨기고 있다고 주장되고 있다.

VOCA

• advance　진전, 발전

• transplant　이식, 이식하다

• extend　연장하다

• end-stage　말기의

• biochemical　생물 의학적인

• organ transplantation　장기이식

• bounded　경계[한계]가 있는

• kidney　신장, 콩팥

• replace　바꾸다[교체하다]

• conceal　숨기다, 감추다

• accurately　정확하게

• represent　나타내다, 보여주다

06 난도 ★★☆　　　　　　　　　　정답 ④

어법 > 비문 찾기

정답의 이유

④ '사역동사(have)+목적어+목적격 보어'는 '목적어를 ~하도록 하다'의 뜻으로 목적어와 목적격 보어의 관계가 능동이면 원형부정사를, 수동이면 과거분사를 목적격 보어로 취한다. had it remove에서 목적어 it이 가리키는 것은 the tip of a pencil인데, 문맥상 연필 끝의 머리에서 제거되는 수동의 관계에 있으므로 remove → removed가 되어야 한다.

오답의 이유

① 'be expected to+동사원형'은 '~할 것으로 기대된다'의 뜻이다. 과제(assignments)는 제출되는 수동의 대상이므로, 어법상 to be turned in이 올바르게 사용되었다.

② 'Hardly+had+주어+과거분사 ~ when+주어+과거동사'는 '~하자마자 …했다'의 뜻으로, 어법상 올바르게 사용되었다.

③ '주장·요구·명령·제안·조언·권고 동사+that절'에서 that 절의 동사는 '(should)+동사원형'을 쓰므로 recommended that 다음에 should가 생략되어, 동사원형 형태인 buy가 올바르게 사용되었다.

본문해석

① 모든 과제는 제시간에 제출될 것으로 예상된다.

② 나는 눈을 감자마자 그녀를 생각하기 시작했다.

③ 그 중개인은 그녀에게 즉시 주식을 사라고 권했다.

④ 머리에 연필심이 박힌 여자가 마침내 그것을 제거받았다.

VOCA

• assignment 과제, 임무

• turn in 제출하다

• broker 중개인

• stock (주로 복수로) 주식

• stick 찌르다(stick-stuck-stuck)

더 알아보기

사역동사+목적어+목적격 보어: '목적어를 ~하도록[당하도록] 하다'

'사역동사(have, make, let 등)+목적어+목적격 보어'에서 목적어와 목적격 보어가 능동 관계이면 목적격 보어로 원형부정사가 오고, 수동 관계이면 목적격 보어로 과거분사가 온다.

make	목적어를 ~하도록[당하도록] 만들다	• make/have/let+목적어+목적격 보어(원형부정사): 능동
have	목적어를 ~하도록[당하도록] 하다	
let	목적어를 ~하도록[당하도록] 허락하다	• make/have/let+목적어+목적격 보어(과거분사): 수동

예 He made his secretary fill orders and handle meetings with clients.

(그는 비서가 주문을 이행하고 고객들과의 회의를 진행하도록 했다.)

예 She refused to let her question ignored by the upper management.

(그녀는 고위 경영진들에 의해 그녀의 질문이 무시되는 것을 거부했다.)

07 난도 ★★☆　　　　　　　정답 ②

어법 > 영작하기

정답의 이유

② 전치사 by는 동작의 완료를, until은 동작의 지속을 나타내는 동사와 함께 사용된다. finish는 '~을 마치다'의 뜻으로 동작의 완료를 나타내는 동사이므로, until → by가 되어야 한다.

오답의 이유

① '배수사+as+형용사/부사+as'의 배수사 비교 구문은 '~배만큼 …한[하게]'라는 뜻이다. '내 고양이'와 '그의 고양이'를 비교하고 있으므로, as 다음에 his cat이 소유대명사 his(그의 것=그의 고양이)가 올바르게 사용되었다.

③ 습관은 현재시제로 쓰므로 washes가 올바르게 사용되었다.

④ 'had better+동사원형'은 '~하는 편이 낫다'의 뜻으로 동사원형 take가 올바르게 사용되었다. in case는 '~에 대비하여'의 뜻으

로 조건 부사절을 이끄는 접속사구이다. 시간·조건 부사절에서 현재시제가 미래시제를 대신하므로, 어법상 현재시제 rains가 올바르게 사용되었다.

VOCA

• every other day 이틀에 한 번, 격일로

• in case ~에 대비하여

• had better ~하는 편이 낫다

더 알아보기

현재시제의 쓰임

• 현재의 사실, 동작, 상태를 나타낸다.

　예 She looks very happy.

　　(그녀는 매우 행복해 보인다.)

• 현재의 습관, 반복적 동작을 나타낸다.

　예 She washes her hair every other day.

　　(그녀는 이틀에 한 번 머리를 감는다.)

• 객관적인 진리, 사실, 격언, 사회적인 통념을 나타낸다.

　예 The early birds catch the worm.

　　(일찍 일어나는 새가 벌레를 잡는다.)

• 왕래발착(go, come, arrive, leave, begin, start 등) 동사는 미래 부사구와 함께 쓰여 미래를 나타낸다.

　예 The flight to Seoul arrives ten o'clock tomorrow evening.

　　(서울행 비행기는 내일 저녁 10시에 도착할 거야.)

• 시간·조건 부사절에서 현재시제가 미래시제를 대신한다.

　예 Employees are entitled to use sick leave if an illness prevents them from performing their duties.

　　(직원들은 질병으로 인해 직무를 수행하지 못할 경우 병가를 사용할 권리가 있다.)

　예 The bus will depart after everyone fastens their safety belts.

　　(버스는 모든 사람이 안전벨트를 맨 후에 출발할 것이다.)

08 난도 ★☆☆　　　　　　　정답 ④

독해 > 세부 내용 찾기 > 내용 (불)일치

정답의 이유

마지막 문장에서 'Taylor Wallace, who worked on a recent analysis of choline intake in the United States, says, "There isn't enough awareness about choline even among health-care professionals because our government hasn't reviewed the data or set policies around choline since the late '90s."(최근 미국의 콜린 섭취량에 대한 분석을 시행한 Taylor Wallace는 "우리 정부가 90년대 후반 이후로 콜린에 관한 데이터를 검토하거나 정책을 수립하지 않았기 때문에 보건 전문가들 사이에서조차 그것에 대해 잘 모른다"라고 말한다.)'라고 했으므로, 글의 내용과 일치하지 않는 것은 ④ 'The importance of choline has been stressed since the late '90s in the U.S(미국에서 90년대 후반부터 콜린의 중요성이 강조되었다)'.이다.

오답의 이유

① 대다수 미국인들은 콜린을 충분히 섭취하고 있지 않다. → 네 번째 문장에서 'A shocking 90 percent of Americans aren't getting enough choline, according to a recent study(최근 연구에 따르면, 충격적이게도 미국인의 90%가 콜린을 충분히 섭취하고 있지 않다고 한다).'라고 했으므로 글의 내용과 일치한다.

② 콜린은 두뇌 발달에 필요한 필수 영양소이다. → 다섯 번째 문장에서 'Choline ~ is especially critical for brain development(콜린은 ~ 특히 두뇌 발달에 매우 중요하다).'라고 했으므로 글의 내용과 일치한다.

③ 간과 리마콩과 같은 음식은 콜린의 좋은 공급원이다. → 여덟 번째 문장에서 'Plus, the foods that are rich in choline aren't the most popular: think liver, egg yolks and lima beans(게다가 콜린이 풍부한 음식은 그다지 인기가 없다. 간, 달걀노른자, 리마콩을 생각해 보라).'라고 했으므로 글의 내용과 일치한다.

본문해석

당신은 콜린을 충분히 섭취하고 있는가? 아마 이 영양소는 심지어 당신의 레이더에 없을(알지도 못할) 것이다. 이제 콜린이 관심을 받을 만한 때이다. 최근 연구에 따르면, 충격적이게도 미국인의 90%가 콜린을 충분히 섭취하고 있지 않다고 한다. 콜린은 모든 연령과 (발달) 단계에서 건강에 필수적이며, 특히 두뇌 발달에 매우 중요하다. 왜 우리는 (콜린을) 충분히 섭취하고 있지 않을까? 콜린은 다양한 음식에서 발견되지만, 극소량이다. 게다가 콜린이 풍부한 음식은 그다지 인기가 없다. 간, 달걀노른자, 리마콩을 생각해 보라. 최근 미국의 콜린 섭취량에 대한 분석을 시행한 Taylor Wallace는 "우리 정부가 90년대 후반 이후로 콜린에 관한 데이터를 검토하거나 정책을 수립하지 않았기 때문에 보건 전문가들 사이에서조차 그것에 대해 잘 모른다."라고 말한다.

VOCA

- choline 콜린(비타민 B 복합체의 하나)
- chances are 아마 ~할 것이다
- nutrient 영양소, 영양분
- radar 레이더
- deserve ~을 받을 만하다, 마땅히 ~할 만하다
- essential 필수적인
- critical for ~에 매우 중요한
- lima bean 리마콩(연녹색의 둥글납작한 콩)
- intake 섭취(량)
- awareness 의식[관심]
- set policy 정책을 설정하다

독해 > 세부 내용 찾기 > 내용 (불)일치

정답의 이유

마지막 문장에서 '~ where a man chatted with his tablemates whether he knew them or not(그곳에서 아는 사람이든 모르는 사람이든 같은 테이블에 앉은 사람들과 대화를 나눴다).'이라고 했으므로 글의 내용과 일치하는 것은 ④ 'One could converse even with unknown tablemates in a coffeehouse(커피 하우스에서 같은 테이블에 앉은 사람들은 심지어 모르는 사람과도 대화할 수 있었다).'이다

오답의 이유

① 커피 하우스의 수는 다른 어느 사업체 수보다도 적었다. → 첫 번째 문장에서 '~ occupying more premises and paying more rent than any other trade(다른 어느 업종보다도 더 많은 부지를 점유하고 더 많은 임차료를 내고 있었다고 한다).'라고 했으므로 글의 내용과 일치하지 않는다.

② 고객들은 커피 하우스에 한 시간 이상 머무를 수 없었다. → 두 번째 문장에서 '~ because for that price one could purchase a cup of coffee and sit for hours listening to extraordinary conversations(누구나 그 가격(1페니)에 커피 한 잔을 사면 몇 시간이고 앉아 특별한 대화들을 들을 수 있었기 때문이었다).'라고 했으므로 글의 내용과 일치하지 않는다.

③ 종교인들은 잡담하기 위해 커피 하우스에 모이지 않았다. → 마지막에서 두 번째 문장에서 'Others served Protestants, Puritans, Catholics, Jews, ~ actors, lawyers, or clergy(다른 곳들은 개신교도들, 청교도들, 천주교도들, 유대인들, ~ 배우들, 변호사들, 성직자들을 대접했다).'라고 했으므로 글의 내용과 일치하지 않는다.

본문해석

일설에 의하면, 1700년경 런던에 2,000개가 넘는 커피 하우스가 있었으며, 다른 어느 업종보다도 더 많은 부지를 점유하고 더 많은 임차료를 내고 있었다고 한다. 그것들은 'penny universities'로 알려지게 되었는데, 누구나 그 가격(1페니)에 커피 한 잔을 사면 몇 시간이고 앉아 특별한 대화들을 들을 수 있었기 때문이었다. 각각의 커피 하우스는 각기 다른 유형의 고객층을 전문으로 했다. 한 곳에서는 의사들이 상담받을 수 있었다. 다른 곳들은 개신교도들, 청교도들, 천주교도들, 유대인들, 문인들, 상인들, 무역 상인들, 휘그당원들, 토리당원들, 육군 장교들, 배우들, 변호사들, 성직자들을 대접했다. 커피 하우스는 영국 최초로 평등주의적 만남의 장소를 제공했고, 그곳에서 아는 사람이든 모르는 사람이든 같은 테이블에 앉은 사람들과 대화를 나눴다.

VOCA

- by some accounts 일설에 의하면[따르면]
- occupy 차지하다
- premises 부지[지역], 구내
- specialized 전문적인, 전문화된
- clientele 모든 고객들

- clergy 성직자들
- egalitarian 평등주의(자)의
- tablemate 함께 식사하는 사람

10 난도 ★★☆ 　　　　　　　　　　　　　　　정답 ①

표현 > 일반회화

정답의 이유

A가 어제 새로 산 스킨 크림의 효능을 말하는 대화로 A가 빈칸 앞에서 'It is supposed to remove all wrinkles and make your skin look much younger(이것은 모든 주름을 없애주고 피부를 훨씬 어려 보이게 해줄 거야).'라고 말하고, 빈칸 다음에서 'Why don't you believe it(왜 안 믿는 거니)?'라고 했으므로 대화의 흐름상 B가 빈칸에서 크림의 효과를 믿지 않는다고 말했음을 유추할 수 있다. 따라서 빈칸에 들어갈 말로 알맞은 것은 ① 'I don't buy it(난 안 믿어).'이다.

오답의 이유

② 너무 비싸.
③ 난 널 도와줄 수 없어.
④ 믿거나 말거나 사실이야.

본문해석

A: 어제 약국에서 이 새 스킨 크림을 샀어. 이것은 모든 주름을 없애주고 피부를 훨씬 어려 보이게 해줄 거야.
B: 난 안 믿어.
A: 왜 안 믿는 거니? 난 블로그들에서 이 크림이 정말 효과 있다는 글도 읽었어.
B: 그 크림이 피부에는 좋겠지만, 크림 하나 쓴다고 주름이 없어지거나 마법처럼 더 어려 보이게 하는 게 가능하다고 생각하지 않아.
A: 넌 너무 비관적이야.
B: 아니야. 난 그냥 현실적인 거야. 난 네가 잘 속아 넘어가는 것 같아.

VOCA

- be supposed to ～하기로 되어 있다
- wrinkle 주름
- work 효과가 나다[있다]
- assume 추정[상정]하다
- get rid of 제거하다, 끝내다
- pessimistic 비관적인
- gullible 잘 속아 넘어가는
- pricey 돈[비용]이 드는, 비싼

11 난도 ★☆☆ 　　　　　　　　　　　　　　　정답 ②

표현 > 일반회화

정답의 이유

대화에서 시내 관광을 원하는 A가 빈칸 앞에서 'What else should I check out(또 어떤 것을 봐야 하나요)?'이라고 물었고, 빈칸 다음에서 그럴 시간이 없다고 했으므로 빈칸에는 B가 추천한 관광 장소와 그 소요 시간에 관한 내용이 와야 함을 유추할 수 있다. 따라서

빈칸에 들어갈 말로 알맞은 것은 ② 'A guided tour to the river park. It takes all afternoon(강 공원으로 가는 가이드 투어요. 오후 내내 걸려요).'이다.

오답의 이유

① 이게 당신의 고객에게 필요한 지도예요. 여기 있어요.
③ 가능한 한 빨리 그걸 봐야 해요.
④ 체크아웃 시간은 3시입니다.

본문해석

A: 시내 관광을 하고 싶어요. 제가 어디로 가야 한다고 생각해요?
B: 국립 미술관을 방문하는 것을 강력히 추천해요.
A: 아, 좋은 생각이네요. 또 어떤 것을 봐야 하나요?
B: 강 공원으로 가는 가이드 투어요. 오후 내내 걸려요.
A: 그럴 시간이 없어요. 3시에 고객을 만나야 하거든요.
B: 아, 그렇군요. 그러면 국립 공원을 방문해보는 건 어때요?
A: 좋네요. 감사합니다!

VOCA

- go sightseeing 구경을 다니다
- check out (흥미로운 것을) 살펴보다[보다]

12 난도 ★★☆ 　　　　　　　　　　　　　　　정답 ③

표현 > 일반회화

정답의 이유

A가 아이들이 생일 파티에 갈 거라고 하자 B가 'So, it was a piece of cake(그래서 그건 식은 죽 먹기였어).'라고 대답한 ③의 대화가 자연스럽지 않다.

본문해석

① A: 그가 마침내 흥행작에 출연했어!
　 B: 그래, 그는 성공했구나.
② A: 나 이제 좀 피곤해.
　 B: 오늘은 여기까지 하자.
③ A: 아이들이 생일 파티에 갈 거야.
　 B: 그래서 그건 식은 죽 먹기였어.
④ A: 어제 그가 왜 집에 일찍 갔는지 궁금해.
　 B: 내 생각엔 그가 몸이 안 좋았던 거 같아.

VOCA

- get it made 잘 풀리다, (부러울 정도로) 잘되다
- call it a day ～을 그만하기로 하다
- wonder 궁금해하다
- under the weather 몸이 안 좋은

독해 > 대의 파악 > 제목, 주제

[정답의 이유]

주어진 글은 비언어적 신호의 중요성에 관한 내용이다. 두 번째 문장에서 'Nonverbal cues—rather than spoken words—make us feel that the person we are with is interested in, understands, and values us(비언어적인 신호는 말보다, 우리가 함께 있는 사람이 우리에게 관심을 갖고 이해하고 우리를 소중하게 여긴다는 것을 느끼게 한다).'라고 했으므로, 글의 제목으로 알맞은 것은 ③ 'Nonverbal Communication Speaks Louder than Words(비언어적 소통이 말보다 더 크게 말한다[중요하다])'이다.

[오답의 이유]

① 야생동물들은 어떻게 생각하고 느낄까?

② 효과적으로 의사소통하는 것이 성공의 비결이다.

④ 언어적 신호: 감정을 표현하는 주요 도구

[본문해석]

사랑받는다는 느낌과 그것이 자극하는 생물학적 반응은 목소리의 톤, 얼굴 표정 혹은 딱 맞는 느낌의 손길 같은 비언어적인 신호에 의해 촉발된다. 비언어적인 신호는 말보다, 우리가 함께 있는 사람이 우리에게 관심을 갖고 이해하고 우리를 소중하게 여긴다는 것을 느끼게 한다. 우리는 그것들과 함께할 때, 안전하다고 느낀다. 우리는 심지어 야생에서도 비언어적인 신호의 힘을 본다. 포식자들의 추적을 피한 후에, 동물들은 종종 스트레스 해소의 수단으로 서로 코를 비빈다. 이러한 신체적 접촉은 안전에 대한 확신을 제공하고 스트레스를 덜어준다.

VOCA

- biological 생물체의
- stimulate 자극[격려]하다
- trigger 촉발시키다
- nonverbal 비언어적인
- cue 신호
- value 소중하게[가치 있게] 생각하다[여기다]
- evade 피하다[모면하다]
- chase 추적, 추격
- predator 포식자, 포식 동물
- nuzzle 코[입]를 비비다
- as a means of ~의 수단으로서
- bodily 신체의
- reassurance 안심시키는 말[행동]
- relieve 없애[덜어] 주다

14 난도 ★★☆   정답 ①

독해 > 대의 파악 > 제목, 주제

[정답의 이유]

제시문은 자녀에게 물건에 대한 '건강한 비의존성(healthy nondependency)'을 가르치는 방법을 설명하고 있다. 두 번째 문장에서 'You can use these times to teach a healthy nondependency on things(당신은 이 시기를 물건에 대한 건강한 비의존성을 가르치기 위해 이용할 수 있다).'라고 하면서 당신의 자녀를 장난감들로 둘러싸지 말고 그것들을 바구니에 정돈하고 한 번에 바구니 하나씩 꺼내놓으라고 했다. 또한 당신이 소유물을 잃어버리거나 망가뜨린 경우, 자녀가 물건에 집착하지 않는 태도를 기를 수 있도록 "난 그것을 가지고 있는 동안 감사했어!"라는 좋은 태도를 모범으로 보이려고 노력하라고 했으므로, 글의 주제로 알맞은 것은 ① 'building a healthy attitude toward possessions(소유물에 대한 건강한 태도를 형성하기)'이다.

[오답의 이유]

② 다른 사람들과 장난감을 공유하는 것의 가치를 배우기

③ 장난감을 질서정연하게 정리하는 방법을 가르치기

④ 바람직하지 않은 방식으로 행동하는 것에 대한 책임을 받아들이기

[본문해석]

명절과 생일처럼 아이의 삶에 장난감과 선물이 쌓이는 시기가 있다. 당신은 이 시기를 물건에 대한 건강한 비의존성을 가르치기 위해 이용할 수 있다. 당신의 자녀를 장난감들로 둘러싸지 마라. 대신 그것들을 바구니들에 정리해 한 번에 바구니 하나씩 꺼내놓고 가끔 바구니들을 교체해라. 소중한 물건이 잠시 치워지면, 그것을 꺼내오는 것은 즐거운 기억과 관점의 신선함을 만들어 낸다. 가령 당신의 자녀가 한동안 치워둔 장난감을 요구한다고 가정해 보자. 당신은 이미 주위(환경)에 있는 물건이나 경험으로 관심을 이끌 수 있다. 당신이 소유물을 잃어버리거나 망가뜨린 경우, 당신의 자녀가 물건에 집착하지 않는 태도를 기를 수 있도록 "난 그것을 가지고 있는 동안 감사했어!"라는 좋은 자세를 모범으로 보이려고 노력하라. 아이의 장난감이 망가지거나 분실된 경우, 아이가 "재미있게 가지고 놀았어."라고 말하도록 도와줘라.

VOCA

- accumulate 모으다, 축적하다
- nondependency 비의존성
- surround 둘러싸다, 에워싸다
- arrange 정리하다, 배열하다
- rotate 회전하다[시키다]
- occasionally 가끔
- cherish 소중히 여기다, 아끼다
- put away 넣다[치우다]
- bring out ~을 꺼내다
- delightful 정말 기분 좋은[마음에 드는]
- outlook 관점, 세계관, 인생관
- suppose 가령[만약] ~이라고 하다
- direct 안내하다, 지휘하다, 총괄하다
- possession 소유물, 소지, 보유

15 난도 ★★☆   정답 ②

독해 > 대의 파악 > 요지, 주장

[정답의 이유]

제시문은 부모가 자녀를 칭찬하는 방식이 아이들의 발달에 미치는 영향에 대한 내용이다. 네 번째 문장에서 노력보다 지능으로 칭찬받은 아이들은 결과에 지나치게 집착하게 된다는 사실을 발견했다고 했으며, 마지막 문장에서는 아이들의 지능을 칭찬하는 것은 그들로 하여금 어려움을 두려워하게 만드는데, 그것은 그들이 실패를 어리석음과 동일시하기 때문이라고 했다. 따라서 글의 요지로 알맞은 것은 ② 'Compliments on intelligence bring about negative effect(지능에 대한 칭찬은 부정적인 영향을 초래한다).'이다.

[오답의 이유]

① 잦은 칭찬이 아이들의 자존감을 증가시킨다.

③ 아이는 성공을 통해 실패에 대한 두려움을 극복해야 한다.

④ 부모들은 과정보다 결과에 집중해야 한다.

[본문해석]

많은 부모들이 '자존감 운동'에 의해 잘못 인도되었는데, 그 운동은 자녀들의 자존감을 개발하는 방식이 자녀들이 얼마나 어떤 일을 잘하는지 말하는 것이라고 알려준다. 안타깝게도, 당신의 자녀들에게 그들의 능력을 확신시키는 것은 실패할 가능성이 큰데, 그것은 인생이 아이들에게 성공과 실패를 통해 실제로 그들이 얼마나 유능하거나 무능한지를 명백히 알려주기 때문이다. 연구는 당신이 자녀를 칭찬하는 방식이 그들의 발달에 강력한 영향을 미친다는 것을 보여주었다. 일부 연구자들은 노력에 비해 지능에 대해 칭찬받은 아이들이 결과에 지나치게 집착하게 된다는 사실을 발견했다. 실패 후, 이 아이들은 끈기를 덜 보였고, 덜 즐거워했으며, 실패를 그들의 능력 부족 탓으로 돌리며, 향후 성취를 위한 노력에서 저조한 성과를 보였다. 아이들의 지능을 칭찬하는 것은 그들로 하여금 어려움을 두려워하게 만드는데, 그것은 그들이 실패를 어리석음과 동일시하기 때문이다.

[VOCA]

• misguide 잘못 이끌다
• build 만들어 내다, 창조[개발]하다
• self-esteem 자부심
• convince 납득시키다, 확신시키다
• competence 능숙함, 능숙도
• unequivocally 명백히
• capable ~을 할 수 있는
• as compared to ~과 비교하여
• overly 너무, 몹시
• persist 집요하게 계속하다
• attribute ~ to ~을 …의 탓으로 돌리다
• equate 동일시하다
• stupidity 어리석음, 우둔

16 난도 ★★☆   정답 ②

독해 > 빈칸 완성 > 단어 · 구 · 절

[정답의 이유]

제시문은 소비자들의 온라인 활동이 활발해짐에 따라 글로벌 브랜드의 광고 표준화에 대한 필요성이 대두되고 있다는 내용이다. 세 번째 문장에서는 온라인상에서 연결된 소비자들이 인터넷과 소셜 미디어를 통해 국경을 넘나들어서 광고주들이 통제되고, 질서정연한 방식으로 캠페인을 펼치기 어렵다고 했다. 빈칸 앞 문장에서는 대부분 글로벌 브랜드들이 자신들의 디지털 사이트들을 국제적으로 대등하게 조정한다고 했고, 빈칸 다음 문장에서 친숙한 코카콜라의 붉은색과 상징적인 병 모양, 음악, 주제 등을 특징으로 한다고 했다. 따라서 빈칸에 들어갈 말로 알맞은 것은 ② 'uniform(획일적인)'이다.

[오답의 이유]

① 실험적인

③ 국지적인

④ 다양한

[본문해석]

최근 온라인 마케팅과 소셜 미디어 공유의 인기가 증가하면서 글로벌 브랜드의 광고 표준화에 대한 필요성이 커졌다. 대부분의 대형 마케팅 및 광고 캠페인은 대규모 온라인상에서의 영향력을 포함한다. (온라인상에서) 연결된 소비자들은 인터넷과 소셜 미디어를 통해 국경을 쉽게 넘나들 수 있게 되었는데, 이것은 광고주들로 하여금 통제되고 질서정연한 방식으로 맞춤화된 캠페인을 전개하는 것을 어렵게 한다. 그 결과, 대부분의 글로벌 소비자 브랜드들은 전 세계적으로 그들의 디지털 사이트를 대등하게 조정한다. 예를 들어, 코카콜라의 웹사이트와 소셜 미디어 사이트들은 호주와 아르헨티나에서부터 프랑스, 루마니아, 러시아에 이르기까지 놀랄 만큼 전 세계적으로 획일적이다. 모든 것이 친숙한 코카콜라의 붉은색, 코카콜라의 상징적인 병 모양, 코카콜라의 음악, "Taste the Feeling"이라는 주제 등을 특징으로 한다.

[VOCA]

• boost 신장시키다, 북돋우다
• advertising 광고
• standardization 표준화
• online presence 온라인상에서의 존재감, 영향력
• zip 쌩[획] 하고 가다[나아가게 하다]
• via 경유하여[거쳐]
• roll out 출시하다, 시작하다
• orderly 정돈된, 정연한
• coordinate ~을 대등하게 조정하다, 통합[일원화]하다
• feature 특징을 이루다

17 난도 ★★☆ 정답 ③

독해 > 글의 일관성 > 무관한 어휘·문장

정답의 이유

제시문은 하이브리드 근무 방식, 즉 사무실 출근과 재택근무를 병행하는 근무 형태가 점점 늘어나서 사무실에서 근무하는 일수가 줄어들었지만, 사무실 공간은 별로 줄지 않고 사무실 공간의 밀집도가 크게 낮아졌다는 내용이다. ③ 앞 문장에서 사무실에서의 고밀집도는 불편하고 많은 근로자들이 그들의 책상 주변이 붐비는 것을 싫어한다고 했고, ③ 다음 문장에서 밀집도로 인한 불편함은 로비, 주방, 엘리베이터까지 연장된다고 했다. 따라서 글의 흐름상 어색한 문장은 ③ 'Most employees want to work from home on Mondays and Fridays(대부분의 직원이 월요일과 금요일에 재택근무하기를 원한다).'이다.

본문해석

미국의 근로자 5,000명과 미국의 고용주 500명을 대상으로 매월 실시하는 우리의 설문조사에 따르면, 사무직 및 지식근로자 사이에서 하이브리드 근무로의 대규모 전환이 매우 뚜렷하게 보인다. 새롭게 나타난 표준은 1주일 중 3일은 사무실에서, 2일은 집에서 근무하는 것으로 현장근무일수가 30% 이상 줄었다. 당신은 이러한 단축으로 인해 사무실 공간 수요가 크게 감소될 것이라고 생각할 수도 있다. 그러나 우리의 설문조사 데이터는 사무실 공간은 평균 1~2%의 축소를 보여주는데, 이는 공간이 아닌 밀집도의 큰 감소를 시사한다. 우리는 그 이유를 이해할 수 있다. 사무실에서의 고밀집도는 불편하며 많은 근로자가 그들의 책상 주변이 붐비는 것을 싫어한다. 대부분의 직원이 월요일과 금요일에 재택근무하기를 원한다. 밀집도로 인한 불편함은 로비, 주방, 특히 엘리베이터까지 연장된다. 밀집도를 낮출 수 있는 유일하고 확실한 방법은 (사무실의) 평방 피트를 줄이지 않고 현장근무일을 줄이는 것이다. 우리의 조사 증거에 따르면, 밀집도에 대한 불편함은 앞으로도 계속될 것이다.

VOCA

- huge shift 엄청난 입장변화/전환
- hybrid 혼성체, 혼합물
- abundantly 풍부하게
- emerging 최근 생겨난
- norm 규범, 규준
- cutback 삭감, 감축
- imply 암시[시사]하다
- reduction 축소, 삭감
- density 밀도(빽빽한 정도)
- extend 연장하다
- sure-fire 확실한, 틀림없는
- reduce 줄이다[축소하다]
- square footage 평방 피트
- be here to stay 우리 생활의 일부이다

18 난도 ★★☆ 정답 ③

독해 > 글의 일관성 > 문장 삽입

정답의 이유

주어진 문장에서 '그들은 불법적인 국경 횡단 장소로 알려진 곳에 비디오카메라를 설치했고 실시간 비디오 자료를 웹사이트에 올렸다.'라고 했으므로 주어진 문장의 앞에는 They가 가리키는 대상이, 주어진 문장 다음에는 실시간 비디오 자료를 웹사이트에 올린 결과가 나와야 한다. They는 ③ 앞 문장의 불법 이민자들을 단속하는 Texas sheriffs를 가리키며, 새로운 인터넷 활용법(a novel use of the Internet)은 카메라를 설치하고 불법 국경 횡단자들이 찍힌 비디오 자료를 실시간으로 웹사이트에 올리는 것을 의미한다. ③ 다음 문장에서 국경 감시를 돕고자 하는 시민들은 온라인에 접속해 가상 보안관 역할을 할 수 있다고 했으므로 이것이 실시간 비디오 자료를 웹사이트에 올린 결과가 된다. 따라서 주어진 문장이 들어갈 위치로 알맞은 것은 ③이다.

본문해석

이민 개혁은 정치적 지뢰밭이다. 광범위한 정치적 지지를 받는 이민 정책의 거의 유일한 측면은 불법 이민자들의 흐름을 제한하기 위해 멕시코와 미국 사이 국경을 안전하게 지키겠다는 결의이다. 텍사스 보안관들은 최근에 그들의 국경 감시를 돕기 위해 새로운 인터넷 활용법을 개발했다. 그들은 불법적인 국경 횡단 장소로 알려진 곳에 비디오 카메라를 설치했고, 카메라의 실시간 비디오 자료를 웹사이트에 올렸다. 국경 감시를 돕고자 하는 시민들은 온라인에 접속해 '가상 텍사스 보안관' 역할을 할 수 있다. 국경을 넘으려는 사람을 발견하면 그들은 보안관 사무실에 보고서를 보내고, 이것은 때로 미국 국경 순찰대의 도움으로 추가 조사된다.

VOCA

- immigration 이민
- reform 개혁[개선]
- minefield 지뢰밭
- command (받아야 할 것을) 받다, 요구하다, 강요하다
- resolve 결심[결의]
- secure 획득[확보]하다
- illegal immigrant 불법 입국[체류]자
- sheriff 보안관
- novel 새로운, 신기한
- install 설치[설비]하다
- illegal 불법적인
- video feed 비디오 자료
- virtual 가상의
- follow up (방금 들은 내용에 대해) 더 알아보다

영어 고용행정직

19 난도 ★★☆ 　　　　　　　　정답 ③

독해 > 글의 일관성 > 글의 순서

정답의 이유

주어진 글은 모든 문명(civilization)이 정부 행정에 의존하고, 고대 로마의 문명이 가장 대표적 예시라는 내용이므로, 주어진 글에서 언급된 civilization이 라틴어의 *civis*에서 유래했다는 (B)로 이어지는 것이 자연스럽다. (B) 다음으로는 라틴어가 고대 로마의 언어였으며 로마의 영토에 대해 부연 설명하고 있는 (C)가 와야 한다. 마지막으로, 로마의 방대한 영토(an area that large)를 통치하기 위한 '효과적인 정부 행정 시스템(an effective system of government administration)'의 필요성을 말한 (A)로 마무리하는 것이 자연스럽다. 따라서 글의 순서로 알맞은 것은 ③ '(B) – (C) – (A)'이다.

본문해석

모든 문명은 정부 행정에 의존한다. 아마 고대 로마보다 이것을 대표적인 예시로 더 잘 보여주는 문명은 없을 것이다.
(B) 사실, '문명'이라는 단어 자체는 '시민'을 의미하는 라틴어 *civis*에서 유래했다.
(C) 라틴어는 고대 로마의 언어였으며, 로마의 영토는 지중해 유역부터 북쪽의 영국 일부와 동쪽의 흑해까지 뻗어 있었다.
(A) 그렇게 넓은 영토를 통치하기 위해, 현재의 이탈리아 중부에 기반을 두고 있었던 로마인들은 효과적인 정부 행정 시스템이 필요했다.

VOCA

· rely on 의존하다
· administration 관리[행정]
· exemplify 전형적인 예가 되다
· come from ~에서 나오다
· territory 지역, 영토
· stretch 뻗어 있다
· basin 유역
· rule 통치하다, 다스리다
· based in ~에 기반을 둔

20 난도 ★★★ 　　　　　　　　정답 ①

독해 > 빈칸 완성 > 단어 · 구 · 절

정답의 이유

제시문은 심리학의 하위분야들에 대한 통합의 필요성과 이 과정에서 심리 과학이 통합의 중추 역할을 할 것이라는 내용으로, 글의 세 번째 문장에서 'Science advances when distinct topics become theoretically and empirically integrated under simplifying theoretical frameworks(과학은 서로 다른 별개의 주제들이 단순화된 이론적 틀 아래에서 이론적, 경험적으로 통합될 때 발전한다).'라고 했다. 또한 빈칸 앞 문장에서 이러한 방식으로 심리 과학은 그 분야 내 모든 주요 분과/분파를 '하나의 학문하에(under one discipline)' 통합함으로써 심리학 전체에 대한 본보기 역할을 할 수 있을 것이라고 했으므로 빈칸 문장 앞부분의 'how to combine

resources and study science(자료를 결합하고 과학을 연구하는 방법)'를 수식하는 빈칸에 들어갈 말로 알맞은 것은 ① 'from a unified perspective(통합된 관점에서)'임을 유추할 수 있다.

오답의 이유

② 역동적인 측면에서
③ 역사를 통틀어
④ 정확한 증거를 가지고

본문해석

지난 50년 동안 심리학의 모든 주요 하위분야는 교육이 점점 전문화되고 그 초점이 좁아짐에 따라 서로 점점 더 고립되어 왔다. 일부 심리학자들이 오랫동안 주장해 온 것처럼, 심리학 분야가 과학적으로 성숙해지고 발전하려면 그것의 이질적인 부분들 [예를 들어, 신경과학, 발달 (심리학), 인지 (심리학), 성격 (심리학), 사회 (심리학)]이 다시 하나가 되고 통합되어야 한다. 과학은 서로 다른 별개의 주제들이 단순화된 이론적 틀 아래에서 이론적, 경험적으로 통합될 때 발전한다. 심리 과학은 여러 하위영역의 심리학자들 간의 협업을 장려하여 이 분야가 지속적인 분열보다는 일관성을 성취하도록 도울 것이다. 이러한 방식으로 심리 과학은 그 분야 내 모든 주요 분과/분파를 하나의 학문하에 통합함으로써 심리학 전체에 대한 본보기 역할을 할 수 있을 것이다. 심리 과학이 통합된 관점에서 자료를 결합하고 과학을 연구하는 방법에 대한 모 학문의 모범이 될 수 있다면, 이는 결코 작은 업적이 아니며 그 중요도 또한 작지 않을 것이다.

VOCA

· subdiscipline 학문분야의 하위 구분
· isolated from ~에서 고립된
· in focus 초점[핀트]이 맞아
· mature (충분히) 발달하다
· advance 증진되다[진전을 보다]
· disparate 이질적인
· neuroscience 신경 과학
· developmental 발달[개발]상의
· cognitive 인식[인지]의
· integrate 통합시키다[되다]
· theoretically 이론상
· empirically 실증적으로
· simplify 간소화[단순화]하다
· framework 체제, 체계
· encourage 권장[장려]하다
· achieve 달성하다, 성취하다
· coherence 일관성
· fragmentation 균열, 분절
· act as ~으로서의 역할을 하다[맡다]
· template 견본, 본보기
· fraction 부분, 일부
· faction 파벌, 파당
· model 모범, 귀감
· feat 위업, 개가

영어 | 2023년 지방직 9급

한눈에 훑어보기

✓ 영역 분석

어휘 　01 02 03 04 05
5문항, 25%

독해 　12 13 14 15 16 17 18 19 20
9문항, 45%

어법 　06 07 08
3문항, 15%

표현 　09 10 11
3문항, 15%

✓ 빠른 정답

01	02	03	04	05	06	07	08	09	10
②	④	①	①	④	③	③	①	④	③
11	12	13	14	15	16	17	18	19	20
③	②	②	④	④	④	②	②	①	③

✓ 점수 체크

구분	1회독	2회독	3회독
맞힌 문항 수	/ 20	/ 20	/ 20
나의 점수	점	점	점

01 　난도 ★☆☆ 　　　　　　　　　정답 ②

어휘 > 단어

[정답의 이유]

밑줄 친 subsequent는 '차후의, 그 다음의'의 뜻으로, 의미가 가장 가까운 것은 ② 'following(그 다음에 나오는)'이다.

[오답의 이유]

① 필수의

③ 선진의

④ 보충의, 추가의

본문해석

우리의 프로젝트에 대한 추가적인 설명은 <u>차후의</u> 프레젠테이션에서 제공될 것이다.

VOCA

· further　그 이상의

· explanation　설명

02 　난도 ★☆☆ 　　　　　　　　　정답 ④

어휘 > 단어

[정답의 이유]

밑줄 친 courtesy는 '공손함, 정중함'이라는 뜻으로, 의미가 가장 가까운 것은 ④ 'politeness(공손함, 예의바름)'이다.

[오답의 이유]

① 자선, 자비

② 겸손, 겸양

③ 대담, 배짱

본문해석

사회적 관행은 한 집단의 구성원들이 다른 사람들에게 <u>공손함</u>을 보이기 위해 따라야 하는 관습이다. 예를 들어, 재채기를 할 때 "실례합니다."라고 말하는 것은 미국의 사회적 관행이다.

VOCA

· folkway　민속, 사회적 관행

· custom　관습, 풍습, 관행

· be expected to　~하도록 기대된다, 예상된다

· follow　따르다[따라 하다]

· sneeze　재채기하다

03 난도 ★☆☆ 정답 ①

어휘 > 어구

정답의 이유

bring up은 '~을 기르다[양육하다]'라는 뜻인데, 주어진 문장에서는 수동의 뜻인 '양육되어지다'로 사용되었으므로, 의미가 가장 가까운 것은 ① 'raised(길러진)'이다.

오답의 이유

② 조언받은

③ 관찰된

④ 관리[운영/통제]된

본문해석

이 아이들은 건강에 좋은 음식을 주식으로 먹고 양육되었다.

VOCA

• on a diet of ~을 주식[먹이]으로

• healthy food 건강에 좋은 음식

04 난도 ★★☆ 정답 ①

어휘 > 어구

정답의 이유

do away with는 '~을 폐지하다'라는 뜻인데, 주어진 문장에서는 수동의 의미로 쓰였으므로, 의미가 가장 가까운 것은 ① 'abolished(폐지된)'이다.

오답의 이유

② 합의된

③ 비판된

④ 정당화된

본문해석

노예제는 19세기까지 미국에서 폐지되지 않았다.

VOCA

• slavery 노예, 노예제도

05 난도 ★☆☆ 정답 ④

어휘 > 단어

정답의 이유

주어진 문장의 뒷부분에서 'so that they could see and understand it clearly(그들이 그것을 명확하게 보고 이해할 수 있도록)'이라고 했고, 앞부분에서 '유권자들은 선거 과정에서 더 많은 ~이 있어야 한다고 요구했다.'라고 했으므로, 밑줄 친 부분에 들어갈 말로 가장 적절한 것은 ④ 'transparency(투명성)'이다.

오답의 이유

① 속임, 속임수

② 융통성, 유연성

③ 경쟁, 경쟁 상대

본문해석

유권자들은 선거 절차를 명확히 보고 이해할 수 있도록 선거 과정에서 더 많은 투명성이 있어야 한다고 요구했다.

VOCA

• voter 투표자, 유권자

• demand 요구하다

• election process 선거 과정

• so that can ~할 수 있도록

06 난도 ★★☆ 정답 ③

어법 > 비문 찾기

정답의 이유

③ what은 선행사를 포함하는 관계대명사로 다음에 불완전한 절이 와야 하는데, what 다음에 'the superior team may not have perceived their opponents ~ their continued success'인 완전한 절이 왔다. 따라서 동사(is) 다음에 명사절 접속사 that이 와야 하므로, what → that이 되어야 한다.

오답의 이유

① in which(전치사+관계대명사) 다음에 완전한 절인 'the team ~ surprisingly loses the contest'가 왔으므로, 적절하게 사용되었다.

② predicted는 바로 앞의 명사(the team)를 수식하는 분사로, the team은 승리할 것이라고 '예측되는' 대상이므로 과거분사인 predicted가 적절하게 사용되었다. 이때 predicted 앞에는 'which was'가 생략된 것이다. 문맥상 관계사절(in which the team predicted to win ~ loses the contest)의 동사는 loses이다.

④ 'perceive A as B'는 'A를 B라고 여기다'의 뜻으로, their opponents가 '위협하는' 것이므로, 능동의 현재분사 threatening이 적절하게 사용되었다.

본문해석

스포츠에서 우승할 것으로 예상되고 상대 팀보다 우세할 것으로 추정되는 팀이 놀랍게도 경기에서 지는 뜻밖의 패배의 한 가지 이유는 우세한 팀이 상대 팀을 자신의 지속적인 성공에 위협적이라고 여기지 않았을 수도 있기 때문이다.

VOCA

• upset 뜻밖의 패배

• predict 예측[예견]하다

• supposedly 추정상, 아마

• superior to ~보다 뛰어난

• opponent (시합·논쟁 등의) 상대

• surprisingly 놀랍게도

• threatening 위협적인

• continued 지속적인

관계대명사 what

- 선행사를 포함하는 관계대명사 what은 '~하는 것'의 뜻으로, the thing which[that]로 쓸 수 있다. 관계대명사 what은 명사절을 이끌며 문장에서 주어, 목적어, 보어 역할을 한다.

  예 They are fully able to discern what concerns their business. (to discern의 목적어)

  (그들은 자신들의 사업과 관련된 것을 완전히 분별할 수 있다.)

- what = 선행사 + 관계대명사

  예 She didn't understand what I said. = She didn't understand the fact that I said.

  (그녀는 내가 한 말을 이해하지 못했다.)

- 관계대명사 what vs. 접속사 that

  관계대명사 what과 접속사 that은 둘 다 명사절을 이끌고 what 다음에는 불완전한 절이, 접속사 that 다음에는 완전한 절이 온다.

  예 I believe what he told me.

  (나는 그가 내게 말한 것을 믿는다.)

  → what이 believe의 목적어가 되는 명사절을 이끌며, what 이하는 불완전한 문장이다.

  예 I can't believe that he's only 17.

  (나는 그가 겨우 17세라는 것을 믿을 수 없다.)

  → that이 believe의 목적어가 되는 명사절을 이끌며, that 이하는 완전한 문장이다.

07 난도 ★★☆   정답 ③

어법 > 비문 찾기

정답의 이유

③ alive는 '살아 있는'의 뜻으로 서술적 용법으로만 쓰이는 형용사이므로, an alive man → a living man이 되어야 한다. 그 밖에 서술적 용법으로만 사용되는 형용사로는 alive, asleep, afloat 등이 있다.

오답의 이유

① 'should have p.p.'는 '~했어야 했는데 (안 했다)'의 뜻으로, 'but I was feeling a bit ill'에 하지 않은 이유가 나오고 있으므로 어법상 적절하게 사용되었다.

② 'as ~ as' 원급 비교 구문에서 두 번째 as 다음에 'we used to'가 왔으므로, as가 접속사로 적절하게 사용되었다. 'used to 동사원형'은 '(~하곤) 했다'라는 뜻으로 과거의 습관을 나타내는 표현으로 to 다음에 save money가 생략되었다.

④ '자동사 + 전치사'인 look at은 '~을 보다'의 뜻으로, 수동태로 전환할 때 전치사를 생략할 수 없으므로, was looked at이 적절하게 사용되었다. 이 문장을 능동태로 바꾸면 'The art critic looked at the picture carefully.'가 된다.

① 나는 오늘 아침에 갔어야 했는데, 몸이 좀 안 좋았다(그래서 못 갔다).

② 요즘 우리는 예전에 그랬던 것만큼 많은 돈을 저축하지 않는다.

③ 구조대는 살아있는 남자를 발견해서 기뻤다.

④ 그 그림은 미술 평론가에 의해 주의 깊게 관찰되었다.

- a bit 조금, 약간
- save 모으다, 저축하다
- rescue squad 구조대
- discover 발견하다, 찾다
- art critic 미술 비평가

형용사가 서술적 용법으로 사용되는 경우

- afraid, alone, ashamed, alive, asleep, alike, awake, aware 등 'a-' 형용사는 서술적 용법(주격 보어, 목적격 보어)으로만 사용되며 한정적 용법으로는 쓰일 수 없다.

  예 He caught a living tiger. (○)

  He caught an alive tiger. (×)

  (그는 살아있는 호랑이를 잡았다.)

  예 He caught a tiger alive. (○)

  (그는 호랑이 한 마리를 산 채로 잡았다.)

- alert, aloof 등은 한정적 용법, 서술적 용법 모두 사용된다.

  예 An alert guard stopped the robbers.

  (기민한 경비원이 강도들을 막았다.)

  예 Being aware of this, you will be alert and attentive to meaning.

  (이것을 알게 되면, 여러분은 방심하지 않고 의미에 주의를 기울일 것이다.)

- 형용사 다음에 to부정사, 전치사구, that절이 연결되면 서술적 용법으로 사용된다. -able, likely, famous, sure 등은 한정적 용법과 서술적 용법 둘 다 가능한데, to부정사, 전치사구, that절과 함께 나올 때 서술적 용법으로 사용된다.

  예 the most likely cause of the problem

  (그 문제의 가장 유력한 원인)

  예 Children who live in the country's rural areas are very likely to be poor.

  (시골 지역에 사는 어린이들은 가난할 가능성이 매우 높다.)

- well, unwell, ill, poorly, faint 등 건강 상태를 나타내는 형용사는 서술적 용법으로만 사용된다.

  예 I have been well. (나는 그동안 건강하게 지냈다.)

  예 Jane felt unwell and went home.

  (Jane은 몸이 좋지 않아서 집에 갔다.)

어법 > 영작하기

정답의 이유

① 'He made us touched with his speech.'의 수동태 문장으로, 목적어인 us는 '감동을 주는' 것이 아니라 '감동을 받는' 것이므로 touching → touched가 되어야 한다.

오답의 이유

② apart from은 '~은 차치하고, ~은 제외하고'라는 뜻의 전치사구로, 뒤에 명사(its cost)가 온 것 역시 적절하다. 부정대명사 one은 the plan 대신 사용되었다.

③ 'while drinking hot tea'는 분사구문으로, 주절과 부사절의 주어가 they로 같기 때문에 부사절에서 they were를 생략하였다. 또한 they는 차를 '마시는' 능동적인 대상이므로 능동의 의미인 현재분사 drinking은 적절하게 사용되었다.

④ '사역동사(make)+목적어+목적격 보어'에서 목적어 him 다음에 '어울리는, 적당한'이라는 뜻의 형용사 suited가 목적격 보어로 적절하게 사용되었다.

표현 > 일반회화

정답의 이유

대화에서 A가 빈칸 앞에서 도움을 요청하고 빈칸 다음에서 인사과를 찾는다고 말했으므로, 대화의 흐름상 빈칸에는 B가 도와주겠다고 말하는 내용이 들어가야 함을 유추할 수 있다. 따라서 빈칸에 들어갈 말로 가장 적절한 것은 ④ 'Sure. Can I help you with anything(물론이죠. 무엇을 도와드릴까요)?'이다.

오답의 이유

① 우리는 이 상황을 어떻게 처리해야 할지 모르겠어요.
② 담당자가 누구인지 말씀해 주시겠어요?
③ 네. 여기 도움이 필요해요.

본문해석

A: 죄송하지만, 좀 도와주실 수 있나요?
B: 물론이죠. 무엇을 도와드릴까요?
A: 인사과를 찾으려 하고 있어요. 10시에 약속이 있어요.
B: 3층에 있어요.
A: 어떻게 올라가죠?
B: 모퉁이를 돌아서 엘리베이터를 타세요.

VOCA

· give a hand　도와주다
· Personnel Department　인사과
· have no idea　전혀 모르다
· in charge of　~을 맡은, 담당인
· could use some help　도움이 필요하다

표현 > 일반회화

정답의 이유

대화는 A가 B에게 사무실 전등과 에어컨을 끄지 않고 퇴근한 것에 대해 주의를 주는 상황으로, 빈칸 앞에서 A가 'Probably they were on all night.'이라고 했으므로, 빈칸에 들어갈 말로 가장 적절한 것은 ③ 'I'm sorry. I promise I'll be more careful from now on(죄송합니다. 앞으로 더 조심하겠습니다).'이다.

오답의 이유

① 걱정하지 마세요. 이 기계는 잘 작동하고 있어요.
② 맞아요. 모든 사람들이 당신과 함께 일하는 것을 좋아해요.
④ 안됐군요. 너무 늦게 퇴근해서 피곤하시겠어요.

본문해석

A: 마지막으로 퇴근하셨죠, 그렇죠?
B: 네. 무슨 문제라도 있나요?
A: 오늘 아침에 사무실 전등과 에어컨이 켜져 있는 것을 발견했어요.
B: 정말요? 아, 이런. 아마 어젯밤에 그것들을 끄는 것을 깜빡 잊었나 봐요.
A: 아마 밤새 켜져 있었을 거예요.
B: 죄송합니다. 앞으로 더 조심하겠습니다.

VOCA

· turn off　(전기 · 가스 · 수도 등을) 끄다
· from now on　이제부터, 향후

표현 > 일반회화

정답의 이유

A가 오랜만에 만나서 얼마 만에 보는 건지 물었는데, 차로 한 시간 반 정도 걸렸다는 B의 대답은 어색하다. 따라서 대화 중 자연스럽지 않은 것은 ③이다.

본문해석

① A: 머리는 어떻게 해 드릴까요?
　 B: 머리 색깔이 좀 싫증나서요. 염색하고 싶어요.
② A: 지구 온난화를 늦추기 위해 우리가 할 수 있는 일은 무엇일까요?
　 B: 우선, 대중교통을 더 많이 이용할 수 있어요.
③ A: Anna, 당신이에요? 오랜만이에요! 이게 얼마 만이죠?
　 B: 차로 한 시간 반 정도 걸렸어요.
④ A: Paul이 걱정돼요. 불행해 보여요. 어떻게 해야 하죠?
　 B: 내가 당신이라면, 그가 자기 문제에 대해 말할 때까지 기다릴 거예요.

VOCA

· be tired of　~에 질리다
· dye　염색하다
· slow down　속도를 늦추다

- global warming 지구 온난화
- public transportation 대중교통
- be worried about ~에 대해 걱정하다

12 난도 ★★★   정답 ②

독해 > 대의 파악 > 제목, 주제

정답의 이유

주어진 글은 인간 관계학의 유명한 작가 Daniel Goleman의 주장을 바탕으로 인간의 뇌가 얼마나 사교적인지를 주장하는 내용이다. 세 번째 문장에서 'we are drawn to other people's brains whenever we engage with another person.'이라고 했고, 마지막 문장에서 'Yet, our brains crave human interaction.'이라고 했으므로, 글의 제목으로 가장 적절한 것은 ② 'Sociable Brains(사교적인 두뇌)'이다.

오답의 이유

① 외로운 사람들
③ 정신 건강 조사의 필요성
④ 인간 연결성의 위험

본문해석

저명한 작가 Daniel Goleman은 인간관계 과학에 평생을 바쳐 왔다. 그의 저서 'Social Intelligence'에서 그는 인간의 뇌가 얼마나 사교적인지 설명하기 위해 신경사회학의 결과를 논한다. Goleman에 따르면, 우리는 다른 사람과 관계를 맺을 때마다 다른 사람의 뇌에 마음이 끌린다고 한다. 우리의 관계를 깊이 있게 하기 위해 다른 사람들과의 의미 있는 연결에 대한 인간의 욕구는 우리 모두가 갈망하는 것이지만, 우리는 그 어느 때보다 더 외로우며 이제 외로움은 세계적인 유행병이 되었음을 시사하는 수많은 기사와 연구들이 있다. 특히 호주에서 전국적인 Lifeline 설문조사에 따르면, 조사 대상자의 80% 이상이 우리 사회가 더 외로운 곳이 되어가고 있다고 생각한다. 하지만 우리의 뇌는 인간 간의 상호 작용을 갈망한다.

VOCA

- well-known 유명한, 잘 알려진
- dedicate 전념하다
- sociable 사교적인, 붙임성 있는
- be drawn to (마음이) 끌리다
- engage with ~와 관계를 맺다
- connectivity 연결(성)
- deepen 깊어지다[깊게 하다]
- crave 갈망[열망]하다
- epidemic (유행성) 전염병
- interaction 상호 작용

13 난도 ★☆☆   정답 ②

독해 > 대의 파악 > 제목, 주제

정답의 이유

주어진 글은 어떤 사람들은 선천적으로 특별한 재능을 가지고 태어나지만, 그렇지 않은 사람이라도 오랜 기간 꾸준한 연습을 통해서 재능을 발달시키고 성공할 수 있다고 주장하는 글이다. 두 번째 문장에서 'Yet only dedication to mindful, deliberate practice over many years ~ advantages into talents and those talents into successes.'라고 했고, 세 번째 문장에서 동일한 종류의 헌신적인 연습을 통해 그러한 장점은 갖고 태어나지 않은 사람들도 재능을 개발할 수 있다고 했으므로, 글의 주제로 가장 적절한 것은 ② 'importance of constant efforts to cultivate talents(재능을 키우기 위한 지속적인 노력의 중요성)'이다.

오답의 이유

① 일부 사람들이 다른 사람들에 비해 가지고 있는 장점들
③ 수줍음 많은 사람들이 사회적 상호 작용에서 겪는 어려움들
④ 자신의 강점과 약점에 대한 이해의 필요성

본문해석

확실히 어떤 사람들은 장점을 가지고 태어난다(예를 들어, 기수들의 신체적 크기, 농구선수들의 키, 음악가들의 음악에 대한 '귀'). 하지만 오랜 기간에 걸쳐 의도적이고 계획적으로 연습에 전념해야만 이러한 장점을 재능으로, 그리고 그 재능을 성공으로 바꿀 수 있다. 동일한 종류의 헌신적인 연습을 통해 그러한 장점을 가지고 태어나지 않은 사람들도 자연이 그들이 닿을 수 있는 곳보다 좀 더 멀리 놓아둔(타고나지 않은) 재능을 개발할 수 있다. 예를 들어, 여러분이 수학적인 재능을 타고나지 않았다고 느낄지라도 의식적이고, 계획적인 연습을 통해 여러분의 수학적 능력을 크게 개발할 수 있다. 혹은 여러분이 스스로 '천성적으로' 수줍음이 많다고 생각한다면 사교적 능력을 개발하기 위해 시간과 노력을 들이는 것은 여러분이 사교적인 행사에서 사람들과 활기차게, 우아하게, 편안하게 교류할 수 있도록 만든다.

VOCA

- certainly 틀림없이, 분명히
- be born with 타고나다
- advantage 유리한 점, 장점
- jockey 기수
- height 키[신장]
- dedication 전념, 헌신
- mindful ~을 염두에 두는[의식하는]
- deliberate 신중한, 의도[계획]적인
- nature 천성, 본성
- significantly 상당히[크게]
- enable ~을 할 수 있게 하다
- interact with ~와 상호 작용을 하다
- occasion (특별한) 행사, 의식, 축하
- with energy 힘차게

14 난도 ★★☆ 　　　　　　　　　　　　정답 ④

독해 > 대의 파악 > 요지, 주장

정답의 이유

주어진 글은 Dr. Roossinck가 우연히 발견한 사실, 즉 바이러스가 식물에 미치는 이로운 영향에 대한 내용이다. 첫 문장에서 'a virus increased resistance to drought on a plant(바이러스가 식물의 가뭄에 대한 저항력을 증가시킨다)'고 했고, 세 번째 문장에서 다른 종류의 바이러스가 식물의 내열성을 증가시키는 실험을 하고 있다고 했다. 마지막에서 두 번째 문장에서 다른 종류의 바이러스가 그들의 숙주들에게 주는 이점을 더 깊이 있게 이해하기 위해 연구를 확장하기를 희망한다고 했으므로, 글의 요지로 가장 적절한 것은 ④ 'Viruses sometimes do their hosts good, rather than harming them(바이러스는 때로 숙주에게 해가 되기보다는 도움이 된다).'이다.

오답의 이유

① 바이러스는 생물학적 존재들의 자급자족을 증명한다.
② 생물학자들은 식물에 바이러스가 없는 상태로 유지하기 위해 모든 것을 해야 한다.
③ 공생의 원리는 감염된 식물에는 적용될 수 없다.

본문해석

Roossinck 박사와 그녀의 동료들은 바이러스가 식물학 실험에서 널리 사용되는 식물의 가뭄에 대한 저항력을 증가시킨다는 사실을 우연히 발견했다. 관련 바이러스를 이용한 추가실험은 그 사실이 15종의 다른 식물 종에서도 사실이라는 것을 보여주었다. Roossinck 박사는 현재 다양한 식물의 내열성을 증가시키는 또 다른 유형의 바이러스 연구를 위한 실험을 수행하고 있다. 그녀는 다양한 종류의 바이러스가 그들의 숙주들에게 주는 이점을 더 깊이 있게 이해하기 위해 그녀의 연구를 확장하기를 희망한다. 이는 많은 생물들이 자급자족보다는 공생에 의존한다는 점점 더 많은 생물학자들이 주장하는 견해를 뒷받침하는 데 도움이 될 것이다.

VOCA

- colleague 동료
- by chance 우연히, 뜻밖에
- resistance 저항[반대]
- drought 가뭄
- botanical 식물(학)의
- experiment 실험
- related 동족[동류]의
- species 종
- heat tolerance 내열성
- a range of 다양한
- extend 연장하다
- host (기생 생물의) 숙주
- support 지지[옹호/재청]하다
- biologist 생물학자
- creature 생물
- rely on ～에 의지[의존]하다

- symbiosis 공생
- self-sufficient 자급자족할 수 있는

15 난도 ★★☆ 　　　　　　　　　　　　정답 ④

독해 > 세부 내용 찾기 > 내용 (불)일치

정답의 이유

주어진 글은 사탕단풍나무 수액을 채취해서 시럽을 만드는 과정을 설명하는 내용이다. 마지막 문장에서 '대부분의 단풍나무시럽 생산자들은 손으로 통을 수거하고, 직접 수액을 끓여 시럽으로 만든다.'고 했으므로, 글의 내용과 일치하지 않는 것은 ④ '단풍나무시럽을 만들기 위해 기계로 수액 통을 수거한다.'이다.

오답의 이유

① 두 번째 문장에서 'A sugar maple tree produces a watery sap each spring, ~'이라고 했으므로, 글의 내용과 일치한다.
② 세 번째 문장에서 'To take the sap out of the sugar maple tree, a farmer makes a slit in the bark with a special knife, ~'라고 했으므로, 글의 내용과 일치한다.
③ 다섯 번째 문장 후반부에서 '~ forty gallons of sugar maple tree "water" make one gallon of syrup.'이라고 했으므로, 글의 내용과 일치한다.

본문해석

단풍나무시럽을 만드는 전통적인 방법은 흥미롭다. 매년 봄, 사탕단풍나무는 땅에 여전히 많은 눈이 있을 때 물기가 많은 수액을 생산한다. 사탕단풍나무에서 수액을 채취하기 위해 농부는 특수한 칼로 나무껍질에 틈을 만들고 나무에 '수도꼭지'를 단다. 그러고 나서 농부가 꼭지에 통을 걸면, 수액이 그 안으로 떨어진다. 채취된 수액은 달콤한 시럽이 남을 때까지 끓여지는데, 사탕단풍나무 '물' 40갤런이 시럽 1갤런을 만든다. 이는 수많은 통, 수많은 증기, 수많은 노동을 의미한다. 그렇기는 하지만, 대부분의 단풍나무시럽 생산자들은 손으로 통을 수거하고, 직접 수액을 끓여 시럽으로 만드는 가족 단위의 농부들이다.

VOCA

- sugar maple tree 사탕단풍나무
- watery 물기가 많은
- sap 수액
- slit 구멍[틈]
- bark 나무껍질
- tap 수도꼭지
- hang 걸다, 매달다
- drip 방울방울[뚝뚝] 흘리다[떨어뜨리다]
- collect 모으다, 수집하다
- boil 끓다[끓이다]

76 시대에듀 | 교육행정직 공무원

16 난도 ★☆☆

독해 > 글의 일관성 > 무관한 어휘 · 문장

정답의 이유

주어진 글은 단편소설 쓰기 수업에서 필자가 들었던 경험에 대한 내용이다. 수업 중에 한 유명한 편집자가 작가는 사람들에게 관심을 갖는 것이 중요하다고 강조한 것을 제시했는데, ④는 마술사가 무대에 오를 때마다 스스로에게 말했던 내용이므로, 글의 흐름상 어색한 문장이다.

본문해석

나는 언젠가 단편소설 쓰기 강좌를 들은 적이 있는데, 그 강좌 중에 선두적인 잡지의 한 유명한 편집자가 우리 수업에서 강연했다. 그는 매일 자신의 책상에 오는 수십 편의 이야기들 중에서 어느 것이든 하나를 골라 몇 단락만 읽어도 그 작가가 사람들을 좋아하는지 아닌지를 느낄 수 있다고 말했다. "작가가 사람들을 좋아하지 않는다면, 사람들도 그 또는 그녀의 이야기를 좋아하지 않을 것"이라고 그는 말했다. 그 편집자는 소설 쓰기 강연에서 사람들에게 관심을 갖는 것의 중요성을 계속해서 강조했다. 위대한 마술사 Thurston은 그가 무대에 오를 때마다 스스로에게 "나는 성공했으니 감사한다."라고 말했다고 했다. 강연 끝부분에서, 그는 "다시 한 번 말씀드리겠습니다. 성공적인 이야기 작가가 되고 싶다면 사람들에게 관심을 가져야 합니다."라며 끝맺었다.

VOCA

- renowned 유명한, 명성 있는
- leading 선두적인
- dozens of 수십의, 많은
- stress 강조하다
- conclude 결론[판단]을 내리다

17 난도 ★★☆

독해 > 글의 일관성 > 글의 순서

정답의 이유

주어진 문장에서 몇 년 전만 해도 인공지능(AI)에 대한 종말론적인 예측으로 끝나는 것 같다고 했으므로, 주어진 문장 다음에는 'In 2014'로 시작하는 (B)에서 AI에 대한 부정적인 의견들을 서술하는 것이 자연스럽다. 그런 다음에 however로 시작하는 (A)에서 AI에 대한 과거의 부정적인 의견이 최근 긍정적인 것으로 바뀌었다고 서술하는 내용으로 이어지는 것이 적절하며, 마지막으로 (A)에서 설명한 변화를 This shift로 받는 (C)로 이어져야 한다. 따라서 글의 순서로 가장 적절한 것은 ② '(B) - (A) - (C)'이다.

본문해석

몇 년 전만 해도, 인공지능(AI)에 대한 모든 대화는 종말론적인 예측으로 끝나는 것 같았다.

(B) 2014년에 이 분야의 한 전문가는 말하기를, 우리가 AI로 악마를 소환하고 있다고 했으며, 한 노벨상을 수상한 물리학자는 AI가 인류의 종말을 불러올 수 있다고 말했다.

(A) 하지만 최근에는 상황이 달라지기 시작했다. AI는 무서운 블랙박스에서 사람들이 다양한 활용 사례에 이용할 수 있는 것으로 변했다.

(C) 이러한 변화는 이 기술들이 마침내 업계에서 특히 시장 기회를 위해 대규모로 탐색되고 있기 때문이다.

VOCA

- apocalyptic 종말론적
- prediction 예측, 예견
- summon 호출하다, (오라고) 부르다
- demon 악령, 악마
- spell (보통 나쁜 결과를) 가져오다[의미하다]
- shift (위치 · 입장 · 방향의) 변화
- at scale 대규모로

독해 > 글의 일관성 > 문장 삽입

정답의 이유

'그렇지만(Yet)'으로 시작하는 주어진 문장의 앞에는 상반되는 내용이 나와야 한다. ② 앞 문장에서 '정답은 없다.'라고 했는데, 주어진 문장에서 '그러한 자기 평가에 대한 요청은 한 사람의 경력 전반에 걸쳐 만연하다.'라고 했으므로, 주어진 문장이 들어갈 위치로 적절한 것은 ②이다. 또한 ② 다음 문장의 입학, 입사, 면접, 성과 검토, 회의 등이 주어진 문장의 'pervasive throughout one's career'를 부연 설명하고 있으며, 주어진 문장의 such self-assessments는 앞부분의 'how to subjectively describe your performance(주관적으로 여러분의 성과를 설명하는 법)'을 받는다.

본문해석

회계 분기가 막 끝났다. 여러분의 상사가 여러분에게 이번 분기의 매출에서 여러분이 얼마나 좋은 성과를 보였는지 물어보기 위해 잠시 들른다. 여러분은 어떻게 자신의 성과를 설명할 것인가? 매우 뛰어남? 훌륭함? 나쁨? 누군가가 여러분에게 객관적인 성과 지표(예를 들어, 이번 분기에 몇 달러의 매출을 가져왔는지)에 대해 물어볼 때와는 다르게, 주관적으로 여러분의 성과를 설명하는 법은 종종 불분명하다. 정답은 없다. 그렇지만, 그러한 자기 평가에 대한 요청은 한 사람의 경력 전반에 걸쳐 만연하다. 여러분은 입학지원서, 입사지원서, 면접, 성과 검토, 회의 등에서 여러분의 성과를 주관적으로 설명할 것을 요구받고, 이런 목록은 계속 이어진다. 여러분이 자신의 성과를 설명하는 법이 소위 말하는 자기 홍보의 수준이다. 자기 홍보는 업무의 일부로 만연되었기 때문에 자기 홍보를 더 많이 하는 사람들이 채용되고, 승진되고, (연봉) 인상 또는 상여금을 받을 기회가 더 많을 수 있다.

VOCA

- self-assessment 자기 평가
- pervasive 만연한, 널리 퍼진
- fiscal 회계의, 재정의
- in terms of ~에 있어서
- objective 객관적인
- metric 측정기준
- subjectively 주관적으로
- what we call 소위, 이른바
- self-promotion 자기 홍보
- get a raise 급여를 인상받다

독해 > 빈칸 완성 > 단어 · 구 · 절

정답의 이유

제시문은 우리는 불안의 시대에 살고 있으며, 우리의 불안 회피 전략은 오히려 불안을 가중시킨다는 내용이다. 빈칸 문장에 역접의 접속사인 'however'가 있으므로 앞에 상반되는 내용이 나와야 하는데, 빈칸 앞 문장에서 스마트폰처럼 밤낮으로 주의를 산만하게 하는 것들이 불안 회피 전략 역할을 한다고 했고, 빈칸 다음에서 이러한 회피 전략은 결국에는 불안을 더욱 가중시킨다는 모순을 지적하고 있으므로, 빈칸에 들어갈 말로 가장 적절한 것은 ① 'Paradoxically(역설적으로)'이다.

오답의 이유

② 다행스럽게도
③ 중립적으로
④ 독창적으로

본문해석

우리는 불안의 시대에 살고 있다. 불안해하는 것은 불편하고 무서운 경험이 될 수 있으므로, 우리는 영화나 TV쇼 시청하기, 먹기, 비디오게임 하기, 과로하기 등 순간의 불안을 줄이는 데 도움이 되는 의식적 또는 무의식적 전략들에 의지한다. 또한, 스마트폰은 낮이든 밤이든 언제든지 주의를 산만하게 만들기도 한다. 심리학 연구는 주의를 산만하게 하는 것들이 일반적인 불안 회피 전략의 역할을 한다는 것을 보여주었다. 그러나 역설적으로, 이러한 회피 전략은 결국에는 불안을 더욱 가중시킨다. 불안해하는 것은 들어가면 헤어나오지 못하는 모래 속에 빠지는 것과 같아서 여러분이 그것에 맞서 싸울수록 더 깊이 가라앉는다. 실제로, 연구는 "여러분이 저항하는 것은 지속된다."라는 잘 알려진 문구를 강력하게 지지한다.

VOCA

- anxiety 불안(감), 염려
- resort to ~에 의지하다
- conscious 의식하는, 자각하는
- reduce 줄이다[축소하다]
- overworking 과로, 혹사
- distraction 정신을 산만하게 만드는 것
- serve as ~의 역할을 하다
- avoidance 회피, 방지
- in the long run 결국에는
- get into 처하다[처하게 만들다]
- quicksand 유사, 헤어나기 힘든[위험한] 상황
- fight 싸우다[전투하다]
- sink 가라앉다[빠지다]
- resist 저항[반대]하다
- persist 집요하게[고집스럽게/끈질기게] 계속하다

독해 > 빈칸 완성 > 단어 · 구 · 절

정답의 이유

주어진 글은 정보를 효율적인 방식으로 얻기 위해서 메일 수신함을 간소화할 필요성과 관리 방법을 서술하는 내용이다. 빈칸 다음 문장의 후반부에서 메일 수신함이 많을수록 관리하기 어려워진다고 했고, 마지막 문장에서 'Cut the number of in-boxes you have down to the smallest number possible for you ~'라고 했으므로, 빈칸에 들어갈 말로 가장 적절한 것은 ③ 'minimizing the number of in-boxes you have(여러분이 가진 메일 수신함의 수를 최소화하는 것)'이다.

오답의 이유

① 한 번에 여러 목표를 설정하는 것
② 들어오는 정보에 몰두하는 것
④ 여러분이 열중해 있는 정보를 선택하는 것

본문해석

여러분은 얼마나 다양한 방법으로 정보를 얻는가? 어떤 사람들은 문자 메시지, 음성 메일, 종이 문서, 일반우편, 블로그 게시물, 다양한 온라인 서비스의 메시지라는 6가지 서로 다른 종류의 통신 수단에 응답해야 할지도 모른다. 이것들은 각각 일종의 메일 수신함으로, 지속적으로 처리되어야 한다. 그것은 끝없는 과정이지만, 기진맥진하거나 스트레스 받을 필요는 없다. 정보 관리를 더 관리하기 쉬운 수준으로 낮추고 생산적인 영역으로 전환하는 것은 여러분이 가진 메일 수신함의 수를 최소화하는 것으로 시작한다. 여러분이 메시지를 확인하거나 수신 정보를 읽으러 가야 하는 모든 장소는 메일 수신함이며, 메일 수신함이 많을수록 모든 것을 관리하기가 더 어려워진다. 여러분이 해야 하는 방식으로 여전히 기능하기 위해서 메일 수신함의 수를 가능한 한 최소한으로 줄여라.

VOCA

• in-box 메일 수신함[미결 서류함]
• process 처리하다
• on a continuous basis 지속적으로
• exhausting 기진맥진하게 만드는
• stressful 스트레스가 많은
• manageable 관리[감당/처리]할 수 있는
• productive 생산적인
• zone 구역
• minimize 최소화하다
• incoming 도착하는, 들어오는
• function 기능하다[작용하다]

영어 | 2022년 국가직 9급

한눈에 훑어보기

✓ 영역 분석

어휘   01 02 03 04 05
5문항, 25%

독해   07 09 10 15 16 17 18 19 20
9문항, 45%

어법   06 08 13 14
4문항, 20%

표현   11 12
2문항, 10%

✓ 빠른 정답

01	02	03	04	05	06	07	08	09	10
①	②	④	②	①	①	④	②	①	③
11	12	13	14	15	16	17	18	19	20
④	③	②	④	②	④	③	④	①	③

✓ 점수 체크

구분	1회독	2회독	3회독
맞힌 문항 수	/ 20	/ 20	/ 20
나의 점수	점	점	점

---

01 난도 ★☆☆   정답 ①

어휘 > 단어

정답의 이유

밑줄 친 unravel은 '(미스터리 등을) 풀다'의 뜻으로 이와 의미가 가장 가까운 것은 ① 'solve(풀다)'이다.

오답의 이유

② 창조하다

③ 모방하다

④ 알리다, 광고[홍보]하다

본문해석

수년 동안, 형사들은 쌍둥이 형제의 갑작스러운 실종에 대한 미스터리를 풀기 위해 애썼다.

VOCA

• detective 형사, 수사관

• mystery 수수께끼, 미스터리

• sudden 갑작스러운, 급작스러운

• disappearance 실종, 잠적

02 난도 ★☆☆   정답 ②

어휘 > 단어

정답의 이유

밑줄 친 opulent는 '호화로운'의 뜻으로 이와 의미가 가장 가까운 것은 ② 'luxurious(호화로운)'이다.

오답의 이유

① 숨겨진

③ 비어 있는

④ 단단한

본문해석

부부가 부모가 되기 전에는 침실 4개짜리 집이 불필요하게 호화로운 것 같았다.

VOCA

• parenthood 부모임

• seem ~인 것 같다[듯하다]

• unnecessarily 불필요하게

03 난도 ★☆☆　　　　　　　　　　　　정답 ④

어휘 > 어구

정답의 이유

밑줄 친 hit the roof는 '몹시 화가 나다'의 뜻으로 이와 의미가 가장 가까운 것은 ④ 'became extremely angry(매우 화가 났다)'이다.

오답의 이유

① 매우 만족했다
② 매우 놀랐다
③ 매우 침착해졌다

본문해석

사장은 우리가 그렇게 짧은 기간에 전체 예산을 이미 다 써버린 것을 보고 몹시 화를 냈다.

VOCA

• boss　사장, 상사
• entire　전체의, 온
• budget　예산, (지출 예상) 비용
• period of time　기간

04 난도 ★★☆　　　　　　　　　　　　정답 ②

어휘 > 단어

정답의 이유

카우치 포테이토는 텔레비전만 보며 많은 시간을 보내는 사람을 뜻하는 말이다. 마우스 포테이토는 텔레비전의 카우치 포테이토에 상응하는 표현이므로 빈칸에 들어갈 말로 가장 적절한 것은 ② 'equivalent(상응하는 것)'이다.

오답의 이유

① 기술자
③ 망
④ 모의실험

본문해석

마우스 포테이토는 컴퓨터에서 텔레비전의 카우치 포테이토에 상응하는 것이다. 즉, 카우치 포테이토가 텔레비전 앞에서 하는 것과 같은 방식으로 컴퓨터 앞에서 많은 여가 시간을 보내는 경향이 있는 사람이다.

VOCA

• mouse potato　(일 · 오락을 위해) 컴퓨터 앞에서 시간을 많이 보내는 사람
• couch potato　오랫동안 가만히 앉아 텔레비전만 보는 사람
• tend to　(~하는) 경향이 있다
• leisure　여가

05 난도 ★☆☆　　　　　　　　　　　　정답 ①

어휘 > 어구

정답의 이유

빈칸 다음에서 Spanish(스페인어)를 목적어로 취하고, 'before going to South America(남아메리카로 가기 전에)'라고 했으므로 빈칸에는 Mary가 남아메리카에 가기 전에 해야 할 행동에 관한 동사가 들어가야 함을 유추할 수 있다. 따라서 빈칸에 들어갈 말로 가장 적절한 것은 ① 'brush up on(~을 복습하다)'이다.

오답의 이유

② 끝까지 듣다
③ ~을 변호하다, 옹호하다
④ 그만하다, 해고하다

본문해석

Mary는 남아메리카로 가기 전에 스페인어를 복습하기로 결심했다.

06 난도 ★★☆　　　　　　　　　　　　정답 ①

어법 > 정문 찾기

정답의 이유

① 문장의 주어가 '말(A horse)'이고 feed는 '먹이를 주다'라는 뜻의 타동사이므로 수동태(should be fed)로 올바르게 쓰였으며, 주어(A horse)와 대명사(its)의 수일치도 적절하다.

오답의 이유

② 분사구문의 주어는 주절의 주어와 동일한 경우에만 생략할 수 있다. 여기서 주절의 주어는 '나의 모자(My hat)'이고, 부사절(while walking down a narrow street)의 주어는 '나(I)'이므로 부사절의 주어와 be동사를 생략할 수 없다. 따라서 while walking → while I walked[was walking]이 되어야 한다.
③ 주어(She)가 정치 만화가(political cartoonist)로 '알려진' 것이므로 수동태로 쓰는 것이 적절하다. 따라서 She has known → She has been known이 되어야 한다.
④ good은 형용사로 '좋은'이라는 의미이고, well은 부사로 '잘'이라는 의미이다. 여기서는 과거분사인 done을 수식하므로 good(형용사) → well(부사)이 되어야 한다.

본문해석

① 말은 개별적인 필요와 일의 성질에 따라 먹이를 공급받아야 한다.
② 내가 좁은 길을 걷는 동안, 바람에 의해 모자가 날아갔다.
③ 그녀는 경력 내내 정치 만화가로 주로 알려져 왔다.
④ 어린아이들조차도 잘된 일에 대해서는 칭찬받기를 좋아한다.

VOCA

• feed　먹이를 주다
• individual　각각[개개]의
• nature　천성, 본성, 종류, 유형
• blow off　(바람 입김에) 날리다; (바람 입김에) 날려 보내다
• primarily　주로
• compliment　칭찬하다

07 난도 ★★☆   정답 ④

독해 > 세부 내용 찾기 > 내용 (불)일치

정답의 이유

마지막 문장에서 'He died at his Milanese home of pancreatic cancer, from which he had been suffering for two years(그는 2년간 앓았던 췌장암으로 밀라노의 자택에서 사망했다) ~'라고 했으므로 글의 내용과 일치하지 않는 것은 ④ 'Eco died in a hospital of cancer(Eco는 암으로 병원에서 죽었다).'이다.

오답의 이유

① The Name of the Rose는 역사소설이다. → 두 번째 문장에서 The Name of the Rose는 역사 미스터리 소설이라고 했으므로 내용과 일치한다.

② Eco는 책을 이탈리아어로 번역했다. → 네 번째 문장에서 Eco는 Raymond Queneau의 책 Exercices de style을 이탈리아어로 번역했다고 했으므로 글의 내용과 일치한다.

③ Eco는 대학 학부를 설립했다. → 다섯 번째 문장에서 Eco는 산 마리노 공화국 대학교의 미디어학과 설립자였다고 했으므로 글의 내용과 일치한다.

본문해석

Umberto Eco는 이탈리아의 소설가, 문화 평론가, 철학자였다. 그는 1980년 소설 The Name of the Rose로 널리 알려졌는데, 그것은 역사 미스터리로, 소설 속에서 기호학과 성서 분석, 중세 연구, 문학 이론을 결합한 작품이다. 그는 후에 Foucault's Pendulum과 The Island of the Day Before를 포함한 다른 소설들을 썼다. 번역가이기도 했던 Eco는 Raymond Queneau의 책 Exercices de style을 이탈리아어로 번역했다. 그는 산 마리노 공화국 대학교 미디어학과의 설립자였다. 그는 2016년 2월 19일 밤에 2년간 앓았던 췌장암으로 밀라노의 자택에서 사망했다.

VOCA

• novelist 소설가
• cultural critic 문화 평론가
• be widely known for ~로 널리 알려져 있다
• combine with ~와 결합되다
• semiotics 기호학
• biblical analysis 성서 분석
• translator 번역가, 통역사
• founder 창립자, 설립자
• pancreatic cancer 췌장암
• suffer from ~로 고통받다

08 난도 ★★☆   정답 ②

어법 > 비문 찾기

정답의 이유

② that절의 주어가 a combination of silver, copper, and zinc로 단수명사이므로 were → was로 고쳐야 한다.

오답의 이유

① which의 선행사는 때를 나타내는 the year 1800이므로 during which가 올바르게 쓰였다. '전치사+관계대명사(during which)'는 관계부사 when으로 대체할 수 있다.

③ 주어인 The enhanced design이 수식받는 대상이므로 과거분사(called)가 올바르게 쓰였다.

④ 원인과 결과를 나타내는 'so[such] ~ that' 구문에서 형용사나 부사를 수식할 때는 so를, 명사를 수식할 때는 such를 쓴다. 지문에서 talk는 '세평, 소문'이라는 뜻의 불가산명사이므로 such가 올바르게 쓰였다.

본문해석

좋은 출발점을 찾기 위해서는 최초의 현대식 전기 배터리가 개발된 1800년으로 돌아가야 한다. 이탈리아인 Alessandro Volta는 은과 구리, 아연의 조합이 전류 생성에 이상적이라는 것을 발견했다. 볼타의 전지라고 불리는 그 향상된 디자인은 바닷물에 적신 판지 디스크 사이에 이러한 금속 디스크들을 쌓아 올림으로써 만들어졌다. Volta의 연구에 대한 소문이 자자해 그는 Napoleon 황제 앞에서 직접 시연하라는 요청을 받았다.

VOCA

• starting point 출발점[기점]
• electric battery 전지
• combination 조합[결합](물)
• copper 구리, 동
• zinc 아연
• electrical current 전류
• enhanced 향상된
• stack 쌓다[포개다]; 쌓이다, 포개지다
• soaked 흠뻑 젖은
• talk 소문[이야기]
• conduct 수행하다
• demonstration 시연

더 알아보기

전치사+관계대명사=관계부사

- 관계부사(where, when, how, why)는 선행사를 수식하는 형용사절을 이끌면서, 그 절에서 선행사를 대신하는 부사 역할을 한다.
- 관계부사는 '부사+접속사'의 역할을 하며, '전치사+관계대명사(which)'로 바꿀 수 있다.
- 관계부사의 종류

선행사	관계부사	전치사+which
시간(the time)	when	at which, on which, in which 등
장소(the place)	where	at which, on which, in which, to which 등
방법(the way)	how	in which 등
이유 (the reason)	why	for which 등

예 I don't know *the exact time*.＋The TV show will finish at *the exact time*.

= I don't know the exact time <u>which</u> the TV show will finish at. → 관계대명사

= I don't know the exact time <u>at which</u> the TV show will finish. → 전치사+관계대명사

= I don't know the exact time <u>when</u> the TV show will finish. → 관계부사 - 시간

(나는 그 TV 쇼가 끝나는 정확한 시간을 모른다.)

---

09 난도 ★★☆ 정답 ①

독해 > 대의 파악 > 제목, 주제

정답의 이유

첫 번째 문장에서 'Lasers are possible because of the way light interacts with electrons(레이저는 빛이 전자와 상호작용하는 방식 때문에 발생 가능하다).'라고 레이저의 발생 원리를 제시한 후에, 구체적으로 전자의 특징과 전자가 빛에 반응하여 특정 파장을 방출하는 방식을 설명하고 있으므로 글의 제목으로 가장 적절한 것은 ① 'How Is Laser Produced(레이저는 어떻게 생성되는가)?'이다.

오답의 이유

② 레이저는 언제 발명되었는가?

③ 레이저는 어떤 전자들을 방출하는가?

④ 전자들은 왜 빛을 반사하는가?

본문해석

레이저는 빛이 전자와 상호작용하는 방식 때문에 (발생이) 가능하다. 전자는 특정 원자 또는 분자의 특정한 에너지 준위 혹은 상태로 존재한다. 에너지 준위는 고리 또는 핵 주위의 궤도로 상상될 수 있다. 외부 고리의 전자는 내부 고리의 전자보다 에너지 준위가 더 높다. 전자는, 예를 들어, 섬광과 같은 에너지 주입에 의해 더 높은 에너지 준위로 상승할 수 있다. 전자가 외부에서 내부 에너지 준위로 떨어지면, '잉여' 에너지가 빛으로 발산된다. 발산된 빛의 파장 또는 색은 방출되는 에너지의 양과 정확하게 관련이 있다. 사용되는 특정 레이저 재료에 따라 (전자에 동력을 제공하거나 자극하기 위해) 특정 파장의 빛이 흡수되고, (전자가 초기 준위로 떨어질 때) 특정 파장이 방출된다.

VOCA

- interact with ~와 상호작용을 하다
- electron 전자
- energy level [물리] 에너지 준위, 맹렬히 활동하는 힘
- state 상태
- characteristic of ~에 특유한
- atom 원자
- molecule 분자
- ring 고리, 고리 모양의 것
- orbit 궤도
- nucleus 핵
- bump up 올리다, 인상하다
- injection 주입, 투여
- a flash of light 섬광
- drop from ~에서 떨어지다[떨어뜨리다]
- give off 발산하다, 방출하다, 뿜다
- wavelength 파장
- emit 발산하다, 방출하다, 내뿜다
- absorb 흡수하다
- energize 동력을 제공하다, 작동시키다
- excite 자극하다
- fall back to ~까지 후퇴하다
- initial 초기의, 처음의

---

10 난도 ★★☆ 정답 ③

독해 > 글의 일관성 > 무관한 어휘 · 문장

정답의 이유

제시문은 수리권(water rights) 시장의 현황과 수리권의 중요성에 관한 내용인데, ③은 증류수의 효과에 대한 설명이므로 글의 흐름상 어색한 문장은 ③ 'Drinking distilled water can be beneficial, ~ by another source(증류수를 마시는 것은 유익할 수 있지만, ~ 최선의 선택은 아닐 수 있다).'이다.

인구 증가가 (물) 부족으로 이어지고 기후 변화가 가뭄과 기근을 초래함에 따라 수리권 시장은 변화할 것으로 보인다. 그러나 그것은 지역적이고 윤리적인 무역 관행을 기초로 할 것이며, 대부분의 상품 거래와는 다를 것이다. 반대자들은 물 거래가 비윤리적이고 심지어 인권 침해라고 주장하지만, 이미 수리권은 오만에서 호주까지 세계의 건조 지역에서 매매된다. 증류수를 마시는 것은 유익할 수 있지만, 특히 미네랄이 다른 공급원에 의해 보충되지 않는다면, 모두에게 최선의 선택이 아닐 수 있다. Ziad Abdelnour는 말하기를 "우리는 물이 향후 10년 동안과 그 이후에 사실상 새로운 금으로 바뀔 것이라고 굳게 믿습니다."라고 했다. "스마트 머니가 공격적으로 이 방향으로 움직이는 게 놀라운 일이 아닙니다."

VOCA

• water rights 수리권(수자원을 독점적으로 사용할 수 있는 권리)
• evolve 변하다, 진화하다
• lead to ∼로 이어지다
• drought 가뭄
• famine 기근
• ethical 윤리적인, 도덕적인
• trading practices 무역 관행
• the bulk of ∼의 대부분
• commodity 상품
• detractor 비방가, 반대자
• breach 침해
• arid 건조한
• distilled water 증류수
• beneficial 이로운
• supplement 보충하다
• smart money 스마트 머니(전문적인 지식을 갖고 투자·투기한 돈)
• aggressively 공격적으로

11 난도 ★☆☆   정답 ④

표현 > 일반회화

정답의 이유

대학교의 구내식당 메뉴 변경과 새로운 음식 공급업체를 구한 것에 대해 이야기하고 있는 상황이다. 빈칸 다음에서 B가 디저트 메뉴 선택지가 많아졌고, 일부 샌드위치 메뉴가 없어졌다고 말하고 있으므로 빈칸에 들어갈 말로 가장 적절한 것은 ④ 'What's the difference from the last menu(예전 메뉴와 다른 점이 무엇인가요)'이다.

오답의 이유

① 가장 좋아하는 디저트는 무엇인가요
② 그들의 사무실이 어디 있는지 아시나요
③ 메뉴에 관해 내 도움이 필요한가요

본문해석

A: 대학교 구내식당 메뉴가 바뀌었다고 들었어요.
B: 맞아요, 내가 방금 확인했어요.
A: 그리고 새로운 공급업체를 구했대요.
B: 맞아요, Sam's Catering이에요.
A: 예전 메뉴와 다른 점이 무엇인가요?
B: 디저트 메뉴 선택지가 많아졌어요. 그리고 일부 샌드위치 메뉴는 없어졌어요.

VOCA

• cafeteria 구내식당, 카페테리아
• caterer 음식 공급자

12 난도 ★☆☆   정답 ③

표현 > 일반회화

정답의 이유

빈칸 앞에서 A가 스웨터 가격이 120달러라고 하고, 빈칸 다음에서 A가 다른 스웨터를 권하면서 50달러로 세일 중이라고 했으므로 문맥상 B가 처음 제안받은 스웨터의 가격이 비싸다고 말했음을 유추할 수 있다. 따라서 빈칸에 들어갈 말로 가장 적절한 것은 ③ 'It's a little out of my price range(제가 생각한 가격대를 좀 넘네요)'이다.

오답의 이유

① 그것과 어울리는 바지도 한 벌 필요해요
② 그 재킷은 저를 위한 완벽한 선물이에요
④ 토요일엔 오후 7시까지 영업합니다

본문해석

A: 안녕하세요. 도와드릴까요?
B: 네, 스웨터를 찾고 있어요.
A: 음, 이게 가을 컬렉션으로 나온 최신 스타일입니다. 어떠세요?
B: 멋지네요. 얼마에요?
A: 가격 확인해드릴게요. 120달러예요.
B: 제가 생각한 가격대를 좀 넘네요.
A: 그럼 이 스웨터는 어떠세요? 지난 시즌에 나온 건데, 50달러로 세일 중이에요.
B: 완벽해요! 입어볼게요.

VOCA

• gorgeous (아주) 멋진
• try on 입어보다
• go with 어울리다
• price range 가격대, 가격폭

어법 > 영작하기

정답의 이유

② 비교급을 사용해 최상급의 뜻을 나타내는 표현으로, as 앞에 비교급 more precious가 쓰였으므로 as → than으로 고쳐야 한다.

오답의 이유

① 난이형용사(easy, difficult 등)가 'It is easy[difficult 등]+to부정사' 구문으로 적절하게 쓰였으며, for us는 to부정사(to learn)의 의미상의 주어이다. 부사구 'by no means(결코 ~이 아닌)'가 삽입되었다.

③ cannot ~ too는 '아무리 ~해도 지나치지 않다'라는 뜻의 조동사 관용표현으로 적절하게 사용되었다. 주절의 주어와 부사절의 주어가 children으로 일치하므로 부사절의 주어를 생략하고 'when+현재분사(when crossing)'로 적절하게 쓰였다.

④ 관계대명사 what은 선행사를 포함하며, 동사 believes의 목적어로 명사절을 이끌고 있다.

VOCA

• by no means　결코 ~이 아닌
• precious　소중한
• cross　(가로질러) 건너다; 가로지르다, 횡단하다

더 알아보기

원급과 비교급으로 최상급 표현하기

최상급	주어+동사+the 최상급
원급	부정 주어(No one/Nothing, No other one/thing)+동사+as 원급 as+주어로 썼던 명사
비교급	• 부정 주어(No one/Nothing, No other one/thing)+동사+비교급 than+주어로 썼던 명사 • 주어로 썼던 명사+동사+비교급 than+any other+단수명사

예 Time is the most precious in our life.
　(시간은 우리 삶에서 가장 중요하다.)
　= Nothing is more precious than time in our life.
　= Time is more precious than anything else in our life.
　= Nothing is as precious as time in our life.

예 This is the most expensive watch in the world.
　(이것은 세상에서 가장 비싼 시계이다.)
　= This is more expensive than any other watch in the world.
　= No other watch in the world is as expensive as this.

어법 > 영작하기

정답의 이유

④ '~한 채로'의 동시 상황을 나타내는 'with+목적어+분사' 구문에서 목적어와 분사의 관계가 능동이면 현재분사, 수동이면 과거분사를 사용한다. 다리가 '꼬여지는' 것이므로 crossing → crossed가 되어야 한다.

오답의 이유

① 그녀가 커피 세 잔을 마신 시점이 잠을 이룰 수 없던 시점보다 이전이므로 완료형 분사구문(Having drunk)이 올바르게 사용되었다.

② As she is a kind person이라는 부사절의 분사구문(Being a kind person)으로 이때 Being은 생략할 수도 있다.

③ 주절의 주어(she)와 부사절의 주어(all things)가 다를 때 분사구문의 주어를 표시해 주는 독립분사구문으로, 부사절의 주어인 All things는 고려되는 대상이므로 수동형인 과거분사(considered)가 적절하게 쓰였다. 이때 All things (being) considered에서 being이 생략되었다.

VOCA

• fall asleep　잠들다
• best-qualified　가장 적임인
• position　직위, 지위
• raise　올리다[인상하다/높이다]
• blood pressure　혈압

독해 > 빈칸 완성 > 연결어

정답의 이유

다양한 애도 문화에 관한 글이다. 빈칸 (A) 앞 문장에서 'Yet among the Hopi Indians of Arizona, the deceased are forgotten as quickly as possible and life goes on as usual(하지만 애리조나의 Hopi 인디언들 사이에서는 고인이 가능한 한 빨리 잊히고 삶은 평소처럼 계속된다).'이라고 한 다음에, 빈칸 (A) 뒤에서 'the Hopi funeral ritual concludes with a break-off between mortals and spirits(Hopi의 장례 의식은 인간과 영혼 사이의 단절로 끝난다).'라고 했으므로 문맥상 빈칸 (A)에는 In fact 또는 Therefore가 들어가는 것이 적절하다. 빈칸 (B) 앞에서 유족들이 슬픔에 깊이 몰입하기를 권장하는 이집트에 관해서 서술하고, 빈칸 (B) 다음에 'in Bali, bereaved Muslims are encouraged to laugh and be joyful rather than be sad(발리에서는 이슬람교 유족들이 슬퍼하기보다는 웃고 기뻐하도록 권장된다).'라고 하면서 죽음을 애도하는 이집트와 발리의 대조적인 방식을 서술하고 있으므로 문맥상 빈칸 (B)에는 By contrast가 들어가는 것이 적절하다. 따라서 (A), (B)에 들어갈 말로 가장 적절한 것은 ②이다.

망자와의 관계 유지에 대한 믿음은 문화마다 다르다. 예를 들면, 일본의 종교의식에서는 고인과의 유대를 유지하는 것이 받아들여지고 지속된다. 하지만 애리조나의 Hopi 인디언들 사이에서는 고인이 가능한 한 빨리 잊히고 삶은 평소처럼 계속된다. (A) 실제로, Hopi의 장례 의식은 인간과 영혼 사이의 단절로 마무리된다. 애도의 다양성이 두 이슬람교 사회, 즉 이집트와 발리에서보다 더 극명한 곳은 없다. 이집트의 이슬람교도 사이에서 유족들은 비극적인 이야기에 유사하게 공감하고, 그들의 슬픔을 표현하는 다른 사람들에게 둘러싸여 슬픔에 오래 잠겨있도록 권장된다. (B) 반대로, 발리에서는 이슬람교 유족들이 슬퍼하기보다는 웃고 기뻐하도록 권장된다.

VOCA

- tie (강한) 유대(관계)
- vary 다르다
- the deceased 고인
- sustain 계속하다, 지속하다
- ritual 의식
- funeral 장례
- conclude with ~로 마무리짓다
- break-off 단절, 분리
- mortal (특히 아무 힘없는 일반 보통) 사람[인간]
- diversity 다양성
- grieve 비통해하다, 애도하다
- the bereaved 유족
- dwell on ~을 곱씹다, 숙고하다
- at length 오래
- grief 슬픔
- relate to ~에 공감하다
- tragic 비극적인
- account (있었던 일에 대한) 설명[이야기/말]

16 난도 ★★☆ 정답 ④

독해 > 빈칸 완성 > 단어 · 구 · 절

정답의 이유

세 번째 문장에서 'Warm ocean water moving underneath the vast glaciers is causing them to melt even more quickly(거대한 빙하 아래에서 움직이는 따뜻한 바닷물이 빙하를 훨씬 더 빨리 녹게 하고 있다).'라고 했으며, 뒷부분에서 이와 관련된 구체적인 연구 결과에 관해 제시하고 있으므로 빈칸에 가장 적절한 것은 빙하가 더 빨리 녹는 과정에 대한 표현인 ④ 'accelerating(가속화하는)'이다.

오답의 이유

① 분리시키는
② 지연시키는
③ 방지하는

본문해석

과학자들은 더 높아진 대기 온도로 인해 그린란드 빙하의 표면이 녹고 있다는 것을 오래 전부터 알고 있었다. 하지만 새로운 연구는 아래로부터 빙하를 공격하기 시작한 또 다른 위협을 발견했는데, 거대한 빙하 아래에서 움직이는 따뜻한 바닷물이 빙하를 훨씬 더 빨리 녹게 하고 있다는 사실이다. 이 연구 결과는 그린란드 북동부에 위치한 빙하 79N(Nioghalvfjerdsfjorden Glacier)의 많은 'ice tongue' 중 하나를 연구한 연구자들에 의해 *Nature Geoscience*지에 실렸다. ice tongue은 육지의 빙하와 분리되지 않은 채로 물 위를 떠다니는 좁고 긴 얼음 조각이다. 이 과학자들이 연구한 그 거대한 ice tongue은 길이가 거의 50마일이다. 이 조사는 대서양에서 나온 따뜻한 물이 폭 1마일 이상의 수중 해류를 이루어 빙하로 직접 흘러갈 수 있으며, 많은 양의 열을 얼음과 접촉시켜 빙하가 녹는 것을 가속화하는 것을 밝혀냈다.

VOCA

- contribute to ~의 원인이 되다, ~에 기여하다
- ice sheet 대륙빙하
- glacier 빙하
- finding (조사 · 연구 등의) 결과, 결론
- strip 가느다랗고 긴 조각, 좁고 기다란 육지[바다]
- massive 거대한
- reveal 밝히다, 드러내다
- current 흐름, 해류, 기류

17 난도 ★★☆　　　　　　　　　　　　　　정답 ③

독해 > 대의 파악 > 제목, 주제

정답의 이유

첫 문장에서 'Do people from different cultures view the world differently(다른 문화권의 사람들은 세상을 다르게 볼까)?'라고 질문하고, 이에 대한 답변으로 한 심리학자의 실험 결과를 제시하고 있다. 일본과 미국 학생들에게 동일한 수중 물체의 애니메이션 장면을 보여주었을 때 서로 다른 것에 초점을 두었다는 예시를 들어 서로 다른 문화권의 사람들이 세상을 어떻게 다르게 보는지 설명하고 있으므로 글의 제목으로 적절한 것은 ③ 'Cultural Differences in Perception(인지에 있어서의 문화적 차이)'이다.

오답의 이유

① 일본인과 미국인 사이의 언어 장벽
② 뇌 안에서의 사물과 배경의 관련성
④ 꼼꼼한 사람들의 우수성

본문해석

다른 문화권의 사람들은 세상을 다르게 볼까? 한 심리학자가 일본과 미국 학생들에게 물고기와 다른 수중 물체의 사실적인 애니메이션 장면을 보여주며 그들이 본 것을 보고하도록 요구했다. 미국인들과 일본인들은 초점 물고기 수에 대해서는 거의 동일한 수를 언급했지만, 일본인들은 물, 바위, 거품, 그리고 비활동적인 동식물을 포함한 배경 요소들에 대해 60% 이상 더 많이 언급했다. 게다가, 일본과 미국의 참가자들은 활동적인 동물을 포함한 움직임에 대해서는 거의 동일한 수를 언급했지만, 일본의 참가자들은 비활동적인 배경 물체와 관련된 관계에 대해 거의 두 배 가까이 더 많이 언급했다. 아마도 가장 강력하게, 일본인 참가자들의 첫 문장은 환경을 나타내는 문장일 가능성이 높았던 반면, 미국인 참가자들의 첫 문장은 초점 물고기를 가리키는 문장이었을 가능성이 3배 더 많았다.

VOCA

- reference 언급
- focal 중심의, 초점의
- inert 비활성의, 비활동적인
- tellingly 강력하게
- language barrier 언어 장벽
- association 연상, 유대, 제휴

18 난도 ★★★　　　　　　　　　　　　　　정답 ④

독해 > 글의 일관성 > 문장 삽입

정답의 이유

주어진 문장이 Thus(따라서)로 시작하므로 주어진 문장은 이전 문장의 결과를 설명하고 있음을 알 수 있다. 따라서, 주어진 문장 앞에는 '혈액이 뇌로 더 잘 순환될 수 있는 상황'이 제시되어야 한다. ④ 앞에서 앉거나 서 있는 대신 신체를 수평으로 하거나 누울 때 가해지는 중력은 혈액이 다리가 아닌 등에 울혈하기 때문에 사람들이 더 잘 견딜 수 있다고 했으므로 문맥상 주어진 문장이 들어갈 위치로 가장 적절한 곳은 ④이다.

본문해석

사람들은 다양한 방식으로 중력(g-force)에 노출될 수 있다. 그것은 등을 두드릴 때처럼 신체의 한 부위에만 영향을 미치는 국부적인 것일 수 있다. 그것은 또한 자동차 충돌사고 시 겪는 강한 힘처럼 순간적일 수도 있다. 중력의 세 번째 유형은 최소 몇 초 동안 이어지는 지속적인 것이다. 전신에 걸친 지속적인 중력이 사람들에게 가장 위험하다. 신체는 보통 지속적인 중력보다 국소적이거나 순간적인 중력을 더 잘 견디는데, 지속적인 중력은 혈액이 다리로 몰려 신체 나머지 부분에서 산소를 빼앗기 때문에 치명적일 수 있다. 앉거나 서 있는 대신 신체를 수평으로 하거나 누울 때 가해지는 지속적인 중력은 혈액이 다리가 아닌 등에 울혈하기 때문에 사람들이 더 잘 견딜 수 있는 경향이 있다. 따라서 심장이 혈액과 생명을 주는 산소를 뇌로 순환시키기 더 쉽다. 우주 비행사와 전투기 조종사 같은 일부 사람들은 중력에 대한 신체 저항을 증가시키기 위해 특별한 훈련 연습을 받는다.

VOCA

- circulate 순환시키다, 보내다
- gravitational force 중력, 인력
- localize 국한시키다[국부적이 되게 하다]
- momentary 순간적인
- endure 견디다
- sustain 지속[계속]시키다
- withstand 견디다, 참다
- deadly 치명적인
- deprive 빼앗다, 부족하게 하다
- horizontal 가로의, 수평의
- tend to ~하는 경향이 있다
- tolerable 참을 수 있는, 견딜 수 있는
- pool (피가) 울혈하다
- astronaut 우주비행사
- undergo 받다, 겪다
- resistance 저항

19 난도 ★★☆　　　　　　　　　　　정답 ①

독해 > 대의 파악 > 요지, 주장

[정답의 이유]

첫 문장 후반부에서 '~ you're usually better off proposing all your changes at once.'라며, 제안에 대한 협상을 한꺼번에 제시할 것을 조언하고 있다. 이어서 원하는 것을 한 가지씩 차례로 요구했을 경우 그로 인해 부정적인 결과가 야기될 수 있음을 암시하고 있다. 따라서 글의 요지로 가장 적절한 것은 ① 'Negotiate multiple issues simultaneously, not serially(여러 문제를 연속적이 아니라 동시에 협상해라).'이다.

[오답의 이유]

② 성공적인 협상을 위해 민감한 주제를 피하라.
③ 여러분의 협상을 위해 알맞은 시간을 선택하라.
④ 임금 협상을 할 때 너무 직설적으로 하지 마라.

[본문해석]

만약 누군가 여러분에게 제안하고 여러분이 그 일부에 대해 정당하게 걱정된다면, 보통 여러분의 모든 변경 요청을 한꺼번에 제안하는 것이 더 낫다. "월급이 좀 적어요. 어떻게 좀 해주시겠어요?"라고 말하고 나서 그녀가 작업을 마치면 "고맙습니다. 이제 제가 원하는 다른 두 가지가 있는데…"라고 말하지 마라. 처음에 한 가지만 요구한다면, 그녀는 그 한 가지가 해결된다면 여러분이 그 제안을 받아들일 준비가 되어 있다고 (적어도 결정을 내릴 준비가 되어 있다고) 생각할지 모른다. 만약 여러분이 계속해서 "그리고 한 가지 더…"라고 말한다면, 그녀는 관대하거나 이해심 많은 기분으로 계속 있지 않을 가능성이 높다. 게다가, 만약 여러분의 요구사항이 한 가지 이상이라면, 그 모든 것들을 A, B, C, D라고 단순히 언급하지 말고, 그것들 각각이 여러분에게 갖는 상대적 중요성에 대한 신호를 보내라. 그러지 않으면, 그녀는 여러분에게 제공하기 상당히 쉽다는 이유로 여러분이 가장 덜 중요하게 여기는 두 가지를 고르고, 여러분과 타협했다고 느낄지도 모른다.

[VOCA]

• legitimately 정당하게, 합법적으로
• be concerned about ~에 관심을 가지다, 걱정하다
• better off ~하는 것이 더 나은
• at once 동시에, 한번에
• initially 초기에, 처음에
• assume 추정하다, 가정하다
• relative 상대적인
• otherwise 그렇지 않으면
• meet ~ halfway ~와 타협[절충]하다
• negotiate 협상하다
• simultaneously 동시에, 일제히
• serially 연속으로

20 난도 ★★★　　　　　　　　　　　정답 ③

독해 > 글의 일관성 > 글의 순서

[정답의 이유]

주어진 글에서 두 번째 문장의 certain characteristics는 (B)의 첫 문장에서 these characteristics로 이어지고, (B)의 this idea에 관한 예시를 (C)에서 For example로 설명하고 있다. 마지막으로 획득형질 유전을 위해서는 DNA 변형이 필요하다는 (C)의 내용을 (A)에서 this로 받아 이것이 일어난다는 증거는 없지만 Lamarck의 가설이 Darwin의 장을 마련하는 데 도움이 되는 중요한 의미가 있다고 마무리 짓는 것이 자연스럽다. 따라서 글의 순서로 가장 적절한 것은 ③ '(B) – (C) – (A)'이다.

[본문해석]

오늘날, Lamarck는 적응이 어떻게 진화하는지에 대한 잘못된 설명으로 대부분 부당하게 기억된다. 그는 특정 신체 부위를 사용하거나 사용하지 않음으로써 유기체가 특정 형질을 발달시킨다고 제안했다.

(B) Lamarck는 이러한 형질이 자손에게 전해질 것이라고 생각했다. Lamarck는 이 발상을 '획득형질 유전'이라고 불렀다.

(C) 예를 들어, Lamarck는 캥거루의 강력한 뒷다리는 그 조상들이 점프로 그들의 다리를 강화시키고, 그 획득된 다리 힘을 자손에게 전한 결과라고 설명할 수 있다. 그러나 획득된 형질이 유전되려면 특정 유전자의 DNA를 어떻게든 변형시켜야 할 것이다.

(A) 이것이 일어난다는 증거는 없다. 그럼에도 불구하고, 유기체가 자신의 환경에 적응할 때 진화가 일어난다고 한 Lamarck의 제안에 주목하는 것은 중요하다. 이 발상은 Darwin을 위한 장을 마련하는 데 도움이 되었다.

[VOCA]

• unfairly 부당하게, 불공평하게
• adaptation 적응, 순응
• organism 유기체, 생물
• adapt to ~에 적응하다
• set the stage for ~을 위한 장을 마련하다
• pass on 넘겨주다, 물려주다, 전달하다
• offspring 자식, 자손, 새끼
• inheritance 유전
• acquire 획득하다, 얻다
• ancestor 조상
• somehow 어떻게든
• modify 변형하다, 수정하다
• gene 유전자

한눈에 훑어보기

✔ 영역 분석

어휘   01   02   03   04
4문항, 20%

독해   11   12   13   14   15   16   17   18   19   20
10문항, 50%

어법   05   06   07   08
4문항, 20%

표현   09   10
2문항, 10%

✔ 빠른 정답

01	02	03	04	05	06	07	08	09	10
②	①	④	④	②	②	①	①	④	④
11	12	13	14	15	16	17	18	19	20
③	③	④	③	③	③	①	①	②	②

✔ 점수 체크

구분	1회독	2회독	3회독
맞힌 문항 수	/ 20	/ 20	/ 20
나의 점수	점	점	점

---

01   난도 ★☆☆   정답 ②

어휘 > 단어

정답의 이유

밑줄 친 flexible은 '융통성 있는'의 뜻으로 이와 의미가 가장 가까운 것은 ② 'adaptable(적응할 수 있는)'이다.

오답의 이유

① 강한

③ 정직한

④ 열정적인

본문해석

학교 교사들은 학생들의 다양한 능력 수준에 대처하기 위해 융통성이 있어야 한다.

VOCA

• cope with ～에 대처하다

---

02   난도 ★☆☆   정답 ①

어휘 > 단어

정답의 이유

밑줄 친 vary는 '달라지다[다르다]'의 뜻으로 이와 의미가 가장 가까운 것은 ① 'change(변하다, 달라지다)'이다.

오답의 이유

② 줄어들다

③ 확장되다

④ 포함하다

본문해석

곡물 수확량은 달라지는데, 일부 지역에서는 개선되고 다른 지역에서는 하락한다.

VOCA

• crop yields 곡물 수확량

• improving 개량[개선]하는

• falling 하락하는; 감퇴하는

03 난도 ★☆☆ 정답 ④

어휘 > 어구

정답의 이유

밑줄 친 with respect to는 '~에 관하여'의 뜻으로 이와 의미가 가장 가까운 것은 ④ 'in terms of(~에 관하여)'이다.

오답의 이유

① ~의 위기에 처한
② ~에도 불구하고
③ ~에 찬성하여

본문해석

나의 교육에 관하여 나는 누구에게도 열등하다고 느끼지 않는다.

VOCA

• inferior to ~보다 열등한

04 난도 ★☆☆ 정답 ④

어휘 > 어구

정답의 이유

빈칸 다음의 목적어(money)와 부사구(long before the next payday)로 미루어 문맥상 빈칸에는 급여일 전에 돈과 관련된 표현이 들어감을 유추할 수 있으므로 빈칸에 들어갈 말로 가장 적절한 것은 ④ 'run out of(~을 다 써버리다)'이다.

오답의 이유

① ~으로 변하다
② 다시 시작하다
③ ~을 참다

본문해석

때때로 우리는 다음 급여일 훨씬 이전에 돈을 다 써버린다.

VOCA

• payday 급여[임금] 지급일

05 난도 ★★☆ 정답 ②

어법 > 비문 찾기

정답의 이유

② 문장의 주어(Toys children wanted all year long)가 복수명사(Toys)이므로 동사가 복수형이어야 한다. 이때 children wanted all year long은 toys를 수식하는 관계대명사절로 목적격 관계대명사(that)가 생략되었다. 또한 장난감이 '버려지는' 것이므로 능동태가 아닌 수동태를 써야 한다. 따라서 has recently discarded → have recently been discarded가 되어야 한다.

오답의 이유

① ask의 직접목적어인 간접의문문의 어순이 '의문사(why)+주어+동사'로 올바르게 사용되었다. keep은 동명사를 목적어로 취하는 동사로 '계속 ~하다'의 뜻이므로 kept coming이 올바르게 사용되었다.

③ 주격 관계대명사 who의 선행사가 단수명사(someone)이므로 관계사절의 동사(is)의 수일치가 올바르게 사용되었다. 'be ready to+동사원형'은 '~할 준비가 되어 있다'의 뜻이며, 'lend[give] a (helping) hand'는 '도움을 주다'의 뜻이다.

④ 주어(insects)가 냄새에 '이끌리는' 것이므로 수동태(are often attracted by scents)로 올바르게 사용되었으며 빈도부사(often)는 be동사 다음에 위치한다. 또한 관계대명사 that의 선행사가 scents이므로 관계사절의 동사 aren't의 수일치도 올바르게 사용되었다.

본문해석

① 그는 내게 왜 매일 계속 돌아왔는지 물었다.
② 아이들이 일 년 내내 원했던 장난감들이 최근 버려졌다.
③ 그녀는 언제나 도움을 줄 준비가 되어 있는 사람이다.
④ 곤충들은 종종 우리에게는 분명하지 않은 냄새에 이끌린다.

VOCA

• discard (불필요한 것을) 버리다, 폐기하다
• be attracted by ~에 마음을 빼앗기다, 매혹되다
• scent 냄새
• obvious 분명한[명백한]

06 난도 ★★☆ 정답 ②

어법 > 비문 찾기

정답의 이유

② a feeling of 다음에 명사 A, B, and C가 병렬 구조로 이어지는데, warm은 형용사이므로 warm → warmth가 되어야 한다.

오답의 이유

① 'both+복수명사'이므로 sides가 올바르게 사용되었다. write는 '(글자·숫자를) 쓰다'라는 뜻의 자동사로 쓰였다.

③ The number of(~의 수)는 단수 취급하므로 단수동사(is)가 올바르게 사용되었다.

④ 가정법 과거완료에서 if가 생략되면, 주어와 동사가 도치되어 'Had+주어+p.p.'가 되므로 'Had I realized ~'로 올바르게 사용되었다. 또한 what you were intending to do는 realized의 목적어가 되는 간접의문문이므로 '의문사(what)+주어+동사'의 어순이 올바르게 사용되었다.

본문해석

① 너는 종이의 양면에 글을 쓸 수 있다.
② 나의 집은 내게 안정감, 따뜻함 그리고 사랑의 느낌을 준다.
③ 자동차 사고의 수가 증가하고 있다.
④ 네가 무엇을 하려고 했는지 알았더라면, 내가 너를 말렸을 텐데.

VOCA

• offer 내놓다[제공하다]
• be on the rise 증가하고 있다
• intend to ~할 작정이다, ~하려고 생각하다

자동사로도 쓰이는 타동사

• 타동사와 자동사 둘 다 쓰이는 동사

동사	자동사/타동사	동사	자동사/타동사
sell	팔리다/팔다	photograph	사진이 잘 나오다/ ~의 사진을 찍다
read	(~하게) 읽히다/ ~을 읽다	write	써지다/~을 쓰다
peel	벗겨지다/ ~은 벗기다	wash	씻기다/~을 씻다
eat	식사하다/~을 먹다	open	열리다/~을 열다

예 The door opened. → 자동사: 열리다

(그 문이 열렸다.)

예 She opened the door. → 타동사: ~을 열다

(그녀는 그 문을 열었다.)

예 This pen won't write. → 자동사: 써지다

(이 펜은 [글씨가] 잘 안 써진다.)

예 Ellen hopes to write a book about her experiences one day. → 타동사: ~을 쓰다

(Ellen은 언젠가는 자신의 경험에 대한 책을 쓰고 싶어 한다.)

• 동사의 상태를 설명하는 양태부사와 함께 쓸 경우 '주어+자동사+양태부사'로 쓰며, 수동의 의미로 해석한다.

예 The book sold *well* and was reprinted many times.

→ 자동사: 팔리다

(그 책은 잘 팔려서 여러 번 재인쇄되었다.)

예 Most supermarkets sell a range of organic products.

→ 타동사: 팔다

(대부분 슈퍼마켓들이 다양한 유기농 제품들을 판다.)

예 We have to eat *well* to be healthy. → 자동사: 식사하다

(우리는 건강해지기 위해 잘 먹어야 한다.)

예 I don't eat meat. → 타동사: ~을 먹다

(나는 고기[육류]를 안 먹는다.)

예 Sally just doesn't photograph *well*. → 자동사: 사진이 잘 나오다

(Sally는 그냥 사진이 잘 안 받는다.)

예 He has photographed some of the world's most beautiful scenes. → 타동사: ~의 사진을 찍다

(그는 세계에서 가장 아름다운 장면들 중 일부의 사진을 찍었다.)

어법 > 영작하기

정답의 이유

① afford to는 '~할 여유가 있다'의 뜻으로 주어진 우리말이 단 한 푼의 돈도 낭비할 수 '없다'이므로 can → cannot이 되어야 한다.

오답의 이유

② fade from은 '~에서 사라지다'의 뜻이며, fade는 자동사로 올바르게 사용되었다.

③ have no alternative but to는 '~하는 것 외에는 대안이 없다 [~할 수밖에 없다]'라는 뜻의 관용표현으로, to 다음에 동사원형(resign)이 올바르게 사용되었다. have no choice but to와 같은 뜻이다.

④ aim은 to부정사를 목적어로 취하는 동사이므로 to start가 올바르게 사용되었으며, 현재진행시제(I'm aiming)가 '~할 작정이다'의 뜻으로 미래시제를 대신해서 올바르게 사용되었다. in five years는 '5년 후에'의 뜻으로 사용되었다.

VOCA

• resign 사임하다

• aim 목표하다, 작정이다

자주 출제되는 준동사 관용표현

cannot help ~ing/cannot but+동사원형/have no choice [alternative] but to 동사원형: '~하지 않을 수 없다, ~하는 수밖에 없다, ~하는 것 외에 대안이 없다'

예 We couldn't but *cry* over the war victims.

(우리는 전쟁 희생자들을 보고 울지 않을 수 없었다.)

예 I can't help *thinking* he knows more than he has told us.

(나는 그가 우리에게 말한 것보다 더 많은 것을 알고 있다고 생각할 수밖에 없다.)

예 She had no choice but to *give up* her goal because of the accident.

(그녀는 그 사고 때문에 그녀의 목표를 포기할 수밖에 없었다.)

예 We have no alternative but to *withdraw*.

(우리는 철수하는 수밖에 없다.)

08 난도 ★★☆ 정답 ①

어법 > 영작하기

정답의 이유

① 부정어가 문두에 오면 주어와 동사가 도치된다. '~하자마자 ~ 했다'는 'No sooner+had+주어+p.p.+than+주어+과거동사'이므로 I have finishing → had I finished가 되어야 한다.

오답의 이유

② 주어진 우리말이 '~해야만 할 것이다'이므로 'will have to+동사원형(will have to pay)'이 올바르게 사용되었다. sooner or later는 '조만간'이라는 뜻이다.

③ 관계대명사 what의 관용표현으로 'A is to B what C is to D'는 'A와 B의 관계는 C와 D의 관계와 같다'의 뜻이다.

④ end up ing는 '결국 ~하게 되다'라는 의미의 표현으로 올바르게 사용되었다.

더 알아보기

관계대명사 what의 관용표현

what we[they, you] call = what is called = what one calls	소위, 이른바, 말하자면
what one is[was, used to be] what one has what one does	현재[과거]의 인격, 인물, 본성 소유물 행동
A is to B what C is to D = A is to B as C is to D = What C is to D, A is to B = As C is to D, (so) A is to B	A와 B에 대한 관계는 C와 D에 대한 관계와 같다

예 They experience what is called jet lag.
(그들은 소위 시차를 경험한다.)

예 Reading is to the mind what food is to the body.
= *Reading* is to the mind as food is to the body.
= What food is to the body, reading is to the mind.
= As food is to the body, (so) reading is to the mind.
(독서와 정신에 대한 관계는 음식과 몸에 대한 관계와 같다.)

예 Words are to language what notes are to music.
(단어와 언어의 관계는 음표와 음악의 관계와 같다.)

09 난도 ★☆☆ 정답 ④

표현 > 일반회화

정답의 이유

④ A가 캔버스에 그리고 싶은 '대상(subject)'이 있는지 물었는데, B가 고등학교 때 역사 과목(subject)을 잘하지 못했다고 대답했으므로 적절한 응답이 아니다.

본문해석

① A: 나는 이 신문이 편견이 없어서 좋아.
　 B: 그 점이 그 신문이 판매 부수가 가장 많은 이유야.

② A: 잘 차려입은 이유라도 있는 거니?
　 B: 응, 오늘 중요한 면접이 있어.

③ A: 나는 연습 때는 공을 똑바로 칠 수 있지만, 경기 중에는 칠 수 없어.
　 B: 나도 항상 그래.

④ A: 캔버스에 그리고 싶은 특별한 대상이 있니?
　 B: 나는 고등학교 때 역사 과목을 잘하지 못했어.

VOCA

• opinionated 자기 의견을 고집하는, 독선적인
• circulation (신문·잡지의) 판매 부수
• dress up 옷을 갖춰[격식을 차려] 입다
• subject (그림·사진 등의) 대상[소재], 과목

10 난도 ★☆☆ 정답 ④

표현 > 일반회화

정답의 이유

시험 결과에 대한 대화로 빈칸 앞에서 B가 과학 시험에 대해 묻자 A가 시험을 잘 봤다고 말하고, 빈칸 다음에서 'I owe you a treat for that.'라고 했으므로 B가 시험과 관련하여 A에게 도움을 줬다는 것을 유추할 수 있다. 따라서 빈칸에 들어갈 말로 가장 적절한 것은 ④ 'I can't thank you enough for helping me with it(도와줘서 정말 고마워)'이다.

오답의 이유

① 이 일로 자책해도 소용없어
② 여기서 너를 만날 줄은 몰랐어
③ 사실, 우리는 매우 실망했어

본문해석

A: 이봐! 지리학 시험은 어땠어?
B: 나쁘지 않아. 고마워. 난 그저 끝나서 기뻐! 넌 어때? 과학 시험은 어땠어?
A: 오, 정말 잘 봤어. 도와줘서 정말 고마워. 내가 한턱낼게.
B: 천만에. 그러면, 다음 주에 예정된 수학 시험을 준비하고 싶니?
A: 물론이야. 같이 공부하자.
B: 좋은 생각이야. 나중에 봐.

VOCA

• geography 지리학
• go (일의 진행이 어떻게) 되다[되어 가다]
• owe 빚지다, 신세지다
• treat 대접, 한턱
• beat oneself up (~을 두고) 몹시 자책하다

독해 > 글의 일관성 > 글의 순서

정답의 이유

주어진 글은 시각장애인들에게는 일상적인 모든 일들이 어렵다는 내용으로, 주어진 문장의 'people who are blind'는 (B)의 they로 연결된다. (B)의 다른 사람의 눈을 '빌리다(borrow)'라는 개념은 'That's the thinking ~'으로 구체적으로 설명하는 (A)로 이어지는 것이 자연스럽다. 마지막으로 직원과 연결되어 실시간 영상으로 송출하는 (A) 이후의 상황을 'can then answer questions, ~'라고 부연 설명하는 (C)로 연결하는 것이 자연스럽다. 따라서 글의 순서로 가장 적절한 것은 ③ '(B) − (A) − (C)'이다.

본문해석

시각 장애인들에게 우편물 분류나 한 무더기의 빨래 세탁과 같은 일상적인 일은 힘겨운 일이다.

(B) 하지만 만약 그들이 볼 수 있는 누군가의 눈을 '빌릴' 수 있다면 어떨까?

(A) 그것은 수천 명의 사용자들이 스마트폰이나 Aira 전매특허의 안경을 사용하여 그들 주변 환경의 실시간 영상을 상시 대기 직원에게 스트리밍할 수 있게 해주는 새로운 서비스인 Aira를 지지하는 생각이다.

(C) 연중무휴 이용 가능한 Aira 직원들은, 그러면, 질문에 답하고 사물을 설명하거나, 사용자에게 위치를 안내할 수 있다.

VOCA

• sort 분류하다
• a load of 많은, 한 짐의
• laundry 세탁물
• present (문제 등을) 야기하다[겪게 하다]
• challenge 도전, 문제, 과제
• behind 뒤에서 (지지[후원]하는)
• stream 스트림 처리하다(데이터 전송을 연속적으로 이어서 하다)
• on-demand 요구만 있으면 (언제든지)
• what if ~면 어쩌지[~라면 어떻게 될까?]
• available 24/7 연중무휴로 이용 가능한
• guide 안내하여 데려가다[보여주다]

독해 > 글의 일관성 > 문장 삽입

정답의 이유

주어진 문장의 역접 접속사(however)로 미루어 앞의 내용과 대조되는 내용임을 유추할 수 있다. 주어진 문장에서 심장과 펌프를 비교하는 것은 진정한 비유라고 했으므로 그 이전에는 비유가 될 수 없는 것에 대한 내용이 제시되었을 것을 유추할 수 있다. ③ 이전 문장에서 장미와 카네이션이 비유가 될 수 없는 이유로 같은 속에 속하는 장미와 카네이션이 같은 방식으로 특성들을 보여주고 있기 때문이라고 했는데, ③ 바로 다음 문장에서 'These are disparate things, but they share important qualities(그것들은 서로 전혀 다른 것들이지만, 중요한 특성들을 공유한다) ~'라고 했으므로 글의 흐름이 앞서 서술한 장미와 카네이션의 경우와는 대조적인 방향으로 나감을 알 수 있다. 따라서 주어진 문장이 들어갈 위치로 적절한 곳은 ③이다.

본문해석

비유는 두 사물이 아주 근본적인 여러 면에서 비슷하다고 주장되는 수사적 표현이다. 비록 그 두 사물이 전혀 다름에도 불구하고, 그것들의 구조, 부분과의 관계, 또는 그것들이 기여하는 본질적인 목적이 유사하다. 장미와 카네이션은 유사하지 않다. 그것들은 둘 다 줄기와 잎을 가지고 있으며 둘 다 빨간색이다. 그러나 그것들은 같은 속이기 때문에, 같은 방식으로 이러한 특성들을 드러낸다. 하지만 심장을 펌프에 비교하는 것은 진정한 비유이다. 그것들은 서로 전혀 다른 것들이지만, 중요한 특성들, 즉 역학적인 장치(기관), 밸브(판막)의 보유, 압력 증감 능력, 액체를 흐르게 하는 능력 등을 공유한다. 그리고 심장과 펌프는 이러한 특성들을 다른 상황에서 다른 방식으로 보여준다.

VOCA

• genuine 진짜의, 진품의
• analogy 비유, 유사점
• figure of speech 비유적 표현
• assert ~을 단언하다, 주장하다
• fundamental 근본[본질]적인
• serve 도움이 되다, 기여하다
• dissimilar 같지 않은, 다른
• analogous 유사한, 비슷한, 닮은
• stem (식물의) 줄기
• exhibit (감정·특질 등을) 보이다[드러내다]
• genus (생물 분류상의) 속(屬)
• disparate 다른, 공통점이 없는
• mechanical 기계(상)의, 역학적인
• apparatus 기구, 장치, 기관
• fluid 유체(流體), 유동체
• context 맥락, 전후 사정, 상황

독해 > 대의 파악 > 제목, 주제

정답의 이유

제시문은 생산성 향상을 통한 효율성 최적화에 관한 글로, 개인의 생산성 향상 방법을 제시하고 있다. 마지막 문장에서 'do one thing, uninterrupted, for a sustained period of time.'이라고 했으므로 글의 제목으로 가장 적절한 것은 ④ 'Do One Thing at a Time for Greater Efficiency(효율성을 더 높이려면 한 번에 한 가지 일을 하라)'이다.

오답의 이유

① 인생에서 더 많은 선택지를 만드는 방법
② 일상적 신체 능력 향상법
③ 멀티태스킹은 더 나은 효율성을 위한 답이다

본문해석

효율성이 최적화될 수 있는 분야 중 하나는 노동력인데, 직원 한 명이 주어진 시간 안에 처리하는 작업량(제품 생산량, 고객 서비스량)으로 정의되는 개인 생산성 향상을 통해 가능하다. 최적의 성과를 내기 위해 적절한 장비와 환경 및 교육에 대한 투자 외에도, 직원들이 현대의 에너지 소모인 '멀티태스킹'을 하지 않도록 함으로써 생산성을 높일 수 있다. 연구에 따르면, 동시에 다른 프로젝트들을 수행하려 할 때 한 가지 작업을 완료하는 데 25~40% 더 오래 걸린다고 한다. 컨설팅 회사 The Energy Project의 사업 개발 부사장인 Andrew Deutscher는 생산성을 더 높이기 위해서 "한 가지 일을, 중단 없이, 지속적인 기간 동안 하세요."라고 말한다.

VOCA

• efficiency　효율성
• optimize　최적화하다, 가장 효과적으로 하다
• work force　노동자, 노동력
• define　정의하다
• invest　투자하다
• equipment　설비
• optimal　최고의, 최적의
• staffer　직원
• drain　(많은 시간·돈 등을) 고갈시키는[잡아먹는] 것
• multitasking　멀티태스킹, 동시에 몇 가지의 일을 하는 것
• put an end to　~을 끝내다, 그만두게 하다
• simultaneously　동시에, 일제히
• uninterrupted　중단되지 않은, 연속되는

독해 > 글의 일관성 > 무관한 어휘·문장

정답의 이유

제시문은 논쟁의 기술이 인생에서 매우 중요하다는 내용으로 갈등 상황에서 창의력을 더욱 키울 수 있다는 것이 글의 요지이다. ②번 문장에서 아이들이 의견 충돌에 노출되지 않는다면, 우리는 결국 그들의 창의력을 제한하는 것일지도 모른다고 했고, ④번 문장에서 '~ highly creative people often grow up in families full of tension(창의력이 뛰어난 사람들은 종종 갈등이 많은 가정에서 성장한다).'이라고 했다. 따라서 글의 흐름상 가장 어색한 문장은 ③ 'Children are most creative when they are free to brainstorm with lots of praise and encouragement in a peaceful environment(어린이들은 평화로운 환경에서 많은 칭찬과 격려로 자유롭게 브레인스토밍을 할 때 가장 창의적이다).'이다.

본문해석

좋은 논쟁을 하는 기술은 인생에서 매우 중요하다. 하지만 이것은 부모들이 자녀들에게 거의 가르치지 않는 기술이다. 우리는 아이들에게 안정적인 가정을 주기 원해서 형제자매가 서로 싸우지 못하게 하고 우리들만 비밀리에 논쟁한다. 하지만 아이들이 의견 충돌에 노출되지 않는다면, 우리는 결국 그들의 창의력을 제한하는 것일지도 모른다. 아이들은 평화로운 환경에서 칭찬과 격려를 많이 받으며 자유롭게 브레인스토밍을 할 때 가장 창의적이다. 창의력이 뛰어난 사람들은 종종 갈등이 많은 가정에서 성장한 것으로 밝혀진다. 그들은 주먹다짐이나 인신공격이 아니라, 실제적인 의견 충돌에 둘러싸여 있다. 30대 초반의 성인들이 상상의 이야기를 써달라고 요청받았을 때, 가장 창의적인 이야기들은 25년 전 가장 심한 갈등을 겪은 부모를 둔 이들로부터 나왔다.

VOCA

• critical　중요한
• stable　안정적인
• sibling　형제자매
• quarrel　다투다, 언쟁하다
• behind closed doors　비밀리에, 밀실에서
• expose　노출시키다
• disagreement　의견 차이, 의견 충돌
• fistfight　주먹다짐
• insult　모욕
• imaginative　상상의
• conflict　갈등

독해 > 세부 내용 찾기 > 내용 (불)일치

정답의 이유

다섯 번째 문장에서 '청력은 정상적이었다(his hearing was normal)'라고 했으므로 글의 내용과 일치하지 않는 것은 ③ 'Christopher Nolan은 청각 장애로 인해 들을 수 없었다.'이다.

오답의 이유

① Christopher Nolan은 뇌 손상을 갖고 태어났다. → 두 번째 문장에서 'Brain damaged since birth, ~'라고 했으므로 글의 내용과 일치하다

② Christopher Nolan은 음식을 삼키는 것도 어려웠다. → 두 번째 문장에서 'even to the extent of having difficulty in swallowing food.'라고 했으므로 글의 내용과 일치한다.

④ Christopher Nolan은 10대일 때 책을 썼다. → 마지막 문장에서 'he produced an entire book of poems and short stories, *Dam-Burst of Dreams*, while still a teenager.'라고 했으므로 글의 내용과 일치한다.

본문해석

Christopher Nolan은 영어권에서 꽤 유명한 아일랜드의 작가이다. Nolan은 선천적으로 뇌 손상을 갖고 태어났기 때문에 신체의 근육을 거의 통제할 수 없었는데, 심지어 음식을 삼키는 것조차 힘들었다. 그는 혼자 똑바로 앉을 수 없기 때문에 휠체어에 묶여 있어야 했다. Nolan은 알아들을 수 있는 말소리를 낼 수 없었다. 그러나 다행히도, 그의 뇌 손상이 지능이 손상되지 않고 청력은 정상인 정도였기 때문에, 그 결과, 그는 어렸을 때 말을 이해하는 것을 배웠다. 그러나 그가 10세가 된 후에 그리고 읽기를 배운 지 여러 해가 지나고 나서야 비로소 그는 자신의 첫 단어를 표현할 수 있는 수단을 갖게 되었다. 그는 글자를 가리키도록 머리에 붙어 있는 막대기를 사용함으로써 그것을 했다. 그가 아직 10대일 때 시와 단편으로 이루어진 *Dam-Burst of Dreams*라는 책 한 권을 만들어 냈는데, 바로 한 글자씩 하는 이런 '유니콘'의 방식을 통한 것이었다.

VOCA

- renown 명성, 유명
- have control over ~을 관리하다[~을 제어하다]
- to the extent of ~할[일] 정도까지
- swallow 삼키다
- strap (끈으로) 묶다
- utter 말하다
- recognizable 인식 가능한
- attach 붙이다

독해 > 세부 내용 찾기 > 내용 (불)일치

정답의 이유

마지막에서 두 번째 문장에서 'Some Australian aborigines can keep changing their name throughout their life(호주의 어떤 원주민들은 그들의 이름을 일생 동안 계속해서 바꿀 수 있는데) ~'라고 했으므로 글의 내용과 일치하지 않는 것은 ③ 'Changing one's name is totally unacceptable in the culture of Australian aborigines(이름을 바꾸는 것은 호주 원주민들의 문화에서 전혀 용납될 수 없다),'이다,

오답의 이유

① 많은 가톨릭 국가에서 아이들은 종종 성인의 이름을 따서 이름 지어진다. → 첫 번째 문장에서 'In many Catholic countries, children are often named after saints ~'라고 했으므로 글의 내용과 일치한다.

② 일부 아프리카 아이들은 5살이 될 때까지 이름이 지어지지 않는다. → 세 번째 문장에서 'In countries ~ such as in Africa, tribes only name their children when they reach five years old, ~'라고 했으므로 글의 내용과 일치한다.

④ 여러 문화권에서 다른 방식으로 자녀의 이름을 짓는다. → 제시문 전체를 통해 알 수 있다.

본문해석

많은 가톨릭 국가에서, 아이들은 종종 성인의 이름을 따서 이름지어진다. 실제로, 일부 성직자들은 부모들이 아이들의 이름을 드라마 스타나 축구 선수의 이름을 따서 짓는 것을 허락하지 않을 것이다. 개신교 국가들은 이것에 대해 더 자유로운 경향이 있다. 그러나, 노르웨이에서는 Adolf 같은 특정 이름들은 완전히 금지된다. 아프리카에서와 같이 영아 사망률이 매우 높은 나라들에서는 부족들은 아이들이 다섯 살이 되어서야 이름을 짓는데, 이때가 아이들의 생존 가능성이 높아지기 시작하는 나이이다. 그때까지, 아이들은 자신들의 연령으로 불린다. 극동의 많은 나라들은 아이들에게 출생 상황이나 아이에 대한 부모의 기대와 희망을 어떤 식으로든 묘사하는 특별한 이름을 지어준다. 호주의 어떤 원주민들은 그들의 이름을 일생 동안 계속해서 바꿀 수 있는데, 이는 지혜와 창의성 또는 결단력을 어떤 식으로든 증명하는 몇몇 중요한 경험의 결과이다. 예를 들어, 어느 날 그들 중 한 명이 춤을 아주 잘 춘다면, 그 또는 그녀는 자신의 이름을 '최고의 무용수' 또는 '빛나는 발'로 바꾸기로 결정할 수도 있다.

VOCA

- saint 성인
- soap opera (텔레비전 · 라디오) 연속극[드라마]
- protestant 개신교
- ban 금지하다
- infant 유아, 젖먹이, 아기
- mortality 사망률
- be referred to ~로 언급되다, 불리다
- circumstance 상황, 환경
- aborigine 원주민; (보통 Aborigine) 오스트레일리아 원주민

- determination 결심, 투지
- unacceptable 받아들일 수 없는

17 난도 ★★☆

정답 ①

독해 > 대의 파악 > 요지, 주장

[정답의 이유]

제시문은 실험을 통해 사람들이 자신과 비슷한 복장을 한 사람들에게 더 긍정적으로 반응한다는 것이 밝혀졌다는 내용이므로 글의 요지로 가장 적절한 것은 ① 'People are more likely to help those who dress like themselves(사람들은 자신들처럼 옷 입은 사람들을 도와줄 가능성이 더 크다).'이다.

[오답의 이유]

② 격식을 갖춘 옷차림은 탄원서 서명의 가능성을 높인다.

③ 전화를 거는 것은 다른 학생들과 어울리는 효율적인 방법이다.

④ 1970년대 초반 일부 대학생들은 자신들만의 독특한 패션으로 동경 받았다.

본문해석

젊은이들이 'hippie(히피)' 또는 'straight(단정한)' 패션으로 입는 경향이 있던 1970년대 초 시행된 한 연구에서, 히피 또는 단정한 복장을 한 실험자들이 캠퍼스에서 학생들에게 전화를 걸기 위해 10센트 동전을 빌려달라고 요청했다. 실험자가 학생과 같은 방식으로 옷을 입었을 때, 그 요청은 3분의 2 이상이 받아들여졌고, 학생과 요청자가 서로 다른 방식으로 옷 입었을 때, 동전은 절반보다 적게 제공되었다. 또 다른 실험은 우리의 긍정적인 반응이 비슷한 복장을 한 다른 사람들에게 얼마나 자동적일 수 있는지를 보여주었다. 반전 시위 참가자들은 비슷하게 옷을 입은 요청자들의 탄원서에 서명하는데, 먼저 그것을 읽지도 않고 그렇게 할 가능성이 더 큰 것으로 밝혀졌다.

VOCA

- don ~을 입다, 쓰다, 신다
- attire 의복
- dime 다임(미국 · 캐나다의 10센트짜리 동전)
- experimenter 실험자
- grant 승인하다
- instance 사례, 경우
- dissimilarly 닮지 않게, 다르게
- antiwar demonstration 반전 시위
- petition 탄원서
- formally 형식상, 정식으로
- socialize with ~와 어울리다, 교제하다
- admire 숭배하다, 동경하다

18 난도 ★★★

정답 ①

독해 > 빈칸 완성 > 연결어

[정답의 이유]

① 빈칸 (A) 앞부분에서 지속 시간과 빈도는 반비례 관계로, 친구를 자주 만나면 지속 시간이 줄어들고 자주 만나지 않으면 지속 시간이 늘어난다고 했고, 빈칸 (A) 다음에서 그에 대한 구체적인 예시를 제시하고 있으므로 빈칸 (A)에 들어갈 말로 가장 적절한 것은 'For example(예를 들어)'이다.

빈칸 (B) 앞부분에서 정기적으로 만나는 사람과의 식사 시간은 짧다고 했는데, 빈칸 (B) 다음에서 연인 관계에서는 지속 시간과 빈도가 둘 다 매우 길다고 했으므로 빈칸 (B) 앞 · 뒤의 상황이 대조적이다. 따라서 빈칸 (B)에 들어갈 말로 가장 적절한 것은 'Conversely(반대로)'이다.

[오답의 이유]

② 그럼에도 불구하고 - 게다가

③ 그러므로 - 결과적으로

④ 같은 방법으로 - 따라서

본문해석

지속 시간은 빈도와 반비례한다. 만약 여러분이 친구를 자주 만난다면, 만남의 시간은 더 짧아질 것이다. 반대로 친구를 그다지 자주 보지 않으면, 방문 지속 시간은 일반적으로 상당히 늘어날 것이다. (A) 예를 들어, 만약 여러분이 친구를 매일 본다면, 여러분은 사건이 전개되면서 일어나는 일들에 대해 알 수 있기 때문에 여러분의 방문 지속 시간이 짧을 수 있다. 하지만, 만약 여러분이 친구를 일 년에 두 번만 본다면, 여러분의 방문 지속 시간은 더 길어질 것이다. 오랫동안 보지 못했던 친구와 식당에서 저녁 식사를 했던 때를 생각해 봐라. 여러분은 아마도 서로의 삶을 따라잡는 데 몇 시간을 보냈을 것이다. 만약 여러분이 그 사람을 정기적으로 본다면, 같은 저녁 식사 시간은 상당히 짧을 것이다. (B) 반대로, 연인 관계에서는 빈도와 지속 시간이 모두 매우 높은데, 커플들, 특히 최근에 사귄 커플들은 서로 가능한 한 많은 시간을 보내고 싶어 하기 때문이다. 관계의 강도 또한 매우 높을 것이다.

VOCA

- duration 지속 시간
- inverse relationship 반비례
- keep up with 시류[유행]를 따르다; ~에 밝다, 정통하다
- unfold 전개하다, 일어나다, 진행되다
- think back (~을) 돌이켜 생각하다[보다]
- catch up on (밀린 일을) 보충하다[따라잡다]
- on a regular basis 정기적으로
- minted 최근에 생겨난[생산된, 발명된]
- intensity 격렬함, 강렬함, 강도

독해 > 빈칸 완성 > 단어 · 구 · 절

정답의 이유

제시문은 지도자들이 자신들이 대변하는 일반 대중들과 같아 보이려고 사용하는 보편적인 선전 기술에 대한 내용이다. 빈칸 앞부분에서 '~ have used this technique to win our confidence by appearing(~처럼 보임으로써 우리의 신뢰를 얻기 위해 이 기술을 사용해 왔다) ~'라고 했으므로 문맥상 빈칸에 들어갈 말로 적절한 것은 ② 'just plain folks like ourselves(우리들 같이 평범한 사람들인 것처럼)'이다.

오답의 이유

① 화려한 추상어를 넘어선

③ 남들과는 다른 무언가

④ 군중보다 교육을 더 잘 받은

본문해석

가장 자주 사용되는 선전 기술 중 하나는 선전자의 견해가 보통 사람의 견해를 반영하고 있으며 그 또는 그녀가 그들의 최선의 이익을 위해 일하고 있다고 대중을 설득하는 것이다. 블루칼라(육체노동자) 청중에게 말하는 정치인은 소매를 걷어붙이고 넥타이를 풀고 군중들이 사용하는 특정 관용구를 사용하려고 시도할 수 있다. 그는 심지어 자신이 '그들 중 한 명일 뿐'이라는 인상을 주려고 일부러 (맞춤법이) 부정확한 언어를 사용할 수도 있다. 이 기술은 또한 정치가의 견해가 연설을 듣는 대중의 견해와 같다는 인상을 주기 위해 화려한 추상어를 사용한다. 노동 지도자들, 사업가들, 성직자들, 교육자들, 그리고 광고주들은 <u>우리들 같이 평범한 사람들인 것처럼</u> 보임으로써 우리의 신뢰를 얻기 위해 이 기술을 사용해 왔다.

VOCA

- propaganda 선전
- convince 설득하다
- blue−collar 블루칼라[육체노동자]의
- roll up (소매, 바지 등을) 걷다
- undo 풀다[열다/끄르다]
- attempt 시도하다, 애써 해보다
- employ 쓰다[이용하다]
- glittering generality 화려한 추상어, 미사여구(어떤 인물, 제품 또는 주장을 돋보이도록 하기 위해 호의적인 반응을 얻어낼 수 있는 단어들을 사용하는 선전 기술)
- address 연설하다
- advertiser 광고주
- appear ~처럼 보이다

독해 > 빈칸 완성 > 단어 · 구 · 절

정답의 이유

제시문은 롤러코스터가 작동하면서 발생하는 에너지에 관한 내용이다. 빈칸 앞 문장에서 '~ roller coasters repeatedly convert potential energy to kinetic energy and back again.'이라고 했고, 빈칸 다음 문장에서 '~ makes them hot, meaning kinetic energy is changed to heat energy during braking.'이라고 했다. 또한 빈칸 다음의 'between two surfaces(두 표면 사이에서)'로 미루어 보아, 빈칸에 들어갈 말로 가장 적절한 것은 ② 'friction (마찰 저항)'임을 유추할 수 있다.

오답의 이유

① 중력

③ 진공

④ 가속

본문해석

롤러코스터는 트랙의 첫 번째 오르막 언덕을 오를 때, 위치에너지를 만들고 있다. 더 위로 올라갈수록, 끌어당기는 중력이 더 강해질 것이다. 롤러코스터가 오르막 언덕을 넘어 하강하기 시작할 때, 그것의 위치에너지는 운동에너지, 즉 이동에너지가 된다. 일반적인 오해는 롤러코스터가 트랙을 따라 에너지를 잃는다는 것이다. 그러나, 에너지 보존의 법칙이라고 불리는 물리학의 중요한 법칙은 에너지가 결코 생성되거나 파괴될 수 없다는 것이다. 그것은 단지 한 형태에서 다른 형태로 바뀔 뿐이다. 트랙이 오르막으로 되돌아올 때마다, 롤러코스터의 운동량─운동에너지─가 그것들을 위로 운반하여 위치에너지를 만들고 롤러코스터는 반복적으로 위치에너지를 운동에너지로 변환하고 다시 되돌린다. 탑승 마지막 구간에서, 롤러코스터 차체는 두 표면 사이에서 마찰 저항을 일으키는 브레이크 장치에 의해 속도를 늦춘다. 이 움직임은 그것들을 뜨겁게 만드는데, 이는 속도를 줄이는 동안 운동에너지가 열에너지로 바뀐다는 것을 의미한다. 탑승객들은 롤러코스터가 트랙의 끝에서 에너지를 잃는다고 잘못 생각할 수도 있지만, 에너지는 단지 다른 형태로 바뀔 뿐이다.

VOCA

- potential energy 위치에너지
- pull 인력
- gravity 중력
- crest (산 따위의) 꼭대기에 이르다
- descent 하강, 강하
- kinetic energy 운동에너지
- misperception 오인, 오해
- the law of conservation of energy 에너지 보존의 법칙
- momentum 운동량
- convert 전환시키다[개조하다]
- slow down [속도 · 진행]을 늦추다
- mistakenly 잘못하여, 실수로

오랫동안 꿈을 그리는 사람은 마침내 그 꿈을 닮아간다.

– 앙드레 말로 –

PART 3
한국사

한눈에 훑어보기

✓ 영역 분석

고대　　01 08 12
3문항, 15%

중세　　02 05 16 19
4문항, 20%

근세　　07 13
2문항, 10%

근대 태동기 09
1문항, 5%

근대　　03 04 06
3문항, 15%

일제 강점기 14 15 17 18 20
5문항, 25%

현대　　11
1문항, 5%

시대 통합 10
1문항, 5%

✓ 빠른 정답

01	02	03	04	05	06	07	08	09	10
①	②	③	④	④	④	③	③	①	②
11	12	13	14	15	16	17	18	19	20
③	①	④	③	③	④	①	②	②	④

✓ 점수 체크

구분	1회독	2회독	3회독
맞힌 문항 수	/ 20	/ 20	/ 20
나의 점수	점	점	점

01 난도 ★☆☆　　　　　정답 ①

고대 > 정치사

자료해설

밑줄 친 '이 나라'는 대가야이다. 경상북도 고령 지역의 대가야는 전기 가야 연맹의 중심지였던 금관가야가 고구려 광개토 대왕의 진출로 쇠퇴하자 낙동강 유역이라는 지리적 이점과 풍부한 철을 활용하여 5세기 이후 후기 가야 연맹의 중심지가 되었다.

정답의 이유

① 대가야는 진흥왕에 의해 신라에 복속되었고, 이로 인해 후기 가야 연맹이 해체되었다.

오답의 이유

② 백제 성왕은 웅진(공주)에서 사비(부여)로 천도하고 국호를 남부여로 고쳐 새롭게 중흥을 도모하였다.

③ 발해 선왕은 지방 행정 체제를 5경 15부 62주로 정비하였고, 주현에 지방관을 파견하였다.

④ 고구려 장수왕은 수도를 국내성에서 평양성으로 옮기고 남진 정책을 추진하였다.

02 난도 ★☆☆　　　　　정답 ②

중세 > 경제사

정답의 이유

② 고려 성종 때 우리나라 최초의 화폐이자 철전인 건원중보를 주조해 전국적으로 사용하게 하려 했으나 성공하지 못하였다.

오답의 이유

① 고구려 고국천왕은 국상인 을파소의 건의에 따라 먹을거리가 부족한 봄에 곡식을 빌려주고 추수 이후에 곡식을 갚도록 하는 진대법을 실시하였다.

③ 조선 후기에 광산 개발이 활성화되면서 물주로부터 자금을 지원받아 전문적으로 광산을 경영하는 덕대가 등장하였고, 광산 경영 방식인 덕대제가 유행하였다.

④ 조선 세종 때 정초, 변효문 등을 시켜 우리 풍토에 맞는 농법을 소개한 『농사직설』을 간행하였다.

근대 > 정치사

자료해설

제시된 자료는 『조선책략』의 일부이다. 조선 고종 때 제2차 수신사로 일본에 파견되었던 김홍집은 당시 청국 주일 공사관 황준셴이 지은 『조선책략』을 국내에 소개하였다(1880). 『조선책략』은 러시아의 남하 정책에 대비해 청·미·일과 친하게 지내야 한다는 내용으로, 조미 수호 통상 조약 체결의 배경이 되었다.

정답의 이유

③ 김홍집이 『조선책략』을 들여온 이후 미국과 외교 관계를 맺어야 한다는 여론이 형성되자 이만손을 중심으로 한 영남 유생들이 만인소를 올려 이를 반대하였다.

오답의 이유

① 강화도 조약은 1876년에 체결된 우리나라 최초의 근대적 조약이자 일본인에 대한 치외 법권과 해안 측량권을 포함한 불평등 조약으로, 일본의 요구에 따라 부산, 원산, 인천을 개항하였다.

② 병인양요(1866)와 신미양요(1871)를 극복한 흥선대원군이 외세의 침입을 경계하고 서양과의 통상 수교 반대 의지를 알리기 위해 종로와 전국 각지에 척화비를 건립하였다.

④ 1881년 김윤식을 중심으로 청에 파견된 영선사는 톈진에서 근대 무기 제조 기술과 군사 훈련법을 배워 돌아왔다.

더 알아보기

개항 이후 사절단

구분	내용
수신사 (일본)	• 강화도 조약 체결 후 근대 문물 시찰(1차 수신사) • 김홍집이 『조선책략』 유입(2차 수신사)
조사 시찰단 (일본)	• 국내 위정척사파의 반대로 암행어사로 위장해 일본에 파견 • 근대 시설 시찰
영선사 (청)	• 김윤식을 중심으로 청 톈진 일대에서 무기 공장 시찰 및 견습 • 임오군란과 풍토병으로 1년 만에 조기 귀국 • 근대식 무기 제조 공장인 기기창 설립
보빙사 (미국)	• 조미 수호 통상 조약 체결 • 미국 공사 부임에 답하여 민영익, 서광범, 홍영식 등 파견

근대 > 정치사

자료해설

'정부의 개화 정책이 추진되면서 구식 군인과 도시 하층민이 반발', '구식 군인들이 난을 일으키고 도시 하층민이 여기에 합세하였으나 청군에 의해 진압' 등으로 보아 제시된 자료는 임오군란에 대한 내용이다. 조선 고종 때 신식 군대인 별기군과 차별 대우를 받던 구식 군대가 선혜청과 일본 공사관을 습격하면서 임오군란이 발생하였고(1882), 이 사태를 수습하기 위해 흥선대원군이 다시 집권하였다. 반면, 조정의 민씨 세력들은 청에 군대 파견을 요청하였는데, 청의 군대는 군란을 진압하고 사건의 책임을 물어 흥선대원군을 본국으로 납치해 갔다. 이후 청의 내정 간섭이 심화되었고, 조선과 청은 조선이 청의 속방임을 명문화하고 청 상인의 내륙 진출을 인정하는 내용을 포함한 조청상민수륙무역장정을 체결하였다.

정답의 이유

④ 임오군란 진압 이후 청의 내정 간섭이 심화되었고, 청은 조청상민수륙무역장정을 체결하여 치외 법권과 함께 양화진에 점포 개설권, 내륙 통상권, 연안 무역권을 인정받았다(1882).

오답의 이유

① 한성 조약은 일본이 갑신정변 때 사망한 일본인에 대한 배상금과 일본 공사관 신축 부지 및 비용을 지급할 것을 조선에 요구하며 체결된 조약이다(1884).

② 톈진 조약은 갑신정변 이후 청과 일본이 향후 조선에 군대를 파견할 때 상호 통보하고 한쪽이라도 조선에 군대를 파견하면 다른 쪽도 바로 군대를 파견할 수 있도록 규정한 조약이다(1885).

③ 제물포 조약은 일본이 임오군란 직후 군란으로 인한 일본 공사관의 피해와 일본인 교관 피살에 대한 사과 사절단 파견, 주모자 처벌, 배상금 지불, 공사관 경비병 주둔 등을 조선에 요구하며 체결된 조약이다(1882).

중세 > 정치사

정답의 이유

고려 말 우왕 때 명이 원에서 관리한 철령 이북의 땅을 반환하라고 요구하자 최영을 중심으로 요동 정벌을 추진하게 되었다. 이성계는 4불가론을 제시하며 반대하였으나 왕명에 따라 출정하게 되었고, 결국 압록강 위화도에서 말을 돌려 개경으로 회군하였다(1388). 이성계는 위화도 회군 이후 신진 사대부 세력과 결탁하여 실권을 장악하였다.

④ 황산 대첩(1380)은 고려 말 도순찰사였던 이성계가 황산에서 왜구를 크게 물리친 전투로, 위화도 회군 이전의 일이다.

오답의 이유

① 고려 말 공양왕 때 신진 사대부 조준 등의 건의로 실시된 토지 개혁법인 과전법은 지급 대상 토지를 원칙적으로 경기 지역에 한정하였다(1391).

② 고려 말 온건 개혁파인 정몽주는 이성계 세력을 숙청하려 하였으나 오히려 이성계의 아들인 이방원 세력에게 피살되었다 (1392).

③ 한양으로 도읍을 이전한 때는 조선 태조 2년인 1394년이다. 한양은 나라의 중앙에 위치하여 통치에 유리하고 한강을 끼고 있어 교통이 편리하고 물자가 풍부하였다.

06 난도 ★★☆   정답 ④

근대 > 정치사

자료해설

제시된 사료는 일제의 침략과 매국노 규탄, 을사늑약에 대한 굴욕적인 내용을 폭로한 항일 논설 「시일야방성대곡」의 일부이다. 을사늑약이 체결되자 『황성신문』은 장지연의 논설 「시일야방성대곡」을 게재하여 조약의 부당성을 비판하였다(1905).

정답의 이유

④ 을사늑약 체결 당시 「시일야방성대곡」을 작성한 인물은 『황성신문』의 주필이었던 장지연이다.

오답의 이유

① 『한성순보』는 박문국에서 발행한 최초의 근대적 신문으로, 개화 정책의 취지를 설명하고 국내외 정세를 소개하는 관보적 성격을 띠었다.

② 박은식은 『한국통사』에 고종 즉위 다음 해부터 국권 피탈 직후까지의 역사를 기록하였다.

③ 신채호는 『대한매일신보』에 「독사신론」을 발표하여 민족을 역사 서술의 중심에 두었으며, 민족주의 사학의 기반을 마련하였다.

07 난도 ★★☆   정답 ③

근세 > 정치사

자료해설

'집현전을 계승한 홍문관', '훈구 세력을 견제하기 위해 사림 세력 등용'을 통해 밑줄 친 '왕'은 조선 성종임을 알 수 있다. 조선 성종 때 왕의 자문과 경연, 경서, 궁중 서적 및 문서 관리 등의 업무를 담당한 홍문관을 설치하였으며(1478), 중앙 정계를 장악하고 있던 훈구 세력들을 견제하기 위해 김종직을 비롯한 영남 지방의 사림 세력을 등용하였다.

정답의 이유

③ 조선 성종 때 노사신, 양성지, 강희맹 등이 각 도의 지리, 풍속, 인물 등을 기록한 관찬 지리지인 『동국여지승람』을 편찬하였다 (1481).

오답의 이유

① 조선 정조 때 문물제도 및 통치 체제를 정리한 『대전통편』을 편찬하여 왕조의 통치 규범을 재정비하였다(1785).

② 『동사강목』은 안정복이 조선 정조 때 완성한 역사서로, 단군 조선부터 고려 공양왕까지의 역사를 정리하였다(1778).

④ 『훈민정음운해』는 조선 영조 때 여암 신경준이 저술한 한글 문자론 연구서이다(1750).

08 난도 ★★☆   정답 ③

고대 > 정치사

자료해설

'웅천주(공주) 도독 헌창'을 통해 밑줄 친 '반란'은 김헌창의 난(822)임을 알 수 있다. 김헌창의 난은 통일 신라 헌덕왕 때 신라 무열왕계의 유력한 귀족이었던 김헌창이 자신의 부임지였던 웅천주에서 일으킨 대규모 반란이다. 반란군은 무진주 · 완산주 · 청주 · 사벌주의 도독과 국원경 · 서원경 · 금관경의 사신 및 여러 군현의 수령들을 위협하여 자신의 아래에 예속시키려 하였으나 결국 진압되었고 김헌창은 자결하였다.

정답의 이유

ⓒ 김헌창의 난 당시 반란 세력은 '장안'이라는 국호를 내세우고 '경운'이라는 연호를 사용하였다.

ⓒ 웅천주 도독 김헌창이 난을 일으킨 명목은 아버지인 김주원이 왕위를 계승하지 못한 불만 때문이었다.

오답의 이유

㉠ 신분 해방 운동의 성격을 가진 것은 고려 무신 정권 시기 최충헌의 사노비였던 만적이 일으킨 '만적의 난'이다. 만적은 신분 차별에 항거하여 개경(개성)에서 반란을 도모하였으나 사전에 발각되어 실패하였다.

㉢ 무열왕부터 혜공왕에 이르기까지 무열왕계가 왕위를 이었으나, '김지정의 난'으로 혜공왕이 피살된 후 난을 진압한 김양상이 선덕왕으로 즉위(780)하면서 무열왕 직계가 단절되고 내물왕계가 다시 왕위를 차지하게 되었다.

09 난도 ★★☆   정답 ①

근대 태동기 > 정치사

자료해설

'홍서봉', '한(汗)', '대청국 황제' 등으로 보아 제시된 자료는 병자호란에 대한 내용임을 알 수 있다. 후금이 국호를 청으로 고치고 조선에 군신 관계를 강요하자 조선에서는 척화론과 주화론이 첨예하게 대립하였고, 결국 조선이 사대 요청을 거부하여 병자호란이 일어났다(1636). 홍서봉은 병자호란이 일어나자 화의를 주장한 인물이다.

정답의 이유

① 병자호란이 발발하여 남한산성으로 피란하였던 인조는 강화도로 보낸 왕족과 신하들이 인질로 잡히자 삼전도에서 굴욕적인 항복을 하였고(1637), 청 태종은 귀환하면서 삼전도비를 건립할 것을 명하였다.

오답의 이유

② 인조반정 때 큰 공을 세웠던 이괄은 공신 책봉 과정에서 2등 공신을 받은 것에 불만을 품었다. 이에 이괄이 반역을 일으킬지도 모른다는 구실로 아들인 이전을 잡아오라는 명까지 떨어지자 이괄은 반란을 일으켜 도성을 장악하였다(1624).

③ · ④ 후금이 조선을 침략하여 의주를 함락시킨 뒤 평산까지 남진하자 인조는 강화도로 피난하였고, 정봉수와 이립은 용골산성에서 의병을 이끌며 후금에 항전하였다. 이에 후금은 조선에 강화를 제의하여 형제의 맹약을 맺었다(정묘호란, 1627).

10 난도 ★★☆ 정답 ②

시대 통합 > 정치사

정답의 이유

(나) 통일 신라 신문왕은 중앙군을 9서당, 지방군을 10정으로 편성하여 군사 조직을 정비하였다.

(라) 고려의 중앙군은 국왕 친위대인 2군과 수도 및 변경의 방비를 담당하는 6위로 구성되었다.

(다) 조선 정조는 왕권을 뒷받침하는 군사적 기반을 갖추기 위해 친위 부대인 장용영을 설치하였다.

(가) 1907년 정미의병 때 유생 의병장들은 13도 창의군을 결성하고 이인영을 총대장, 허위를 군사장으로 추대하여 서울 진공 작전을 추진하였다.

11 난도 ★★☆ 정답 ③

현대 > 정치사

자료해설

'미국, 영국, 소련 3국의 외무장관', '미·소공동위원회의 설치', '최대 5년간의 신탁통치 방안 결정' 등으로 보아 밑줄 친 '이 회의'는 1945년 12월에 결성된 모스크바 삼국 외상 회의임을 알 수 있다.

정답의 이유

③ 조선 건국 동맹의 여운형은 안재홍과 함께 일본인의 안전한 귀국을 보장하는 조건으로 조선 총독부로부터 행정권의 일부를 이양받아 조선 건국 준비 위원회를 결성하였다(1945.8.).

오답의 이유

① 유엔 한국 임시 위원단의 입북이 거부당하자 유엔 총회는 가능한 지역에서만 선거를 실시하고 임시 위원단이 선거를 감시하라는 결정을 내렸다. 이에 따라 남한에서만 우리나라 최초의 보통 선거인 5·10 총선거가 실시되었다(1948).

② 광복 이후 좌우 대립이 격화되면서 분단의 위기를 느낀 중도파 세력들은 여운형, 김규식을 중심으로 좌우 합작 위원회를 수립하였다. 이후 중도적 사상의 통일 정부를 수립하는 것을 목적으로 좌우 합작 7원칙을 합의하여 제정하였다(1946).

④ 제헌 국회는 일제의 잔재를 청산하고 민족정기를 바로잡기 위해 반민족 행위 처벌법을 제정하고 반민족 행위 특별 조사위원회를 구성하였다(1948).

12 난도 ★★☆ 정답 ①

고대 > 문화사

자료해설

제시된 자료는 미륵사지 석탑의 조성 내력을 적은 금판인 금제 사리봉안기의 일부이다. 미륵사지 석탑의 보수 정비를 위한 해체 조사 중 석탑 1층 사리공에서 금제 사리호와 금제 사리봉안기 등 유물 500여 점이 발견되었다. 금제 사리봉안기에는 백제 왕후가 재물을 희사하여 가람(미륵사)을 창건하고 639년(무왕 40년)에 사리를 봉안하여 왕실의 안녕을 기원했다는 내용을 담고 있다.

정답의 이유

① 백제 무왕 때 미륵사에 건립된 익산 미륵사지 석탑은 목탑의 형태로 만들어진 석탑이며, 현존하는 삼국 시대의 석탑 중 가장 크다.

오답의 이유

② 대리석으로 만든 10층 석탑으로는 원의 영향을 받아 제작된 고려의 개성 경천사지 10층 석탑과 조선 세조 때 제작된 서울 원각사지 10층 석탑이 있다.

③ 낭혜 화상의 탑비는 9산선문 중 하나인 성주산문을 개창한 낭혜 화상의 공덕을 기리기 위해 세워진 통일 신라 시대 탑비로, 충청남도 보령에 위치해 있다.

④ 돌을 벽돌 모양으로 만들어 쌓은 모전 석탑은 경주 분황사 모전 석탑으로, 신라 석탑 중 가장 오래되었다.

13 난도 ★☆☆ 정답 ④

근세 > 정치사

정답의 이유

ⓛ 조선 세조는 단종 복위 운동을 계기로 집현전을 폐지하였다.

ⓒ 조선 세조는 왕권을 강화하기 위해 6조 직계제를 부활시켜 의정부를 거치지 않고 국왕이 바로 재가를 내리게 하였다.

오답의 이유

㉠ 조선 태종은 국왕권을 강화하고 군신 간의 엄격한 위계질서를 확립하고자 권근 등의 건의를 받아들여 사병을 혁파하였다.

ⓒ 조선 성종은 세조 때 편찬되기 시작한 조선의 기본 법전인 『경국대전』을 완성하고 반포하였다.

14 난도 ★★☆ 정답 ③

일제 강점기 > 정치사

정답의 이유

(다) 독립운동 단체 대표들이 침체된 임시정부의 활로를 모색하기 위해 중국 상하이에 모여 국민대표회의를 개최하였다(1923).

(가) 김구는 대한민국 임시정부의 곤경을 타개하고자 상하이에서 한인애국단을 결성하여 적극적인 투쟁 활동을 전개하였다(1931).

(나) 한국광복군은 충칭에서 대한민국 임시정부의 직할 부대로 창설되었다(1940).

(라) 대한민국 임시정부가 주석·부주석제로 개헌하여 주석에 김구, 부주석에 김규식을 임명하였다(1944).

대한민국 임시정부(1919)

수립	• 최초의 민주 공화정 • 대통령 이승만, 국무총리 이동휘 • 3 · 1 운동 이후 독립을 체계적으로 준비
초기 활동	• 군자금 모집: 연통제와 교통국(비밀 행정 조직), 독립 공채, 이륭양행, 백산 상회 • 외교 활동: 파리 강화 회의에 대표(김규식) 파견, 구미 위원부 설치 • 문화 활동: 독립신문, 임시 사료 편찬 위원회 설치 → 『한일 관계 사료집』 간행
분열 및 변화	• 국민대표회의 개최(1923): 창조파와 개조파 대립 • 개헌(2차, 1925): 이승만 탄핵, 제2대 대통령 박은식 선출, 의원 내각제 채택
1930년대 이후 활동	• 한인애국단 조직(1931) • 충칭으로 근거지 이동(1940) • 한국광복군 창설(1940) • 건국 강령 발표(1941): 조소앙의 삼균주의 • 주석 · 부주석제로 개헌(1944): 김구를 주석, 김규식을 부주석으로 임명

15 난도 ★★☆   정답 ③

일제 강점기 > 정치사

자료해설

1911년 일제는 제1차 조선교육령을 발표하여 보통 · 실업 · 전문 기술 교육과 일본어 학습을 강요하고 보통 교육의 수업 연한을 4년으로 단축하였다. 이후 1922년 일제는 문화 통치를 표방하며 조선인에게 일본인과 동등한 교육을 실시한다는 명목으로 제2차 조선교육령을 실시하였다. 제2차 조선교육령은 제1차 조선교육령을 수정하여 조선어를 필수 과목으로 지정하고 보통 학교의 수업 연한을 6년으로 연장하였다.

정답의 이유

③ 일본 도쿄 유학생들이 중심이 되어 결성된 조선 청년 독립단은 도쿄에서 2 · 8 독립선언서를 발표하였다(1919).

오답의 이유

① 일제는 민립대학 설립 운동 전개를 저지하고자 경성제국대학을 설립하였다(1924).

② 육영공원은 최초의 관립 학교로 헐버트와 길모어를 초빙하여 상류층 자제들에게 영어, 수학, 지리, 정치 등 근대 학문을 교육하였다(1886).

④ 대한제국 때 일본은 한일의정서를 체결하고 군사 전략상 필요한 지역을 차지하기 위해 황무지 개간권을 요구하였다. 이에 보안회는 전국에 통문을 돌리며 황무지 개간권 요구 반대 운동을 전개하여 저지에 성공하였다(1904).

16 난도 ★★☆   정답 ④

중세 > 정치사

자료해설

'강조의 군사', '목종을 폐위', '김치양 부자와 유행간 등 7인을 죽였다' 등으로 보아 고려 중기 목종 때의 강조의 정변(1009)에 대한 내용임을 알 수 있다. 고려 목종 때 강조는 천추태후와 그의 정부 김치양으로 인한 국가의 혼란을 바로잡기 위해 정변을 일으켜 목종을 폐위시키고 현종을 즉위시켰다. 이를 통해 (가)는 현종(1009~1031)임을 알 수 있다.

정답의 이유

④ 고려 현종 때 거란이 강조의 정변을 구실로 2차 침입을 단행하였고, 개경이 함락되자 현종은 나주까지 피란을 갔다. 거란의 2, 3차 침입 이후 현종은 거란의 침입을 불력으로 물리치고자 초조대장경을 제작하기 시작하였다.

오답의 이유

① 고려 숙종 때 부족을 통일한 여진이 고려의 국경을 자주 침입하자 윤관이 왕에게 건의하여 별무반을 조직하였다.

② 고려 공민왕은 홍건적이 침입하자 방어하기 좋은 분지 지형인 복주(안동)로 피난하였다.

③ 고려 성종 때 거란이 침략하여 고려가 차지하고 있는 옛 고구려 땅을 내놓고 송과 교류를 끊을 것을 요구하였으나 서희가 소손녕과의 외교 담판을 통해 이를 해결하고 강동 6주를 획득하였다.

17 난도 ★★☆   정답 ①

일제 강점기 > 정치사

자료해설

(가) 6 · 10 만세 운동에 대한 내용이다. 학생들이 중심이 되어 순종의 인산일에 맞추어 서울 종로 일대에서 6 · 10 만세 운동을 전개하였다(1926).

(나) 광주 학생 항일 운동에 대한 내용이다. 광주 학생 항일 운동은 한일 학생 간의 우발적 충돌 사건을 계기로 발생하였으나, 한국인 학생에 대한 차별과 식민지 교육에 저항하는 항일 운동으로 발전하였다(1929).

정답의 이유

① 조선 공산당을 중심으로 한 사회주의 세력과 천도교를 중심으로 한 민족주의 세력이 연대하여 6 · 10 만세운동을 준비하는 과정에서 민족유일당을 결성할 수 있다는 공감대가 형성되면서 좌우 합작 조직인 신간회가 결성되었다(1927).

오답의 이유

② 이병도, 손진태 등은 진단학회를 조직하고 『진단학보』를 발간하여 문헌 고증을 중시하는 실증주의 사학을 발전시켰다(1934).

③ 갑오개혁 이후 공사 노비법이 혁파되어 법적으로는 신분제가 폐지되었으나 일제 강점기 때 백정에 대한 사회적 차별은 더욱 심해졌다. 백정들은 이러한 차별을 철폐하기 위해 진주에서 조선 형평사 창립 대회를 개최하고 형평운동을 전개하였다(1923).

④ 일본의 차관 강요로 대한 제국의 빚이 1,300만 원에 달하자 서상돈, 김광제 등이 대구에서 국채보상운동을 전개하였다(1907).

18 난도 ★★☆　　　　　　　　정답 ②

일제 강점기 > 정치사

정답의 이유

② 조선의용대는 1938년 김원봉의 주도로 중국 국민당의 지원을 받아 중국 관내에서 결성된 최초의 한인 무장 부대이다.

오답의 이유

① 조선건국동맹은 1944년 여운형이 일제의 패망에 대비하여 광복 이후 민주주의 국가 건설을 목표로 결성한 조직이다.

③ 1914년 이동휘, 이상설 등은 연해주 지역에서 대한광복군 정부를 조직하고 무장 투쟁을 준비하였다.

④ 대한독립군단은 1920년 독립군들을 통합하여 서일을 총재로 조직되었으며, 러시아의 지원을 기대하고 자유시로 근거지를 옮겼으나 자유시 참변(1921.6.)으로 큰 타격을 입었다.

19 난도 ★☆☆　　　　　　　　정답 ②

중세 > 문화사

자료해설

제시된 자료는 고려 때 송나라 사신 서긍이 청자의 색이 비색이며 매우 뛰어난 솜씨로 만들어졌다고 품평한 내용이다. 서긍은 고려를 방문한 뒤 저술한 『고려도경』에서 그림과 해설로 청자를 칭찬하면서 이를 비색이라 표현하였다. 따라서 밑줄 친 '이 나라'는 고려이다.

정답의 이유

② 구례 화엄사 각황전은 전남 구례군 화엄사에 있으며 국보 제67호로 지정되어 있다. 조선 숙종 때 창건되었고 정면 7칸, 측면 5칸의 다포계 중층 팔작지붕 건물로 내부 공간이 통층으로 구성되어 있다.

오답의 이유

① 안동 봉정사 극락전은 고려 시대의 건축물로 국보 제15호로 지정되어 있다. 통일 신라 시대 건축 양식을 띠고 있으며, 우리나라의 목조 건물 중 가장 오래되었다.

③ 예산 수덕사 대웅전은 고려 충렬왕 때 충남 덕숭산에 지은 불교 건축물로, 맞배지붕과 건물 옆면의 장식 요소가 특징적이다.

④ 영주 부석사 무량수전은 현재 남아 있는 고려 시대 목조 건물 중 하나로, 기둥 중간이 굵은 배흘림기둥이 사용되었으며, 공포를 기둥 위에만 짜 올린 주심포 양식으로 축조되었다.

20 난도 ★☆☆　　　　　　　　정답 ④

일제 강점기 > 정치사

정답의 이유

④ 조선어연구회는 주시경을 중심으로 조선어의 정확한 법리를 연구하고자 결성(1921)되어, 가갸날을 제정하고 기관지인 『한글』을 간행하였다. 이후, 조선어학회로 개편(1931)되어 한글 맞춤법 통일안과 표준어를 제정하고 『조선말 큰사전』 편찬을 시작하였으나 일제에 의해 강제 해산되었다(조선어 학회 사건, 1942).

오답의 이유

① 국문연구소는 1907년 학부대신 이재곤의 건의로 학부 안에 설치되었으며, 지석영과 주시경을 중심으로 한글의 정리와 이해 체계 확립에 힘썼다.

② 조선광문회는 1910년 최남선, 박은식 등이 조직하여 실학자의 저서를 비롯한 고전을 다시 간행하여 보급하였다.

③ 대한자강회는 1906년 조직된 애국 계몽 단체로 교육과 산업 활동을 바탕으로 한 국권 회복을 목표로 활동하였으며, 고종의 강제 퇴위 반대 운동을 전개하다가 1907년 일제의 탄압으로 해산되었다.

한눈에 훑어보기

✓ 영역 분석

✓ 빠른 정답

01	02	03	04	05	06	07	08	09	10
②	①	①	④	④	③	③	①	①	②

11	12	13	14	15	16	17	18	19	20
③	②	②	②	①	④	③	④	②	③

✓ 점수 체크

구분	1회독	2회독	3회독
맞힌 문항 수	/ 20	/ 20	/ 20
나의 점수	점	점	점

---

01   난도 ★☆☆   정답 ②

선사 시대와 국가의 형성 > 선사 시대

[정답의 이유]
② 청동기 시대에는 정치적인 권력과 경제력을 가진 군장이 등장하였는데, 이들의 무덤인 고인돌의 규모를 통해 당시 지배층의 권력을 짐작할 수 있다.

[오답의 이유]
① 신석기 시대에는 가락바퀴를 이용하여 실을 뽑고 뼈바늘을 사용하여 옷이나 그물을 제작하였다.
③ 신석기 시대에는 동물 뼈나 조개껍데기 등으로 자신을 치장하였는데, 조가비로 사람 얼굴 모양의 탈을 만든 조개껍데기 가면 등의 예술품이 있었다.
④ 신석기 시대에는 밭농사 중심의 농경이 시작되어 조, 피, 수수 등을 재배하였다.

02   난도 ★☆☆   정답 ①

선사 시대와 국가의 형성 > 국가의 형성

[자료해설]
제시된 자료는 고조선의 관습법인 8조법이다. 8조법은 현재 3개 조항만 전해지는데, 이를 통해 노동력(생명) 존중과 형벌 제도의 존재, 농경 사회, 사유 재산 인정, 화폐 사용 등 고조선의 사회상을 유추할 수 있다.

[정답의 이유]
① 고구려는 매년 10월 추수감사제인 동맹이라는 제천행사를 열었다.

[오답의 이유]
② 고조선은 왕 아래 상, 대부, 장군 등의 관직을 두었다.
③ 위만은 중국 진·한 교체기에 1,000여 명의 유이민을 이끌고 고조선에 이주하여 고조선 준왕의 신임을 받았으나, 이후 세력을 확대하여 준왕을 몰아내고 왕위를 차지하였다(기원전 194).
④ 고조선(위만 조선)은 중국의 한과 한반도 남부의 진국 사이에서 중계 무역을 하며 경제적으로 크게 성장하였다. 고조선이 강성해지자 위협을 느낀 한이 고조선을 침공하면서 고조선은 멸망하였다(기원전 108).

03 난도 ★☆☆　　　　　　　　　　　　　　정답 ①

고대 > 정치사

[자료해설]

제시문은 백제의 정사암 회의에 대한 내용으로, (가) 국가는 백제이다. 정사암은 백제 호암사에 있던 바위로, 백제의 귀족들은 이곳에 모여서 재상 선출 등 국가의 주요 사항을 의논하고 결정하였다.

[정답의 이유]

① 백제 고이왕은 6좌평제와 16관등제를 마련하여 중앙 집권 국가의 기틀을 마련하였다.

[오답의 이유]

② 고구려 소수림왕은 인재를 양성하기 위해 교육 기관인 태학을 설립하였다.

③ 발해 무왕은 인안이라는 독자적인 연호를 사용하였다.

④ 신라는 골품제라는 특수한 신분제도를 운영하여 골품에 따라 관등 승진에 제한을 두었다.

04 난도 ★☆☆　　　　　　　　　　　　　　정답 ④

고대 > 문화사

[자료해설]

제시문은 신라의 승려 혜초가 저술한 『왕오천축국전』에 대한 설명으로, (가)에 해당하는 인물은 혜초이다.

[정답의 이유]

④ 혜초는 인도를 비롯해 현재의 카슈미르 지역, 파키스탄, 아프가니스탄 등 중앙아시아 지역을 답사하고 그 행적을 기록한 기행문인 『왕오천축국전』을 편찬하였다.

[오답의 이유]

① 신라의 승려 원광은 진평왕의 명에 따라 수나라에 군사적 지원을 요청하는 걸사표를 작성하고, 세속 오계를 저술하여 화랑 정신으로 정립하였다.

② 신라의 승려 원효는 일심(一心)과 화쟁(和諍) 사상을 중심으로 불교의 대중화에 힘썼으며, 『금강삼매경론』, 『대승기신론소』, 『십문화쟁론』 등을 저술하여 불교의 사상적 이해 기준을 확립하였다.

③ 의상은 당에서 승려 지엄으로부터 화엄에 대한 가르침을 받고 돌아온 후 『화엄일승법계도』를 저술하여 모든 존재는 상호 의존적인 관계에 있으면서 서로 조화를 이루고 있다는 화엄 사상을 정립하였다.

05 난도 ★★☆　　　　　　　　　　　　　　정답 ④

중세 > 정치사

[자료해설]

제시된 자료의 (가)에 해당하는 기구는 고려 우왕 때 남쪽에서 왜구의 노략질이 계속되자 최무선이 건의하여 설치된 화통도감이다.

[정답의 이유]

④ 최무선은 화통도감을 통해 화약과 화포 등 각종 화기를 제작하였으며, 이후 진포 대첩에서 이를 활용하여 왜구를 격퇴하였다.

[오답의 이유]

① 교정도감은 고려 무신 정권 시기 최충헌이 설치한 국정 총괄 기구이다. 최충헌은 스스로 교정도감의 최고 관직인 교정별감이 되어 인사, 재정 등을 장악하였다.

② 몽골의 침략으로 초조대장경이 소실되자, 이를 대신하여 고려 고종 때 강화도에 대장도감이 설치되어 16년에 걸쳐 재조(팔만)대장경을 조성하였다.

③ 식목도감은 고려 시대 중서문하성과 추밀원의 합좌 기구로, 국가 중대사를 귀족 합의제로 운영하며 법률·제도, 격식 등을 제정하였다.

06 난도 ★★☆　　　　　　　　　　　　　　정답 ③

중세 > 문화사

[자료해설]

제시된 자료에서 '청주 흥덕사에서 인쇄', '유네스코 세계 기록 유산으로 등재' 등의 내용을 통해 (가) 문화유산은 고려 우왕 때 충북 청주시의 흥덕사에서 금속 활자로 인쇄된 간행물인 『직지심체요절』(1377)임을 알 수 있다.

[정답의 이유]

③ 『직지심체요절』은 현존하는 세계 최고(最古)의 금속활자본으로 인정받아 유네스코 세계 기록 유산으로 등재되었으며, 현재 프랑스 국립 도서관에 소장되어 있다.

[오답의 이유]

① 『상정고금예문』은 12세기 고려 인종 때 최윤의 등이 왕명으로 고금의 예를 수집·고증하여 지은 의례서로, 이규보의 『동국이상국집』에 강화도에서 금속 활자로 인쇄하였다는 관련 기록이 있으나 오늘날 전해지지 않고 있다.

② 팔만대장경(재조대장경)은 고려 고종 때 부처의 힘으로 몽골군을 물리치고자 하는 염원을 담아 강화에서 16년에 걸쳐 조성되었다.

④ 『향약집성방』은 조선 세종 때 우리 풍토에 알맞은 약재와 치료 방법을 개발하여 정리한 의학서이다.

07 난도 ★★☆　　　　　　　　　　　　　　정답 ③

근대 > 정치사

[정답의 이유]

③ 미국 함대가 제너럴셔먼호 사건을 구실로 강화도를 공격하여 일어난 사건은 신미양요이다(1871). 미군이 강화도 덕진진을 점거하고 광성보를 공격하자 조선군은 어재연을 중심으로 맞서 항전하였으나 수많은 사상자를 내며 패배하고 어재연은 전사하였다.

[오답의 이유]

①·②·④ 흥선대원군 집권 시기에 천주교를 핍박하여 천주교 신자와 프랑스 선교사를 처형한 병인박해(1866.1.)가 발생하자, 프랑스 함대가 이를 구실로 강화도 양화진에 침입하였다(병인양요, 1866.9.). 프랑스군을 상대로 정족산성에서 양헌수 부대가, 문수산성에서 한성근 부대가 결사 항전하였으며, 전투에서 사상자가 발생하자 프랑스군은 결국 강화도에서 철수하였다.

퇴각 과정에서 프랑스군은 외규장각을 불태우고 의궤 등을 약
탈하였다.

08 난도 ★★☆ 정답 ①

일제 강점기 > 정치사

`자료해설`

제시된 자료의 '이 의거'는 한인 애국단 소속의 윤봉길이 홍
커우 공원에서 열린 일본군의 축하 기념식에서 폭탄을 투척하여 일
본군 요인을 폭살한 홍커우 공원 의거를 가리킨다. 한인 애국단은
김구가 당시 대한민국 임시 정부의 침체를 극복하고 적극적인 의열
투쟁 활동을 전개하고자 상하이에서 조직한 단체이다.

`정답의 이유`

① 이봉창은 한인 애국단의 단원으로, 도쿄에서 일본 국왕 행렬에
   폭탄을 투척하는 의거를 거행하였다.

`오답의 이유`

② 임병찬은 고종의 밀명을 받아 독립 의군부를 조직하여, 복벽주
   의를 내세우며 의병 전쟁을 준비하는 한편 조선 총독부에 국권
   반환 요구서를 발송하기도 하였다.

③ 김원봉이 조직한 의열단은 신채호가 작성한「조선 혁명 선언」을
   활동 지침으로 삼고 독립운동 방법으로 암살·파괴·테러 등 직
   접적인 투쟁 방식을 전개하였다.

④ 조선 총독부가 데라우치 총독 암살 미수를 조작한 105인 사건을
   통해 많은 민족 운동가들이 체포당하였으며 이로 인해 신민회가
   와해되었다.

09 난도 ★★☆ 정답 ①

일제 강점기 > 정치사

`자료해설`

제시문의 내용은 1919년 3월 1일 민족대표 33인이 한국의 독립을
선언한 3·1 독립 선언서(기미 독립 선언서) 뒷부분에 추가된 공약
3장으로, 만해 한용운이 작성했다고 전해진다.

`정답의 이유`

① 3·1운동은 고종의 인산일을 계기로 각계각층의 사람들이 참여
   한 대규모 독립 만세 운동으로, 국내외 민족 주체성을 확인하고
   대한민국 임시정부를 수립하는 계기가 되었다(1919).

`오답의 이유`

② 사회주의자와 학생들이 순종의 인산일인 6월 10일을 기하여 만
   세 운동을 계획하였으나, 사회주의자들이 사전에 발각되자 학생
   들을 중심으로 서울 시내에서 6·10 만세 운동이 전개되었다
   (1926).

③ 1920년대 조만식, 이상재 등은 평양에서 민족 기업을 통해 경제
   자립을 이루자는 취지로 조선 물산 장려회를 발족하고, '조선 사
   람 조선 것'을 주장하며 물산 장려 운동을 전개하였다.

④ 1920년대 이상재, 이승훈, 윤치호 등이 주도하여 한국인을 위한
   고등 교육 기관인 민립 대학 설립 운동이 시작되었으며, 이를 위
   해 조선 민립 대학 기성회가 조직되었다(1923).

10 난도 ★★☆ 정답 ②

근대 > 정치사

`자료해설`

제시문은 전북 고부에서 전봉준 등 20명이 봉기를 호소한 사발통문
의 결의 내용이다. 고부 군수 조병갑의 학정으로 동학교도 전봉준
이 일으킨 고부 민란은 동학 농민 운동의 시발점이 되었다
(1894.1.).

`정답의 이유`

② 동학 농민 운동이 발생하자 조정에서 이를 진압하기 위해 청에
   원군을 요청하였고, 톈진 조약에 의거하여 일본도 군대를 파견
   하였다. 외세의 개입을 우려한 농민군은 정부와 전주 화약을 맺
   고 전라도 53개 군에 자치 개혁 기구인 집강소를 설치하여 폐정
   개혁안을 실현하였다(1894.6.).

`오답의 이유`

① 박영효, 김옥균 등 급진 개화파는 근대화 추진 및 민씨 세력 제
   거를 위해 일본의 군사적 지원을 받아 우정총국 개국 축하연 자
   리에서 갑신정변을 일으켰다. 이들은 개화당 정부를 수립하고
   입헌 군주제, 청과의 사대 관계 폐지, 혜상공국 폐지 등의 내용
   이 포함된 14개조 개혁 정강을 발표하였다(1884).

③ 신식 군대인 별기군에 비해 차별을 받던 구식 군인들이 임오군
   란을 일으켜 선혜청과 일본 공사관을 습격하였다(1882).

④ 한·일 신협약 체결로 대한제국 군대가 강제 해산되자 이에 반
   발한 군인들이 가담한 정미의병이 전국적으로 전개되었다
   (1907). 이듬해 양주에 집결한 의병들이 이인영을 총대장으로
   추대하고 13도 창의군을 조직하여 서울 진공 작전을 추진하였으
   나 실패하였다.

11 난도 ★★☆ 정답 ③

중세 > 정치사

`자료해설`

제시문의 내용은 최승로가 고려 성종에게 건의한 '시무 28조'의 일
부로, 성종은 불교의 폐단을 지적하고 유교 정치를 강조한 최승로
의 시무 28조 내용을 수용하여 연등회와 팔관회 등 불교 행사를 억
제하고 유교 정치를 구현하였다.

`정답의 이유`

③ 고려 성종은 최승로가 건의한 '시무 28조'를 채택하여 지방 행정
   조직을 정비하였으며 주요 지역에 12목을 설치하고 지방관을 파
   견하였다.

`오답의 이유`

① 고려 현종은 강감찬의 건의에 따라 거란의 침입에 대비하고자
   개경에 나성을 축조하였다.

② 고려 경종 때 처음 실시된 전시과(시정 전시과)는 관리의 관등과
   인품을 고려하여 전지와 시지를 지급하였다.

④ 고려 광종은 노비안검법을 실시하여 억울하게 노비가 된 사람들
   을 구제하고, 호족 세력의 경제적·군사적 기반을 약화시키고자
   하였다.

고려 초기 국왕의 업적

태조	• 민생 안정책, 호족 통합 정책(결혼, 기인 제도, 사심관 제도) • 북진 정책: 서경(평양) 중시
광종	노비안검법, 과거 제도 시행, 공복 제정, 칭제건원
경종	전시과 제정: 시정 전시과
성종	• 최승로의 시무 28조 수용: 12목 설치(→ 지방관 파견), 향리 제도 마련 • 중앙 통치 제도 정비: 국자감 설치(유학 교육 진흥), 과거 제도 정비

---

12 난도 ★★☆　　　　　　　　　　정답 ②

근대 태동기 > 정치사

자료해설

제시문은 조선 광해군이 명과 후금 사이에서 펼친 중립 외교 정책에 대한 내용이다. 광해군은 명이 후금을 방어하기 위해 출병을 요청하자 강홍립 부대를 파견하였으나, 후금과의 충돌을 피하기 위해 명과 후금 사이에서 중립 외교 정책을 추진하였다. 이에 따라 강홍립의 부대는 후금과의 사르후 전투에서 무모한 싸움을 계속하지 않고 투항하였다.

정답의 이유

② 허준은 선조의 명으로 『동의보감』을 집필하기 시작하여 광해군 때 완성하였다. 『동의보감』은 우리나라와 중국 의서의 각종 의학 지식과 치료법을 집대성한 의서로 유네스코 세계 기록 유산으로 등재되었다.

오답의 이유

① 대동법은 방납의 폐단을 해결하기 위해 기존 지역의 특산물을 현물로 납부하던 공납을 전세화하여 쌀이나 베, 동전 등으로 납부하게 한 제도이다. 광해군 때(1608) 경기도에서 처음 시행되었으며 숙종 때에 이르러 평안도와 함경도를 제외한 전국에서 실시되었다(1708).

③ 현종 때 효종과 효종비의 국상에 대한 자의 대비(인조의 계비로 현종의 할머니)의 복상 문제로 두 차례의 예송이 발생하였다.

④ 숙종 때 간도 지역을 두고 청과 국경 분쟁이 발생하자 두 나라 대표가 백두산 일대를 답사하고 국경을 확정하여 백두산정계비를 세웠다(1712).

---

13 난도 ★★★　　　　　　　　　　정답 ②

시대 통합 > 문화사

정답의 이유

(가) 고려 시대 목조 건축물인 영주 부석사 무량수전은 부석사의 중심 건물로, 기둥 중간이 굵은 배흘림기둥과 공포를 기둥 위에만 짜올린 주심포양식으로 축조되었다.

(나) 보은 법주사 팔상전은 현존하는 유일한 조선 시대 목탑이자 우리나라 목조 탑 중 가장 높은 건축물로, 석가모니의 일생을 여

덟 폭의 그림으로 나누어 그린 팔상도가 있어 팔상전이라고 불린다.

오답의 이유

①·③·④ 김제 금산사 미륵전은 조선 시대 목조 건물로, 팔작지붕으로 다포 양식을 따르며 내부는 3층 전체가 하나로 트인 통층 구조이다. 또한 합천 해인사 장경판전은 고려 팔만대장경을 보존하기 위해 15세기에 건축된 조선 전기 건축물로, 우리나라에서 현존하는 가장 오래된 도서관이다.

---

14 난도 ★★★　　　　　　　　　　정답 ②

시대 통합 > 경제사

정답의 이유

(다) 고려 공양왕 때 신진 사대부 세력의 주도로 시행되어 조선 초까지 이어진 과전법 체제하에서 조세는 토지 1결당 수확량 300두의 10분의 1 수취를 원칙으로 삼았다(1391).

(라) 조선 세종은 조세 제도를 좀 더 체계적으로 운영하기 위해 공법을 제정하고 풍흉과 토지 비옥도에 따라 전세를 차등 징수하는 연분 9등법과 전분 6등법을 시행하였다(1444).

(나) 조선 인조는 농민들의 부담을 줄이기 위해 풍흉에 관계없이 전세를 토지 1결당 미곡 4~6두로 고정시키는 영정법을 실시하였다(1635).

(가) 조선 후기 군역으로 농민 부담이 가중되자 영조는 군포를 2필에서 1필로 감해주는 균역법을 제정하였다(1750). 이로 인해 부족해진 재정은 지주에게 토지 1결당 미곡 2두씩을 부담시킨 결작과 지방의 일부 상류층에게 선무군관의 칭호를 주고 군포 1필을 납부하게 한 선무군관포 등으로 보완하였다.

---

15 난도 ★★☆　　　　　　　　　　정답 ①

근대 태동기 > 문화사

자료해설

제시된 자료는 중상주의 실학자인 박제가가 저술한 『북학의』에 게재된 '우물론'에 대한 내용이다. 박제가는 소비와 생산의 관계를 우물물에 비유하여 절약보다는 적절한 소비를 통해 생산을 발전시켜야 한다고 주장하였다.

정답의 이유

① 박제가는 『북학의』를 통해 청의 문물을 적극적으로 수용할 것을 주장하고 수레와 배의 이용을 권장하였다.

오답의 이유

② 정제두는 지행합일을 중요시하는 양명학을 체계적으로 연구하였으며, 강화도에서 후진 양성에 힘을 기울여 강화학파를 형성하였다.

③ 이익은 『성호사설』을 통해 한 가정의 생활을 유지하는 데 필요한 규모의 토지를 영업전으로 정하여 매매를 금지하고, 나머지 토지만 매매할 수 있도록 하자는 한전론을 주장하였다.

④ 홍대용은 『담헌서』에서 지구가 자전한다는 지전설과 지구가 우주의 중심이 아닌 무수한 별 중 하나라는 무한 우주론을 주장하며 중국이 세계의 중심이라는 중국 중심 세계관을 비판하였다.

16 난도 ★★★　정답 ④

일제 강점기 > 사회사

자료해설

제시문의 내용은 근우회의 발기 취지문이다. 신간회의 자매 단체로 국내 여성 단체들을 규합하여 조직된 근우회는 창립 이념을 여성들의 공고한 단결과 지위 향상에 두고 남녀 평등과 여성 교육 확대 등을 주장하였다(1927).

정답의 이유

④ 근우회는 강연회 개최 등 여성 계몽 활동과 봉건적 인습 타파 · 여성 노동자 임금 차별 철폐 등 여성 차별 반대 운동을 전개하며 여성의 권익을 옹호하였다.

오답의 이유

① 1990년대 후반부터 여성단체들이 양성평등 실현을 위해 호주제 폐지 운동을 적극적으로 전개하여 노무현 정부 때 호주제 폐지를 결정하였다(2005).

② 서울 북촌에 거주하는 양반 부인들은 한국 최초의 여성 인권 선언서인 「여권통문(여학교 설치통문)」을 발표하여 여성이 정치에 참여할 권리, 남성과 평등하게 직업을 가질 권리, 교육을 받을 권리 등을 주장하였다(1898).

③ 천도교는 소년 운동을 적극적으로 지원하였으며, 방정환 · 김기전 등이 활동한 천도교 소년회에서는 1922년 5월 1일을 어린이날로 정하고 잡지 『어린이』를 창간하였다.

더 알아보기

일제 강점기 사회적 민족 운동

민족 유일당 운동	• 민족주의 계열과 사회주의 계열이 합작하여 항일 민족 운동 추진 • 신간회: 비타협적 민족주의 계열과 사회주의 계열의 연합, 노동 · 농민 · 청년 · 여성 · 형평 운동 지원
농민 운동	• 1920년대: 농민의 생존권 투쟁 • 1930년대: 항일 민족 운동으로 변화, 식민지 지주제 철폐 주장
노동 운동	• 1920년대: 노동자들의 생존권 투쟁, 원산 노동자 총파업 • 1930년대: 항일 민족 운동으로 변화, 일본 자본가 타도 주장
형평 운동	• 백정에 대한 사회적 차별 철폐 주장 • 여러 사회 단체들과 연합하여 각종 파업과 소작 쟁의에 참가 • 조선 형평사: 경남 진주에서 조직
여성 운동	• 여성 지위 향상, 여성 계몽 운동 • 근우회: 신간회의 자매단체, 행동 강령 채택, 기관지 발행
소년 운동	• 천도교 소년회, 조선 소년 연합회 • 어린이날 제정
청년 운동	조선 청년 연합회, 서울 청년회, 조선 청년 총동맹 등

17 난도 ★★☆　정답 ③

근대 > 정치사

자료해설

제시문은 대한 제국의 헌법인 대한국 국제의 내용이다. 고종은 아관 파천 이후 러시아 공사관에서 경운궁으로 환궁하여 자주독립 국가인 대한 제국을 선포하고 환구단에서 황제 즉위식을 거행하였다(1897). 이후 대한국 국제를 제정하여 황제의 통치권을 강조하고 군대 통수권, 입법 · 사법 · 행정권을 모두 황제가 장악하도록 규정하였다(1899).

정답의 이유

③ 주어진 연표는 갑신정변 발생(1884) → (가) → 갑오개혁 실시(제1차 1894, 제2차 1895) → (나) → 독립협회 해산(1898) → (다) → 러 · 일전쟁 발발(1904) → (라) → 을사늑약(1905) 체결 순으로, 제시문의 대한국 국제 반포 시기는 (다)에 해당한다.

18 난도 ★★☆　정답 ④

시대 통합 > 정치사

자료해설

제시된 자료의 순서는 (다) 원종 · 애노의 난(889) → (가) 김사미 · 효심의 난(1193) → (라) 홍경래의 난(1181) → (나) 임술 농민 봉기(1862)이다.

정답의 이유

(다) 신라 하대에는 귀족의 녹읍이 확대되며 자영농이 몰락하는 등 백성들의 생활이 더욱 어려워졌다. 9세기 말 진성여왕 때는 사회 모순이 극심해져 원종 · 애노의 난(889), 적고적의 봉기 등 전국 각지에서 농민 봉기가 발생하였다.

(가) 고려 무신정권의 이의민 집권기에 경상도 운문과 초전에서 김사미 · 효심이 신라 부흥을 표방하며 난을 일으켰다(1193).

(라) 조선 순조 때 세도 정치로 인한 삼정의 문란과 서북 지역민에 대한 차별에 항거하여 홍경래의 난이 일어났다(1811).

(나) 조선 철종 때 삼정의 문란과 경상 우병사 백낙신의 수탈이 심화되자 진주 지역의 농민들이 임술 농민 봉기를 일으켜 진주성을 점령하였다(1862). 임술 농민 봉기를 수습하기 위해 안핵사로 파견된 박규수는 민란의 원인이 삼정의 문란에 있다고 보고 삼정이정청을 설치하여 이를 해결하고자 하였다.

19 난도 ★★★　정답 ②

근대 > 정치사

자료해설

(가) 제시문은 청이 조선 정부의 요청으로 임오군란을 진압한 이후 조선에 대한 경제적 영향력을 더욱 확보하기 위해 체결한 조 · 청 상민 수륙 무역 장정(1882)의 일부이다. 청은 조선과 체결한 조 · 청 상민 수륙 무역 장정을 통해 치외 법권과 함께 양화진 점포 개설권, 내지 통상권, 연안 무역권까지 인정받았다.

(나) 제시문은 청 · 일 전쟁 후 전쟁에서 승리한 일본이 청과 체결한 시모노세키 조약(1895)의 일부이다. '청국은 조선국이 완전무결한 자주 독립국임을 확인한다'는 제1조 조항을 통해 조선에

대한 청의 간섭을 배제하였으며, 그밖에 군비 배상금 2억 냥 지급, 요동(랴오둥)반도·타이완 등 할양, 청의 항구 개항 등의 내용이 포함되어 있다.

[정답의 이유]

② 한·청 통상조약은 광무 3년 대한제국과 청 사이에 체결된 통상 협정으로, 대한제국과 청이 사상 처음으로 대등한 관계에서 체결한 근대적 조약이다(1899년). 한·청 통상조약은 (나) 시모노세키 조약 이후에 체결되었다.

[오답의 이유]

① 임오군란과 갑신정변 이후 청의 조선에 대한 내정 간섭이 심해지자, 정부는 청을 견제하기 위해 러시아에 접근하였다. 이에 영국은 러시아의 세력 확장을 저지하기 위해 남해의 요충지인 거문도를 불법으로 점령하였다(1885).

③ 김옥균, 홍영식, 서광범 등 급진 개화파는 우정총국 개국 축하연 자리에서 갑신정변을 일으켜 정권을 장악하고 개화당 정부를 구성하였다(1884).

④ 동학 농민 운동으로 농민군이 전라도 일대를 장악하자 조선 정부는 청에 원군을 요청하였고, 톈진 조약에 의해 일본도 군대를 파견하였다. 이에 외세 개입을 우려한 동학 농민군이 조선 정부와 전주 화약을 맺고 해산하고 조선 정부는 청·일 양국에 철병할 것을 요청하였으나, 일본이 내정 개혁을 요구하며 불법적으로 경복궁을 장악하고 청군을 습격하면서 청·일 전쟁이 발발하였다(1894).

20 난도 ★★★ 정답 ③

현대 > 정치사

[자료해설]

제시문은 1949년에 제정되어 1950년 시행된 농지 개혁법의 일부 내용이다. 농지 개혁법은 유상 매수·유상 분배 원칙, 3정보 크기 제한 등의 내용을 담고 있다.

[정답의 이유]

③ 1950년 시행된 농지 개혁에서는 지주가 소유한 농지는 국가가 유상 매입하여 지주에게 지가 증권을 발행해 주고, 직접 경작하는 영세 농민에게는 3정보 한도로 농지를 유상 분배하여 5년 동안 매년 생산량의 30%를 현물 상환하도록 하였다.

[오답의 이유]

① 농지 개혁법은 한국민주당과 지주층의 반발로 입법·개정·시행까지 오랜 기간이 소요되었으며 시행 과정 또한 순탄하지 않았으나 법 제정 이후 중단 없이 추진되었다.

② 농지 개혁법은 농지 외의 토지를 개혁 대상에 포함하지 않았으며, 주택 개량·도로 및 전기 확충 등도 추진하지 않았다.

④ 농지 개혁법 시행은 기존 지주계급이 점차 소멸하고 자작농이 증가하는 결과를 가져왔다.

한눈에 훑어보기

✓ 빠른 정답

01	02	03	04	05	06	07	08	09	10
①	②	③	④	③	③	③	②	②	②
11	12	13	14	15	16	17	18	19	20
③	④	④	②	①	④	②	①	①	③

✓ 점수 체크

구분	1회독	2회독	3회독
맞힌 문항 수	/ 20	/ 20	/ 20
나의 점수	점	점	점

---

01 난도 ★☆☆   정답 ①

선사 시대와 국가의 형성 > 선사 시대

자료해설

제시된 자료는 청동기 시대의 유물이다. 청동기 시대에는 미송리식 토기, 민무늬 토기, 붉은 간 토기, 팽이형 토기 등을 사용하였다.

정답의 이유

① 비파형 동검은 청동기 시대에 사용된 동검으로 고인돌, 미송리식 토기와 함께 고조선의 세력 범위를 짐작할 수 있다.

오답의 이유

② 오수전은 명도전, 반량전과 함께 철기 시대에 사용된 화폐로 당시 중국과의 교류가 활발하였음을 짐작할 수 있다.

③ 아슐리안형 주먹도끼는 구석기 시대 유물로 경기도 연천군 전곡리에서 동아시아 최초로 출토되었다.

④ 삼한 중 변한은 철이 풍부하게 생산되어 낙랑과 왜에 수출하였다.

02 난도 ★☆☆   정답 ②

고대 > 정치사

자료해설

밑줄 친 '왕'은 고구려 고국천왕으로, 제시된 자료는 진대법을 실시하게 된 배경을 보여 준다.

정답의 이유

② 고구려 고국천왕은 국상인 을파소의 건의에 따라 먹을 거리가 부족한 봄에 곡식을 빌려주고 추수 이후에 곡식을 갚도록 하는 진대법을 실시하였다(194).

오답의 이유

① 고구려 미천왕은 낙랑군(313)과 대방군(314)을 축출하고 한의 군현을 모두 몰아내어 영토를 확장하였다.

③ 고구려 고국원왕은 백제 근초고왕이 평양성을 침략하자 이에 항전하다가 전사하였다(371).

④ 고구려 광개토대왕은 즉위 후 영락이라는 연호를 사용하여 왕권을 강화하였다.

더 알아보기

진대법

• 개념
 – 고구려의 빈민 구제 제도로 봄에 농민들에게 곡식을 빌려주고 가을에 갚도록 함
 – '진'은 흉년에 기아민에게 곡식을 나누어준다는 뜻이고, '대'는 봄에 미곡을 대여하였다가 가을에 추수 뒤 회수한다는 뜻으로 '진대'는 흉년이나 춘궁기에 농민에게 양곡을 대여하는 것을 말함

- 특징
  - 194년 고국천왕 때 왕권 강화와 재정 확충을 위해 을파소의 건의를 받아들여 실시함
  - 고리대를 갚지 못한 농민들이 노비가 되는 것을 방지하기 위해 국가에서 봄에 쌀을 빌려주었다가 가을에 갚는 춘대추납(春貸秋納)의 빈민 구제책을 시행함
  - 같은 성격의 빈민 구제 제도로는 고려의 의창, 조선 시대의 의창(15세기), 환곡(16세기), 사창(19세기)이 있음

03 난도 ★☆☆
정답 ③

중세 > 정치사

[자료해설]

'신돈이 설치하자고 요청하였다'는 내용과 '전민을 빼앗은 자들이 그 주인에게 많이 돌려주었다'는 내용으로 보아 (가)는 고려 공민왕 때 설치된 전민변정도감임을 알 수 있다. 공민왕은 승려 신돈을 등용하여 민생 안정과 국가 재정 확보, 권문세족의 경제 기반을 약화시킬 목적으로 전민변정도감을 설치하였다.

[정답의 이유]

③ 전민변정도감은 권문세족이 부당하게 뺏은 토지를 본래 소유주에게 돌려주고 권세가의 압박에 의해 노비가 된 사람들을 양인으로 해방시켰다.

[오답의 이유]

① 고려 문종 때 경시서를 두어 시전을 관리하고 감독하도록 하였다.

② 고려의 삼사는 화폐와 곡식의 출납에 대한 회계를 맡았다.

④ 몽골의 침입 이후 국가 재정난으로 인한 관료들의 녹봉 부족 현상을 해결하기 위해 원종은 녹과전을 지급하였다.

04 난도 ★☆☆
정답 ④

중세 > 정치사

[자료해설]

제시된 자료는 고려 성종 때 거란의 소손녕이 80만 대군을 이끌고 침략해 오자, 서희가 소손녕을 찾아가 고구려의 후예임을 내세워 현재 거란이 가진 땅이 고려의 영토임을 주장하는 내용이다.

[정답의 이유]

④ 서희는 거란의 제1차 침입 때 적장인 소손녕과 외교 담판을 벌여 송나라와 단교하고 거란과 교류하는 것을 조건으로 강동 6주를 확보하였다(993).

[오답의 이유]

① 고려의 무신 강조는 천추태후와 그의 정부 김치양으로 인한 국가의 혼란을 바로잡기 위해 정변을 일으켜 목종을 폐위시키고 현종을 즉위시켰다(1009).

② 고려 현종 때 거란의 소배압이 이끄는 10만 대군이 침입하였으나(3차 침입), 강감찬이 이에 맞서 귀주에서 대승을 거두었다(귀주대첩, 1019).

③ 고려 예종 때 윤관은 별무반을 이끌고 여진을 몰아내어 동북 9성을 축조하였다(1107).

05 난도 ★★☆
정답 ③

시대 통합 > 정치사

[자료해설]

밑줄 친 '이곳'은 평양이다. 고구려 장수왕은 남진 정책을 추진하면서 평양으로 수도를 천도(427)하여 신라와 백제를 압박하였다. 묘청은 풍수지리설을 내세워 수도를 서경(평양)으로 천도하여 서경에 대화궁을 짓고, 황제를 칭하며 연호를 사용하는 등 자주적인 개혁을 시행하였다.

[정답의 이유]

③ 미국 상선인 제너럴 셔먼호의 선원들은 평양에서 통상을 요구하며 평양 주민을 약탈하였고, 이에 분노한 평양 주민들은 당시 평안도의 관찰사였던 박규수의 지휘하에 제너럴 셔먼호를 불태워 버렸다(1866).

[오답의 이유]

① 고려 고종 때 조휘와 탁청은 동북면 병마사 등을 죽이고 반란을 일으킨 뒤 옛 화주 땅에 주둔하고 있던 몽골에 투항하였다. 이에 몽골은 화주 이북의 땅을 편입하여 쌍성총관부를 설치하고 조휘를 총관, 탁청을 천호로 삼았다(1258).

② 고려 정중부 집권기에 공주 명학소에서 망이·망소이 형제가 신분 해방을 외치며 봉기하였다(1176).

④ 일제 강점기 때 경남 진주에서 백정에 대한 사회적 차별 철폐를 위한 형평사가 조직되어 형평 운동이 펼쳐졌다(1923).

06 난도 ★★☆
정답 ③

고대 > 정치사

[자료해설]

제시된 자료는 매소성 전투(675)에 대한 내용이다. 신라 문무왕(661~681) 때 남침해 오던 당나라 이근행의 20만 대군을 매소성에서 격파하여 나·당 전쟁의 주도권을 장악하였다.

[정답의 이유]

ⓛ 김흠돌이 반란을 일으킨 시기는 통일 신라 신라 신문왕 때이다. 신문왕은 장인이었던 김흠돌의 난을 진압한 뒤 진골 귀족 세력을 숙청하여 왕권을 강화하였다(681).

ⓒ 신문왕은 유교 정치를 확립시키기 위해 유학 교육 기관인 국학을 설립하였다(682).

[오답의 이유]

㉠ 당나라는 백제와 고구려를 멸망시킨 후 공주에 웅진도독부(660), 평양에 안동도호부(668), 경주에 계림도독부(663)를 설치하여 한반도를 지배하고자 하였다.

㉣ 660년 사비성 함락으로 백제가 멸망한 이후, 복신과 도침 등이 부여풍을 왕으로 추대하여 주류성을 중심으로 백제 부흥 운동을 전개하였으나 나·당 연합군에 의해 실패하였다(663).

07 난도 ★★☆　　　　　　　　　　　　　　정답 ③

고대 > 정치사

정답의 이유

(나) 고구려 미천왕 때 서안평을 점령(311)하고 낙랑군(313)과 대방군(314)을 축출하였다.

(가) 신라 지증왕 때 이사부는 왕의 명령으로 우산국(울릉도)을 정복하였다(512).

(라) 신라 법흥왕 때 신라가 금관가야를 병합하였다(532).

(다) 백제 의자왕은 활발한 정복 활동을 전개하여 신라의 대야성을 비롯한 40여개 성을 함락시켰다(642).

※ 오타로 인해 '복수 정답' 처리된 문항으로, 선지를 교체하여 수록함

08 난도 ★★☆　　　　　　　　　　　　　　정답 ②

중세 > 문화사

정답의 이유

② 월정사 팔각 9층 석탑은 고려 전기의 석탑으로 송의 영향을 받았다.

오답의 이유

① 황해도 사리원 성불사 응진전은 고려 후기 다포 양식의 목조 건축물이다. 다포 양식은 고려 후기에 유행한 건축 양식으로 나무 장식이 기둥은 물론 기둥 사이 벽면에도 놓여 있다.

③ 여주 고달사지 승탑은 통일 신라 승탑의 전형적인 형태인 팔각 원당형 양식을 계승하였다.

④ 『직지심체요절』은 1377년 충북 청주시의 흥덕사에서 간행한 현존하는 세계 최고(最古)의 금속활자본으로, 현재 프랑스 국립 도서관에 소장되어 있다.

> **더 알아보기**
>
> **고려 시대 석탑**
> • 대표 석탑: 개성 불일사 5층 석탑, 평창 월정사 8각 9층 석탑
> • 원의 영향: 개성 경천사지 10층 석탑
> • 삼국 양식 계승: 부여 무량사 5층 석탑
> • 승탑과 탑비: 여주 고달사지 승탑(팔각원당형), 원주 법천사 지광국사 탑비(특이한 형태, 뛰어난 조형미)

09 난도 ★★☆　　　　　　　　　　　　　　정답 ②

근세 > 문화사

정답의 이유

② 혼일강리역대국도지도는 조선 전기 태종 때 편찬된 현존하는 동양 최고의 세계 지도이다(1402). 반면, 곤여만국전도는 조선 후기 청에서 활동한 서양인 선교사 마테오 리치(Matteo Ricci)가 제작한 세계 지도이다(1603).

오답의 이유

① 대동여지도는 조선 후기 김정호가 10리마다 눈금을 표시하여 거리를 알 수 있게 제작한 전국 지도첩이다. 개별 산봉우리를 그리지 않고 산줄기를 연결하여 그렸으며 굵기에 따라 산세를 표현하였다.

③ 천상열차분야지도는 조선 태조 때 제작된 것으로 하늘을 여러 구역으로 나누고 별자리를 돌에 표시한 천문도이다. 조선 숙종 때 태조 때 제작한 것이 닳아 잘 보이지 않게 되자 다시 새겼다.

④ 동국지도는 조선 영조 때 정상기가 실제 거리 100리를 1척으로 줄인 100리 척을 적용하여 제작한 것이다.

10 난도 ★★☆　　　　　　　　　　　　　　정답 ②

근대 태동기 > 경제사

자료해설

제시된 자료의 (가)는 대동법이다. 대동법은 조선 광해군 때 좌의정 이원익이 건의하여 1608년에 처음 실시되었다. 당시에는 경기도에 한하여 실시하였으며, 점차 시행 지역이 확대되면서 숙종 때에 이르러서야 전국적으로 시행되었다(1708).

정답의 이유

② 군역의 폐단을 바로잡기 위해 영조 때 균역법을 실시하였고 이로 인해 줄어든 재정을 보충하고자 지주에게 토지 1결당 쌀 2두를 결작으로 부과하였다.

오답의 이유

① 대동법 실시로 관청에 물품을 납품하는 공인이 성장하였고, 농민도 세금 납부를 위해 특산물을 시장에 내다 팔면서 장시가 점차 발전하였다. 이에 따라 상품 화폐 경제가 크게 발달하였다.

③ 조선 광해군 때 공납의 폐단을 해결하기 위해 공납을 전세화하여 공물 대신 쌀을 납부하도록 하는 대동법을 경기도부터 실시하였다.

④ 대동법 실시로 선혜청에서는 공인이라는 특허 상인에게 비용을 미리 지급하고 필요한 물품을 독점적으로 조달하도록 하였다.

11 난도 ★☆☆　　　　　　　　　　　　　　정답 ③

근대 > 정치사

자료해설

'천여 곳의 서원을 철폐했다'는 내용을 통해 (가) 인물이 흥선 대원군임을 알 수 있다. 흥선 대원군은 세도 정치로 인해 혼란에 빠진 국가 체제를 복구하고 왕권을 회복하기 위해 대내외적으로 각종 개혁 정책을 실행하였다. 지방의 서원이 면세 등의 혜택으로 국가 재정을 악화시키고 백성을 수탈하는 폐해를 저지르자 47개소를 제외한 모든 서원을 철폐하였고, 조선 숙종 때 명 황제인 신종과 의종의 제사를 지내기 위해 만들어진 만동묘가 유생들의 집합 장소가 되어 경제적·사회적 폐단이 심해지자 이를 철폐하였다.

정답의 이유

③ 흥선 대원군은 세도 가문이 장악하고 있던 비변사를 축소·폐지하고 의정부의 권한을 강화하였다.

오답의 이유

① 흥선 대원군은 문란해진 환곡제를 개선하여 마을 단위로 공동 운영하는 사창제를 전국적으로 시행하였다.

② 흥선 대원군은 정조 때 편찬된 『대전통편』을 보완하고 각종 조례를 정리한 법전인 『대전회통』을 편찬하여 통치 체제를 정비하였다.

④ 흥선 대원군은 외세의 침입을 경계하고 서양과의 통상 수교를 반대하는 정책을 추진하였으며, 통상 수교 반대 의지를 알리기 위해 전국 각지에 척화비를 세웠다.

> **더 알아보기**
>
> **흥선 대원군의 서원 철폐**
> • 목적: 붕당의 폐해 근절로 왕권 강화와 국가 재정 확충, 민생 안정 추구
> • 과정: 만동묘를 비롯하여 많은 서원 중에서 47개만 제외하고 모두 정리
> • 결과
> – 서원이 가지고 있던 토지와 노비를 환수하여 재정 확충
> – 유생들이 반대하며 흥선 대원군의 입지가 좁아짐

12 난도 ★★☆　　　　　　　　　　　　　　정답 ④

일제 강점기 > 정치사

자료해설

제시된 자료는 1919년 4월 11일 대한민국 임시의정원에서 발표한 대한민국 임시 헌장의 일부이다.

정답의 이유

④ 전환국은 조선이 개항 이후 설치(1883)한 상설 화폐 발행 기관으로 상평통보 대신 새로운 화폐인 백동화를 주조·발행하였다.

오답의 이유

① 대한민국 임시 정부는 국외 거주 동포들에게 독립 공채(애국 공채)를 발행하여 독립운동 자금을 마련하였다.

② 대한민국 임시 정부는 기관지 독립신문을 발행하여 독립운동 소식을 전했다.

③ 대한민국 임시 정부는 독립운동 자금을 안정적으로 확보하고 국내외의 항일 세력과 연락하기 위해 연통부와 교통국을 조직하였다.

> **더 알아보기**
>
> **대한민국 임시 헌장**
> 제1조　대한민국은 민주공화제로 한다.
> 제2조　대한민국은 임시정부가 임시의정원의 결의에 따라 이를 통치한다.
> 제3조　대한민국의 인민은 남녀의 귀천(貴賤) 및 빈부의 계급(階級)이 없고, 일체 평등해야 한다.
> 제4조　대한민국의 인민은 종교, 언론, 저작, 출판, 결사, 집회, 신서(信書), 주소, 이전, 신체 및 소유의 자유를 향유한다.
> 제5조　대한민국의 인민으로 공민(公民) 자격이 있는 사람은 선거권 및 피선거권이 있다.
> 제6조　대한민국의 인민은 교육, 납세 및 병역의 의무가 있다.
> 제7조　대한민국은 신(神)의 의사에 따라서 건국한 정신을 세계에 발휘하며 나아가 인류의 문화 및 평화에 공헌하기 위해서 국제연맹에 가입한다.
> 제8조　대한민국은 구황실을 우대한다.
> 제9조　생명형, 신체형 및 공창제를 모두 폐지한다.
> 제10조 임시정부는 국토 회복 후 만 1년 안에 국회를 소집한다.

13 난도 ★★★　　　　　　　　　　　　　　정답 ④

현대 > 경제사

자료해설

'수출의 날'을 통해 박정희 정부에 대한 설명임을 알 수 있다. 1960년대에 들어서면서 박정희 정부는 강력한 수출드라이브 정책을 추진했으며, 1964년 8월 26일 국무회의에서 수출 실적이 1억 달러에 이르는 날을 '수출의 날'로 정하기로 의결했다. 이에 따라 '수출 1억 달러'를 돌파한 11월 30일을 기념일로 선포하고 12월 5일 제1회 수출의 날 기념식을 열었다.

정답의 이유

④ 1966년 박정희 정부는 국군을 베트남에 파견하는 대가로 미국으로부터 한국군 현대화를 위한 장비와 경제 원조를 제공받기로 한 '브라운 각서'를 체결하였다.

오답의 이유

① 박정희 군정 시기인 제5차 개헌에서 대통령 직선제로의 개헌이 이루어졌지만 1963년을 박정희 정부의 시작으로 보는 것이 타당하다고 판단하여 정답에서 제외하였다. 우리나라 대통령 직선제 개헌은 제1차 개헌(발췌 개헌, 1952), 제5차 개헌(1962), 제9차 개헌(1987)에서 이루어졌다.

② 유신 체제에 대한 저항으로, 명동 성당에 모인 윤보선, 김대중 등 재야인사들이 긴급 조치의 철폐, 박정희 정권의 퇴진 등을 요구하는 '3·1 민주 구국 선언'을 발표하였다(1976).

③ 이승만 정부 시기 제헌 국회는 친일파 청산을 위해 반민족 행위 처벌법을 제정하고, 반민족 행위 특별 위원회를 설치하였다(1948).

14 난도 ★★★　　　　　　　　　　　　　　정답 ②

근대 태동기 > 정치사

자료해설

자료는 현종 때 발생한 기해예송(1659) 당시의 상황을 나타낸 것이다. 현종 때 효종의 왕위 계승에 대한 정통성과 관련하여 자의대비의 복상 문제를 놓고 서인과 남인 사이에 예송 논쟁이 발생하였다. 기해예송 당시 서인은 효종이 둘째 아들이므로 자의대비의 복상 기간을 1년으로 주장하였고, 남인은 효종을 장자로 대우하여 3년 복상을 주장하였으나 서인 세력이 승리하였다. 따라서 자료에서 상소한 인물이 속한 붕당은 남인이다.

정답의 이유

㉠ 숙종 때 희빈 장씨 소생의 원자 책봉을 반대하는 송시열의 관작을 삭탈하고 제주도로 유배시켜 사사(賜死)하였으며, 송시열을 비롯한 서인 세력이 대거 축출되고 남인이 집권하는 기사환국이 발생하였다.

㉢ 정조는 붕당을 가리지 않고 인재를 등용하였으므로 그동안 권력에서 배제되었던 소론과 남인 계열도 기용되면서 탕평 정치의 한 축을 이루었다.

ⓒ 서인 세력은 광해군의 중립 외교 정책과 영창 대군 사사 사건, 인목 대비 유폐 문제를 빌미로 인조반정을 일으켰다. 광해군이 폐위되고 인조가 왕위에 올랐으며 북인 세력인 이이첨, 정인홍 등은 처형되었다.

ⓔ 서인은 이이 · 성혼의 학문을 계승하였고, 동인은 서경덕 · 조식 · 이황의 학문을 계승하였다.

사림의 분당(동인과 서인)

- 동인
  - 서경덕, 조식(북인), 이황(남인)의 학문 계승
  - 사족의 수기(修己; 자신의 몸과 마음을 닦는 것) 강조, 지배층의 도덕성 중시
- 서인
  - 이이, 성혼의 학문 계승
  - 치인(治人; 남을 교화하여 덕으로 이끄는 것) 강조, 개혁을 통한 부국안민 중시

15 난도 ★☆☆   정답 ①

근세 > 정치사

삼포왜란은 1510년 조선 중종 때 일어났으며 임진왜란은 1592년 조선 선조 때 신식 무기로 무장한 20만 왜군이 부산포를 시작으로 하여 조선을 침략하면서 발발하였다.

① 인종의 뒤를 이어 명종이 어린 나이로 즉위하자 명종의 어머니인 문정왕후가 수렴청정을 하였다. 이후 인종의 외척 세력인 대윤(윤임)과 명종의 외척 세력인 소윤(윤원형)의 대립이 심화되어 을사사화가 발생하였고, 이때 윤임을 비롯한 대윤 세력과 사림들이 큰 피해를 입었다(1545).

② 조선 세조 때 편찬되기 시작한 『경국대전』은 조선의 기본 법전으로 성종 때 완성되어 반포되었다(1485).

③ 조선 세종 때 우리 풍토에 맞는 약재와 치료 방법을 개발하여 정리한 의학서인 『향약집성방』을 편찬하였다(1433).

④ 조선 세종 때 주자소에서 조선의 활자 인쇄술을 한층 더 발전시킨 갑인자가 주조되었다(1434).

16 난도 ★★☆   정답 ④

일제 강점기 > 정치사

제시된 법령은 일제가 제정한 회사령이다. 무단 통치 시기 일제는 민족 기업과 민족 자본의 성장을 억제하기 위해 회사 설립 시 총독의 허가를 받도록 하는 회사령을 제정하였다(1910). 이후 일본의 자본 진출을 위해 총독부가 1920년에 회사령을 허가제에서 신고제로 바꾸었다.

④ 일제는 1911년 식민지 교육 방침을 규정한 제1차 조선 교육령을 통해 보통 · 실업 · 전문 기술 교육과 일본어 학습을 강요하면서 보통 교육의 수업 연한을 4년으로 단축하였다.

① 일제는 1920년부터 산미 증식 계획을 시행하였으나, 1934년 일본에서 식량 생산이 늘어나 쌀값이 하락하자, 쌀을 들여오는 데 반대하는 목소리가 커지면서 중단되었다. 이후 중 · 일 전쟁으로 군량미 확보가 시급해지고 대가뭄으로 식량이 부족해지자 1940년에 다시 재개하였다.

② 1930년대 중 · 일 전쟁과 태평양 전쟁이 일어나자 일제는 우리 민족을 전쟁에 동원하기 위해 국가 총동원법을 제정(1938)하여 인력과 물자 등을 수탈하였다.

③ 남면북양 정책은 만주 사변(1931) 이후 일제가 한반도를 공업 원료의 공급지로 이용하기 위해 시행한 경제 침탈 정책으로 남부 지방 농민들에게 면화의 재배를, 북부 지방 농민들에게 면양의 사육을 강요하였다.

산미 증식 계획(1920~1934)

- 배경: 일제의 자본주의가 발전하면서 인구가 급증하고 도시화가 진행되어 쌀값이 폭등하는 등 식량 부족 문제가 발생함
- 실시: 1920년 일제가 부족한 쌀을 조선에서 수탈하기 위해 실시함
- 내용: 수리 시설 확충, 품종 개량, 개간 및 비료 사용 확대 등
- 결과: 증식량은 계획에 미치지 못하였고, 증산량보다 많은 양의 쌀을 일본으로 보내면서 조선 농민들의 경제 상황이 매우 악화됨

17 난도 ★★★   정답 ②

현대 > 정치사

제시된 자료는 1948년 2월에 발표된 유엔 소총회의 결의문이다. 1947년 유엔 총회는 남북한 인구 비례에 따른 총선거를 실시하기로 하고 선거 감독을 위해 유엔 한국 임시 위원단을 파견하려 했으나, 소련이 38선 이북 지역의 입북을 거부하였다. 이에 유엔 소총회는 선거 실시가 가능한 남한만의 단독 선거를 지시하고 임시 위원단을 파견하여 선거를 감시하라는 결정을 내렸다.

② 김구 등이 남한만의 단독 선거를 반대하며 남북 협상까지 시도했으나 결국 유엔 소총회의 결의에 따라 1948년 5월 10일 남한만 총선거가 시행되었다.

① 광복 이후 38도 이남 지역에 미군정 실시가 선포되면서 미군정청이 설치되었다(1945.9.).

③ 제1차 미 · 소 공동 위원회가 결렬된 후 이승만이 단독 정부 수립을 주장하자 여운형, 김규식 등 중도 세력이 좌우 합작 위원회를 결성하였다(1946.7.). 이들은 좌우 합작 7원칙을 발표하고 좌우 합작 운동을 전개하였다.

④ 모스크바 3국 외상 회의의 결정에 따라 임시 정부 수립을 위해 서울에서 제1차, 제2차 미·소 공동 위원회가 개최되었다(1946, 1947).

18 난도 ★★★　　　　　　　　　　　　정답 ①

근대 > 정치사

자료해설

(가) 1876년 2월에 체결된 강화도 조약의 치외법권(영사 재판권)에 대한 내용이다. 강화도 조약은 우리나라 최초의 근대적 조약이가 일본인에 대한 치외법권과 해안 측량권을 포함한 불평등 조약으로, 일본의 요구에 따라 부산, 원산, 인천을 개항하였다.

(나) 1882년 8월에 체결된 조·청 상민 수륙 무역 장정의 내용이다. 임오군란 이후 청은 조선과 조·청 상민 수륙 무역 장정을 체결하여 치외 법권과 함께 양화진의 점포 개설권, 내륙 통상권, 연안 무역권을 인정받았다.

정답의 이유

① 1876년 7월에 체결된 조·일 수호 조규 부록에 따라 개항장에서 일본 화폐의 유통을 허용하였으며, 일본 상인의 거류지를 설정하였다.

오답의 이유

② 1896년 러시아는 압록강 연안, 울릉도에 대한 삼림 채벌권을 획득하였다.

③ 1898년 조·청 상민 수륙 무역 장정의 체결로 어려움에 빠진 서울 도성 시전 상인들이 황국 중앙 총상회를 조직하여 상권 수호 운동을 전개하였다.

④ 1889년 조선은 흉년으로 곡물이 부족해지자 일본으로 곡물이 유출되는 것을 막기 위해 방곡령을 선포하였다. 그러나 일본은 시행 1개월 전에 일본 공사에 미리 알려야 한다는 조항 내용을 근거로 방곡령 철회를 요구하였고, 결국 조선은 방곡령을 철회하고 일본 상인에 배상금까지 지불하게 되었다.

19 난도 ★★☆　　　　　　　　　　　　정답 ①

근대 > 정치사

자료해설

밑줄 친 '14개 조목'은 홍범 14조이다. 고종은 제1차 갑오개혁 추진 이후 종묘에서 홍범 14조를 발표하였다. 이는 청의 종주권 배제, 탁지아문으로 재정 일원화, 왕실과 국정 사무 분리 등의 내용을 담아 제1차 갑오개혁의 내용을 재확인하고, 제2차 갑오개혁의 방향성을 설정하여 강령으로 선언한 것이다(1895.1.).

정답의 이유

㉠ 조세의 징수와 경비 지출은 모두 탁지아문에서 관할한다.

㉡ 왕실 사무와 국정 사무를 나누어 서로 혼동하지 않는다.

오답의 이유

㉢ 1901년 대한 제국은 지계아문을 설치하고 토지 소유 문서인 지계를 발급하여 근대적 토지 소유권을 확립하고자 하였다.

㉣ 강화도 조약 이후 일본 금융업계 진출로 인한 일본 자본의 시장 잠식 문제 및 갑오개혁 이후 조세의 금납화 실시로 금융기관 설

립 필요성이 대두하자 정부와 왕실의 적극적인 지원으로 민족계 은행인 대한 천일 은행이 설립되었다(1899).

더 알아보기

홍범 14조

1. 청나라에 의존하는 생각을 끊어 버리고 자주독립의 기초를 튼튼히 세운다.
2. 왕실 규범을 제정하여 왕위 계승 및 종친(宗親)과 외척(外戚)의 본분과 의리를 밝힌다.
3. 대군주는 정전(正殿)에 나와서 일을 보되 정무는 직접 대신들과 의논하여 재결하며, 왕비나 후궁, 종친이니 외척은 징시에 긴어하지 못한다.
4. 왕실 사무와 국정 사무를 나누어 서로 혼동하지 않는다.
5. 의정부와 각 아문(衙門)의 직무와 권한을 명백히 제정한다.
6. 인민의 조세는 모두 법령으로 정한 비율에 따르고, 함부로 명목을 더 만들어 과도하게 징수할 수 없다.
7. 조세의 징수와 경비 지출은 모두 탁지아문(度支衙門)에서 관할한다.
8. 왕실 비용을 솔선하여 절약함으로써 각 아문과 지방 관청의 모범이 되도록 한다.
9. 왕실 비용과 각 관청 비용은 1년 예산을 미리 정하여 재정 기초를 튼튼히 세운다.
10. 지방 관제를 서둘러 개정하여 지방 관리의 권한을 한정한다.
11. 나라 안의 총명하고 재주 있는 젊은이들을 널리 파견하여 외국의 학술과 기예를 전수받아 익힌다.
12. 장관(將官)을 교육하고 징병법을 적용하여 군사 제도의 기초를 확립한다.
13. 민법과 형법을 엄격하고 명백히 제정하여 함부로 감금하거나 징벌하지 못하게 하여 인민의 생명과 재산을 보호한다.
14. 인재를 등용함에 있어 문벌에 구애되지 말고, 관리를 구함에 있어서 조정과 민간에 두루 걸침으로써 인재 등용의 길을 넓힌다.

20 난도 ★☆☆　　　　　　　　　　　　정답 ③

일제 강점기 > 정치사

자료해설

만주사변은 1931년 일본이 류타오후 사건을 조작하여 만주를 병참 기지로 만들고 식민지화할 목적으로 일으킨 전쟁으로 후일 중·일 전쟁의 발단이 되었다. 태평양 전쟁은 1941년부터 1945년까지 일본과 연합군 사이에 벌어진 전쟁으로 일본군의 진주만 기습 공격으로 발발하였다.

정답의 이유

③ 1898년 순한글 신문인 제국신문을 창간하여 일반 서민층과 부녀자들을 대상으로 민중 계몽과 자주 독립 의식 고취에 힘썼다.

오답의 이유

① 일제는 제3차 조선 교육령을 발표(1938)하여 학교명을 보통학교에서 (심상) 소학교로 바꾸고 수업 연한은 6년으로 정했으나 지방의 형편에 따라 4년을 그대로 존속하게 하기도 하였다.

② 일제는 민족의 정체성을 말살하기 위해 내선일체의 구호를 내세워 황국 신민 서사 암송을 강요하였다(1937).

④ 지청천을 중심으로 북만주에서 결성된 한국 독립군은 중국 호로군과 연합하여 쌍성보 전투(1932), 사도하자 전투(1933), 대전자령 전투(1933)에서 일본군에 승리하였다.

더 알아보기

조선 교육령

· 개념: 일제강점기 조선인에 대한 일제의 식민화 교육 정책

· 내용

– 1910년 초대 총독 데라우치 마사타케가 처음으로 공포함

– 통감부 시기: 일제는 갑오개혁(1차)의 소학교령을 폐지하고 보통학교령(1907)을 내려 수업연한을 6년에서 4년으로 개정함

– 시기별 주요 정책

제1차 조선 교육령 (1911~1922)	· 보통학교 수업 연한 축소(6년 → 4년) · 실업 교육 위주 · 조선어 교육 축소
제2차 조선 교육령 (1922~1938)	· 보통학교 수업 연한 확대(4년 → 6년) · 고등 교육 가능(일본과 동일 학제) · 조선어 필수 과목
제3차 조선 교육령 (1938~1943)	· 보통학교 → (심상) 소학교 · 조선어 선택 과목 · 국민학교령(1941): (심상) 소학교 → 국민학교
제4차 조선 교육령 (1943~1945)	· 국민학교 수업 연한 축소(6년 → 4년) · 조선어 금지 · 전시 동원 교육

한국사 | 2023년 지방직 9급

한눈에 훑어보기

✔ 빠른 정답

01	02	03	04	05	06	07	08	09	10
①	③	②	②	③	①	③	④	④	④
11	**12**	**13**	**14**	**15**	**16**	**17**	**18**	**19**	**20**
①	④	①	④	②	④	④	③	③	④

✔ 점수 체크

구분	1회독	2회독	3회독
맞힌 문항 수	/ 20	/ 20	/ 20
나의 점수	점	점	점

01 난도 ★☆☆　　　　　정답 ①

선사 시대와 국가의 형성 > 선사 시대

[자료해설]

제시문의 주먹도끼가 발견된 시대는 구석기 시대이다. 구석기 시대에는 주먹도끼, 슴베찌르개, 찍개 등의 뗀석기를 사용하였으며, 연천 전곡리에서 동아시아 최초로 구석기 시대의 전형인 아슐리안형 주먹도끼가 출토되어 동아시아에는 찍개 문화만 존재하였다는 기존의 학설을 뒤집었다.

[정답의 이유]

① 구석기 시대에는 동굴이나 바위 그늘, 강가의 막집에서 거주하였고 이동생활을 주로 하였다.

[오답의 이유]

② 신석기 시대에는 정착 생활이 이루어지면서 움집이 발전하였으며, 그 구조로는 상부와 하부로 나누어 볼 수 있는데, 상부 구조에는 집의 벽과 지붕이 있으며, 하부 구조로는 집터(움, 아래로 판 구멍)와 내부 시설(화덕자리, 저장구덩이, 기둥구멍 등) 등이 있었다.

③ 신석기 시대에는 빗살무늬 토기를 이용해 음식을 조리하거나 곡식을 저장하였다.

④ 청동기 시대에는 구릉에 마을을 형성하고 주변에 도랑을 파고 목책을 둘러 방어 시설을 갖추었다.

02 난도 ★★☆　　　　　정답 ③

중세 > 정치사

[자료해설]

제시문에 있는 '개경 환도를 반대하고 반란', '진도로 근거지를 옮기면서 항쟁' 등을 볼 때 (가)의 군사 조직은 고려 무신 집권기에 조직된 '삼별초'라는 것을 알 수 있다.

[정답의 이유]

③ 삼별초는 무신 집권기에 최우가 만든 사병 조직이었다. 최우는 강화도 천도 이후 도둑을 단속하기 위해 야별초를 조직하였다. 이후 군사의 수가 많아져 좌별초와 우별초로 나누어 구성하였고, 몽골의 포로로 잡혀 있다 탈출한 자들로 구성된 신의군과 함께 삼별초라 하였다. 고려 무신 정권 해체 이후 강화도에 있던 고려 조정은 몽골과 강화를 맺고 개경으로 환도하였는데, 삼별초는 이에 반발하여 배중손의 지휘에 따라 진도로 이동하여 대몽 항쟁을 전개하였다.

① 조선 선조 때의 훈련도감은 유성룡의 건의로 설치되었으며 임진 왜란 때 왜군의 조총에 대항하기 위하여 조총으로 무장한 부대로서 포수, 사수, 살수의 삼수병으로 편제되었다.

② 별무반은 고려 숙종 때 여진과의 1차 접촉에서 패한 뒤 윤관의 건의로 편성된 군사 조직으로 기병인 신기군, 승병인 항마군, 보병인 신보군으로 편성된 특수부대였다.

④ 고려는 북계와 동계의 양계로 설정한 국경 지역에 병마사를 파견하고 상비적인 전투부대 주진군을 지방군으로 편성하여 외적의 침입에 대비하였다.

03 난도 ★★☆ 정답 ②

근대 > 정치사

자료해설

제시문은 최익현이 쓴, '도끼를 가지고 궐 앞에 엎드려 화친에 반대하는 상소'라는 의미의 '지부복궐척화의소' 중 일부이다. 최익현은 일본이 강화도 조약 체결을 요구하자, 일본과 화의를 맺는 것은 서양과 화친을 맺는 것과 다름없다는 왜양일체론에 입각한 논리를 담은 상소를 올리며 반대하였다.

정답의 이유

② 최익현은 일본이 강화도 조약 체결을 요구하자 일본과 서양은 같으므로 개항할 수 없다는 '왜양일체론(倭洋一體論)'을 주장하며 개항을 반대하였다.

오답의 이유

① 박규수는 평양에서 통상을 요구한 미국 상선을 침몰시킨 제너럴셔먼호 사건 당시 평안도 관찰사였던 인물이지만, 후에는 열강의 침략을 피하기 위해 문호를 개방해야 한다고 주장하였다(통상 개화파).

③ 김홍집은 온건 개화파로 2차 수신사로 일본에 파견되었다가 『조선책략』을 가지고 들어왔으며, 통리기무아문에서 활동하였고, 군국기무처에서 총재를 역임하면서 갑오개혁을 추진하였다.

④ 김윤식은 온건 개화파로, 영선사로 청에 건너가 근대식 무기 제조법과 군사 훈련법을 습득하고 귀국 후 근대식 무기 제조 공장인 기기창을 설치하였다.

더 알아보기

위정척사 운동의 전개

시기	내용
1860년대	• 통상 반대 운동(이항로, 기정진) • 흥선 대원군의 통상 수교 거부 정책 지지(척화주전론)
1870년대	• 개항 반대 운동(최익현) • 일본과 서양은 같으므로 개항할 수 없음(왜양일체론)
1880년대	• 개화 반대 운동(이만손, 홍재학) • 유생들의 집단적 상소 운동, 척사 상소(홍재학), 영남 만인소(이만손)
1890년대	• 항일 의병 운동(유인석, 이소응) • 일본 침략이 심화되자 반침략 · 반외세 운동 전개

04 난도 ★☆☆ 정답 ②

근대 > 문화사

자료해설

제시문의 '서재필이 창간', '한글판 발행', '영문판 발행' 등으로 보아 '독립신문'을 설명하고 있음을 알 수 있다.

정답의 이유

② 서재필이 창간한 독립신문은 우리나라 최초의 민간 신문이다 (1896). 한글판과 영문판을 발행하였으며, 국민의 근대적 민권 의식을 고취하고 외국인에게 국내의 사정을 소개하였다.

오답의 이유

① 제국신문은 이종일이 발행한 순 한글 신문이다(1898). 서민층과 부녀자를 대상으로 민중을 계몽하고 자주 독립 의식을 고취하며, 교육과 실업의 발달을 강조하였다.

③ 한성순보는 박문국에서 발행한 최초의 근대적 신문이다(1883). 순 한문으로 쓰였으며, 개화 정책의 취지를 설명하고 국내외 정세를 소개하는 관보적 성격을 띠었다.

④ 황성신문은 국한문 혼용체로 발행(1898)된 신문으로, 을사늑약이 체결되자 장지연의 논설 「시일야방성대곡」을 게재하여 조약의 부당성을 비판하였다.

더 알아보기

개항 이후 언론의 발달

한성순보 (1883)	최초의 근대 신문, 순 한문 사용, 10일마다 발간, 국내외 정세 소개
독립신문 (1896)	서재필 창간, 우리나라 최초의 민간 신문, 정부의 지원, 최초의 한글 신문, 한글판과 영문판 두 종류 발행
제국신문 (1898)	이종일 발행, 민중 계몽과 자주독립 의식 고취, 순 한글로 간행, 주로 서민층과 부녀자 대상
황성신문 (1898)	국 · 한문 혼용, 일제의 침략 정책과 매국노 규탄, 을사늑약 체결에 맞서 장지연의 논설 「시일야방성대곡」을 게재하여 조약의 부당성 비판
대한매일신보 (1904)	양기탁 · 베델이 발행, 순 한글, 국한문, 영문판 등 세 종류로 발행, 항일 운동 적극 지원, 국채 보상 운동 주도
만세보 (1906)	국한문 혼용, 천도교 기관지, 민중 계몽, 여성 교육

05 난도 ★★☆ 정답 ③

고대 > 정치사

자료해설

제시문은 삼국 시대의 역사서를 소개하고 있다. 삼국 시대의 역사서로는 고구려 영양왕 때 이문진이 편찬한 『신집』 5권, 백제 근초고왕 때 고흥이 편찬한 『서기』, 신라 진흥왕 때 거칠부가 편찬한 『국사』 등이 있다.

정답의 이유

③ 거칠부가 『국사』를 편찬한 시기는 신라 진흥왕 때이다. 진흥왕은 화랑도를 공인하여 국가적 조직으로 개편하였다. 그 외 업적으로는 불교 정비, 황룡사 건립, 한강 유역 차지(단양 적성비, 북한

산비 건립), 대가야 정복(창녕비 건립), 함경도 지역까지 진출(마운령비, 황초령비 건립) 등이 있다.

오답의 이유

① 고흥이 『서기』를 편찬한 시기는 백제 근초고왕 때이다. 백제의 수도를 사비(부여)로 천도하고 국호를 남부여로 변경한 왕은 성왕이다.

② 백제에서 동진의 마리난타로부터 불교를 받아들이고 공인한 왕은 침류왕이다.

④ 신라에서 병부를 처음으로 설치하여 군권을 장악한 왕은 법흥왕이다.

06 난도 ★★☆　　　　　　　　　　　정답 ①

고대 > 문화사

정답의 이유

① 사택지적비는 백제 의자왕 때 대좌평을 역임했던 사택지적이 남긴 비석이다. 비석에는 사람이 늙어가는 것을 탄식하여, 불교에 귀의하고 사찰을 건립하였다는 내용의 글이 새겨져 있다.

오답의 이유

② 신라 중대에 세워진 것으로 추정되는 임신서기석에는 충도와 유교 도덕에 대한 실천을 맹세하는 내용이 새겨져 있다. 이를 통하여 신라의 청년들이 유교 경전을 공부하였음을 알 수 있다.

③ 충주 고구려비는 고구려 장수왕 때 세워진 것으로, 이를 통하여 당시 고구려가 남한강 유역까지 장악하였음을 알 수 있다.

④ 호우명 그릇은 경주의 호우총에서 발굴되었다. 바닥에 '廣開土地好太王(광개토지호태왕)'이라는 글씨가 새겨져 있어 고구려에서 온 것임을 알 수 있으며, 이를 통하여 5세기 초 당시 고구려와 신라가 밀접한 관계를 맺고 있었음을 파악할 수 있다.

07 난도 ★★★　　　　　　　　　　　정답 ③

근세 > 정치사

자료해설

제시문은 『선조수정실록』에 수록된 임진왜란(1592) 당시 활약한 의병에 대한 내용이다. 임진왜란이 일어나자 각지에서 의병이 일어났는데 전직 관리, 유학자, 승려 등이 익숙한 지형과 그에 맞는 전술을 활용하여 적은 병력임에도 왜군에게 큰 타격을 주었다. 이 중 곽재우는 경상도 의령 지역에서 수천여 명의 의병을 이끌고 항전한 의병장이다.

정답의 이유

③ 임진왜란 때 조명 연합군의 공격으로 후퇴하던 왜군은 행주산성을 공격하였다. 전라 순찰사였던 권율은 서울 수복을 위해 북상하다가 행주산성에서 왜적을 크게 쳐부수어 승리하였다. 이를 행주 대첩(1593.2.)이라 한다.

오답의 이유

① 곽재우는 여러 전투에서 붉은 옷을 입고 활약하여 '홍의장군'이라 불렸다.

② 곽재우는 경상도 의령을 거점으로 봉기하였다.

④ 곽재우를 비롯한 임진왜란 당시 의병들은 지리에 밝은 이점과 향토 조건을 이용한 전술을 활용하여 왜군에 타격을 주었다.

08 난도 ★☆☆　　　　　　　　　　　정답 ④

근대 > 경제사

자료해설

제시문은 1907년 2월 대한매일신보에 발표된 국채 보상 운동 취지서의 내용을 담고 있다. 국채 보상 운동은 일본에서 도입한 차관 1,300만 원을 갚아 경제적 자주권을 지키려 한 운동이다. 김광제, 서상돈의 제안으로 대구에서 시작되었다가 전국으로 확산되었다.

정답의 이유

④ 국채 보상 운동은 1907년 김광제, 서상돈의 제안으로 대구에서 시작되었다. 이후 서울에서 조직된 국채 보상 기성회를 중심으로 전국적으로 확산되었다.

오답의 이유

① 일제 강점기 때 백정들은 사회적 차별을 타파하기 위해 조선 형평사를 조직하고 형평 운동을 전개하였다(1923).

② 물산 장려 운동은 민족 경제의 자립을 목적으로 한 운동으로 토산품 애용·근검·저축·생활 개선 등을 목적으로 평양에서 조만식의 주도로 조선 물산 장려회가 발족되면서(1920) 시작되었다. 이후 서울에서 조선 물산 장려회가 조직되면서(1923) 전국으로 확산되었다.

③ 1930년대 일제는 황국 신민화 정책을 시행하고 내선 일체를 내세워 신사 참배 등을 강요하였다. 이에 개신교 등을 중심으로 신사 참배 거부 운동이 전개되었다.

09 난도 ★★☆　　　　　　　　　　　정답 ④

근세 > 정치사

정답의 이유

④ 조선 시대의 과거 시험은 실무를 맡았던 6조 중 '예조'에서 주관하였다. 과거 시험은 문과·무과·잡과로 구성되었고 양인 이상인 자만 응시할 수 있었다. 과거는 시험 시기에 따라 3년마다 실시하는 정기 시험인 '식년시'와 부정기 시험인 '별시'로 구분하였다.

오답의 이유

'이조'는 과거 시험이 아니라 현직 문관의 인사를 담당하였다.

더 알아보기

조선 시대 6조의 역할

이조	문관 인사
호조	호구, 조세
예조	외교, 교육, 과거 총괄
병조	무관 인사, 국방, 봉수
형조	법률, 소송, 노비
공조	토목, 건축, 수공업, 파발

10 난도 ★★★　정답 ④

현대 > 정치사

자료해설

제시문은 좌우 합작 운동(1946~1947)에 따른 '좌우 합작 7원칙'의 내용을 담고 있다. 광복 이후 좌우 대립이 격화되면서 분단의 위기감을 느낀 중도파 세력들은 여운형, 김규식이 중심이 되어 1946년 7월에 좌우 합작 위원회를 수립하였다. 이 위원회는 모든 조직이 하나로 통합되어, 중도적 사상의 통일 정부를 수립하는 것을 목표로 삼고 1946년 10월 좌우 합작 7원칙을 합의하여 제정하였다.

정답의 이유

④ 광복 직후 모스크바 삼국 외상 회의의 결정에 따라 1946년 3월 덕수궁 석조전에서 미·소 공동 위원회가 개최되었다. 따라서 1946년 10월에 이루어진 '좌우 합작 7원칙 발표' 이전에 있었던 일이다.

오답의 이유

① 3·15 부정선거에 대항한 4·19 혁명은 1960년에 일어난 사건이다.

② 제헌 국회는 「반민족 행위 처벌법」을 제정하고 반민족 행위 특별 조사 위원회를 구성하였다(1948).

③ 5·10 총선거를 통해 구성된 제헌 국회는 제헌 헌법을 제정하였으며 이를 바탕으로 대통령에 이승만, 부통령에 이시영을 선출하고 대한민국 정부 수립을 선포하였다(1948).

11 난도 ★★☆　정답 ①

중세 > 문화사

자료해설

제시문의 '화엄종을 중심으로 교종을 통합', '해동 천태종을 창시' 등을 통하여 밑줄 친 '그'가 의천임을 알 수 있다.

정답의 이유

① 의천은 교종과 선종의 통합 운동을 뒷받침하기 위한 사상적 바탕으로 이론의 연마와 실천을 강조하는 교관겸수를 제시하였다.

오답의 이유

② 독경과 선 수행, 노동에 고루 힘쓰자는 결사 운동을 제창한 인물은 지눌이다.

③ 삼국 시대의 승려 30여 명의 전기를 수록한 『해동고승전』을 편찬한 인물은 각훈이다.

④ 백련사를 결성하고 사회 개혁을 강조하며 자신의 행동에 대한 진정한 참회를 강요하는 법화 신앙을 강조한 인물은 요세이다.

12 난도 ★★☆　정답 ④

근대 태동기 > 정치사

정답의 이유

④ 임진왜란은 1592년에 일어났고 병자호란은 1636년에 일어났다. 병자호란의 결과로 소현세자와 봉림대군이 청에 포로로 끌려갔다가 1645년 귀국해 소현세자는 죽고 봉림대군은 세자로 책봉되었다. 이후 1649년 봉림대군은 효종으로 즉위하였다.

오답의 이유

① 광해군의 중립 외교 정책과 영창 대군 사사 사건, 인목 대비 유폐 문제를 빌미로 서인 세력이 반정을 주도하여 광해군이 폐위되고 인조가 즉위하였다(1623).

② 광해군 때 선조의 아들 중 유일한 정비의 소생인 영창 대군을 왕으로 옹립하려 역모를 꾸몄다는 7서의 옥이 발생하여 영창 대군이 강화도에 유배되었다. 이후 광해군은 왕위를 위협할 요소를 제거하기 위해 영창 대군을 살해하였다(1614).

③ 광해군은 명의 요청으로 강홍립 부대를 파견하였다(1619). 그러나 명과 후금 사이에서 중립 외교 정책을 추진하여 후금과의 사르후 전투에서 무모한 싸움을 계속하지 않고 투항하도록 명령하였다.

13 난도 ★★☆　정답 ①

시대 통합 > 지역사

정답의 이유

① 1866년 병인양요 때 강화도에 침입한 프랑스군은 퇴각 과정에서 외규장각의 조선 왕조 의궤 등 문화유산을 약탈해 갔다. 동학 농민 운동의 주 격전지는 1차 전라도, 2차 충청도와 전라도였다.

오답의 이유

② 고려궁지는 고려가 몽골의 침입에 대항하여 개경에서 강화도로 천도한 시기(1232~1270) 때 사용하던 궁궐터이다. 몽골이 고려를 침략하자, 정권을 장악하고 있던 최우는 몽골과의 장기 항쟁을 위해 강화도로 천도(1232)하였고, 이로부터 1270년 개경으로 환도할 때까지 약 40여 간간 고려 왕궁이 강화도에 있었다.

③ 강화도 부근리, 삼거리, 오상리 등의 지역에는 청동기 시대 지배층 군장의 무덤인 고인돌 160여 기가 분포되어 있다. 세계에서 고인돌이 가장 밀집되어 있는 동북아시아 중에서도 우리나라는 그 중심에 있으며, 고창·화순·강화 고인돌 유적이 함께 유네스코 세계 유산으로도 등재되어 있다.

④ 강화도 광성보는 신미양요 때 가장 치열한 격전지였다. 제너럴 셔먼호 사건을 구실로 미국의 로저스 제독이 함대를 이끌고 강화도를 공격하여 신미양요가 발생하였다(1871). 미군은 강화도 덕진진을 점거하고 광성보로 진격하였고, 조선군은 어재연을 중심으로 맞서 싸웠으나 수많은 사상자를 내며 패배하였다.

14 난도 ★★★　정답 ③

근대 태동기 > 정치사

정답의 이유

③ 인조(1623~1649)는 서인이 주도한 반정으로 왕위에 올랐다. 인조 대에는 서인의 우세 속에서 서인과 남인이 서로의 학문적 입장을 인정하는 토대 위에서 상호 비판적인 공존 체제를 유지하였다.

오답의 이유

① 선조(1567~1608)의 즉위 이후 사림이 중앙 정계에 대거 진출하여 정국을 주도하였다. 사림 세력 내 이조 전랑직을 두고 대립과 갈등이 심화되었으며, 왕실의 외척이자 기성 사림의 신망을 받던 심의겸 중심의 세력은 서인으로, 당시 신진 사림의 지지를 받던 김효원 중심의 세력은 동인으로 분당하였다.

② 광해군(1608~1623) 시기에는 북인의 집권으로 정계에서 밀려난 서인 세력이 인조반정을 일으켜 광해군이 폐위되었고 인조가 왕위에 올랐다.

④ 숙종(1674~1720)은 상황에 따라 한 당파를 일거에 내몰고 상대 당파에게 정권을 모두 위임하는 편당적인 인사 관리로 환국의 빌미를 제공하였다. 경신환국(1680) 이후 남인이 몰락하고 서인이 집권하였는데, 남인의 처분을 두고 서인이 강경한 입장의 노론과 온건한 입장의 소론으로 나뉘었다.

더 알아보기

붕당 정치의 전개

선조~광해군	• 동인이 정여립 모반 사건을 계기로 남인과 북인으로 분화 • 광해군 때 북인 집권
인조~효종	인조반정 후 서인 집권 → 서인·남인 상호 비판적 공존
현종	두 차례 예송 발생 → 서인과 남인 대립 심화
숙종	• 환국 전개 → 3사의 언론 기능 변질, 남인 몰락, 서인이 노론과 소론으로 분화 • 붕당 간 보복과 탄압으로 일당 전제화 경향
영조~정조	• 탕평책으로 붕당 간 세력 균형 및 붕당 타파 • 영조(완론탕평): 붕당을 없애자는 논리에 동의하는 탕평파를 중심으로 정국을 운영, 서원 대폭 정리 • 정조(준론탕평): 시파·벽파의 갈등 경험 후 강한 탕평책 추진, 척신과 환관 제거, 권력에서 소외되었던 소론 일부와 남인 계열도 중용

15 난도 ★☆☆   정답 ②

시대 통합 > 문화사

정답의 이유

② 고려 우왕 때 최무선의 건의로 화약과 화포 제작을 위한 화통도감이 설치되었다(1377).

오답의 이유

① 세종의 명으로 금속 활자인 갑인자가 주조되어 조선의 금속 활자 인쇄술이 한층 더 발전하였다.

③ 세종 때 중국의 수시력과 아라비아의 회회력을 참고로 내편(內篇)과 외편(外篇)으로 이루어진 역법서 『칠정산』을 편찬하였다.

④ 세종은 이천과 장영실에게 간의를 제작하고 실험하도록 지시하였고, 간의 제작에 성공하자 경복궁 경회루 북쪽에 간의대를 세우고 대간의를 설치해 천체 관측 업무를 수행하였다. 간의는 천체를 관측하기 위한 전문 관측기구이다.

16 난도 ★☆☆   정답 ④

일제 강점기 > 정치사

자료해설

제시문은 신간회의 행동 강령이다. 신간회는 1920년대 중반 정우회 선언(1926)을 계기로 사회주의 세력과 민족주의 세력이 연대하여 결성된 좌우 합작 단체이다(1927).

정답의 이유

④ 1929년 광주 학생 항일 운동이 일어나자 신간회는 광주에 조사단을 파견하고 일제의 학생 운동 탄압에 항의하였다. 그리고 사건의 진상 보고를 위한 민중 대회를 열어 이를 전국적인 항일 운동으로 확산시키려고 하였다. 그러나 이 계획은 사전에 일본 경찰에 발각되어 신간회 간부들이 체포되었고, 민중 대회는 열리지 못하였다.

오답의 이유

① 이상재 등이 중심이 된 조선 교육회의 제안으로 경성에서 조선 민립 대학 기성 준비회가 조직되었다(1922). 이를 바탕으로 출범한 조선 민립 대학 기성회(1923)는 '한민족 1천만 한 사람이 1원씩'이라는 구호를 내걸고 전국적인 모금 운동을 벌였다(민립 대학 설립 운동).

② 대한민국 임시 정부는 파리 강화 회의에 김규식을 파견하여 독립 청원서를 제출하는 등 외교 활동을 전개하였다(1919).

③ 순종의 국장일에 사회주의자들과 학생들이 대규모 만세 운동을 준비하였으나, 사회주의자들이 사전에 일제에 발각되면서 학생들을 중심으로 6·10 만세 운동을 전개하였다(1926).

더 알아보기

신간회

창립	• 비타협적 민족주의 세력과 사회주의 계열이 연대하여 창립(1927) • 회장 이상재, 부회장 홍명희 선출
활동	• 민족 단결, 정치적·경제적 각성 촉구, 기회주의자 배격 • 민중 계몽 활동으로 순회 강연, 야학 등 전개 • 농민·노동·여성·형평 운동 등 지원 • 광주 학생 항일 운동 지원(조사단 파견, 대규모 민중 대회 계획)
해소	민중 대회 사건으로 간부 대거 구속 → 타협적 민족주의와의 협력으로 갈등 발생, 코민테른 노선 변화 → 해소론 대두 → 해소(1931)
의의	• 민족주의 계열과 사회주의 계열의 민족 연합 • 일제 강점기 최대의 합법적인 반일 사회단체
행동강령	• 우리는 정치적, 경제적 각성을 촉진함 • 우리는 단결을 공고히 함 • 우리는 기회주의를 일체 부인함

한국사

교육행정직

PART 3 | 2023년 지방직 9급 **123**

17 난도 ★★★ 정답 ④

중세 > 문화사

자료해설

제시문은 이규보가 쓴 『동명왕편』의 서문이다. 『동명왕편』은 한국 문학 최초의 서사시로, 고구려를 건국한 동명왕의 업적을 칭송하고 고려가 고구려를 계승하였다는 점을 수록하여 고려인의 자부심을 표현하였다.

정답의 이유

④ 이규보는 『동명왕편』 서문에서 김부식이 『삼국사기』를 편찬할 때 동명왕의 신이한 사적을 생략하였다고 비판하였다.

오답의 이유

① '강목체'는 사실에 대한 '강', 자세한 사실 경위에 대한 '목'의 순서로 사건을 서술하는 형식으로 평가를 강조한다는 특징이 있다. 고려 충숙왕 때 민지가 우리나라 최초의 강목체 역사서 『본조편년강목』을 편찬하였다(1317).

② 충렬왕 때 이승휴가 쓴 『제왕운기』는 단군부터 충렬왕까지의 역사를 서사시로 서술하였다(1287). 중국과 우리나라의 역사를 병렬적으로 서술하여 우리 역사만의 독자성을 강조하였고, 단군의 고조선 건국 이야기를 수록하여 고조선을 한국사에 포함시켰다.

③ 『삼국유사』는 고려 충렬왕 때 승려 일연이 저술한(1281) 역사서이다. 불교사를 중심으로 왕력과 함께 기이(紀異)편을 두어 전래 기록을 광범위하게 수록하였으며, 특히 단군을 우리 민족의 시초로 여겨 단군 왕검의 건국 설화를 수록하였다.

18 난도 ★★☆ 정답 ③

일제 강점기 > 정치사

정답의 이유

③ 임병찬은 고종의 밀지를 받고 국내 잔여 의병 세력과 유생을 규합하여 독립 의군부를 조직하고(1912), 대한제국의 회복을 목표로 조직적인 항일 투쟁을 전개하였다. 독립 의군부는 조선 왕조를 부활시킨다는 복벽주의를 추구하며 일본 총리와 조선 총독에게 국권 반환 요구서를 제출하고 국권 회복을 위해 끝까지 저항할 것임을 알렸다.

오답의 이유

① 조선 독립 동맹은 화북 조선 청년 연합회를 확대·개편하여 김두봉이 결성하였고, 그 산하에 조선 의용대 화북 지대를 개편한 조선 의용군(1942)을 두었다.

② 만주 지역의 독립군 부대들은 대한민국 임시정부 소속의 군정부로서 중국 지안을 중심으로 압록강 접경을 관할한 참의부(1924), 하얼빈 이남의 남만주를 관할한 정의부(1924), 북만주를 관할한 신민부(1925) 등 3부가 성립되었다.

④ 양세봉이 이끄는 조선 혁명군은 남만주 일대에서 중국 의용군과 연합 작전을 전개하여 영릉가 전투에서 일본군을 격파하였다(1932).

19 난도 ★★★ 정답 ③

일제 강점기 > 문화사

자료해설

제시문은 백남운이 쓴 『조선사회경제사』의 일부이다. 제시문에서 우리 조선의 역사적 발전이 '세계사적인 일원론적 역사 법칙에 의해 다른 민족과 거의 같은 궤도로 발전 과정을 거쳐 왔다.'는 내용을 통해 사적 유물론을 바탕으로 한 백남운의 주장임을 알 수 있다.

정답의 이유

③ 백남운은 일제의 식민 사관을 비판하면서 마르크스의 유물 사관에 나오는 사적 유물론의 원리를 적용하여 주체적으로 역사를 해석하였다. 이를 통해 한국사를 세계사적 보편성 위에 체계화하는 과정에서 식민 사학의 정체성론을 비판하였다.

오답의 이유

① 민족정신으로서 '조선 혼(魂)'을 강조하며 『한국통사』, 『한국독립운동지혈사』 등을 저술한 인물은 '박은식'이다.

② 민족주의 사학을 계승하여 조선의 '얼'을 강조하며 『조선사연구』 등을 저술한 인물은 '정인보'이다.

④ 이병도, 손진태, 이윤재 등은 문헌 고증의 방법을 통해 한국사를 실증적으로 연구하는 진단 학회를 조직하고(1934), 『진단학보』를 발행하였다.

20 난도 ★★☆ 정답 ④

현대 > 정치사

정답의 이유

④ 애치슨 선언은 미국 국무장관 애치슨이 한국을 미국의 태평양 방위선에서 제외한다는 내용을 포함하여 발표한 연설로, 6·25 전쟁 발발의 원인을 제공하였다(1950.1.).

오답의 이유

① 국군과 유엔군은 인천 상륙 작전(1950.9.)의 성공으로 서울을 수복하고 압록강까지 진격하였다.

② 6·25 전쟁 중 자유당은 이승만 대통령의 재선을 위해 부산 지역에 비상계엄을 선포하고 대통령 간선제를 직선제로, 국회 단원제를 양원제(내각 책임제)로 고치는 개헌안을 국회에 제출하여 토론 없이 기립 표결로 통과시키는 제1차 개헌(발췌 개헌)을 단행하였다(1952.7.).

③ 휴전 협정이 진행 중이던 시기에 이승만은 모든 포로를 중립국에 넘긴 다음 남한과 북한 가운데 하나를 선택하게 한다는 협정에 반발하여 전국 8개 포로수용소(부산 거제리, 부산 가야리, 광주, 논산, 마산, 영천, 부평, 대구)의 반공 포로를 석방하였다(1953.6.).

한국사 | 2022년 국가직 9급

한눈에 훑어보기

✓ 영역 분석

선사 시대와 국가의 형성　01
1문항, 5%

고대　05 06 15
3문항, 15%

중세　18 19
2문항, 10%

근세　03 08
2문항, 10%

근대 태동기　10
1문항, 5%

근대　14 17 20
3문항, 15%

일제 강점기　04 11
2문항, 10%

현대　12 13
2문항, 10%

시대 통합　02 07 09 16
4문항, 20%

✓ 빠른 정답

01	02	03	04	05	06	07	08	09	10
①	③	④	①	②	③	④	②	③	③
11	12	13	14	15	16	17	18	19	20
①	④	①	②	①	②	②	③	②	④

✓ 점수 체크

구분	1회독	2회독	3회독
맞힌 문항 수	/ 20	/ 20	/ 20
나의 점수	점	점	점

---

01 난도 ★☆☆　　　　　　정답 ①

선사 시대와 국가의 형성 > 국가의 형성

자료해설

'가매장', '가족 공동 무덤'을 통해 옥저에 대한 내용임을 알 수 있다.

정답의 이유

① 옥저에는 여자가 어렸을 때 혼인할 남자의 집에서 생활하다가 성인이 된 후에 혼인을 하는 민며느리제의 풍습이 있었다.

오답의 이유

② 부여는 왕 아래 마가, 우가, 저가, 구가의 제가들이 각자의 행정 구역인 사출도를 다스렸으며, 왕이 통치하는 중앙과 합쳐 5부를 구성하는 연맹 왕국이었다.

③ 삼한은 소도라는 신성 구역을 따로 두어 제사장인 천군이 이를 관리하는 제정 분리 사회였다.

④ 동예는 매년 10월에는 무천이라는 제천 행사를 열었으며, 단궁, 과하마, 반어피 등의 특산물이 유명하여 이를 낙랑과 왜에 수출하기도 하였다.

더 알아보기

옥저와 동예

옥저와 동예의 발전	• 위치: 함경도 및 강원도 북부의 동해안에 위치 → 선진 문화의 수용이 늦음 • 발전: 고구려 압박과 수탈로 정치적으로 발전하지 못함 • 군장 국가: 옥저와 동예의 읍락은 읍군이나 삼로 등 군장이 지배
옥저의 사회상	• 경제: 토지 비옥(농경 발달), 해산물 풍부, 고구려에 공급 • 풍습: 가족 공동묘(가족이 죽으면 가매장 후 목곽에 안치), 민며느리제(혼인 풍습)
동예의 사회상	• 경제: 해산물 풍부, 토지 비옥(농경 발달), 방직 기술 발달, 특산물로는 단궁, 과하마, 반어피 등 • 풍습: 10월 무천(제천 행사), 책화(다른 부족 영역 침범 시 소와 말로 변상, 부족의 영역 중시), 족외혼

---

02 난도 ★★☆　　　　　　정답 ③

시대 통합 > 문화사

정답의 이유

③ 유네스코 세계 유산인 백제 역사 유적 지구에 속해 있는 부여 능산리 고분은 규모가 작은 굴식 돌방 무덤으로 되어 있으며, 계단식 돌무지무덤은 서울 석촌동에 위치하고 있는 백제 초기 한성 시대의 고분이다.

① 유네스코 세계 유산인 백제 역사 유적 지구에 속해 있는 익산 미륵사지 석탑은 백제 무왕 때 건립된 것으로 추정되며, 국보 제11호로 지정되어 있다. 목탑의 형태로 만들어진 석탑으로, 현존하는 삼국 시대의 석탑 중 가장 크며 당시 백제의 건축 기술을 확인할 수 있다.

② 유네스코 세계 유산인 백제 역사 유적 지구에 속해 있는 부여 정림사지 5층 석탑은 목탑의 구조와 비슷하지만 돌의 특성을 잘 살린 백제의 대표적인 석탑으로, 국보 제9호로 지정되어 있다.

④ 유네스코 세계 유산인 백제 역사 유적 지구에 속해 있는 무령왕릉은 널길과 널방을 벽돌로 쌓은 벽돌 무덤으로 중국 남조의 영향을 받았다. 현재 무령왕릉은 송산리 고분군 제7호분으로 분류되어 있으나, 무덤의 주인이 무령왕임을 알 수 있는 묘지석이 출토되었으므로 무령왕릉이라고 부른다.

백제 역사 유적 지구(2015년 유네스코 세계 유산 등재)
- 대한민국 중서부 산지에 위치한 백제의 옛 수도였던 3개 도시에 남아 있는 유적은 이웃한 지역과의 빈번한 교류를 통하여 문화적 전성기를 구가하였던 고대 백제 왕국의 후기 시대를 대표한다.
- 백제 역사 유적 지구는 공주시, 부여군, 익산시 3개 지역에 분포된 8개 고고학 유적지로 이루어져 있다.
- 공주 웅진성과 연관된 공산성과 송산리 고분군, 부여 사비성과 관련된 관북리 유적(관북리 왕궁지) 및 부소산성, 정림사지, 능산리 고분군, 부여 나성, 사비 시대 백제의 두 번째 수도였던 익산시 지역의 왕궁리 유적, 미륵사지 등이 있다.
- 이들 유적은 475~660년 사이의 백제 왕국의 역사를 보여주고 있다.
- 백제 역사 유적은 세련된 백제의 문화를 일본 및 동아시아로 전파한 사실을 증언하고 있다.

03 난도 ★★☆ 정답 ④

근세 > 정치사

④ 조선 정종 때 창설된 승정원은 왕명 출납을 담당하고 모든 기밀을 취급하던 국왕의 비서 기관으로 정원(政院), 후원(喉院), 은대(銀臺), 대언사(代言司) 등으로 불리기도 하였다.

① 사간원은 홍문관, 사헌부와 함께 3사를 구성하였고, 정책에 대한 간쟁과 논박을 담당하는 관청이었다. 교지를 작성·관리하는 곳은 예문관이었다.

② 춘추관의 사관들은 각 관청의 업무 기록을 종합한 시정기를 편찬하였으며, 한성부는 조선의 수도 한성의 치안과 행정을 담당하였다.

③ 춘추관은 조선 시대에 역사서를 보관하고 관리하는 관청이었으며, 이곳에 설치된 실록청에서 실록 편찬을 담당하였다. 조선 시대의 외교 문서를 작성한 곳은 승문원으로 이곳의 관원은 모두 문관으로만 임용하였는데, 주로 연소하고 총민한 자를 배치하였다.

조선의 중앙 통치 조직

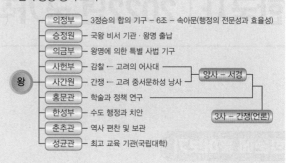

04 난도 ★★☆ 정답 ①

일제 강점기 > 정치사

'3·1 운동 직후 만들어진', '연통제라는 비밀 행정 조직', '교통국' 등으로 보아 (가)는 대한민국 임시 정부임을 알 수 있다. 대한민국 임시 정부는 '교통국'과 '연통제'라는 비밀 연락 조직을 설치하고 독립운동 자금을 모았으나 일제의 탄압으로 성과는 미흡하였으며, 독립운동 방법을 둘러싼 갈등이 발생하기도 하였다.

① 대한민국 임시 정부는 비밀 행정 조직으로 연통제와 교통국을 이용하여 국내와의 연락망을 확보하고 대미 외교 업무를 수행하기 위해 미국에 구미 위원부를 두었다(1919).

② 독립 의군부는 고종의 밀지를 받아 임병찬을 중심으로 전라도 지방에서 조직된 비밀 독립운동 단체이다(1912).

③ 정미의병의 유생 의병장들은 13도 창의군을 결성하고 이인영을 총대장, 허위를 군사장으로 추대하여 서울 진공 작전을 전개하였다(1908).

④ 대한매일신보는 1904년 영국인 베델과 양기탁을 중심으로 창간되었으며, 국채 보상 운동 등 항일 민족 운동을 적극적으로 지원하였다.

대한민국 임시 정부의 활동

비밀 조직 운영	연통제(비밀 행정 조직), 교통국(통신 기관) 조직 → 독립운동 자금 확보, 정보 수집
자금 모금	독립 공채 발행, 국민 의연금 모금
외교 활동	• 김규식을 전권대사로 임명, 파리 강화 회의에 대표로 파견 → 독립 청원서 제출 • 미국에 구미 위원부 설치(1919): 한국의 독립 문제 국제 여론화 노력
무장 투쟁	군무부를 설치하고 직할 부대로 광복군 사령부, 광복군 총영, 육군 주만 참의부 편성
문화 활동	기관지로 독립신문 간행, 외교 선전 책자 발행, 임시 사료 편찬 위원회에서 『한·일 관계 사료집』 간행

05 난도 ★★☆　　　　　　　　　　　정답 ②

고대 > 문화사

자료해설

(가) 신라 승려인 의상은 영주 부석사를 창건하여 많은 제자를 양성하였으며, 문무왕이 재위 말기에 경주 도성 주위에 대대적인 토목 공사인 성벽을 쌓으려고 하자 만류를 간언하여 왕이 그만둔 일화로도 유명하다.

(나) 신라 선덕 여왕 때 승려 자장이 주변 9개 민족의 침략을 부처의 힘으로 막기 위한 목탑 건립을 건의하여 황룡사 9층 목탑을 건립하였다.

정답의 이유

② 의상은 당에 가서 지엄으로부터 화엄에 대한 가르침을 받고 신라에 돌아와 「화엄일승법계도」를 저술하여 화엄 교단을 세웠다.

오답의 이유

① 원효는 일심사상을 바탕으로 종파 간의 사상적 대립·분파의 의식을 극복하려는 노력에서 「십문화쟁론」을 저술하고 화쟁사상을 주장하였다.

③ 신라의 승려 혜초는 인도와 중앙 아시아 지역을 답사한 뒤 「왕오천축국전」을 지었다.

④ 의천은 교종과 선종의 통합 운동을 뒷받침하기 위한 사상적 바탕으로 이론의 연마와 실천을 강조하는 교관겸수를 제시하였다.

06 난도 ★★☆　　　　　　　　　　　정답 ③

고대 > 정치사

자료해설

(가)는 대조영의 뒤를 이은 제2대 발해 무왕으로 '아들이 뒤이어 왕위에 올라', '인안'이라는 연호를 통해 유추할 수 있다.

정답의 이유

③ 발해 무왕은 영토 확장을 통해 동북방의 여러 세력을 복속하고 북만주 지역을 장악하였다. 그중 장문휴의 수군은 당의 등주를 선제공격하여 당군을 격파하였다(732).

오답의 이유

① 발해 문왕은 확대된 영토를 효과적으로 다스리고자 중경 현덕부에서 상경 용천부로 천도하였다.

② 발해 선왕은 영토를 크게 확장하여 지방 행정 체제를 5경 15부 62주로 정비하였고, 이후 전성기를 누리면서 해동성국이라 불렸다.

④ 고구려 출신 대조영은 유민들을 이끌고 지린성 동모산에서 발해를 건국하였다(698).

더 알아보기

발해의 건국과 발전

대조영 (698~719)	지린성 동모산에서 발해 건국(698)
무왕 (719~737)	연호 사용(인안), 영토 확장, 당의 산둥반도 공격(장문휴의 수군), 신라 견제, 일본과 친교
문왕 (737~793)	당·신라와 친선 관계, 3성 6부 정비, 주자감 설치, 연호 사용(대흥), 신라도를 통해 신라와 교류, 상경 용천부 천도
선왕 (818~830)	지방 행정 5경 15부 62주로 정비, 연호 사용(건흥), 대부분 말갈족 복속과 요동 진출, 최대 영토 확보 → '해동성국'이라 불림

07 난도 ★★☆　　　　　　　　　　　정답 ④

시대 통합 > 문화사

자료해설

(가)의 「경국대전」 완성은 성종, (나)의 「속대전」 편찬은 영조, (다)의 「대전통편」 편찬은 정조, (라)의 「대전회통」 편찬은 고종(흥선 대원군) 때의 일이다.

정답의 이유

④ 철종 때 발생한 임술 농민 봉기에 안핵사로 파견된 박규수는 삼정이정청을 설치하여 삼정의 문란을 해결하고자 하였다(1862).

오답의 이유

① 성종 때 설치된 홍문관은 집현전을 계승한 기구로 왕의 자문 역할과 경연, 경서, 사적 관리 등의 업무를 담당하였다.

② 영조는 탕평책을 통한 왕권 강화를 위해 붕당의 지지 기반이던 서원을 대폭 정리하였으며, 각 붕당의 사상적 지주였던 산림의 존재를 부정하였다.

③ 정조는 수원에 화성을 축조하여 사도 세자의 묘를 옮기고 국왕 친위 부대인 장용영의 외영을 설치하는 등 화성에 정치적·군사적 기능을 부여하였다. 또한, 수원성의 동서남북에 네 개의 호수와 축만제 등의 저수지를 축조하고 농업용수를 공급할 수 있도록 하였다.

08 난도 ★☆☆
정답 ②

근세 > 정치사

자료해설

개혁 추진과 위훈 삭제 등으로 인한 반발로 조광조 등 사림이 큰 피해를 입었다는 내용을 통해 밑줄 친 '사건'은 중종 때 일어난 기묘사화(1519)임을 알 수 있다.

정답의 이유

② 중종은 반정으로 왕위에 오른 뒤 훈구파를 견제하기 위해 사림을 중용하여 유교 정치를 발전시키고자 하였다. 이에 따라 등용된 조광조는 천거제의 일종인 현량과 실시를 건의하여 사림이 대거 등용될 수 있는 발판을 마련하였다. 또한, 반정 공신들의 위훈 삭제, 소격서 폐지, 향약 시행, 소학 보급 등을 주장하였으나 이에 반발한 훈구 세력들이 주초위왕 사건을 일으켜 기묘사화(1519)가 발생하면서 조광조를 비롯한 사림들이 큰 피해를 입었다.

오답의 이유

① 연산군이 생모인 폐비 윤씨 사건의 전말을 알게 되면서 갑자사화(1504)가 발생하였다. 이로 인해 김굉필 등 당시 폐비 윤씨 사건에 관련된 인물들과 무오사화 때 피해를 면했던 사림들까지 큰 화를 입었다.

③ 연산군 때 사관 김일손이 영남 사림파의 영수인 김종직의 조의제문을 실록에 기록하였는데, 사림 세력과 대립 관계였던 유자광, 이극돈 등의 훈구 세력이 이를 문제 삼아 연산군에게 알리면서 무오사화(1498)가 발생하였다.

④ 인종의 뒤를 이어 명종이 어린 나이로 즉위하자 명종의 어머니 문정왕후가 수렴청정을 하였다. 인종의 외척인 윤임을 중심으로 한 대윤 세력과 명종의 외척인 윤원형을 중심으로 한 소윤 세력의 대립으로 을사사화(1545)가 발생하여 윤임을 비롯한 대윤 세력과 사림들이 큰 피해를 입었다.

09 난도 ★★☆
정답 ③

시대 통합 > 문화사

자료해설

(가)는 고려 인종 때 김부식이 집필한 『삼국사기』이고, (나)는 조선 후기 유득공이 집필한 『발해고』이다.

정답의 이유

③ 정조 때 서얼 출신 유득공이 『발해고』를 통해 발해를 우리나라의 역사로 인식하면서 신라와 발해가 있던 시기를 남북국 시대라고 부를 것을 처음으로 제안하였다. 유득공은 발해사 연구의 시야를 만주 지방까지 확대하여 한반도 중심의 협소한 사관을 극복하려 하였다.

오답의 이유

① 고려 무신 정권기의 문인 이규보는 『동국이상국집』을 저술하였다. 여기에 수록된 「동명왕편」은 한국 문학 최초의 서사시로, 고구려를 건국한 동명왕의 업적을 칭송하고 고려가 고구려를 계승하였다는 고려인의 자부심을 표현하였다.

② 충렬왕 때 승려 일연이 저술한 『삼국유사』에는 불교사를 중심으로 왕력과 함께 「기이(紀異)편」을 통해 전래 기록이 수록되어 있으며, 특히 단군을 우리 민족의 시초로 여겨 고조선 건국 설화를 수록하였다.

④ 조선 성종의 명을 받아 서거정이 집필한 『동국통감』과 조선 후기 안정복의 『동사강목』 등은 고조선부터 고려 말까지의 역사를 정리하여 편찬한 역사서이다.

10 난도 ★★★
정답 ③

근대 태동기 > 경제사

자료해설

제시문은 박지원의 『한민명전의』에 실린 한전론에 대한 내용이다. 박지원은 『과농소초』에서 중국 농법 도입과 재래 농사 기술의 개량을 주장하였고, 『한민명전의』에서는 토지 소유의 상한선을 설정하는 한전론을 제안하여 심각한 토지 소유 불균형을 해소하려고 하였다.

정답의 이유

③ 박지원은 청에 다녀온 뒤 『열하일기』를 저술하여 상공업 진흥과 화폐 유통, 수레 사용의 필요성을 주장하였다. 또한, 「양반전」, 「허생전」, 「호질」 등을 통해 양반의 무능과 허례를 풍자하고 비판하였다.

오답의 이유

① 유형원은 『반계수록』에서 토지는 국가가 공유하며 신분에 따라 토지를 차등 분배하고, 자영농을 육성하여 민생의 안정과 국가 경제를 바로잡아야 한다는 내용의 균전론을 주장하였다. 그 외에도 부병제를 주장하며 병농일치를 강조하였다.

② 이익은 『성호사설』을 통해 한 가정의 생활을 유지하는 데 필요한 규모의 토지를 영업전으로 정하고, 영업전의 매매를 금지하는 한전론을 주장하였다. 또한, 나라를 좀먹는 6가지의 폐단(노비제, 과거제, 양반 문벌제, 사치와 미신, 승려, 게으름)에 대해 비판하였다.

④ 정약용은 유배 생활 중에 『목민심서』를 저술하여 지방 행정 개혁 방향을 제시하였다.

더 알아보기

조선 후기 대표적 실학자와 저서

중농 학파	유형원	『반계수록』
	이익	『성호사설』, 『곽우록』
	정약용	『목민심서』, 『경세유표』, 『흠흠신서』
중상 학파	유수원	『우서』
	홍대용	『의산문답』, 『임하경륜』
	박지원	『열하일기』, 『과농소초』, 『한민명전의』
	박제가	『북학의』

11 난도 ★★☆   정답 ①

일제 강점기 > 정치사

[자료해설]

(가)는 1910년대의 무단 통치 시기에 대한 내용이다. 이 시기에는 조선 총독부의 설치, 헌병 경찰제, 조선 태형령 등이 자행되었으며, 토지 조사 사업, 회사령 실시 등의 경제적인 침탈이 있었다.

[정답의 이유]

① 조선 총독부는 토지 조사국을 설치하고 토지 조사령을 발표하여 일정 기간 내 토지를 신고하도록 하는 토지 조사 사업을 실시하였다(1912).

[오답의 이유]

② 1939년 일제는 우리의 성과 이름을 일본식 성명으로 바꾸는 창씨 개명령을 공포하고, 1940년 창씨 개명을 실시하였다.

③ 일제는 제3차 조선 교육령을 공포하여 일왕의 칙령에 따라 소학교를 '황국 신민의 학교'라는 의미인 국민학교로 개칭하였다(1941).

④ 1930년대 중·일 전쟁과 태평양 전쟁이 일어나자 일제는 우리 민족을 전쟁에 동원하기 위해 국가 총동원법을 제정(1938)하여 인력과 물자 등을 수탈하였다.

더 알아보기

일제 강점기 시기별 식민 통치 방식

구분 시기	통치 내용	경제 침탈
무단 통치 (1910~1919)	• 조선 총독부 설치 • 헌병 경찰제 • 조선 태형령	• 토지 조사 사업 • 회사령 실시
기만적 문화 통치 (1919~1931)	• 3·1 운동(1919)을 계기로 통치 체제 변화 • 보통 경찰제 • 경성 제국 대학 설립	• 산미 증식 계획 시행: 일본 본토로 식량 반출 • 회사령 폐지: 일본 자본 유입
민족 말살 통치 (1931~1945)	• 황국 신민화 정책 • 신사 참배, 황국 신민 서사 암송, 창씨 개명 강요 • 조선어, 조선 역사 과목 폐지	• 국가 총동원령 시행 • 병참 기지화 정책 • 남면북양 정책

12 난도 ★★☆   정답 ④

현대 > 정치사

[자료해설]

한국 국민당을 이끌고 한국 독립당을 결성하였으며 남북 협상을 위한 평양 방문을 한 사실을 통해 제시문의 밑줄 친 '그'가 백범 김구임을 알 수 있다. 김구는 광복 이후 모스크바 3국 외상 회의의 결정에 따른 신탁 통치를 이승만과 함께 반대하였으며, 남한만의 단독 정부를 추진한 이승만과 달리 통일 정부 수립을 위해 평양으로 가서 남북 협상까지 시도하였으나 결국 실패하였다(1948.4.).

[정답의 이유]

④ 모스크바 3국 외상 회의의 신탁 통치 결정이 알려지자 김구는 '신탁 통치 반대 국민 총동원 위원회'를 결성(1945.12.)하여 신탁 통치 반대 운동을 전개하였다.

[오답의 이유]

① 광복 이후 좌우 대립이 격화되면서 분단의 위기감을 느낀 중도파 세력들은 여운형, 김규식이 중심이 되어 1946년 7월 좌우 합작 위원회를 수립하였다. 이 위원회는 모든 조직이 하나로 통합되어, 중도적 사상의 통일 정부를 수립하는 것을 목표로 삼고 1946년 10월 좌우 합작 7원칙을 합의하여 제정하였다.

② 조선 건국 동맹의 여운형은 안재홍과 함께 일본인의 안전한 귀국을 보장하는 조건으로 조선 총독부로부터 행정권의 일부를 이양 받아 조선 건국 준비 위원회를 결성하였다(1945).

③ 박용만은 하와이에 대조선 국민 군단을 조직하여 독립군 사관 양성을 바탕으로 한 무장 투쟁을 준비하였다(1914).

13 난도 ★★☆   정답 ①

현대 > 정치사

[정답의 이유]

① 제헌 국회는 일제의 잔재를 청산하고 민족정기를 바로잡기 위해 반민족 행위 처벌법을 제정(1948)하여 반민족 행위 특별 조사 위원회를 조직하였다.

[오답의 이유]

② 1965년 6월 한·일 기본 조약(한·일 협정)이 정식으로 조인되자 전국 각 대학 및 고교 학생들의 한·일 협정 조인 무효화 시위와 시민 각계에서 회담 반대 성명이 전개되었다.

③ 박정희 정부 시기 서울과 평양에서 7·4 남북 공동 성명을 발표하고, 남북 조절 위원회를 설치하였다(1972).

④ 박정희 정부는 유신 헌법을 발표하여 대통령 임기 6년과 중임제한 조항 삭제 및 통일 주체 국민 회의를 통한 대통령 간접 선거의 내용을 담은 제7차 헌법 개정을 단행하였다(1972).

더 알아보기

반민족 행위 처벌법 및 위원회

반민족 행위 처벌법	배경	친일파 청산으로 민족 정기 확립 요구, 미군정의 친일 관료 유지 정책
	과정	일제 강점기 반민족 행위자 처벌 및 재산 몰수 → 반민족 행위 특별 조사 위원회(반민 특위) 설치
반민족 행위 특별 조사 위원회 (반민 특위)	개념	친일파 청산을 목적으로 반민족 행위 처벌법을 기준으로 국회에서 구성된 특별 위원회
	활동	1949년 1월부터 시작, 이광수·박흥식·노덕술·최린·최남선 등 친일 혐의자 체포·조사
	위기	이승만 정부의 비협조와 방해, 일부 경찰의 반민 특위 습격, 국회 프락치 사건 등으로 활동 제약

14 난도 ★☆☆   정답 ②

근대 > 정치사

자료해설

'고종이 즉위한 직후에 실권을 장악', '병인박해', '고종의 친정이 시작됨에 따라 물러남', '임오군란이 일어났을 때 잠시 권력을 장악', '청군의 개입으로 물러났다'를 통해 밑줄 친 '그'는 흥선 대원군임을 알 수 있다.

정답의 이유

② 병인양요와 신미양요를 극복한 흥선 대원군은 외세의 침입을 경계하고 서양과의 통상 수교 반대 의지를 알리기 위해 전국 각지에 척화비를 세웠다(1871).

오답의 이유

① 조 · 미 수호 통상 조약이 체결된 후 조선 주재 미국 공사가 파견되자 조선 정부는 답례로 미국에 보빙사를 파견하였다(1883). 민영익, 홍영식, 서광범을 중심으로 한 보빙사는 서양 국가에 파견된 최초의 사절단으로 40여 일간 미국 대통령을 만나고 다양한 기관들을 시찰하였다.

③ 숙종 때 간도 지역을 두고 청과 국경 분쟁이 발생하자 두 나라 대표가 백두산 일대를 답사하고 국경을 확정하여 백두산정계비를 세웠다(1712).

④ 고종은 국내외의 군국 기무와 개화 정책을 총괄하는 업무를 맡은 관청인 통리기무아문을 설치하고 그 아래 12사(司)를 두어 행정 업무를 맡게 하였다(1880). 통리기무아문은 기존 5군영을 무위영과 장어영의 2군영으로 개편하고 신식 군대인 별기군을 설치하였다(1881).

더 알아보기

흥선 대원군의 정책

대내적	국왕 중심 통치 체제	• 세도 정치 타파 • 비변사 철폐: 의정부와 삼군부 부활 • 경복궁 중건 • 『대전회통』, 『육전조례』 편찬
	민생 안정과 국가 재정 강화	• 호포제 실시 • 사창제 실시 • 서원 정리(47개 제외)
대외적	통상 수교 거부 정책	• 프랑스군과 미국군의 침입 격퇴 • 척화비 건립 • 군비 강화

15 난도 ★★☆   정답 ①

고대 > 정치사

자료해설

제시된 자료는 '백제 개로왕이 고구려 장수왕의 밀사인 도림의 건의에 따라 성을 쌓고 궁을 화려하게 하는 등 대규모 토목 공사를 단행했지만 이로 인해 백성이 곤궁하고 나라가 위태롭게 되었다. 이때 도림이 고구려 장수왕에게 이 내용을 전달하니, 장수왕이 기뻐하며 백제를 치려고 장수에게 군사를 나누어 주었다'는 내용이다. 따라서 밑줄 친 '이 왕'은 백제 한성을 점령한 고구려 장수왕이다.

정답의 이유

① 고구려 장수왕은 수도를 국내성에서 평양성으로 옮기면서 적극적인 남진 정책을 추진하였다(427).

오답의 이유

② 고구려 고국천왕은 국상 을파소의 건의에 따라 봄에 곡식을 빌려주고 겨울에 갚게 하는 진대법을 시행(194)하여 빈민을 구제하였다.

③ 고구려 미천왕은 낙랑군을 축출(313)하고 한의 군현을 모두 몰아내어 영토를 확장하였다.

④ 고구려 광개토 대왕은 신라의 원군 요청을 받고 군대를 보내 신라에 침입한 왜를 낙동강 유역에서 격퇴(400)함으로써 한반도 남부의 세력 균형에도 영향을 미쳤다.

16 난도 ★★☆   정답 ②

시대 통합 > 문화사

자료해설

제시된 문화 유산은 고려 시대의 건축물인 안동 봉정사 극락전이다.

정답의 이유

② 안동 봉정사 극락전은 고려 시대의 건물로 국보 제15호로 지정되어 있다. 통일 신라 시대 건축 양식을 띠고 있으며, 우리나라의 목조 건물 중 가장 오래된 건물이다.

오답의 이유

① 서울 흥인지문(興仁之門)은 동대문이라고도 하며, 한성부를 보호하기 위한 서울 도성의 사대문 가운데 동쪽에 위치한 대문이다.

③ 영주 부석사 무량수전은 부석사의 중심 건물로 고려 시대 목조 건축물이다. 기둥 중간이 굵은 배흘림기둥이 사용되었으며, 지붕 처마를 받치기 위한 구조인 공포를 기둥 위에서만 짜 올린 주심포 양식으로 축조되었다.

④ 합천 해인사 장경판전은 고려 팔만대장경을 보존하기 위해 15세기에 건축된 조선 전기 건축물로 한국에 현존하는 가장 오래된 도서관이기도 하다.

더 알아보기

고려 시대 건축과 조각

건축	주심포(안동 봉정사 극락전, 영주 부석사 무량수전, 예산 수덕사 대웅전), 다포(성불사 응진전)
탑	월정사 팔각 9층 석탑, 경천사지 10층 석탑(원의 양식)
불상	부석사 소조여래 좌상, 관촉사 석조 미륵보살 입상

17 난도 ★★☆   정답 ②

근대 > 정치사

자료해설

'서재필', '만민 공동회 개최' 등으로 보아 (가)는 1896년에 창립된 독립 협회임을 알 수 있다. 갑신정변 이후 미국에서 돌아온 서재필은 남궁억, 이상재, 윤치호 등과 함께 독립 협회를 창립하고 만민 공동회와 관민 공동회를 개최하여 국권 · 민권 신장 운동을 전개하였다. 독립 협회는 중추원 개편을 통한 의회 설립 방안이 담겨 있는 헌의 6조를 건의하였으며, 고종이 이를 채택하였다.

② 독립 협회는 청의 사신을 맞던 영은문을 헐고 그 자리 부근에 독립문을 건립하였다(1897).

① 갑오개혁 이후 고종은 교육 입국 조서를 발표하고 교육의 중요성을 강조하면서 교사 양성을 위해 한성 사범 학교를 세웠다(1895).

③ 고종은 제1차 갑오개혁 추진 이후 종묘에서 홍범 14조를 발표하였다(1895). 이는 청의 종주권 배제, 탁지아문으로 재정 일원화, 왕실과 국정 사무 분리 등의 내용을 담아 제1차 갑오개혁의 내용을 재확인하고 제2차 갑오개혁의 방향성을 설정하여 강령으로 선언한 것이다.

④ 국채 보상 운동은 김광제, 서상돈 등의 제안으로 대구에서 시작되었다. 이후 서울에서 조직된 국채 보상 기성회를 중심으로 전국적으로 확산되어 일본에서 도입한 차관 1,300만 원을 갚아 주권을 회복하고자 하였다(1907).

더 알아보기

독립 협회 창립과 활동

창립	배경	아관파천 이후 열강의 이권 침탈 심화, 자유 민주주의적 개혁 사상 보급, 자주 독립 국가 건설 목표
	구성	서재필, 윤치호, 이상재, 남궁억 등의 지도부와 광범위한 사회 계층(학생, 노동자, 여성, 천민 등) 참여
	과정	서재필 등이 자유민주주의 개혁 사상을 보급, 독립신문 창간 이후 독립 협회 창립
활동	민중 계몽 운동	『대조선 독립 협회 회보』 간행, 독립관에서 토론회 개최
	자주 국권 운동	• 독립문 건립 • 만민 공동회 개최 → 러시아의 절영도 조차 요구 저지
	자유 민권 운동	국민의 신체와 재산권의 자유, 언론·출판·집회·결사의 자유 등 요구
	의회 설립 운동	관민 공동회를 개최하여 헌의 6조 채택 → 고종의 수락, 중추원 관제 반포

헌의 6조
1. 외국인에게 의지하지 말고 관민이 한마음으로 힘을 합하여 전제 황권을 공고히 할 것
2. 외국과의 이권에 관한 계약과 조약은 각 대신과 중추원 의장이 합동 날인하여 시행할 것
3. 국가 재정은 탁지부에서 전관하고, 예산과 결산을 국민에게 공포할 것
4. 중대 범죄를 공판하되, 피고의 인권을 존중할 것
5. 칙임관을 임명할 때에는 황제가 정부에 그 뜻을 물어서 중의에 따를 것
6. 정해진 규정을 실천할 것

---

18 난도 ★★☆   정답 ③

중세 > 정치사

제시된 자료의 '무신 정권 몰락(1270)'과 '공민왕 즉위(1351)'로 보아 (가)는 원 간섭기의 사실임을 알 수 있다.

③ 공민왕은 개혁 정치를 실시하면서 반원 자주 정책의 일환으로 쌍성총관부를 공격하여 철령 이북 지역의 영토를 수복하였다(1356).

① 충선왕은 왕위를 물려준 뒤 원의 연경에 만권당을 세우고(1314) 고려에서 이제현 등의 성리학자들을 데려와 원의 학자들과 교류하게 하였다.

② 충렬왕 때 일본 원정을 위해 원에서 설치한 정동행성(1280)은 내정 간섭 기구로 이용되었으며, 당시 지배층을 중심으로 몽골의 풍습인 변발과 호복이 유행하였다.

④ 원 간섭기인 충렬왕 때 이승휴가 저술한 『제왕운기』(1287)는 단군의 고조선 건국 이야기를 수록하여 고조선을 한국사에 포함시켰으며 이러한 역사의식은 고려 말 신진 사대부에게 전승되었다.

더 알아보기

공민왕의 정책

반원 자주 정책	• 기철 등 친원파 제거, 정동행성 이문소 폐지 • 왕실 칭호와 관제 복구, 몽골풍 금지 • 쌍성총관부 공격 → 철령 이북 지역 수복
왕권 강화 정책	• 정방 폐지: 인사권 장악 • 신진 사대부 등용 • 신돈 등용(전민변정도감 설치)

---

19 난도 ★★☆   정답 ②

중세 > 경제사

'전시과 제도', '2년 3작의 윤작법 보급', '남부 지방에 이앙법 보급', '이암에 의해 『농상집요』 소개' 등을 통해 밑줄 친 '이 나라'는 고려임을 알 수 있다.

② 공물의 부과 기준이 가호에서 토지로 바뀐 것은 조선 시대의 대동법에 대한 내용이다. 조선 광해군 때 공납의 폐단을 해결하기 위해 공납을 전세화하여 공물 대신 쌀을 납부하도록 하는 대동법을 경기도부터 실시하였다.

① 고려 시대의 삼사는 곡식의 출납과 회계 관련 사무 등 재정 관련 사무를 담당하였다.

③ 고려 시대에는 논과 밭을 비옥도에 따라 3등급으로 나누어 생산량의 1/10을 납부하게 하였다.

④ 고려 시대 소(所) 지역의 주민들은 수공업이나 광업에 종사하였고, 지방 특산물을 생산하여 공물로 바쳤다.

근대 > 정치사

[자료해설]

미국이 강화도를 침략한 사건인 '신미양요'는 1871년의 일이고, 군국기무처를 통해 실시된 '갑오개혁'은 1894년의 일이다.

[정답의 이유]

④ 조·미 수호 통상 조약은 조선이 서양 국가와 맺은 최초의 조약으로, 청이 러시아와 일본을 견제하고 조선에 대한 청의 종주권을 확인할 목적으로 체결을 알선하였다. 이는 최혜국 대우, 거중 조정, 치외 법권, 관세 규정 등의 조항이 포함된 불평등 조약이었다(1882).

[오답의 이유]

① 일본의 강압으로 을사늑약이 체결(1905)되어 대한제국의 외교권이 박탈되고 통감부가 설치되었다. 이후 이토 히로부미가 초대 통감으로 부임하면서 일제의 내정 간섭이 공식화되었다.

② 정미의병은 일제가 한·일 신협약으로 대한제국의 군대를 강제 해산시키자 해산된 군인들이 의병 활동에 가담하면서 의병 부대가 조직화되었다(1907).

③ 오페르트를 비롯한 서양인들이 덕산에 위치한 흥선 대원군의 아버지 남연군의 묘를 도굴하려다가 실패하였다(1868).

[더 알아보기]

조·미 수호 통상 조약

배경	황준헌의 『조선책략』 유포 → 미국과의 수교 주장 → 청의 알선(러시아와 일본 견제 의도)
내용	• 거중 조정, 관세 조항 규정 • 치외 법권, 최혜국 대우 인정
성격	서양과 맺은 최초의 근대적 조약, 불평등 조약

한국사 | 2022년 지방직 9급

한눈에 훑어보기

✓ 영역 분석

고대　　01　02　03　15
4문항, 20%

중세　　06　12　16
3문항, 15%

근세　　04　05　17
3문항, 15%

근대 태동기　10
1문항, 5%

근대　　11　18
2문항, 10%

일제 강점기　13　20
2문항, 10%

현대　　07　14　19
3문항, 15%

시대 통합　08　09
2문항, 10%

✓ 빠른 정답

01	02	03	04	05	06	07	08	09	10
②	②	③	①	③	①	①	②	③	④
11	**12**	**13**	**14**	**15**	**16**	**17**	**18**	**19**	**20**
①	④	③	②	④	③	②	④	②	④

✓ 점수 체크

구분	1회독	2회독	3회독
맞힌 문항 수	/ 20	/ 20	/ 20
나의 점수	점	점	점

01 난도 ★☆☆　　　　　　　정답 ②

고대 > 정치사

자료해설

제시문에서 '기벌포', '황산 전투' 등의 내용을 통해 밑줄 친 '그'가 김유신임을 알 수 있다.

정답의 이유

② 진덕 여왕 사후 귀족 회의에서 알천과 김춘추가 왕위를 놓고 경쟁한 결과 김춘추가 왕위에 오르게 되었다. 이때 김유신은 진골 출신인 김춘추를 도와 신라의 왕이 될 수 있도록 많은 지원을 하였다.

오답의 이유

① 고구려 영양왕 때 수 양제가 우중문의 30만 별동대로 평양성을 공격하였으나 을지문덕이 살수에서 2,700여 명을 제외한 수군을 전멸시켰다(612).

③ 통일 신라 장보고는 완도에 청해진을 설치하고 해적을 소탕하여 당과 신라, 일본 간 해상 무역을 전개하였다(828).

④ 신라 진흥왕은 고구려가 차지하고 있던 한강 유역을 빼앗고 대가야를 병합하여 영토를 확장하였다(562).

02 난도 ★★☆　　　　　　　정답 ②

고대 > 정치사

자료해설

제시문에 나온 '이사부', '우산국' 등의 단어로 보아 신라 지증왕 대의 우산국 정복에 대한 내용임을 알 수 있다. 지증왕은 이사부를 시켜 우산국(울릉도)과 우산도(독도)를 정벌하게 하고 실직주(삼척)의 군주로 삼았다(512).

정답의 이유

② 신라 지증왕은 사로국이었던 국호를 신라로 확정하고 마립간 대신 왕이라는 칭호를 사용하였다.

오답의 이유

① 신라 원성왕은 국학의 학생들을 대상으로 독서삼품과를 실시하여 유교 경전의 이해 수준에 따라 관리를 채용하였다.

③ 신라 신문왕은 녹읍을 폐지하고 관료전을 지급하여 귀족의 경제 기반을 약화시키고자 하였다.

④ 발해 무왕은 동북방의 여러 세력을 복속하여 영토를 확장하였고, 장문휴의 수군으로 당의 등주 등을 공격하였다.

03 난도 ★☆☆　　　　　정답 ③

고대 > 정치사

자료해설

제시문에 나온 특산물인 '솔빈부의 말', 영역이 '영주의 동쪽 2천 리', '신라와 접함' 등의 내용으로 밑줄 친 '이 나라'는 발해임을 알 수 있다.

정답의 이유

③ 발해는 선왕 때 지방 행정 체제를 5경 15부 62주로 정비하였고, 주현에 지방관을 파견하였다.

오답의 이유

① 백제 고이왕은 6좌평제와 16관등제를 정비하여 중앙 집권 국가의 기틀을 마련하였다.

② 통일 신라 신문왕은 중앙군을 9서당, 지방군을 10정으로 편성하여 군사 조직을 정비하였다.

④ 고구려는 귀족 회의인 제가 회의를 통해 국가의 중대사를 결정하였다.

04 난도 ★☆☆　　　　　정답 ①

근세 > 정치사

자료해설

제시문의 『농사직설』 편찬'으로 보아 밑줄 친 '왕'은 조선의 세종임을 알 수 있다.

정답의 이유

① 조선 전기 세종은 전세 제도인 공법을 제정하고 실시하기 위해 전제상정소를 설립하여 토지의 등급을 매기도록 하였다. 이에 따라 풍흉과 토지 비옥도에 따라 전세를 차등 징수하는 연분 9등법과 전분 6등법을 전라도부터 시행하였다.

오답의 이유

② 태조 이성계는 조선을 건국한 이후 도읍을 개경에서 한양으로 천도하고 경복궁을 창건하였다.

③ 조선 세조 때 편찬되기 시작한 『경국대전』은 조선의 기본 법전으로 성종 때 완성되어 반포되었다.

④ 조선 중종은 반정으로 왕위에 오른 후 사림파를 중용하기 위해 조광조를 등용하고 현량과를 실시하는 등 개혁 정치를 실시하였다.

더 알아보기

세종의 분야별 업적

정치	• 의정부 서사제 • 집현전 설치, 경연 활성화
군사	• 여진: 4군 6진 개척 • 왜: 쓰시마 섬 토벌
과학	• 농업 관련 기술: 측우기, 자격루 등 발명, 『농사직설』 편찬, 연분 9등법과 전분 6등법 실시 • 역법: 최초로 한양 기준 천체 운동을 계산한 『칠정산』
문화	• 훈민정음 창제·반포 → 민족 문화 기반 확립 • 편찬 사업: 『고려사』, 『삼강행실도』, 『총통등록』, 『향약집성방』, 『의방유취』, 『농사직설』, 『신찬팔도지리지』 • 정간보 창안

05 난도 ★☆☆　　　　　정답 ③

근세 > 사회사

자료해설

제시문의 '경대부의 자식인데 오직 어머니가 첩이라는 이유만으로 대대로 벼슬길을 막아'라는 내용으로 보아 밑줄 친 '이들'은 서얼임을 알 수 있다.

정답의 이유

③ 조선 태종 때 서얼 금고법을 제정하여 양반의 자손이라도 서얼(첩의 자식)인 경우 관직에 진출할 수 없도록 하였으며, 『경국대전』에서 보다 구체적으로 법제화하였다. 조선 후기에 서얼들은 신분 상승 운동인 통청 운동을 전개하면서 청요직으로 진출하는 것을 허용해 달라는 상소를 올리기도 하였다.

오답의 이유

① 조선의 향리는 수령의 행정 실무를 보좌하는 지방 말단직이었으며, 호장, 기관, 장교, 통인 등으로 분류되었다. 향리직은 세습되었으나 국가로부터 녹봉을 받지 못하였고, 문과에 응시할 수 없었다.

②·④ 조선 시대의 천민에는 백정, 무당, 창기, 공노비, 사노비 등이 있었다. 특히 노비는 비자유민으로 재산으로 취급되었고(매매·상속·증여의 대상), 교육을 받거나 벼슬을 할 수 없었다.

06 난도 ★☆☆　　　　　정답 ①

중세 > 정치사

자료해설

제시문에 나온 '쌍기의 건의로 과거를 실시' 등의 내용으로 보아 밑줄 친 '왕'은 고려 광종임을 알 수 있다.

정답의 이유

① 고려 광종은 노비안검법을 실시하여 억울하게 노비가 된 사람들을 구제하고 호족 세력을 약화시키고자 하였다.

② 고려 공민왕은 전민변정도감을 설치하여 권문세족이 부당하게 빼앗은 토지를 본래 주인에게 돌려주고 억울하게 노비가 된 사람들을 양민으로 해방시켜 주었다(1366).

③ 고려 경종에 의해 처음 시행된 전시과는 관직 복무와 직역의 대가로 관료들에게 토지를 나누어 주는 제도였다(976).

④ 고려 성종은 최승로의 시무 28조(982)를 받아들여 12목을 설치하고 지방관을 파견하였다(983).

고려 광종의 개혁 정치

왕권 강화	• 노비안검법(956) 실시: 억울하게 노비가 된 사람들 구제, 국가 재정을 확충, 호족 세력 약화 • 과거제(958) 실시: 후주 출신 쌍기의 건의로 실시한 과거 제도를 통하여 신진 사대부 등용 • 독자적 연호 사용: 국왕을 황제라 칭하고 광덕, 준풍 등의 독자적 연호 사용 • 기타: 왕권 강화를 위해 공신 · 호족 세력을 숙청
통치 체제 정비	• 백관공복제 정비: 관료들을 4색(자색, 단색, 비색, 녹색)으로 분류하여 지배층의 위계질서를 확립 • 기타: 주현공부법, 제위보 설치, 승과 제도 등 시행

07 난도 ★★☆   정답 ①

현대 > 정치사

제시된 자료는 1960년 4 · 19 혁명 당시 대학 교수단이 발표한 시국 선언문의 내용이다.

① 이승만의 장기 집권과 자유당 정권의 3 · 15 부정 선거에 저항하여 4 · 19 혁명이 발발하였고, 대학 교수단이 시국 선언문을 발표하고 대통령의 하야를 요구하는 행진을 전개하는 등 시위가 전국적으로 확산되었다(1960). 결국 4 · 19 혁명으로 이승만 대통령이 하야하고 내각 책임제를 기본으로 하는 허정 과도 정부가 구성되었다.

② 신군부의 비상계엄 확대에 항거하여 광주에서 일어난 5 · 18 민주화 운동은 신군부가 공수 부대를 동원하여 무력 진압에 나서자 학생과 시민들이 시민군을 결성하여 계엄군에 대항하면서 격화되었다(1980). 5 · 18 민주화 운동은 1980년대 우리나라 민주화 운동의 밑거름이 되었고, 2011년에는 관련 기록물이 유네스코 세계 기록 유산으로 등재되었다.

③ 박정희 정부가 1964년에 한 · 일 국교 정상화를 위한 회담을 진행하면서 학생과 야당을 주축으로 이에 반대하는 6 · 3 시위가 전개되었다.

④ 6월 민주 항쟁의 결과 정부는 국민들의 민주화 요구를 수용하여 6 · 29 민주화 선언을 통해 5년 단임의 대통령 직선제 개헌을 단행하였다(1987).

4 · 19 혁명의 전개

배경	• 이승만 정부의 독재와 부정부패: 상대 민주당 후보 조병옥 선거 도중 사망, 이승만 대통령 당선 확실시 • 3 · 15 부정 선거: 부통령에 이기붕을 당선시키기 위한 대대적인 부정 선거 자행
전개	각 지역에서 부정 선거 규탄 시위 → 마산에서 김주열 학생의 시신 발견(4.11.), 전국으로 시위 확산 → 학생 · 시민 대규모 시위 → 경찰 발포로 여러 사상자 발생, 비상 계엄령 선포(4.19.) → 서울 시내 대학 교수단 시국 선언문 발표 및 시위(4.25)
결과	• 이승만 대통령 하야 성명 발표(4.26.), 다음날 대통령 사임서 제출(4.27.) • 허정(대통령 권한 대행) 과도 정부 구성
의의	• 학생과 시민이 중심이 되어 독재 정권을 타도한 민주주의 혁명 • 민주주의 발전에 밑바탕이 됨

08 난도 ★★☆   정답 ②

시대 통합 > 문화사

제시문에 나온 '하남 하사창동 철조 석가여래 좌상', '논산 관촉사 석조 미륵보살 입상' 등의 내용을 통해 밑줄 친 '이 시기'는 고려 시대 초기임을 알 수 있다. 고려 초기에는 조형미는 떨어지나 토속적 · 향토적인 특색이 표현된 거대 석불이나 대형 철불을 조성하였다.

② 고려 초기에는 건국에 지대한 영향을 끼친 지방 호족들이 그 지역 내에서 독자적인 지배권을 인정받았다. 이들은 지방 문화의 성격이 강한 거대 불상이나 불교 건축물 등을 제작하기도 하였다.

① 성골 출신이 국왕이 재위한 것은 신라 상대(박혁거세~진덕 여왕)의 일이다.

③ 조선 시대 세도 정치 시기에는 외척인 안동 김씨와 풍양 조씨 등의 특정 가문이 정권을 장악하였고, 이 시기에 삼정의 문란이 극에 달했다.

④ 16세기 이후 조선은 성리학에 투철한 사림 세력이 정국을 주도하였다.

09 난도 ★★☆   정답 ③

시대 통합 > 문화사

ⓒ 이규보의 『동국이상국집』에 실린 「동명왕편」은 한국 문학 최초의 서사시로, 고구려를 건국한 동명왕의 업적을 칭송하고 고려가 고구려를 계승하였다는 고려인의 자부심을 표현하였다.

ⓔ 유득공의 『발해고』는 발해를 우리의 역사로 인식하고 최초로 '남북국'이라는 용어를 사용하였다.

오답의 이유

㉠ 단군 신화가 수록된 문헌에는 『삼국유사』, 『제왕운기』, 『동국여지승람』, 『응제시주』, 『세종실록지리지』 등이 있다.

㉢ 안정복이 쓴 『동사강목』은 고조선부터 고려 공양왕까지의 역사를 정리한 것으로 강목체 형식의 편년체로 편찬되었다.

10 난도 ★☆☆   정답 ④

근대 태동기 > 정치사

자료해설

제시문의 '탕평책', '균역법', '청계천 준설' 등을 통해 밑줄 친 '나'는 조선의 영조임을 알 수 있다.

정답의 이유

④ 조선 후기 영조는 각종 제도의 연혁과 내용을 정리한 백과 전서인 『동국문헌비고』를 편찬하여 문물제도를 정비하였다.

오답의 이유

① 정조는 왕권을 뒷받침하는 군사적 기반을 갖추기 위해 친위 부대인 장용영을 설치하였다(1793).

② 효종 때 러시아가 만주 지역까지 침략해오자 청은 조선에 원병을 요청하였고, 조선에서는 두 차례에 걸쳐 조총 부대를 파견하여 나선 정벌을 단행하였다(1654, 1658).

③ 세도 정치로 인한 삼정의 문란과 서북 지역민에 대한 차별에 항거하여 홍경래의 난이 일어났다(1811).

더 알아보기

영조의 업적

탕평책을 통한 왕권 강화	• 각 붕당의 사상적 지주였던 산림의 존재 부정 • 붕당의 지지 기반인 서원을 대폭 정리 • 이조 전랑의 삼사 관리 선발권 폐지
민생 안정 노력	• 균역법 실시: 백성의 군역 부담 경감 • 지나친 형벌 금지, 사형수에 대한 엄격한 삼심제 시행 • 신문고 부활: 백성의 억울함 해소 • 문물제도 정비: 『속대전』, 『동국문헌비고』 편찬

11 난도 ★★☆   정답 ①

근대 > 정치사

자료해설

제시된 자료에서 을미사변은 삼국 간섭 이후 민씨 세력이 러시아를 통해 일본을 견제하자, 일본이 경복궁에 난입하여 명성 황후를 시해한 사건이다(1895). 러·일 전쟁은 한반도와 만주 지역에 대한 지배권을 두고 러시아와 일본 간에 벌어진 제국주의 전쟁이다(1904).

정답의 이유

① 갑신정변 이후 미국에서 돌아온 서재필은 독립신문을 창간하고 독립 협회를 창립하였으며, 청의 사신을 맞던 영은문을 헐어 그 자리에 독립문을 건립하였다(1897).

오답의 이유

② 일본의 강압으로 을사늑약이 체결(1905)되어 대한제국의 외교권이 박탈되고 통감부가 설치되었다.

③ 일제 통감부는 대한제국의 토지와 자원을 수탈하기 위해 동양 척식 주식회사를 설립하였다(1908).

④ 흥선 대원군은 왕실의 권위 회복을 위해 임진왜란 때 불에 탄 뒤 방치되었던 경복궁을 중건하였으며(1865~1868), 이에 필요한 재정을 확보하기 위해 당백전을 발행하였다.

12 난도 ★★★   정답 ④

중세 > 정치사

자료해설

제시된 자료에 있는 '모니노', '신돈의 여종 반야의 소생', '이인임 등의 권력 횡포' 등으로 보아 밑줄 친 '왕'은 고려 공민왕의 뒤를 이어 왕위에 오른 우왕(1374~1388)이라는 것을 알 수 있다.

정답의 이유

④ 고려 말의 무신 이성계는 우왕 때 왕명에 따라 요동 정벌을 위해 출병하였다. 그러나 의주 부근의 위화도에서 말을 돌려 개경으로 회군(1388)한 후, 최영을 제거하고 우왕을 폐위시켰으며 정치적 실권을 장악하였다.

오답의 이유

① 조선 전기 왜구의 약탈이 빈번하자 세종은 이종무를 대마도로 보내 왜구를 토벌하였다(1419).

② 고려 무신 정권 해체 이후 강화도에 있던 고려 조정이 개경으로 환도하면서 몽골과의 강화가 성립되었다. 최씨 무신 정권의 군사적 기반이었던 삼별초는 이에 반발하여 배중손의 지휘에 따라 진도로 이동하며 대몽 항쟁을 전개하였다(1270~1273).

③ 고려 공민왕은 반원 자주 정책을 실시하여 유인우, 이자춘, 이인임 등으로 하여금 동계 지역의 쌍성총관부를 공격하여 원에 빼앗긴 철령 이북의 땅을 수복하였다(1356).

13 난도 ★★☆   정답 ③

일제 강점기 > 사회사

자료해설

제시된 자료의 '조선 물산 팔고 사자' 등의 포스터 내용을 통해 1920년대 전개된 물산 장려 운동이라는 것을 알 수 있다.

정답의 이유

③ 물산 장려 운동은 1920년대 조만식 등을 중심으로 평양에서 전개되었다. 민족 자본 육성을 통한 경제 자립을 위해 자급자족, 국산품 애용, 소비 절약 등을 내세웠으며 자작회, 토산 애용 부인회 등의 단체가 활동하였다. 그러나 일부 사회주의 세력은 이 운동이 자본가 계급의 이익만 추구할 뿐이라는 이유로 비판하기도 하였다.

오답의 이유

① 1920년대 이상재, 이승훈, 윤치호 등의 주도로 한국인을 위한 고등 교육 기관인 민립 대학 설립 운동이 시작되어 조선 민립 대학 기성회가 조직되었다. 그러나 일제의 방해와 경성 제국 대학

의 설립, 남부 지방의 가뭄과 전국적인 수해로 모금 활동이 중단되면서 좌절되었다.

②·④ 1920년 일제의 회사령 폐지로 일본 자본이 본격적으로 들어왔고, 일제는 한·일 간의 관세 철폐를 추진하였다. 여기에 맞서 민족 자본가들은 일본의 자본에 대항하기 위해 물산 장려 운동을 추진하였다.

더 알아보기

물산 장려 운동

배경	일본 기업의 한국 진출 활발, 일본 상품의 관세 철폐(1923) → 일본 상품 대량 유입으로 한국 기업 위기 → 한국인 자본을 보호·육성하여 민족의 경제적 실력을 향상하고자 함
전개	• 평양에서 조만식을 중심으로 평양 물산 장려회 설립(1920) → 서울과 전국으로 확산 • '내 살림 내 것으로', '조선 사람 조선 것' 등의 구호 제시 • 민족 산업 보호·육성을 위한 토산품 애용, 근검·저축·금주·금연 등 실천
결과	일부 기업가에 의해 토산품 가격 상승 → 일제의 탄압과 방해로 큰 성과 거두지 못함

14 난도 ★★☆ 정답 ②

현대 > 정치사

자료해설

제시된 자료의 '통일 주체 국민 회의에서 대통령을 무기명으로 선출한다'는 내용으로 보아 1972년에 개정된 유신 헌법임을 알 수 있다.

정답의 이유

② 대통령 임기를 7년 단임으로 정한 것은 1980년 개정된 제8차 개헌 때이다. 유신 헌법에서는 대통령의 임기는 6년으로 정하고, 중임 제한을 철폐하였으며 통일 주체 국민 회의에서 대통령을 선출할 수 있게 하였다.

오답의 이유

①·③·④ 유신 헌법은 3권 분립을 무시하고 대통령의 초법적 권한을 부여하기 위해 긴급 조치권을 부여하였으며, 국회의원 1/3 추천권, 국회 해산권, 대법원장과 헌법 위원회 위원장 임명권, 정당 및 정치 활동 금지 등을 규정하였다.

15 난도 ★☆☆ 정답 ④

고대 > 정치사

자료해설

제시된 자료의 순서는 (라) 고구려 장수왕의 평양 천도(427) - (다) 백제 문주왕의 웅진 천도(475) - (가) 신라 진흥왕의 한강 유역 확보(553) - (나) 관산성 전투(554)이다.

정답의 이유

(라) 고구려 장수왕은 수도를 국내성에서 평양성으로 옮기고 남진 정책을 추진하였다.

(다) 남진 정책을 추진하던 고구려 장수왕에 의해 수도 한성이 함락되고 백제 개로왕이 전사하였다. 한강 유역을 빼앗긴 이후 즉위한 백제 문주왕은 웅진(공주)으로 천도하였다.

(가)·(나) 신라 진흥왕과 백제 성왕은 함께 고구려를 공격하여 한강 유역을 차지하였으나, 진흥왕이 나·제 동맹을 깨고 백제가 차지한 지역을 점령하였고, 이에 분노한 성왕은 신라를 공격하였으나 관산성 전투에서 전사하였다.

16 난도 ★★★ 정답 ③

중세 > 정치사

자료해설

제시된 자료에서 '통주성 남쪽으로 나가 진을 친', '결국 패해 거란군의 포로가 된', '고려 사람' 등의 내용으로 보아 (가) 인물은 고려 시대 무신 강조이다. 강조는 거란의 2차 침입(1010) 때 통주 전투에서 대패하여 포로가 되었으나 거란 왕에게 고려 신하의 절의를 꺾지 않고 저항하다가 죽음을 맞았다.

정답의 이유

③ 고려의 무신 강조는 천추 태후와 그의 정부 김치양으로 인한 국가의 혼란을 바로잡기 위해 정변을 일으켜 목종을 폐위시키고 현종(대량원 군)을 즉위시켰다(1009).

오답의 이유

① 묘청의 난은 묘청, 정지상 등을 중심으로 한 서경 세력이 서경 천도와 칭제건원, 금 정벌 등을 주장하였으나 받아들여지지 않자 서경에서 반란을 일으킨 사건으로, 인조의 명에 의해 김부식이 진압하였다(1135).

② 고려 숙종 때 부족을 통일한 여진족이 고려의 국경을 자주 침입하자 윤관이 왕에게 건의하여 신기군, 신보군, 항마군으로 구성된 별무반을 편성하였다(1104). 이후 예종 때 윤관은 별무반을 이끌고 여진족을 공격하여 동북 지역에 9성을 쌓았다(1107).

④ 거란의 1차 침입 때 서희가 소손녕과 외교 담판을 통해 강동 6주를 획득하였다(993).

더 알아보기

거란의 침입과 고려의 대응

거란 침입	결과
1차 침입 (993)	10세기 초 통일 국가를 세운 거란이 고려를 여러 차례 침략하였다. 고려 성종 때 거란이 고려가 차지하고 있는 옛 고구려 땅을 내놓고 송과 교류를 끊을 것을 요구하였으나 서희가 소손녕과의 외교 담판을 통해 강동 6주를 획득하였다.
2차 침입 (1010)	거란은 강조의 정변을 구실로 고려를 침입하여 흥화진을 공격하였다. 이때 고려 장수 양규는 무로대에서 거란을 기습 공격하여 포로로 잡힌 백성을 되찾았다.
3차 침입 (1018)	거란의 소배압이 이끄는 10만 대군이 다시 고려를 침입하였으나 강감찬이 이에 맞서 귀주에서 대승을 거두었다(귀주 대첩, 1019).

17 난도 ★☆☆　　　　　　　　　　　정답 ②

근세 > 정치사

자료해설

제시문의 『성학집요』를 완성하였다는 내용으로 밑줄 친 '저'가 율곡 이이라는 것을 알 수 있다. 이이는 군주가 수양해야 할 덕목을 정리한 『성학집요』를 저술하여 선조에게 바쳤다.

정답의 이유

② 율곡 이이는 왕도 정치의 이상을 문답식으로 저술한 『동호문답』을 통해 다양한 개혁 방안을 제시하였다.

오답의 이유

① 조선 중기의 성리학자 퇴계 이황은 향촌 사회의 교화를 위해 향약의 4대 덕목 가운데 '과실상규'를 강조하는 예안향약을 만들었다.

③ 조선 중종 때 풍기 군수 주세붕이 성리학을 전래한 고려 말의 학자 안향을 기리기 위해 최초로 백운동 서원을 건립하였다. 백운동 서원은 이황의 건의로 최초의 사액 서원인 소수 서원으로 사액되었다.

④ 정도전은 태조의 막내 아들인 방석을 세자로 임명하려다가 발생한 제1차 왕자의 난 때 이방원에 의해 피살되었다.

18 난도 ★★★　　　　　　　　　　　정답 ④

근대 > 정치사

자료해설

제시된 자료에서 '한국의 의병', '적군의 포로', '만국공법에 의해 처단' 등의 내용을 통해 밑줄 친 '나'가 안중근임을 알 수 있다. 안중근은 자신이 대한제국 용병 참모중장의 자격으로 동양의 평화를 교란한 이토 히로부미를 처단했으며, 이에 따라 범죄자가 아니라 만국공법에 따라 포로로 대우해 달라고 요청하였다.

정답의 이유

ⓒ 안중근은 뤼순 감옥에서 한국, 일본, 청의 동양 삼국이 협력하여 서양 세력의 침략을 방어하고 동양 평화를 실현해야 한다는 사상을 담은 『동양평화론』을 집필하였으나 일제가 사형을 앞당겨 집행하면서 미완성으로 남게 되었다.

ⓔ 안중근은 연해주에서 의병 운동을 했으며, 각종 모임을 만들어 애국 사상을 고취하고 군사 훈련을 담당하였다.

오답의 이유

ⓐ 안중근은 중국의 뤼순 감옥의 형장에서 순국하였다(1910.3.).

ⓑ 한인 애국단은 김구가 상하이에서 적극적인 의열 투쟁 활동을 전개하고자 결성한 단체로 대표적인 단원으로는 윤봉길, 이봉창 등이 있다.

19 난도 ★★★　　　　　　　　　　　정답 ②

현대 > 정치사

자료해설

제시된 자료에 있는 '일본 정부와 공모하여 한·일 합병에 적극 협력한 자'와 '처벌'을 통해 1948년 제헌 국회에서 제정한 반민족 행위 처벌법의 조항임을 알 수 있다.

정답의 이유

② 5·10 총선거를 통해 구성된 제헌 국회는 1948년 9월 반민족 행위 처벌법을 제정하였으며, 다음 해인 1949년 6월 농지 개혁법을 제정하였다.

오답의 이유

①·③ 제헌 국회는 1948년 9월 『반민족 행위 처벌법』을 제정하였으며, 10월에는 반민족 행위 특별 조사 위원회와 특별 재판부를 설치하여 공소를 제기하도록 하였다.

④ 1949년 6월 특별 조사 위원회가 일제 때 친일 행위를 한 박흥식, 노덕술 등 고위 경찰 간부를 체포하여 조사하였다. 그러나 정부가 간첩 혐의로 반민족 특별 위원회 위원을 구속하는 국회 프락치 사건, 경찰의 반민 특위 습격 사건, 반민족 특별 위원회의 활동 기간 축소에 따른 공소 기간 만료 등으로 반민족 특별 위원회가 해체되어 친일파 청산은 결과적으로 실패하였다.

일제 강점기 > 정치사

[자료해설]

제시된 자료는 신채호의 「조선 혁명 선언」이다(1923). (나) 신채호는 의열단 단장 (가) 김원봉의 부탁으로 작성한 조선 혁명 선언을 통해 민중의 직접 혁명을 통한 무장 독립 투쟁의 필요성을 강조하였다.

[정답의 이유]

④ (가) 김원봉은 개인적인 폭력 투쟁의 한계를 느끼고, 조직적으로 항일 무장 투쟁을 전개하기 위해 단원들과 함께 중국의 황포 군관 학교에서 정규 군사 훈련을 교육받았다.

(나) 신채호는 「독사신론」을 발표하여 민족을 역사 서술의 중심에 두는 민족주의 사학의 기반을 마련하였다.

[오답의 이유]

① (가)는 김원봉이 맞으나 (나)는 맞지 않다.
  • 조선 의용대는 (가) 김원봉이 주도하여 중국 국민당의 지원을 받아 중국 관내 결성된 최초의 한인 무장 부대이다.
  • 독립을 위해 '국혼'을 강조한 인물은 박은식이다.

② (가)와 (나) 모두 맞지 않다.
  • 신민회의 이회영 등은 서간도 삼원보 지역에 독립군 양성 학교인 신흥 강습소를 설립하였고 이후 명칭을 신흥 무관 학교로 바꾸었다.
  • 일제 강점기의 사회 운동가 강상호는 경남 진주에서 백정 이학찬 등과 함께 백정에 대한 사회적 차별 철폐를 위한 형평사를 조직하였다.

③ (가)와 (나) 모두 맞지 않다.
  • 여운형은 일제의 패망에 대비하여 광복 이후 민주주의 국가 건설을 목표로 한 조선 건국 동맹을 결성하였다.
  • 백남운은 「조선사회경제사」를 통해 유물 사관을 토대로 식민 사학의 정체성론을 반박하였다.

[더 알아보기]

일제 강점기 국학 연구

민족주의 사학	박은식	• 혼(魂) 강조 • 「한국통사」, 「한국독립운동지혈사」
	신채호	• 민족주의 역사학의 기반 확립 • 고대사 연구 • 「독사신론」, 「조선상고사」, 「조선사연구초」
	정인보	• '얼' 강조, 「5천년간 조선의 얼」(동아일보 연재) → 「조선사연구」, 조선학 운동
	문일평	• 심(心) 사상(조선심) • 역사학의 대중화에 관심
사회 · 경제 사학	백남운	• 유물 사관을 바탕으로 정체성론 비판 • 「조선사회경제사」, 「조선봉건사회경제사」
실증 사학	손진태, 이병도	• 문헌 고증 강조 • 진단학회 조직

무언가를 시작하는 방법은 말하는 것을 멈추고 행동을 하는 것이다.

– 월트 디즈니 –

PART 4
교육학개론

교육학개론 | 2024년 국가직 9급

한눈에 훑어보기

✓ 영역 분석

교육사 및 철학
2문항, 10%
02 04

교육심리
4문항, 20%
05 06 07 08

교수-학습
2문항, 10%
03 20

교육사회학
3문항, 15%
15 16 19

교육행정
4문항, 20%
09 10 12 13

교육평가 및 공학
1문항, 5%
01

교육과정
2문항, 10%
14 18

교육법령
2문항, 10%
11 17

✓ 빠른 정답

01	02	03	04	05	06	07	08	09	10
②	①	④	①	④	④	③	③	③	④

11	12	13	14	15	16	17	18	19	20
④	①	③	①	①	①	②	①	②	③

✓ 점수 체크

구분	1회독	2회독	3회독
맞힌 문항 수	/ 20	/ 20	/ 20
나의 점수	점	점	점

01 정답 ②

[정답의 이유]

② 시험의 양호도 중 '결과의 일관성'은 신뢰도, '충실한 측정'은 타당도를 의미한다. 즉, 반복 측정 결과에 일관성이 있다는 것은 신뢰도가 높다는 의미이고, 충실히 측정하지 못하고 있다는 것은 타당도가 낮다는 의미이다.

[더 알아보기]

검사도구의 양호도

타당도	• 검사점수가 사용 목적에 얼마나 부합하는가, 측정하고자 하는 목표나 내용을 제대로 측정하는가를 의미한다. • 타당도 없이도 신뢰도는 정확할 수 있으나 신뢰도 없는 타당도란 있을 수 없다. • 종류: 내용타당도, 예언타당도, 공인타당도, 구인타당도 등
신뢰도	• 어떤 평가도구를 가지고 설정된 교육내용이나 목표를 얼마나 정확하게 평가하였는가를 의미한다(정확성, 안정성). • 측정 대상 자체에 변화가 없는 한 몇 회를 측정해도 측정치가 동일하다면 그 측정치는 신뢰할 수 있다. • 평가도구가 높은 타당도를 갖기 위해서는 평가도구의 신뢰도가 높아야 한다.
객관도	• 검사의 공정성과 채점의 일관성을 나타내는 척도이다. • 검사자의 신뢰도를 의미하기도 한다. • 여러 검사자(채점자)가 어느 정도로 일치된 평가를 하느냐를 의미한다.
실용도	• 시간, 비용, 노력 측면에서 검사가 얼마나 경제적인지를 나타낸다. • 조건: 채점의 간편성, 해석과 활용의 용이성, 실시 절차의 간편성, 비용·시간·노력의 절약 등

02 정답 ①

[정답의 이유]

① 부버(Buber)는 실존주의 교육철학의 사상가이다. 부버는 학생의 사람됨은 인간적인 교사와 인간적인 만남의 교육 방법에 의해 계발될 수 있으며, 교사와 학생은 동등한 인격자로서 서로 '만남'이 이루어졌을 때 참다운 교육이 일어난다고 보았다.

[오답의 이유]

② 프뢰벨(Fröbel)은 독일의 교육학자이자 교사로, 페스탈로치의 사상을 계승하여 포괄적이고 독창적인 교육철학과 유치원 및 유아교육 이론을 발전시켰다.

③ 피터스(Peters)는 교육은 교육의 개념 속에 내포해 있는 내재적 가치를 실현하는 활동으로 세상과 삶에 대한 지적 이해와 안목, 즉 합리적인 마음을 계발하도록 하여 행복한 삶을 살도록 함으로써 실현될 수 있다고 주장하였다.

④ 헤르바르트(Herbart)는 교육의 목적이 궁극적으로 학생의 도덕적 품성을 강화하는 것이며, 도덕적 품성은 내적 자유의 이념, 완전성의 이념, 호의(선의지)의 이념, 정의(권리)의 이념, 공정성(보상)의 이념과 같은 다섯 가지 기본 이념으로 이루어져 있다고 주장하였다.

03   정답 ④

정답의 이유

④ 켈러(Keller)가 제시한 학습자의 동기유발을 위한 4요소 중 나머지 하나는 '주의집중'이다.

더 알아보기

켈러(Keller)의 ARCS 모형

• 켈러는 수업의 세 가지 결과변인인 효과성, 효율성, 매력성 중 매력성과 관련하여 학습자의 학습 동기를 유발하고 유지하기 위한 교수설계 전략인 ARCS 모형을 제시하였다.

• ARCS 모형의 4가지 요소

주의집중 (Attention)	• 학습자의 주의와 호기심을 유발 · 유지시키는 것과 관련된다. • 시각적 매체를 활용하거나 일상적 내용을 제시하는 지각적 주의환기 전략과 질문과 응답을 통해 능동적 반응을 유도하거나 적절한 피드백을 제공하는 등 학생의 호기심과 탐구심을 자극하여 학습에 대한 기대감을 높이는 탐구적 주의환기 전략이 있다. • 다양한 교수 방법과 자료를 사용하여 수업의 요소를 변화시켜 학습자의 흥미와 주의를 계속 유지시키는 다양성 전략도 주의집중 요소에 해당한다.
관련성 (Relevance)	• 학습할 내용을 학생의 필요와 가치에 관련시키는 것이다. • 관련성 요소에는 친밀한 인물이나 사건, 예시, 그림 등을 활용하여 수업과 학생의 경험을 긴밀하게 연결하는 친밀성 전략이 있다. • 학습의 목적을 다양하게 제시하여 학생이 학습할 내용을 자신의 미래 가치와 관련지을 수 있도록 하는 목적 지향성 전략과 학생의 현재 필요와 욕구, 동기와 연결하는 필요나 동기와의 부합 전략이 있다.
자신감 (Confidence)	• 학습에서 성공기회와 학습의 필요조건을 제시하고, 개인적 조절감 증대의 기회를 제시하는 것 등이 자신감 요소에 해당한다. • 학습자는 자신이 무엇을 해야 하는지 분명히 알고, 학습에서의 성공을 경험할 때 자신감이 높아진다.
만족감 (Satisfaction)	• 강화를 관리하고 학습에 대한 자기통제가 가능하도록 하는 것과 관련된다. • 연습 문제를 통해 배운 것을 적용해 볼 기회를 제공하거나 적절한 강화 계획을 활용하여 바람직한 행동을 계속 유지하도록 하는 것, 수업목표와 내용의 일관성을 유지하고 수업내용과 시험내용이 일치하도록 하여 학생들이 공정하게 대우받고 있다고 느끼게 하는 것 등이 만족감 요소에 해당한다.

04   정답 ①

정답의 이유

① 『아학편』은 조선 후기 실학자 정약용이 체계적 한자 학습을 위하여 엮은 교육용 교재로 『천자문』의 결점을 극복하기 위하여 만들어졌다. 상권에는 유형적 개념에 해당하는 한자를 담았고, 하권에는 계절, 기구, 방위 등의 무형적 개념에 해당하는 한자를 담았다.

오답의 이유

② 『천자문』은 중국 양나라의 주흥사(周興嗣)가 쓴 책으로, 한문 학습 입문서로 사용되었다.

③ 『동몽선습』은 조선 시대 동몽(童蒙) 교재 중에서 가장 이른 시기에 저술되었고, 초학 아동들이 『천자문』 다음 단계에서 필수로 학습하였던 대표적인 아동 교재였다.

④ 『입학도설』은 고려 시대 공양왕 때 권근이 성리학의 원리를 쉽게 가르치기 위해 그림으로 그려 풀이한 책이다.

05   정답 ④

정답의 이유

㉠ 균등의 원리에 대한 설명이다.

㉡ 적극적 예방의 원리에 대한 설명이다.

㉢ 전인(통합)의 원리에 대한 설명이다.

더 알아보기

생활지도의 원리

개인 존중과 수용	학생 개개인을 존엄성을 가진 인간으로 존중한다.
자율성 존중	학생들의 다양성과 자율성, 가치를 인정하고 존중한다.
계속성의 원리	체계적이고 종합적인 계획하에 지속적으로 실시되어야 한다.
통합성의 원리	전인적 발달을 위해 개인의 특정 영역이나 기능과 같은 일부분만이 아닌 전체적인 면을 다루고 지도하여야 한다.
균등의 원리	문제나 부적응 학생뿐만이 아니라 모든 학생을 대상으로 학생 개개인의 잠재 가능성을 실현하도록 도와야 한다.

과학성의 원리	학생에 대한 올바른 이해를 위해 구체적이고 객관적인 자료를 수집 · 활용함으로써 과학적으로 접근한다.
적극성의 원리	사후 치료나 교정보다 적극적인 예방지도에 중점을 두어야 한다.
협동성의 원리	생활지도는 담임교사나 상담자뿐 아니라 전 교직원과 가정, 지역사회와의 긴밀하게 협동하여 실시해야 한다.
조직의 원리	상담교사를 중심으로 구체적인 조직 기구가 형성 · 운영되어야 한다.

06　　　　　　　　　　　　　　　　　　정답 ④

정답의 이유

④ 카텔(Cattell)과 혼(Horn)은 지능에는 유동지능과 결정지능이 있다고 하였다. 이 중 유동지능은 연령과 건강 등 신체적인 요인의 영향을 받는 지능으로 개념 형성, 기억력과 도형지각능력 등 정보처리의 속도와 정확성에 관여하는 능력을 가리킨다. 10대 후반이 되면 완전히 발달하며, 성인이 되면서 낮아진다.

오답의 이유

① 결정지능은 카텔(Cattell)과 혼(Horn)이 유동지능과 함께 제시한 개념으로 경험, 교육 및 훈련을 통하여 발달하는 지식과 능력을 가리킨다. 독해력, 문제해결 능력, 커뮤니케이션 능력 등이 이에 해당한다. 교육이나 경험의 축적된 효과를 반영하므로 생의 말기까지 계속 증가한다.

② 다중지능은 가드너(Gardner)가 제시한 개념이다. 가드너는 다중지능이론에서 인간의 지능은 단일능력이 아니라 상호독립적이며, 사회문화적 맥락의 영향을 받는다고 주장하였다.

③ 성공지능(삼위일체 지능이론)은 스턴버그(Sternberg)가 제시한 개념이다. 스턴버그는 더 완전한 지능이 되기 위해서는 개인, 행동, 상황 등 세 가지를 모두 고려해야 한다고 주장하면서 지능을 상황적 지능(실천적 지능), 경험적 지능(창조적 지능), 요소적 지능(분석적 지능) 등으로 분류하였다.

07　　　　　　　　　　　　　　　　　　정답 ③

정답의 이유

③ 정체성 위기의 상태에 있으나 적극적으로 정체성을 탐색하며, 정체성 확립을 위해 노력하는 단계는 정체성 유예 단계이다.

마샤(Marcia)의 정체성 이론

마샤는 청소년기에 나타나는 정체감 유형을 '자신의 정체감 확립을 위해 얼마나 큰 위기를 겪었는가[탐색(Exploration)]'와 '정체감 확립을 위해 개인이 실제로 얼마나 노력하였는가[헌신(Commitment)]'라는 두 가지 요소에 근거하여 정체성 지위를 다음과 같이 4가지로 구분하였다.

정체감 성취 (Achievement)	• 정체성을 확립한 단계이다. • 삶의 목표를 능동적으로 선택할 수 있다.
정체감 유예 (Moratorium)	• 정체성 확립을 위해 노력하는 단계이다. • 적극적으로 정체성을 탐색하는 과정이다.
정체감 유실 (Foreclosure)	• 정체성이 확립된 것처럼 행동하는 단계로, 남의 가치관을 그대로 따르는 것을 말한다. • 의사결정을 할 때 대안을 고려하지 않고 부모 등이 제시하는 역할이나 가치를 그대로 선택하고 수용하는 것이 이에 해당한다.
정체감 혼미 (Diffusion)	• 정체성을 찾기 위해 노력하지 않는 단계이다. • 가치 있는 활동에 전념하지 않는 상태이다.

08　　　　　　　　　　　　　　　　　　정답 ③

정답의 이유

③ 와이너(Weiner)는 귀인 이론에서 귀인의 4가지 요소(능력, 노력, 운, 과제난이도)와 귀인의 3가지 차원(원인의 소재, 안정성, 통제 가능성)을 제시하였다. 이에 따르면 소재가 내부에 있고 불안정하며 통제 가능한 귀인은 일시적인(특수한) 노력이다.

오답의 이유

① 과제난이도: 소재가 외부에 있고 안정하며 통제 불가능한 귀인
② 교사의 편견: 소재가 외부에 있고 안정하며 통제 가능한 귀인
④ 시험 당일의 기분: 소재가 내부에 있고 불안정하며 통제 불가능한 귀인

와이너(Weiner)의 귀인 이론

• 인간 행동의 원인이 개인의 특성 및 환경이 아닌 자신이 어떻게 생각하는지에 따라 달라진다는 관점에서 출발하였다.
• 개인이 특정 상황에서 성공이나 실패의 원인을 무엇으로 인지하느냐에 따라 개인의 행동 양식이 결정된다.

구분	내부		외부	
	안정	불안정	안정	불안정
통제 가능	평소의 노력 (꾸준한 장기적인 노력)	특수한 노력	타인의 지속적인 도움이나 방해 예 친구의 도움	타인의 특수한 도움이나 방해 예 외부인의 방해
통제 불가능	능력 · 적성	기분	과목 특성 혹은 과제난이도	운(행운 · 불운) 혹은 우연한 기회

09 정답 ③

정답의 이유

③ 참모조직은 정보수집, 조사, 계획 등을 수행하며, 계선조직에 권고·조언을 함으로써 경영 목적 달성에 간접 기여하는 결정권 및 명령권이 없는 조직이다.

오답의 이유

① 계선조직은 전문적인 지식과 기술을 활용하여 직접적인 명령, 집행, 결정을 행사한다.

② 참모조직은 권한과 책임의 한계가 불명확하여 능률적인 업무수행이 어렵다는 한계가 있다

④ 참모조직은 횡적 지원을 하는 수평적 조직인 반면, 계선조직은 계층적 구조를 갖는 수직적 조직이다.

10 정답 ④

정답의 이유

④ 조하리(Johari)의 창에 따른 의사소통 모형에서 자신에게는 알려져 있으나 타인에게는 알려지지 않은 영역은 은폐(hidden) 영역이다.

더 알아보기

조하리의 창(Johari's Window)

구분	자신에게 알려진 영역	자신에게 알려지지 않은 영역
타인에게 알려진 영역	개방영역 (Open Area)	무지영역 (Blind Area)
타인에게 알려지지 않은 영역	은폐영역 (Hidden Area)	미지영역 (Unknown Area)

- 개방영역(Open Area)
  - 자신에 관한 정보가 자신이나 타인에게 잘 알려져 있다.
  - 자기표현을 적절히 잘할 뿐만 아니라 다른 사람의 말도 경청할 줄 안다.
  - 인간관계가 원만하고, 다른 사람에게 호감과 친밀감을 주어 인기가 있다.
- 무지영역(Blind Area)
  - 자신에 관한 정보가 타인에게는 알려져 있지만, 자신에게는 알려져 있지 않다.
  - 자신의 기분이나 의견을 잘 표현하며 거침없이 이야기한다.
  - 다른 사람의 반응에 무관심하거나 둔감하여 독단·독선적으로 비칠 수 있다.
- 은폐영역(Hidden Area)
  - 자신에 관한 정보가 자신에게는 알려져 있지만 타인에게는 알려져 있지 않다.
  - 다른 사람에 대해서 수용적이며 속이 깊고 신중하다.
  - 다른 사람의 이야기는 잘 경청하지만, 자신의 이야기는 잘 하지 않는다.

- 미지영역(Unknown Area)
  - 자신에 관한 정보가 자신이나 타인에게 모두 알려져 있지 않다.
  - 인간관계에 소극적이며 혼자 있는 것을 좋아한다.
  - 다른 사람과 접촉하는 것을 불편해하거나 무관심하여 고립된 생활을 하는 경우가 많다.

11 정답 ④

정답의 이유

④ 헌법에 명문화되어 있지 않은 내용이다.

> **교육기본법 제18조(특수교육)**
> 국가와 지방자치단체는 신체적·정신적·지적 장애 등으로 특별한 교육적 배려가 필요한 사람을 위한 학교를 설립·경영하여야 하며, 이들의 교육을 지원하기 위하여 필요한 시책을 수립·실시하여야 한다.

오답의 이유

① 헌법 제31조 제5항

② 헌법 제31조 제1항

③ 헌법 제31조 제4항

12 정답 ①

정답의 이유

① '적도집권의 원리'는 능률성 향상을 도모하는 중앙 집권과 민주적 권한과 참여의 기회 보장을 추구하는 지방 분권 사이 적도(適度)의 균형을 찾아야 한다는 원리이다. 분권을 중심으로 학교조직을 운영하는 것은 '지방 분권의 원리'이다.

오답의 이유

② '분업의 원리'는 업무를 성질별로 나누어 한 사람에게 한 가지의 주된 업무를 분담하는 원리이다.

③ '조정의 원리'는 조직의 공동목표를 달성하기 위해 하위체계 사이의 노력을 통합하고 조정하는 원리를 말한다.

④ '계층의 원리'는 권한과 책임의 정도에 따라 업무를 등급화하여 상하 조직 단위의 관계를 만드는 것을 말한다.

13 정답 ③

정답의 이유

③ 표준교육비는 일정 크기의 단위학교가 정상적으로 교육활동을 실시하기 위해 드는 필수적인 경비를 의미하며, 최저소요교육비 혹은 적정단위교육비라고도 한다.

교육비의 구분

직접 교육비	교육활동에 직접적으로 지출되는 비용	
	공교육비	• 법적인 예산회계 절차를 거쳐 교육활동에 투입되는 비용 • 공부담 공교육비와 사부담 공교육비로 분류
	사교육비 (사부담 사교육비)	법적인 예산회계 결산 절차를 거칠 필요 없이 학부모 혹은 학생이 자의적으로 지출하는 비용
간접 교육비 (교육 기회비용)	교육활동을 함으로써 포기하게 되는 모든 형태의 기회비용	
	사부담 간접교육비	교육 기간 학생이 취업을 포기함으로써 발생하는 유실소득
	공부담 간접교육비	학교에 주어진 각종 면세 혜택 비용, 학교건물과 교육 시설을 경제적 수익사업을 위해 사용하지 않았기 때문에 발생한 비용 및 이자, 학교시설 감가상각비 등

14 정답 ①

정답의 이유

① 타일러(Tyler)가 제시한 학습경험의 조직원리에는 계속성의 원리, 계열성의 원리, 통합성의 원리가 있다. 범위(scope)는 수평적(횡적) 원리로, 특정한 시점에서 학생들에게 제공되는 내용의 깊이(배당시간 수)와 폭(교과목 이름)을 말하는데, 교육과정 설계의 원리에 해당한다.

오답의 이유

② 계속성(continuity): 교육내용과 경험의 조직에 있어서 내용과 경험의 계속성이 유지되도록 조직하자는 원리

③ 계열성(sequence): 교육내용과 경험의 여러 요인이 깊이와 넓이에 있어서 점진적으로 심화·확대되도록 조직되어야 한다는 원리, 계속성의 원리가 동일내용의 반복적 학습을 의미한다면, 계열성의 원리는 수준을 높인 동일내용의 반복적 학습을 의미

④ 통합성(integration): 교육내용과 경험 사이에 관련이 이루어질 수 있도록 통합성이 유지되어야 한다는 원리

15 정답 ①

정답의 이유

① 번스타인(Bernstein)은 미시적 교육사회학의 입장으로 인간의 주체적 인식과 해석을 중요시한다. 번스타인은 학교가 정교한(elaborated) 어법을 사용함으로써 계급의 재생산을 이룬다고 보았다. 또한 노동자 계층 자녀의 학업성취가 낮은 이유는 가정에서 제한된 언어코드를 사용하기 때문이라고 본다.

16 정답 ①

정답의 이유

① 아비투스는 부르디외(Bourdieu)에 의해 제시된 개념으로, 특정한 계급적 환경에 의해 형성된 성향이나 사고, 인지, 판단과 행동 체계가 지속되어 내면화된 것을 의미한다. 즉, 아비투스는 사회화 과정을 거치는 동안에 개인이 획득하는 영구적인 성향체계로, 특정 계급적 환경에서 내면화된 지속적 성향이나 태도를 의미하며, 내면화된 문화자본으로서 계급적 행동유형과 가치체계를 반영한다.

오답의 이유

② 패러다임은 토마스 쿤(Thomas Kuhn)이 제시한 개념으로, 어떤 한 시대 사람들의 견해나 사고를 지배하고 있는 이론적 틀이나 개념의 집합체를 말한다.

③ 헤게모니는 애플(M. Apple)이 교육사회학 이론에 활용한 그람시(A. Gramsci)의 개념으로, 한 집단이나 국가, 문화가 다른 집단이나 국가, 문화를 지배하는 것을 의미한다.

④ 이데올로기는 사회를 구성하는 이념이나 가치를 의미한다.

17 정답 ②

정답의 이유

② 학교의 장이 학교를 개방할 경우 개방시간 동안의 해당 시설의 관리·운영에 필요한 사항은 해당 지방자치단체의 조례로 정한다.

평생교육법 제29조(학교의 평생교육)
① 「초·중등교육법」 및 「고등교육법」에 따른 각급학교의 장은 평생교육을 실시하는 경우 평생교육의 이념에 따라 교육과정과 방법을 수요자 관점으로 개발·시행하도록 하며, 학교를 중심으로 공동체 및 지역문화 개발에 노력하여야 한다.
② 각급 학교의 장은 해당 학교의 교육여건을 고려하여 학생·학부모와 지역 주민의 요구에 부합하는 평생교육을 직접 실시하거나 지방자치단체 또는 민간에 위탁하여 실시할 수 있다. 다만, 영리를 목적으로 하는 법인 및 단체는 제외한다.
③ 제2항에 따른 학교의 평생교육을 실시하기 위하여 각급학교의 교실·도서관·체육관, 그 밖의 시설을 활용하여야 한다.
④ 제2항 및 제3항에 따라 학교의 장이 학교를 개방할 경우 개방시간 동안의 해당 시설의 관리·운영에 필요한 사항은 해당 지방자치단체의 조례로 정한다.

18 정답 ①

정답의 이유

(가) 학생 개개인의 인격적 성장을 지원하고, 사회 구성원 모두의 행복을 위해 서로 존중하고 배려하며 협력하는 공동체 의식을 함양한다.

(나) 모든 학생이 학습의 기초인 언어·수리·디지털 기초소양을 갖출 수 있도록 하여 학교 교육과 평생 학습에서 학습을 지속할 수 있게 한다.

(다) 다양한 <u>학생 참여형</u> 수업을 활성화하고, 문제 해결 및 사고의 과정을 중시하는 평가를 통해 학습의 질을 개선한다.

2022 개정교육과정에서 교육과정 구성의 중점

- 디지털 전환, 기후·생태환경 변화 등에 따른 미래 사회의 불확실성에 능동적으로 대응할 수 있는 능력과 자신의 삶과 학습을 스스로 이끌어가는 주도성을 함양한다.
- 학생 개개인의 인격적 성장을 지원하고, 사회 구성원 모두의 행복을 위해 서로 존중하고 배려하며 협력하는 공동체 의식을 함양한다.
- 모든 학생이 학습의 기초인 언어·수리·디지털 기초소양을 갖출 수 있도록 하여 학교 교육과 평생 학습에서 학습을 지속할 수 있게 한다.
- 학생들이 자신의 진로와 학습을 주도적으로 설계하고, 적절한 시기에 학습할 수 있도록 학습자 맞춤형 교육과정 체제를 구축한다.
- 교과 교육에서 깊이 있는 학습을 통해 역량을 함양할 수 있도록 교과 간 연계와 통합, 학생의 삶과 연계된 학습, 학습에 대한 성찰 등을 강화한다.
- 다양한 학생 참여형 수업을 활성화하고, 문제 해결 및 사고의 과정을 중시하는 평가를 통해 학습의 질을 개선한다.
- 교육과정 자율화·분권화를 기반으로 학교, 교사, 학부모, 시·도 교육청, 교육부 등 교육 주체들 간의 협조 체제를 구축하여 학습자의 특성과 학교 여건에 적합한 학습이 이루어질 수 있도록 한다.

19 정답 ②

- ㉠ 빈곤 가정의 결핍된 문화적 환경을 보상하기 위한 프로그램 중 하나가 헤드스타트 프로그램이다.
- ㉢ 문화실조론은 문화적 절대주의(자민족 우월주의)의 관점이며, 이에 대해 문화상대주의자들은 문화실조라는 개념이 성립할 수 없다고 비판한다.

- ㉡ 학생의 학업성취 격차의 원인은 사회·문화적 환경요인에 있다고 주장한다.

문화실조론

- '문화실조(Cultural Deprivation)'란 발달과정 초기에 문화적으로 취약한 환경에서 성장한 아동은 발달상의 결손을 가져온다는 것을 설명하는 개념이다.
- 개인의 발달에 필요한 문화적 요소의 결핍 현상을 의미하는 것으로서, 대개 사회경제적 지위가 낮은 계층의 아동들에게 많이 발생한다.
- 문화실조론은 문화적 절대주의(자민족 우월주의)의 관점으로, 문화실조론자들은 사회·문화적 환경의 차이로 인해 학업성취의 격차가 발생한다고 주장하였다.
- 브룩스에 의하면, 문화적으로 실조된 아동이란 마땅히 지녀야 할 풍부한 경험들로부터 유리된 아동을 말하며, 이와 같은 유리 현상

은 그의 가정환경의 지적 자원이 빈약하거나 주위 연장자들의 문맹 또한 무관심, 혹은 지역사회 전반의 풍토에 기인한다.
- 문화실조는 언어장애와 학업부진, 중도탈락, 비행 등의 주요 원인으로 지적되고 있다.
- 학생의 학습실패 중요 요인으로 학생의 문화적 경험 부족을 지목한다.
- 학교에서 학생들의 성공과 실패는 유전적으로 결정된 것이 아니라고 본다.

20 정답 ③

③ 기술적 교수법적 내용 지식(TPACK)은 슐만(Shulman)의 교수학적 내용 지식(Pedagogical content knowledge)을 기반으로 한 이론이다. 그는 교사가 갖추어야 할 지식 7가지(교과내용 지식, 교수내용 지식, 교육과정 지식, 교수법 지식, 학습자 지식, 교육환경 지식, 교육목적 지식)를 제시하였다. TPACK은 이 중 내용 지식, 교수법 지식, 기술 지식의 통합을 강조한다.

① ASSURE는 하이니히(Heinich)의 수업 매체 선정 및 활용 모형이다. A(Analyze Learner Characteristic)는 학습자의 태도, 선행학습능력, 학습양식 등을 분석하는 단계이고, S(State Objective)는 성취목표의 유형을 분석하고, 목표를 확립하는 단계이다. S(Select Media and Materials)는 수업목표를 달성하는 데 가장 효율적인 수업전략과 이에 적합한 매체 유형을 결정하고 자료를 선정하는 단계이며, U(Utilizing Materials) 단계에서는 매체 및 자료에 대한 사전 검토, 매체 및 자료 준비, 환경 준비, 학습자 준비, 학습경험 제공을 진행한다. R(Require Learner Participation)은 수업 중 기회 제공 및 피드백 제공을, E(Evaluation)는 학습자 성취의 평가, 전략 및 매체의 평가, 피드백을 통한 수정을 진행하는 단계이다.

② STAD는 슬래빈(Slavin)의 팀 성취 분담학습 모형을 의미한다. 교사의 설명, 모둠학습, 평가, 모둠점수 게시와 보상으로 이루어지며, 교사가 전체 학습 내용을 설명하고 모둠학습을 실시한다. 평가는 개인별 퀴즈를 통해 이루어지며, 모둠점수는 구성원들의 점수의 합을 평균하여 계산한다. 모둠점수에 따라 적절한 보상을 제공해야 한다.

④ WHERETO는 위긴스와 맥타이(Wiggins & McTighe)가 백워드 설계 모형에서 언급한 학습 경험과 수업 계획의 원리에 해당한다.

교육학개론 | 2024년 지방직 9급

✔ 빠른 정답

01	02	03	04	05	06	07	08	09	10
④	①	①	①	④	③	②	④	③	②

11	12	13	14	15	16	17	18	19	20
②	④	②	①	③	①	③	④	③	②

✔ 점수 체크

구분	1회독	2회독	3회독
맞힌 문항 수	/ 20	/ 20	/ 20
나의 점수	점	점	점

01
정답 ④

정답의 이유

④ 딕과 캐리(W. Dick & L. Carey)의 교수설계 모형은 교수설계자의 입장에 초점을 두어 개발된 체제적 교수설계 모형으로, 교수분석 단계에서는 수업목표의 유형을 구분하고 세부과제를 도출하며 수행목표 진술 단계에서는 학습자에게 기대되는 성과를 구체적으로 진술한다. 구성은 요구사정, 교수분석, 학습자 및 상황분석, 수행목표 진술, 평가도구 개발, 교수전략 개발, 교수자료 개발 및 선정, 형성평가 개발 및 시행, 교수 수정, 총괄평가 설계 및 시행 등 10단계이다.

오답의 이유

① ADDIE 모형은 분석(Analysis), 설계(Design), 개발(Development), 실행(Implementation), 평가(Evaluation) 단계로 구성된다. 분석 단계는 앞으로의 효과 및 결과를 예견하고 평가하는 과정으로 학습과 관련된 요인과 학습자 요구를 면밀히 분석한다. 설계 단계는 설정된 목표를 달성하기 위해 어떤 내용을 어떻게 조직하고 제시해야 효과적인 결과를 얻을 것인가를 핵심질문으로 하는 수업의 청사진이다. 개발 단계는 설계에서 구체화된 내용을 물리적으로 완성하는 단계로 실제 수업에서 사용할 자료를 만든다. 실행 단계는 학습을 위해 개발된 자원과 과정을 실제로 사용하는 것이다. 평가 단계는 교수 프로그램이나 교수 자료의 효과성이나 효율성을 측정하는 단계이다.

② 글레이저(Glaser)의 수업 과정 모형은 수업목표(도착점 행동)의 설정과 진술, 출발점 행동(시발점 행동/투입 행동)의 진단과 확인, 수업절차의 선정과 실행, 학습 성취도 평가 단계로 이루어진다.

③ 켈러(Keller)는 수업의 세 가지 결과변인인 효과성, 효율성, 매력성 중 매력성과 관련하여 학습자의 학습 동기를 유발하고 유지하기 위한 교수설계 전략인 동기설계 모형(ARCS)을 제시하였다. ARCS 모형의 4가지 요소는 주의집중(Attention), 관련성(Relevance), 자신감(Confidence), 만족감(Satisfaction)이다.

02
정답 ①

오답의 이유

② 서열척도는 일종의 순위척도로서 그 측정대상을 속성에 따라 서열이나 순위를 매길 수 있도록 수치를 부여한 척도이다. 서열 간의 간격이 동일하지 않으며 절대량을 의미하지 않는다. 단위 사이의 간격에 관한 정보가 없다. 사회계층, 선호도, 서비스 효율성 평가, 석차, 청소년상담사 자격등급 등의 측정에 이용된다.

③ 동간척도(등간척도)는 일종의 구간척도로서 측정하고자 하는 대상이나 현상을 분류하고 서열을 정할 수 있을 뿐만 아니라, 분류된 범주 간의 간격까지도 측정할 수 있는 척도이다. 등간격이므로 산술계산에 사용될 수 있으나, 절대영점이 없다. 선형변환은 가능하나 수치 간의 비율적 정보는 가능하지 않으며, 수치 사이의 간격이 동일하다는 정보를 제공한다. 지능, 온도, 시험점수 등이 해당한다.

④ 비율척도는 척도를 나타내는 수가 등간일 뿐만 아니라 절대영점을 가지고 있는 경우에 이용되는 척도이다. 연령, 무게, 키, 수입, 출생률, 사망률, 이혼율, 가족 수, 졸업생 수 등이 해당한다.

03

정답의 이유

① 통일신라에서는 교육기관으로 국학을 세웠다. 국학은 15~30세의 신라의 귀족 자제 출신만 입학이 가능했다. 국학의 수학 기간은 9년으로 추정되며, 학생의 능력이 부족하면 퇴학시켰다.

오답의 이유

② 고구려 소수림왕은 국가 교육 기관인 태학을 설립하여 인재를 양성하였다.

③ 유형원은 『반계수록』에서 과거제도를 폐지하고 학교를 세워 능력 있는 자를 선발하고 천거하여 등용하는 공거제도와 '방상 · 향상 – 사학 · 읍학 – 중학 · 영학 – 태학' 등으로 운영되는 단선형 학제를 제시하였다.

④ 육영공원은 엘리트 양성을 위한 목적으로 1886년에 설립된 관립 신식교육기관으로, 헐버트(Hulbert)를 비롯한 외국인을 교사로 채용하였고, 젊은 현직 관리와 양반 자제를 학생으로 받아들여 외국어 교육에 집중하였다.

04

정답 ①

정답의 이유

① 공인타당도는 새로운 평가도구의 타당도를 기존의 타당성을 인정받고 있는 도구와의 유사성 혹은 연관성에 의해 검증한다.

오답의 이유

② 구인타당도는 타당도 증거를 수집하기 위해 요인분석 등 여러 통계적 방법이 사용되며, 한 검사가 어떤 심리적 개념이나 논리적 구인을 제대로 측정하는가를 검증하고, 검사가 의도한 바의 특성을 측정하고 있는지에 대한 증거를 수집하는 과정이다.

③ 내용타당도는 측정도구에 포함된 지표가 측정하고자 하는 내용을 얼마나 대표하는지의 정도를 나타낸다.

④ 예측타당도(예언타당도)는 검사도구에서 구한 점수와 미래에 피험자에게 나타날 행동 특성을 수량화한 준거점수 간의 상관을 토대로 하며 선발, 채용, 배치를 목적으로 하는 적성검사나 선발시험 등에서 요구된다.

05

정답 ④

정답의 이유

④ 형태주의 심리학은 인간의 정신 현상을 개개의 감각적 부분이나 요소의 집합이 아니라 그 자체로서 전체성으로 구성된 구조나 지니고 있는 특질에 중점을 두어 이를 파악하고, 복잡한 현상을 단순한 요소로 나누어 설명하면 현상이 전개되는 과정을 간과하게 된다고 하였다. 복잡한 현상을 단순한 요소로 나누어 이해하려는 것은 환원론적인 관점이다.

오답의 이유

① 형태주의 심리학에서는 문제 장면에 존재하는 다양한 요소의 관계를 파악하는 통찰에 주목한다. 즉, 학습의 과정에 통찰도 포함된다고 보았다.

② 학습자는 세상을 지각할 때 외부자극을 단순히 합하는 것 이상의 작업을 수행하므로, 지각은 실제와 차이가 있을 수 있다.

③ 형태주의 심리학에서는 각각의 게슈탈트는 서로 지향성을 가지고 있으며, 이들이 서로 관계를 맺으며 총체적으로 인식되어야 올바른 지각에 이를 수 있다고 본다. 즉 전체는 부분의 합 이상이라고 여긴다.

06

정답 ③

정답의 이유

③ 평생교육이란 학교의 정규교육과정을 제외한 학력보완교육, 성인 문해교육, 직업능력 향상교육, 성인 진로개발역량 향상교육, 인문교양교육, 문화예술교육, 시민참여교육 등을 포함하는 모든 형태의 조직적인 교육활동을 말한다(평생교육법 제2조 제1호).

07

정답 ②

정답의 이유

② 숙달목표지향 학습자는 어려움에 끈기있게 직면하고, 성공은 내적으로 통제 가능한 원인에 기인한다고 생각함으로써 도전적인 학습상황을 받아들이며, 새롭고 도전적인 과제를 학습할 때 더 큰 만족감을 느낀다. 수행목표지향 학습자는 과제수행 실패 시 자기 능력 부족으로 귀인하는 경향이 있고, 불안감을 많이 경험하며 자신의 유능함을 보여줄 수 있는 과제나 자신의 무능함을 감출 수 있는 과제를 선택하는 경향이 있다.

08

정답 ④

정답의 이유

④ 합리적 관점은 모든 선택과 의사결정에 최선의 방식이 있다고 가정하고 수많은 대안 중 최적의 대안을 선택하려는 관점이다. 이는 폐쇄적 체제를 전제로 하며 관료제나 중앙집권적 조직에 적합하다.

오답의 이유

① 우연적 관점은 의사결정이 의도하지 않은 어떤 상황이나 사정에 의하여 우연히 결정된다고 여긴다. 이는 개방적 체제를 전제로 하며 조직화한 무질서 조직에 적합하다.

② 정치적 관점은 의사결정이 수많은 이익집단이 타협한 결과물이라고 여긴다. 이는 개방적 체제를 전제로 하며 갈등이 있으나 협상과 타협이 가능한 조직에 적합하다.

③ 참여적 관점은 공동의 목표가 있고 이를 달성하기 위해 최선의 선택을 하기 위해 의사결정이 이루어진다고 여기며 의사결정을 관련 당사자 간의 논의를 통한 합의의 결과로 이해한다. 이는 폐쇄적 체제를 전제로 하며 관련자의 능력과 자율이 보장되는 전문적 조직에 적합하다.

더 알아보기

교육정책 형성의 관점

관점	의사결정	적합한 조직	조직환경
합리적 관점	합리적 판단	관료제, 체계화된 중앙집권적 조직	폐쇄적 체제
참여적 관점	합의의 결과	전문적 조직	폐쇄적 체제
정치적 관점	협상의 결과	갈등이 있으나 협상과 타협이 가능한 조직	개방적 체제
우연적 관점	우연의 결과	조직화한 무질서 조직	개방적 체제

09 정답 ③

정답의 이유

③ 효율성의 원리는 교육에 투입되는 비용을 상대적으로 적게 하면서 교육목표를 달성하려는 것이다.

더 알아보기

교육행정의 원리

합법성의 원리	교육행정의 모든 활동이 합법적으로 제정된 법령, 명령 등에 따라야 한다는 것이다.
기회균등의 원리	교육 기회를 실질적으로 보장하겠다는 원리로, 교육의 허용적 · 보장적 · 과정적 · 결과적 평등을 모두 포함하고 있다.
지방분권의 원리	교육의 권한과 책임을 지방교육행정기관에 분산시키는 것이다.
자주성의 원리	교육이 본질을 추구하기 위해 일반행정에서 분리 · 독립하고 정치와 종교로부터 중립을 유지해야 한다는 것이다.
효율성의 원리	가장 능률적인 방법으로 최대의 성과를 달성해야 한다는 것이다.
민주성의 원리	이해당사자들의 의사를 적극적으로 반영하고 그들을 의사결정과정에 적절하게 참여시켜야 한다는 것이다.
안정성의 원리	교육정책을 일관되고 지속적으로 추진해야 한다는 것이다.
적응성의 원리	급격하게 변화하는 상황을 반영할 수 있어야 한다는 것이다.
전문성의 원리	전문가가 교육행정을 담당해야 한다는 것이다.

10 정답 ②

정답의 이유

② 보빗(Bobbit)은 테일러의 과학적 관리론을 교육행정에 도입하였다. 교사를 노동자, 학교장을 관리자로 보고 학교 조직을 하나의 기업체에 비유하여, 교사는 교수자로서 학생을 가르치는 데 전념하고, 학교장은 관리자로서 학교행정을 책임지는 일에 집중해야 한다고 주장하였다.

오답의 이유

① 애플(Apple)은 학교가 지배집단의 의미체계와 가치체계인 헤게모니를 주입하여 기존 질서를 정당화하며, 학교 교육과정과 수업에서 가르치는 지식은 이데올로기적 속성을 갖는다고 주장하였다.

③ 듀이(Dewey)는 교육을 경험의 재구성을 통한 성장이라고 보았으며 진보주의의 대표적인 학자로, 인간은 개개인의 잠재력과 환경과의 상호작용으로 끊임없이 성장해 가는 존재라고 보았다.

④ 위긴스와 맥타이(Wiggins & McTighe)는 교육과정 설계에서 목표와 평가를 일치시킬 것을 강조하는 백워드 설계 모형을 제시하였다. 백워드 설계 모형은 목표 확인과 동시에 평가를 고려하는 평가 우위의 모형으로, 보다 효율적인 교육목표 달성이 가능하다.

11 정답 ②

정답의 이유

(가) 경청: 내담자의 이야기에 간간이 짧고 적절한 의견이나 질문 또는 이해의 말을 덧붙임으로써 이야기의 요점을 파악했다는 것을 나타낸다. 특히 단어의 뜻 자체보다는 내담자의 잠재적인 감정에 주목한다.

(나) 감정반영: 내담자의 말 이면의 정서적 요소를 표현하고 자기감정을 이해하도록 돕는 기술을 말한다. 내담자의 태도를 거울에 비추어 주듯이 보여줌으로써 내담자의 자기 이해를 도와줄 뿐만 아니라 내담자에게 자기가 이해받는다는 인식을 준다.

(다) 질문: 내담자가 이야기를 계속하여 자기 탐색을 중단하지 않도록 유도하기 위해 혹은 내담자의 자기 이해를 돕기 위해 수행하는 기법이다.

12 정답 ④

정답의 이유

④ 간접교육비는 교육활동에 직접적으로 투입되는 이외의 비용, 즉 교육을 받음으로써 잃게 되는 교육의 기회비용을 의미한다. 간접교육비는 교육을 받는 동안 직업을 가질 수 없는 데서 오는 유실소득, 비영리기관인 교육기관에 부여하는 면세의 가치, 건물과 장비의 감가상각비와 이자 등이 포함된다. 유아의 어머니가 취업 대신 자녀 교육을 위해 가정에서 머물면서 포기된 소득은 유실소득에 해당하므로 간접교육비에 포함된다.

13 정답 ②

정답의 이유

② 서지오바니(Sergiovanni)는 학교를 도덕적 측면의 '선의', 관리적 측면의 '성공'이라는 두 차원으로 조합하여 '도덕적인 학교', '도덕적이고 효과적인 학교', '비도덕적이고 비효과적인 학교', '정략적인 학교'라는 4가지 유형의 학교를 제시하였다. 이 중 선의가 낮고 성공이 높은 학교는 '정략적인 학교'이다.

더 알아보기

서지오바니의 학교 유형 분류

	높음	
	I 도덕적인 학교	II 도덕적이고 효과적인 학교
선의	III 비도덕적이고 비효과적인 학교	IV 정략적인 학교
	낮음	

낮음 ← 성공 → 높음

14 정답 ①

정답의 이유

① 자문성의 원리는 학교 컨설턴트는 의뢰인에게 자문하는 역할을 해야 한다는 것으로, 의뢰인을 대신하여 교육 활동을 하거나 학교 경영에 개입해서는 안 된다는 원리이다. 자문성의 원리에 따르면 컨설팅 의뢰부터 해결 방안의 수용 여부까지 결정권과 컨설팅 결과에 대한 최종 책임은 의뢰인에게 있다.

오답의 이유

② 자발성의 원리는 학교컨설팅은 교원이 스스로 필요성을 느끼고 자발적으로 도움을 요청함으로써 시작된다는 원리이다.

③ 전문성의 원리는 학교 컨설턴트에게는 관련 내용에 대한 전문성과 그 내용을 전달하는 방법에 대한 전문성이 모두 요구된다는 원리이다.

④ 한시성(일시성)의 원리는 의뢰된 과제가 해결되면 학교컨설팅은 종료되어야 한다는 원리이다.

15 정답 ③

정답의 이유

③ 타일러(Tyler)는 행동주의 사상에 입각하여 교육과정에 관한 사고의 출발점을 교육목표에 두고 그 이하의 절차와 활동들은 목표를 효과적으로 달성하도록 돕는 수단으로 보았다. 그는 교육과정 개발에서 목표중심모형을 설정하였는데, 이는 목표를 달성하기 위한 일정한 선형적인 절차를 강조한다는 점에서 처방적 모형이며, 교과에서 출발하여 단원을 개발한다는 점에서 연역적 접근방법이다. 타일러는 다음과 같은 네 가지 질문을 중심으로 교육과정 개발 논리를 설명하였다.

• 학교가 달성해야 할 교육목적은 무엇인가?

• 교육목표를 달성하기 위하여 제공해야 할 교육경험은 무엇인가?

• 교육경험을 효과적으로 조직하는 방법은 무엇인가?

• 교육목표 달성여부는 어떻게 판단할 것인가?

16 정답 ①

정답의 이유

① 애니언(Anyon)은 '상응원리'를 강조한 보울스와 진티스(S. Bowles & H. Gintis)의 이론을 더욱 구체화하였다. 애니언은 잠재적 교육과정의 실례를 분석하고 교육과정 내에 사회계층 구조를 재생산하는 매커니즘이 반영되어 있다고 주장하였다. 또한 미국의 중등학교에서 사용되는 역사 교과서를 분석하여 교과서에서 자본가 집단에 유리한 내용을 비중 있게 다루고, 노동자들의 기여를 언급하지 않거나 부정적으로 다루었다며 교과서가 특정 집단에 유리하도록 편파적인 내용을 선정하고 서술하고 있음을 지적하였다. 이로 인해 교육이 노동 계급 학생들에게 불리하게 작용하고, 상류층의 이익을 대변한다고 하였다.

17 정답 ③

정답의 이유

③ 포스트모더니즘 교육철학은 보편적인 지식이 주어지는 것이 아니라 개인이 지닌 가치에 따라 지식을 구성해 나간다고 간주하므로 학습자의 자발적인 학습을 중시하는 학습자 중심의 교육이다. 평생교육과 전인적인 교육, 협동학습을 중시하였으며 지식과 신념에 대한 비판적인 능력을 길러야 한다고 보았다. 이외에도 창의적 탐구능력의 함양, 생태적·다원주의적 교육을 강조하며 안내자, 조력자로서의 교사의 역할을 강조하였다.

18 정답 ④

정답의 이유

④ 크로스(Cross)는 평생교육 즉 성인학습 참여의 장애요인을 크게 상황적 요인, 기질적(성향적) 요인, 기관적(구조적) 요인으로 분류하였다. 정보적 요인은 교육 내용에 대한 정보가 부족하거나 정보제공 난해성 등과 관련된 장애요인으로, 학습자의 교육 참여 의지를 감소시킬 수 있는 요인이다.

더 알아보기

크로스(Cross)의 평생교육 참여 장애요인

상황적 요인	• 재정과 시간의 부족 • 양질의 탁아시설 부족 • 학습기회에 대한 정보 부족 • 지리적 고립
기질적(성향적) 요인	• 학습 능력에 대한 의구심 • 과거의 부정적 경험 • 실패에 대한 두려움
기관적(구조적) 요인	• 학습기회의 공급 부족 • 학습 프로그램의 내용과 형태의 문제 • 프로그램의 다양성 문제

19 정답 ③

정답의 이유

③ 뱅크스(Banks)는 다문화교육을 위한 접근법으로 기여적(공헌적) 접근, 부가적 접근, 변혁적(개혁적) 접근, 의사결정 사회적 행동(실행적) 접근을 제시하였다. 동화주의는 이주자를 통합의 대상으로 여기고, 소수집단을 주류문화에 동화시켜 사회를 통합하는 것을 목표로 하는 접근이다.

오답의 이유

① 기여적 접근은 기존 교육과정의 구조를 유지한 채 소수집단이 주류사회에 기여한 점 등을 부각하여 그들의 자긍심을 길러주고자 한다.

② 변혁적 접근은 교육과정의 근본적인 목표, 구조, 관점의 변화가 수반되며 소수집단을 사회의 필수적인 부분으로 수용하여 교육과정을 구성한다.

④ 의사결정 및 사회적 행동 접근은 변혁적 접근의 모든 요소를 포함하면서 학생들의 의사결정, 실천과 행동을 강조한다.

20 정답 ②

정답의 이유

② 중학교 및 특수학교(중학교의 과정을 교육하는 특수학교로 한정한다)의 장은 자유학기에 학생 참여형 수업을 실시하고 학생의 진로탐색 등 다양한 체험을 위한 체험활동을 운영해야 한다(초 · 중등교육법 시행령 제48조의2 제1항).

교육학개론 | 2023년 국가직 9급

✓ 빠른 정답

01	02	03	04	05	06	07	08	09	10
③	②	①	③	①	②	②	③	④	①
11	**12**	**13**	**14**	**15**	**16**	**17**	**18**	**19**	**20**
①	④	④	②	①	④	②	③	③	②

✓ 점수 체크

구분	1회독	2회독	3회독
맞힌 문항 수	/ 20	/ 20	/ 20
나의 점수	점	점	점

01 　　　　　　　　　　정답 ③

오답의 이유
① 진보주의는 교사 중심의 전통적 교육과 비인간화에 대한 반발로 일어난 교육철학으로 아동 존중의 원리를 채택하며 아동의 전인적 성장 발달에 초점을 맞춘다.
② 개조주의(재건주의)는 아동 중심에 초점을 둔 진보주의와 달리 사회 중심으로 적극 전환하기를 주장하는 교육철학으로 교육의 사회적 역할과 교육을 통한 사회 개조를 강조한다.
④ 실제적 교육철학은 실제적인 삶이나 교육의 문제를 해결하는 데 초점을 둔다.

02 　　　　　　　　　　정답 ②

정답의 이유
② 근접발달영역: 비고츠키(Vygotsky)가 사회문화이론에서 주장한 개념으로, 아동 스스로 문제해결할 수 있는 실제적 발달 수준과 타인의 도움으로 문제해결이 가능한 잠재적 발달 수준 사이의 중간 영역을 의미한다. 즉, 혼자서 성취하기는 어렵지만 도움을 받으면 성취 가능한 것의 범위를 말하며, 아동의 학습이 발생하는 영역이다.

오답의 이유
① 집단 무의식: 칼 융(Carl Jung)은 인간의 무의식에는 개인의 경험과 생각뿐만 아니라, 인류의 역사와 문화 등 집단의 공통적인 무의식을 공유하고 있으며 신화나 상징 등의 형태로 드러날 수 있다고 보았다.
③ 학습된 무기력: 마틴 셀리그먼(Martin Seligman)은 동물실험을 통해 충격을 받은 동물이 뒤에는 피할 수 있는 충격이 주어져도 더 이상 피하지 않는 현상을 발견하였다. 이를 통해 좌절을 경험한 사람들이 더 이상 변화를 시도하지 않게 되는 경향을 설명한다.
④ 잠재적 발달영역: 비고츠키(Vygotsky)는 혼자서는 해결할 수 없으나 교사나 유능한 아동의 도움을 받으면 문제를 해결할 수 있는 영역을 잠재적 발달영역이라고 보았다.

03

정답의 이유

① 분산적 지도성: 중앙집권적 사고를 부정하고 지식은 개인과 환경, 타인과 공유되며 발생하고 이용된다는 공동의 지도성을 지향하는 개념이다.

오답의 이유

② 상황적 지도성: 지식은 특정한 상황에서 형성되며, 그 상황에서만 유용하게 사용될 수 있다는 개념이다.

③ 거래적 지도성: 지식이 두 개체 간의 상호작용에서 형성되며, 거래적인 측면이 지식 형성에 중요한 역할을 한다는 개념이다.

④ 변혁적 지도성: 지식이 개인의 생각이나 행동을 변혁시켜, 개인의 발전과 성장에 중요한 역할을 한다고 보는 개념이다.

04
정답 ③

정답의 이유

③ 동굴의 비유를 통해 교육의 핵심적 원리와 지식의 단계를 제시한 사상가는 플라톤(Platon)이다.

오답의 이유

①·②·④ 코메니우스(Comenius)는 17세기 감각적 실학주의 사상가로 교육을 이끌어가는 방법상의 원리를 자연에서 찾고 인간의 감각적 직관에 기초한 사물 교육과 실물이나 표본을 감각적으로 직접 관찰·학습할 것을 강조하며 모든 사람에게 모든 것을 철저하게 가르쳐야 한다는 범지학을 주장하였다. 또한 『세계도회』를 제작하여 문자 위주 언어교육의 문제를 해결하고자 하였으며, 가정교육(어머니 무릎 학교) → 초등교육(모국어 학교) → 중등교육(라틴어 학교) → 고등교육(대학)으로 이어지는 공교육의 단계적 학제를 제안하였다.

05
정답 ①

정답의 이유

① 학습내용과 매체를 선정하고 수업절차를 확인하는 것은 교수-학습 과정이 아닌 글레이저(Glaser)의 수업 과정 중 출발점 행동 다음 단계인 수업절차에 해당한다.

더 알아보기

글레이저의 수업 과정 모형

1. 수업 목표(도착점 행동)의 설정과 진술
   - 수업 목표: 관찰, 측정, 기술이 가능한 행동으로 세분화하는 것으로부터 시작한다.
   - 도착점 행동: 어떤 교수과정이 끝났을 때 학생들이 보여줄 수 있는 성취를 의미한다.
2. 출발점 행동(시발점 행동/투입 행동)의 진단과 확인
   - 새로운 도착점 행동을 시작할 때 학생이 이미 습득한 지식이나 기능과 태도를 의미한다.
   - 주요하게 고려되는 출발점 행동은 선행학습의 정도, 적성, 지능이나 흥미, 태도, 자아개념과 같은 학습자의 정의적(情意的)인 요인이다.

   - 수업절차에 앞서 출발점 행동의 진단을 위한 진단평가를 실시하여 학습 결손을 발견하고 처치 방안을 강구한다.
3. 수업절차의 선정과 실행
   - 교사의 수업 전개의 활동을 내포하며 학생의 출발점 행동에서 시작하여 학생이 학습 상황을 떠나는 사이의 과정으로 학습지도의 장면을 의미한다.
   - 수업 목표에 따라 수업 방법과 매체를 선정하고 적절한 수업방법을 처방한다.
   - 학습지도 방법과 형성평가에 의한 교정 학습이 중요시된다.
4. 학습 성취도 평가
   - 수업절차가 끝난 다음, 설정된 수업 목표에 비추어 학습성과의 평가를 의미한다.
   - 도착점 행동의 성취를 알아보는 것으로, 평가에 의한 연속적인 피드백이 이루어진다.

06
정답 ②

정답의 이유

② 콜버그(Kohlberg)는 도덕성 발달단계를 전인습 수준, 인습 수준, 후인습 수준으로 구분하였고, 전인습 수준은 처벌을 회피하려는 1단계와 욕구 충족 수단의 2단계로 구성된다.

더 알아보기

콜버그(Kohlberg)의 도덕성 발달단계

수준	단계	도덕성 기준
전인습 수준 (4~10세)	제1단계	처벌 회피
	제2단계	욕구 충족 수단
인습 수준 (10~13세)	제3단계	대인관계 유지
	제4단계	법과 질서
후인습 수준 (13세 이상)	제5단계	사회계약
	제6단계	보편적 도덕 원리

오답의 이유

① 피아제(Piaget)의 인지발달 이론에 해당한다.

더 알아보기

피아제(Piaget)의 인지발달 이론

동화	새로운 지각물이나 자극이 되는 사건을 자신이 이미 가지고 있는 도식이나 행동양식에 맞춰가는 인지적 과정
조절	기존 도식이 새로운 대상을 동화하는 데 적합하지 않은 경우, 새로운 대상에 맞도록 기존의 도식을 변경하여 인지하는 과정
평형상태	동화와 조절의 결과 조직화한 유기체의 각 구조가 균형을 이루는 것을 말함

③ 프로이트(Freud)의 정신분석 이론에 해당한다.

프로이트(Freud)의 정신분석 이론

성격 구조	내용
원초아(Id)	쾌락의 원리, 성격의 기초가 되는 기본욕구와 충동을 대표
자아(Ego)	현실의 원리, 사회규범·규칙·관습과 같은 사회적 현실을 고려하여 행동을 결정
초자아(Superego)	자기 스스로 본인의 행동에 대해 일정한 상과 벌을 줄 수 있는 개인의 내적인 기준과 힘에 의해 선악 판단

④ 콜버그(Kohlberg)의 후인습(인습 후기) 수준에 해당한다.

07
정답 ②

정답의 이유

② 가해학생이 아니라 피해학생 및 그 보호자가 심의위원회의 개최를 원하지 아니하는 경미한 학교폭력의 경우 학교의 장은 자체적으로 해결할 수 있다(학교폭력예방 및 대책에 관한 법률 제13조의2 제1항).

오답의 이유

① 학교폭력예방 및 대책에 관한 법률 제2조 제1호
③ 학교폭력예방 및 대책에 관한 법률 제15조 제2항
④ 학교폭력예방 및 대책에 관한 법률 제16조 제1항

제2조(정의)

이 법에서 사용하는 용어의 정의는 다음 각 호와 같다.

1. "학교폭력"이란 학교 내외에서 학생을 대상으로 발생한 상해, 폭행, 감금, 협박, 약취·유인, 명예훼손·모욕, 공갈, 강요·강제적인 심부름 및 성폭력, 따돌림, 사이버폭력 등에 의하여 신체·정신 또는 재산상의 피해를 수반하는 행위를 말한다.

제13조의2(학교의 장의 자체해결)

① 제13조 제2항 제4호 및 제5호에도 불구하고 다음 각 호에 모두 해당하는 경미한 학교폭력에 대하여 피해학생 및 그 보호자가 심의위원회의 개최를 원하지 아니하는 경우 학교의 장은 학교폭력사건을 자체적으로 해결할 수 있다. 이 경우 학교의 장은 지체 없이 이를 심의위원회에 보고하여야 한다.

제15조(학교폭력 예방교육 등)

② 학교의 장은 학교폭력의 예방 및 대책 등을 위한 교직원 및 학부모에 대한 교육을 학기별로 1회 이상 실시하여야 한다.

제16조(피해학생의 보호)

① 심의위원회는 피해학생의 보호를 위하여 필요하다고 인정하는 때에는 피해학생에 대하여 다음 각 호의 어느 하나에 해당하는 조치(수 개의 조치를 동시에 부과하는 경우를 포함한다)를 할 것을 교육장(교육장이 없는 경우 제12조 제1항에 따라 조례로 정한 기관의 장으로 한다. 이하 같다)에게 요청할 수 있다. 다만, 학교의 장은 학교폭력사건을 인지한 경우 피해학생의 반대의사 등 대통령령으로 정하는 특별한 사정이 없으면 지체 없이 가해자(교사를 포함한다)와

피해학생을 분리하여야 하며, 피해학생이 긴급보호를 요청하는 경우에는 제1호, 제2호 및 제6호의 조치를 할 수 있다. 이 경우 학교의 장은 심의위원회에 즉시 보고하여야 한다.

1. 학내외 전문가에 의한 심리상담 및 조언
2. 일시보호
3. 치료 및 치료를 위한 요양
4. 학급교체
5. 삭제
6. 그 밖에 피해학생의 보호를 위하여 필요한 조치

08
정답 ③

정답의 이유

③ 광학적·전기적 투사 방법을 사용하는 투사매체인 실물화상기나 OHP는 가상현실 기술을 활용한 매체가 아니다.

가상현실(VR; Virtual Reality)

• 가상의 공간에서 영상을 보여주는 기술로, 사용자가 360도 영상을 바탕으로 3D 환경을 체험할 수 있게 해준다.
• 교육 현장에서의 활용
  – e-러닝(Electronic Learning)이나 u-러닝(Ubiquitous Learning) 등에서 원격교육의 방법으로 활용되고 있다.
  – 학생들은 가상의 환경에서 다양한 각도로 실험, 시뮬레이션 등을 진행하며 학습할 수 있으며, 이를 통해 현실에서는 어려운 상황이나 위험한 환경에서도 안전하게 학습할 수 있다.
  – 학생들은 또한 전 세계의 명소를 체험하거나, 역사 속 사건을 경험해 보며 흥미와 몰입감을 높일 수 있다.
• VR 헤드셋: 가상현실을 체험하기 위해 필요한 기기로, 사용자의 눈앞에 디스플레이를 위치시켜 가상 세계를 보여주고, 머리의 움직임을 추적하여 사용자의 시선에 따라 화면이 변한다.

09
정답 ④

정답의 이유

④ 블룸(Bloom)의 교육목표 분류 중 분석에 해당한다.

블룸(Bloom)의 교육목표 분류

지식(암기)	자료와 정보를 기억해 내는 초보적인 단계
이해	의미를 이해하고 본인의 표현으로 문제를 규정할 수 있는 단계
적용(응용)	하나의 개념을 새로운 상황에 적용하는 단계
분석	자료나 개념을 그것의 구성 부분으로 분해하여 구조를 이해할 수 있는 단계
종합	다양한 요소들 속에서 구조와 패턴을 찾아낼 수 있는 단계
평가	자료의 착상 혹은 사상의 가치를 평가할 수 있는 단계

10

정답의 이유

① 헤르바르트(Herbart)에 대한 설명이다. 헤르바르트는 다원론을 주장하였으며 『일반교육학』을 저술하였다. 그는 교육 방법을 표상 심리학(연합심리학)에서 찾아 교육학을 하나의 독립된 학문으로 체계화하는 데 기여하였다. 또한, 교육 내용으로서의 다면적 흥미를 중시하였고 교육 방법으로는 '명료 → 연합 → 계통 → 방법'으로 이어지는 4단계 교수법을 주장하였다.

더 알아보기

페스탈로치(Pestalozzi)의 교육사상

- 19세기 교육사상가로, 루소(J. J. Rousseau)의 자연주의 교육사상을 교육 방법론적으로 계승하여 빈민 학교를 세우고 전 능력의 자발 활동을 통하여 조화·발전시키는 직관적 방법을 중시한 근대 교육의 아버지라 불리는 실천가이다.
- 지·덕·체의 모든 능력을 의미하는 인간성을 계발하는 것이 교육이라고 보았으며, 더 나아가 불평등한 사회를 개혁하자고 강조하였다.
- 합자연(合自然)의 교육 방법적 원리로서 자발성의 원리, 도덕성 중시의 원리(통합의 원리, 조화적 발전의 원리), 안방(거실) 교육의 원리, 방법의 원리 등을 중시하였다.

11

정답 ①

정답의 이유

① 교육행정 과정 중 기획에 해당한다.

더 알아보기

페이욜(Fayol)의 교육행정 과정

기획	조직의 목표를 설정하고 계획을 수립하여 미래의 행동을 준비하는 것
조직	인적·물적 자원을 확보하고 이를 구조화하는 것
명령	조직 구성원이 부과된 작업을 자율적이고 능동적으로 수행하도록 하는 것
조정	각 활동을 조절하고 통합하는 것
통제	모든 활동이 이미 정해진 규칙이나 지시에 따라 수행되고 있는가를 감독하는 것

12

정답 ④

정답의 이유

④ (가)는 허즈버그(Herzberg)의 동기-위생이론 중 '위생요인'이며, (나)는 맥그리거(McGregor)의 X-Y이론 중 '이론 Y(Y이론)'이다.

더 알아보기

허즈버그(Herzberg)의 동기-위생이론

동기 (만족) 요인	• 동기부여 요인에 있어서 만족을 얻으려는 접근 욕구와 관련된 일 자체를 의미한다. • 개인 내적인 구성요소로는 성장, 인정, 성취감, 자아실현, 승진 가능성, 책임감 등이 있다.
위생 (불만족) 요인	• 직무에 대해 불만족을 느끼게 하는 환경요인으로, 불만족을 회피하려는 욕구이다. • 충족 시에 불만이 줄지만 만족감이 생기지는 않고, 충족되지 않으면 불만이 발생한다. • 개인 외적인 구성요소로는 근무조건, 직업의 안정성, 보수, 대인관계 등이 있다.

맥그리거(McGregor)의 X-Y이론

X이론	인간의 본성을 부정적(인간을 수동적이고 일과 책임을 회피하는 경향이 있으며 지시를 선호하는 존재로 파악)으로 보고 경제적 보상을 제시하고 권위주의적 지도성이 필요하다고 보았다.
Y이론	인간의 본성을 긍정적(인간을 능동적이며 스스로 책임을 지고 자기통제와 자기만족, 자기실현이 보상으로 주어져야 하는 존재로 파악)으로 보고 동기부여를 위해서 사회·심리적 욕구를 충족시키고 구성원을 신뢰하여야 한다고 보았다.

13

정답 ④

정답의 이유

④ 엘리스(A. Ellis)는 합리적·정의적 상담이론의 상담기법에서 비합리적 신념을 논박하며 인지 재구조화를 통해 합리적인 사고로 대체하고자 하였다.

더 알아보기

정신분석 상담의 주요 기법

전이 분석	애정, 욕망, 기대, 적개심 등 과거 중요한 사람에게 가졌던 감정을 상담자에게 표현하도록 격려한다.
저항의 분석	집단원이 무의식적 내용의 의식화에 따른 불안감에서 벗어나도록 하여 집단원의 갈등을 해소하고 상담의 진행을 원활히 한다.
꿈의 분석	집단원의 꿈속에 내재된 억압된 감정과 무의식적인 욕구를 꿈의 내용을 분석함으로써 통찰하도록 한다.
해석	집단원의 저항이나 전이 등이 해석의 주요 대상이 된다.
자유연상법	집단원의 무의식적 감정과 동기를 통찰하기 위해 마음속에 떠오르는 것을 의식의 검열을 거치지 않은 채 표현하도록 격려한다.

14 정답 ②

② 자유학기제는 중학교 과정 중 한 학기 동안 학생들이 시험 부담에서 벗어나 꿈과 끼를 찾을 수 있도록 토론 · 실습 등 학생 참여형으로 수업을 운영하고, 진로탐색 활동 등 다양한 체험 활동이 가능하도록 교육과정을 자율적으로 운영하는 것을 말한다. 자유학기제의 교육과정은 교과와 자유학기 활동으로 구성 · 운영하며, 전국 모든 중학교에서 반드시 이행하여야 하는 필수사항으로, 학교운영위원회의 심의사항에 해당하지 않는다.

① 초 · 중등교육법 제32조 제1항 제10호
③ 초 · 중등교육법 제32조 제1항 제4호
④ 초 · 중등교육법 제32조 제1항 제11호

제32조(기능)

- ① 학교에 두는 학교운영위원회는 다음 각호의 사항을 심의한다.
  1. 학교 헌장과 학칙의 제정 또는 개정
  2. 학교의 예산안과 결산
  3. 학교 교육과정의 운영 방법
  4. 교과용 도서와 교육 자료의 선정
  5. 교복 · 체육복 · 졸업앨범 등 학부모 경비 부담 사항
  6. 정규학습 시간 종료 후 또는 방학 기간 중의 교육활동 및 수련 활동
  7. 공모 교장의 공모 방법, 임용, 평가 등
  8. 초빙교사의 추천
  9. 학교운영지원비의 조성 · 운용 및 사용
  10. 학교급식
  11. 대학입학 특별전형 중 학교장 추천
  12. 학교 운동부의 구성 · 운영
  13. 학교 운영에 대한 제안 및 건의 사항
  14. 그 밖에 대통령령이나 시 · 도의 조례로 정하는 사항

---

15 정답 ①

① 제시된 자료는 애플(Apple)의 문화적 헤게모니론에 해당한다. 애플은 학교의 기능을 잠재적 교육과정을 통해 관료주의적인 위계관계, 상벌체계와 같은 통제나 권위주의적인 억압에 순종하도록 함으로써 지배집단의 이데올로기와 헤게모니를 재생산하는 데 있다고 하였다. 뿐만 아니라 상대적 자율성을 지니고 있어서 지배 헤게모니를 비판하는 반헤게모니를 생성하는 기능도 가지고 있다고 하였다.

② 파슨스(Parsons)는 '학교사회화 이론'에서 학교는 '사회화와 선발'을 통해 사회 구성원으로서의 역할 개발이라는 중요 기능을 담당한다고 주장하였다.
③ 로젠탈(Rosenthal)은 학업성취도에 있어서 교사의 기대나 관심이 끼치는 영향이 중요하다고 여기는 피그말리온 효과(Pygmalion effect)를 주장하였다.

---

④ 드리븐(Dreeben)은 잠재적 교육과정을 통한 규범적 사회화를 주장하였다.

16 정답 ④

④ 콜만(Coleman)은 「사회적 자본론(Social Capital Theory)」과 「교육 기회의 평등(Equality of Educational Opportunity)」 보고서(1966)에서 학생의 학업성취 격차에 가장 큰 영향을 미치는 요인은 학교의 교육 조건 차이보다는 가정 배경이 훨씬 강한 영향을 준다고 주장했다

17 정답 ②

② 캐롤(Carroll)은 학교학습모형에서 완전 학습을 위한 학교학습모형으로서, 학습에 필요한 시간을 최소화하고, 학습에 투입한 시간을 최대화하면 완전 학습이 가능하다고 주장하였다.

더 알아보기

캐롤(Carroll)의 학교학습모형 방정식

$$\text{학습의 정도} = f\left(\frac{\text{학습에 투입한 시간}}{\text{학습에 필요한 시간}} = \frac{\text{학습기회} \cdot \text{지구력}}{\text{적성} \cdot \text{수업이해력} \cdot \text{수업의 질}}\right)$$

① 글래이저(Glaser)의 교수과정은 수업목표의 설정과 진술 → 출발점 행동의 진단과 확인 → 수업절차의 선정과 실행 → 학습 성취의 평가 단계로 이루어진다.
③ 브루너(Bruner)는 과학학습에서 학생 스스로 지식을 발견하고 획득하도록 하는 발견학습을 제안했다.
④ 가네(Gagné)는 인간의 학습 또는 능력은 저차원에서 고차원으로 위계를 이루고 있고, 한 단계의 학습 또는 능력은 다음 단계의 학습에 필수적인 선행요건이 되고 있다는 학습위계를 주장했다.

18 정답 ③

① 모든 학생이 모든 문항을 풀어볼 수 있도록 충분한 시간을 준 다음 측정하는 것은 역량검사에 해당한다. 역량검사는 시간적인 제약이 시험점수에 결정적으로 작용하지 않도록 제작된 검사로, 다양한 난이도의 문항들을 비교적 충분한 시간 내에 풀도록 하는 검사이다.
② 학생의 점수를 다른 학생들의 점수와 비교하여 상대적 서열 또는 순위를 매기는 것은 규준지향평가(상대 비교평가)에 해당한다. 규준지향평가는 학습자의 평가 결과를 그가 속해 있는 집단에 비추어서 상대적인 위치를 밝혀보는 평가 방법으로 개인차의 변별이 가능하며 교사의 편견이 배제되는 평가이다.
④ 교사가 제작하여 수업 진행 중 학생들의 학업성취도나 행동 특성을 측정하는 것은 교사 제작 검사에 대한 내용이다. 교사 제작 검사는 교사 개인이나 집단이 비공식적으로 제작하여 특정 집단에 사용하는 비(非)규준 검사이다.

④ 학생 조사 활동에 해당한다. 생활지도의 추후 적응 상태를 확인하고 보다 나은 적응을 돕는 활동으로 대상자는 재학생뿐만 아니라 졸업생, 휴학생, 전학생과 퇴학생도 포함한다.

더 알아보기

교육평가

속도검사	• 정해진 시간 내에 모든 문항을 풀지 못할 것을 가정한 검사 방식으로 일정한 시간 제한을 두는 평가 • 난이도가 유사한 문항을 많이 두어 얼마나 많은 문항을 풀었는지를 측정
준거지향평가 (절대 비교평가)	• 평가 기준(준거)을 학습자의 핵심 성취기준이나, 교육과정으로 달성하려는 수업목표(도착점 행동)에 두는 목표지향적 평가 • 발달적 교육관에 바탕을 두며, 배치를 위한 평가 실시 • 개인차 변별이 어려우며, 준거의 설정 기준이 문제
표준화검사	전문가들이 제작하고 표준화된 절차에 따라 실시하는 신뢰성과 타당성이 높은 검사로, 전국적으로 사용할 수 있는 객관적인 검사

19 정답 ③

정답의 이유

③ 아노미 이론: 뒤르켐(Durkheim)의 아노미 이론을 발전시켜 차별과 비교에 대한 개념을 추가하면서 사회구조가 특정인에게 정당한 방법으로 문화 목표를 달성할 수 없도록 할 때 사람들은 엄청난 긴장을 일으키게 되고, 긴장을 해결하기 위해 비행을 발생시킨다는 이론이다.

오답의 이유

① 낙인 이론: 상징적 상호작용이론에 기초한 이론으로 타인이 자기 자신을 비행자로 낙인찍은 데서 크게 영향을 받아 비행이 발생한다는 이론이다.

② 사회통제 이론: 비행 성향을 통제해 줄 수 있는 개인에 대한 사회적 억제력이나 통제가 약화할 때 비행이 발생한다는 이론이다.

④ 합리적 선택 이론: 사회·경제적 행동을 개인의 '합리적 선택'의 결과로서 설명할 수 있다는 것을 사회과학적으로 접근하는 이론이다.

20 정답 ②

정답의 이유

② 학생이 당면한 여러 가지 문제해결과 적용에 필요한 자료와 정보를 제공하는 것으로, 학생이 원하는 정보 및 자료(교육과정, 특별활동, 개인·사회적 정보 등)를 제공하여 학생의 개인적 발달과 사회 적응을 돕는 봉사활동이다.

오답의 이유

① 배치 활동에 해당한다. 학생의 적성과 능력에 맞는 교육활동을 선택하게 돕거나 진로 탐색을 하도록 도움으로써 적재적소에 학생들을 배치하는 활동이다.

③ 추수 활동에 해당한다. 학생의 적성과 능력에 맞는 교육활동을 선택하게 돕거나 진로 탐색을 하도록 도움으로써 적재적소에 학생들을 배치하는 활동이다.

교육학개론 │ 2023년 지방직 9급

한눈에 훑어보기

✓ 영역 분석

교육사 및 철학　08　09　10
3문항, 15%

교육심리　03　12　13　14　19
5문항, 25%

교육사회학　05　06　07　16
4문항, 20%

교육행정　11　15　17　18
4문항, 20%

교육평가 및 공학　02　20
2문항, 10%

교육과정　01　04
2문항, 10%

✓ 빠른 정답

01	02	03	04	05	06	07	08	09	10
③	④	④	①	②	②	①	④	②	④

11	12	13	14	15	16	17	18	19	20
②	②	④	②	③	③	①	④	④	③

✓ 점수 체크

구분	1회독	2회독	3회독
맞힌 문항 수	/ 20	/ 20	/ 20
나의 점수	점	점	점

01　정답 ③

정답의 이유

ⓒ 영(零) 교육과정은 배울만한 가치가 있음에도 공식적 교육과정에 포함되어 있지 않아 가르치지 못했거나 교육과정에 포함되어 있더라도 교사가 의도적으로 배제하거나 실수로 빠트린 내용을 포함한다.

ⓒ 예술적 교육과정에 대한 설명으로 아이즈너(Eisner)는 『교육적 상상력』에서 교육에 대한 예술적 접근법을 창안해 내어 학습 기회의 유형을 개발할 때 교육적 상상력을 동원해야 한다고 주장하였다.

오답의 이유

㉠·㉣ 타일러(Tyler)의 합리모형에 해당한다.

더 알아보기

타일러(Tyler)의 합리적(목표 중심형) 교육과정
- 행동주의 사상에 따라 교육과정에 관한 사고의 출발점을 행동 목표에 두고 그 이하의 절차와 활동들은 목표를 효과적으로 달성하도록 돕는 수단으로 보았다.
- 목표를 달성하기 위한 일정한 선형적인 절차를 강조한 점에서 처방적 모형이며, 교과에서 출발하여 단원을 개발한다는 점에서 연역적 접근방법이다.

02　정답 ④

정답의 이유

④ 형성평가를 실시하고 평가도구나 교수학습 자료를 제작하는 것은 개발 단계에서 이루어진다.

더 알아보기

일반적 교수체제 설계 모형(ADDIE)

구분	활동
분석 (Analysis)	요구 분석, 학습자 분석, 환경 분석, 과제 분석 등 실시
설계 (Design)	분석의 결과로 얻은 정보들에 기초하여 효과적인 수업 프로그램의 설계명세서를 만들어 내는 단계로 학습 촉진을 위한 교수전략과 매체 선정
개발 (Development)	설계에 기초하여 수업 프로그램이나 교수학습 자료를 개발하고, 초안으로 형성평가를 실시하고 수정 보완을 거쳐 완성된 자료를 제작해 내는 단계

실행 (Implementation)	개발된 교수 프로그램이나 교수 자료를 실제 교육 현장에서 활용하고 관리하는 단계
평가 (Evaluation)	교수 프로그램이나 교수 자료의 효과성이나 효율성을 측정하는 단계

03 정답 ④

정답의 이유

④ 통찰학습이론은 퀼러(Köhler)가 주장한 것으로 '전체는 단순한 부분의 합이 아닌 그 이상'이라고 주장하는 형태주의와 가장 관련이 깊은 이론이다. 문제상황이 어느 순간 갑자기 전체로 지각되며 서로 관련이 없던 부분들이 유의미한 하나의 전체로 통찰되면서 불현듯 문제가 해결된다고 본다.

오답의 이유

① 스키너(Skinner)의 행동주의 학습이론에 해당한다.

② 반두라(Bandura)의 행동주의 학습이론에 해당한다. 사회학습(인지)이론은 사회학습을 사회적 상황에서 다른 사람의 행동을 관찰하고 이를 모방하여 새로운 행동을 학습하는 것이라 하며, 인간의 인지능력에 관심을 가졌다.

③ 조작적 조건형성(강화)이론은 보상에 의한 강화를 통해 반응행동을 변화시키려는 방법으로 행동이 발생한 이후의 결과에 관심을 가진다.

04 정답 ①

정답의 이유

① 경험중심 교육과정에 대한 설명이다. 경험중심 교육과정은 진보주의에 근거하여 일상생활에서 겪는 문제해결능력의 신장을 주된 교육목표로 삼아서, 활동형 교육과정을 추구한다.

더 알아보기

브루너(Bruner)의 학문중심 교육과정

교육목적	지적 수월성 도모
교육내용	각 학문 속에 있는 기본 개념이나 원리, 핵심적 아이디어, 교과 언어, 학자들이 하는 일, 탐구 과정 등을 의미하는 '지식의 구조'를 강조
교육과정	나선형 교육과정(계열성)으로 내용 조직
교수방법	발견학습과 탐구학습을 중시

05 정답 ②

정답의 이유

② 문화재생산이론: 학교는 졸업장, 학위 등의 문화자본을 이용해 기존의 질서를 유지하여 계급적 불평등을 재생산한다고 보았으며, 교육 속에 숨겨진 지배와 피지배를 구분하는 은밀하고 객관적이며 제도화된 권력관계가 있다고 주장하였다.

오답의 이유

① 경제재생산이론: 보울스와 진티스(Bowles & Gintis)는 자본주의 사회에서의 학교는 지배계급과 생산계급에 맞는 지식과 기능 및 태도를 가르쳐서 자본주의의 불평등한 사회적 생산관계를 정당화하여 재생산하는 역할을 담당한다고 주장하였다.

③ 저항이론: 지루(Giroux), 윌리스(Willis)는 지배 이데올로기에 대해 능동적으로 저항문화를 형성하며 저항하는 과정에서 사회의 재생산이 진행된다고 보았다.

④ 지위경쟁이론: 베버(Weber), 도어(Dore), 콜린스(Collins) 등이 주장하였다. 사회의 기본 단위를 '동일한 문화를 공유하는 지위 집단'으로 보며, 다양한 지위 집단은 더 많은 부와 권력 획득을 위해 경쟁하는 것이라고 보고 학교의 핵심 기능을 특정 지위 집단의 문화를 가르치는 것이라 보았다.

06 정답 ②

정답의 이유

② 일리치(Illich)는 학교 교육의 억압에서 벗어나 학교 제도를 폐지하는 탈(脫)학교론을 주장하며 의무교육의 대안으로 '학습망'을 제안하였다.

오답의 이유

① 영(Young)은 교육과정이론에서 지식은 고정적이고 불변하는 것이 아니라, 사회구조에 의해 내용이 선정되고 조직되는 사회적 구성물에 불과하다고 주장하였다.

③ 지루(Giroux)는 저항이론(탈재생산이론)에서 학생들은 수동적으로 학교가 제시하는 문화를 받아들이는 것이 아니고, 그들의 문화에 기초해 적극적으로 학교문화에 저항하고 반(反)학교문화를 형성하면서, 능동적으로 노동자가 되어간다는 관점을 설명하고 있다.

④ 프레이리(Freire)는 브라질의 교육가로, 기존의 주입식 교육이 은행적금식 교육이며 이는 민중을 억압하고 모순된 기존의 가치를 주입한다고 주장하였다.

07 정답 ①

정답의 이유

① 린드만(Lindeman)은 성인학습자의 개인차는 나이에 따라 점점 증가하여 사람마다 각자의 고유한 성향을 보인다고 주장하였다.

오답의 이유

② · ③ · ④ 린드만은 경험을 성인학습의 가장 좋은 자원이라고 주장하였으며, 소규모 그룹 토론을 성인교육의 방법으로 강조했다. 성인 학습에 대한 5가지 가설에서 성인들의 학습 방향은 삶 중심적이라고 하였다.

린드만(Lindeman)의 성인학습에 대한 5가지 가설

1. 사람들 간의 개인차는 나이에 따라 점점 증가하여 나이에 따라 사람마다 각자의 고유한 성향을 보이므로 성인학습은 스타일, 시간, 장소 및 학습 속도의 차이에 대해 최적의 방법을 마련해야 한다.
2. 경험은 성인학습의 가장 좋은 자원이므로 성인학습의 핵심 방법은 경험을 분석하는 것이다.
3. 성인들의 학습 방향은 삶 중심적이므로 성인학습의 적절한 주제 구성은 과목이 아니라 삶의 상황이다.
4. 성인은 학습에 만족할 필요와 흥미를 경험할 때 배우기를 원하므로 성인 학습의 구성에 활동적인 요소를 배치하는 것이 좋다.
5. 성인은 자기 주도성 학습이 매우 필요하므로 교사의 역할은 자신의 지식을 전달하기보다는 성인 학습자가 탐구 과정을 거치게 하며 그 과정이 적합한지 평가하는 것이다.

08 정답 ④

정답의 이유

④ 제시문은 피터스(Peters)가 제시한 교육의 개념적 기준 중 인지적 기준에 관한 설명이다.

더 알아보기

피터스(Peters)의 교육의 개념적 기준

인지적 기준	• 내재적 가치가 내용 면에서 구체화한 지식의 형식(지식과 이해, 인지적 안목)은 인간의 경험을 체계화하고 구조화해 세상을 이해할 수 있는 안목을 제공하여 삶의 질 향상에 기여 • 제한된 상황에서 습관적(기계적) 반응이나 사고방식을 형성하는 데 중점을 두는 훈련과 구분해서, 교육은 더 넓은 안목과 변화를 추구하는 전인적 계발을 지향해야 한다고 주장
규범적 기준	• 교육 목적에 관한 것 • 교육이 추구하려는 내재적 가치는 교육의 개념 속에 들어 있는 바람직성, 규범성, 가치성, 좋음 등과 가치를 의미
과정적 기준	• 도덕적인 방법이 교육개념의 과정적 준거가 되어야 함 • 학습자의 흥미를 존중하여 학습자의 이해와 자발적 노력을 이끌어내어 기반으로 해야 함 • 교화와 조건화는 교육에서 제외되어야 함

09 정답 ②

정답의 이유

② 1899년 4월 4일에 공포된 중학교 관제에 따라 처음 중등교육에 대한 관제가 정하여지고 1900년에 관립중학교가 설치되었다.

오답의 이유

① 1894년 갑오개혁의 개혁 정부는 교육개혁의 임무를 띠고, 1895년 7월 19일 소학교령(小學校令)을 공포하고 소학교를 설치하였다.
③ 1895년 5월 10일 전문 11조로 된 외국어학교 관제가 공포되고 외국어학교가 설치되었다.
④ 제2차 갑오개혁 이후 고종의 교육입국(敎育立國) 정신에 따라 정부는 1895년 4월 교사 양성을 위한 한성사범학교관제(漢城師範學校官制)를 공포하고 1895년에 한성사범학교를 설치하였다.

10 정답 ④

정답의 이유

④ 헤르바르트(Herbart)는 다원론을 주장하였으며 『일반교육학』을 저술하였다. 윤리학과 심리학에 기초를 둔 교육학을 조직하여 교육의 궁극적 목적을 내면적 자유·완전성·호의·정의·보상 등의 인격도야를 통한 도덕적인 성격 형성이라고 주장하였다.

오답의 이유

① 페스탈로치(Pestalozzi)는 19세기 교육사상가로, 루소(Rousseau)의 자연주의 교육사상을 교육 방법론적으로 계승하여 빈민 학교를 세우고 전 능력의 자발 활동을 통하여 조화·발전시키는 직관적 방법을 중시한 근대 교육의 아버지라 불리는 실천가이다. 지·덕·체의 모든 능력을 의미하는 인간성을 계발하는 것이 교육이라고 보았으며, 더 나아가 불평등한 사회 개혁을 강조하였다.
② 피히테(Fichte)는 독일 고전철학자로, 프랑스 관리가 지켜보는 가운데서도 '독일 국민에게 고함'이라는 우국 대강연을 진행하였으며 여기에서 나폴레옹에 대항해 궐기할 것을 간절히 호소하고 독일 재건의 길은 국민정신의 진작(振作)에 있다는 것을 강조하였다.
③ 프뢰벨(Fröbel)은 독일의 교육학자이자 교사로, 페스탈로치의 사상을 계승하여 포괄적이고 독창적인 교육철학과 유치원 및 유아교육 이론을 발전시켰다.

11 정답 ②

정답의 이유

② 기간제 교원의 임용 기간은 1년 이내로 하되, 필요한 경우 3년의 범위에서 그 기간을 연장할 수 있다(사립학교법 제54조의4 제3항).

오답의 이유

① 사립학교법 제10조 제2항
③ 사립학교법 제56조 제2항
④ 사립학교법 제53조 제1항

12

정답의 이유

② 고전검사이론에서 측정오차가 피험자 집단의 성질에 관계없이 동일하다고 가정한 것에 대한 문제점을 극복하기 위해 문항반응이론이 제안되었으며, 문항반응이론에서 문항특성곡선을 이용하여 문항난이도, 문항변별도, 문항추측도를 산출한다.

더 알아보기

문항 분석(객관식 문항의 '양호도' 검증)

구분	고전검사이론	문항반응이론
문항난이도	문항의 쉽고 어려운 정도	문항의 답을 맞힐 확률이 0.5에 대응하는 능력 수준의 값을 말하며 높을수록 어려운 문항
문항변별도	문항이 학생의 능력을 변별하는 정도	능력의 상하를 구분해 주는 정도로, 문항특성곡선의 기울기로 표시되며 기울기가 가파를수록 변별력이 높은 문항
근거	관찰점수(원점수)= 진점수 + 오차점수	문항특성곡선(S자형 곡선)
적용	학교에서의 교사제작 검사	전문가들이 제작한 표준화검사

13

정답의 이유

④ 제시문의 상담기법은 글래서(Glasser)의 현실치료에서 활용되는 상담기법이다. 현실주의 상담을 통해 내담자들이 스스로의 삶을 더욱 효과적으로 통제할 수 있도록 하며, 현재의 행동에 초점을 두고 결과에 대해 스스로 책임질 것을 강조하였다.

오답의 이유

① 게슈탈트(형태주의) 상담: 게슈탈트란 개체가 사물을 지각할 때 산만한 부분들의 합으로서만 지각하는 것이 아니라, 개체의 장을 능동적으로 조직하여 의미 있는 전체로 지각하는 방식을 이르는 것으로, 자신이 처한 상황과 환경을 고려하여 그 상황에서 실현할 수 있는 행동 동기로 지각한 것이다. 내담자로 하여금 '지금-여기(Here-Now)'의 현실에서 자신이 무엇을 어떻게 보고 느끼는지, 무엇이 경험하는 것을 방해하는지를 각성하도록 돕는 접근방법이다. 빈 의자 기법, 언어나 신체 및 환경 자각, 과장하기, 험담 금지하기 등의 기법을 사용한다.

② 인간중심 상담: 인본주의 상담, 사람 중심 상담이라고도 하며, 상담자는 전문적인 기법을 동원해서 내담자의 문제를 해결해 주는 것이 아니라 내담자 스스로가 자신의 문제를 해결해 나가도록 촉진시키는 역할을 한다. 무조건적인 긍정적 존중, 공감적 이해와 경청, 진정성 등의 기법을 사용한다.

③ 행동주의 상담: 행동주의 학습이론의 실험연구에 바탕을 두고 있으며 변화의 대상을 행동에 두는 상담기법이다. 체계적 둔감법, 강화, 처벌, 타임아웃 등의 기법을 사용한다.

더 알아보기

글래서(Glasser)의 현실치료(통제이론/선택이론)

정의	인간 본성의 결정론적 견해를 부정하고 인간의 자기 결정을 중시하는 상담기법
목적	내담자가 현실적이고 책임질 수 있는 행동을 하게 함으로써 성공적인 정체감을 계발할 수 있도록 도움
기법	• 라포가 형성됨을 전제로 전개되는 숙련된 질문 기술 • 적절한 유머 • 토의와 논쟁 • 맞닥뜨림(직면) • 역설적 기법(내담자에게 모순된 행동을 지시하여 깨닫게 하기)

14

정답의 이유

② 사회통제이론은 애착, 전념, 참여, 신념 등 비행 성향을 통제해 줄 수 있는 사회적 억제력이나 유대가 약화될 때 비행이 발생한다고 보는 이론이다. 일탈행위가 오히려 정상행동이며, 규범준수행위는 사회에서 범죄를 억제하는 사회적 결속이 있기 때문이라고 주장한다.

더 알아보기

청소년 비행 발생이론

접근	이론	내용
거시적	아노미(긴장)	사회구조가 특정인에게 정당한 방법으로 문화 목표를 달성할 수 없도록 할 때 사람들은 엄청난 긴장을 일으키게 되고, 긴장을 해결하기 위해 비행을 발생시킨다는 이론
미시적	낙인	상징적 상호작용이론에 기초한 이론으로 타인이 자기 자신을 비행자로 낙인찍은 것에 크게 영향을 받아 비행이 발생한다는 이론
	사회통제	비행 성향을 통제해 줄 수 있는 개인에 대한 사회적 억제력이나 통제가 약화될 때 비행이 발생한다는 이론
	차별접촉	가난한 지역의 아동들이 범죄에 대해 우호적인 가난한 지역의 문화와 접촉하게 됨으로써 일탈 행동을 학습하게 되고, 이에 따라 비행을 저지르게 된다는 이론
	중화	비행 청소년들은 자신의 비행을 정당화하는 책임과 가해의 부정, 피해자에 대한 부정, 비난자에 대한 비난, 더 높은 충성심에 호소 등의 중화 기술을 통해 죄의식 없이 비행이 유발된다는 이론

15 정답 ②

② 참여적 관점은 폐쇄체제적 관점이라고도 하며, 의사결정을 합의의 결과라고 보는 관점으로, 전문적 조직에 적합한 의사결정이다. 공동의 가치에 대한 인식, 전문가의 식견에 대한 신뢰, 관련자의 합리성에 대한 신뢰 등의 전제와 토대 위에서 의사결정이 이루어진다.

더 알아보기

교육정책 형성의 관점

구분	의사결정	적합한 조직	조직환경
합리적 관점	합리적 판단	관료제, 체계화된 중앙 집권적 조직	폐쇄적 체제
참여적 관점	합의의 결과	전문적 조직	폐쇄적 체제
정치적 관점	협상의 결과	갈등이 있으나 협상과 타협이 가능한 조직	개방적 체제
우연적 관점	우연의 결과	조직화한 무질서 조직	개방적 체제

16 정답 ③

정답의 이유

③ 일정한 학력(學歷)이나 자격이 있는 사람에 대해서는 제1호부터 제3호까지(교양과정 인정시험, 전공기초과정 인정시험, 전공심화과정 인정시험)의 과정별 인정시험 또는 시험과목의 전부 또는 일부를 면제할 수 있으나, 제4호 학위취득 종합시험은 면제할 수 없다(독학에 의한 학위취득에 관한 법률 제5조 제1항).

제5조(시험의 과정 및 과목)

① 시험은 다음 각호의 과정별 시험을 거쳐야 하며, 제4호의 학위취득 종합시험에 응시하려는 사람은 제1호부터 제3호까지의 과정별 시험을 모두 거쳐야 한다. 다만, 대통령령으로 정하는 바에 따라 일정한 학력(學歷)이나 자격이 있는 사람에 대해서는 제1호부터 제3호까지의 과정별 인정시험 또는 시험과목의 전부 또는 일부를 면제할 수 있다.

    1. 교양과정 인정시험
    2. 전공기초과정 인정시험
    3. 전공심화과정 인정시험
    4. 학위취득 종합시험

오답의 이유

① 독학에 의한 학위취득에 관한 법률 제2조
② 독학에 의한 학위취득에 관한 법률 제4조 제1항
④ 독학에 의한 학위취득에 관한 법률 제6조 제1항

17 정답 ①

정답의 이유

① 교육 기간 학생의 미취업에 따른 유실 소득은 사(私)부담 교육 기회비용에 해당한다.

오답의 이유

② 지방교육재정교부금법 제3조 제4항
③ 지방교육재정교부금법 제11조 제8항
④ 지방교육재정교부금법 제11조 제1항

더 알아보기

교육비의 구분

• 직접교육비: 교육활동에 직접적으로 지출되는 비용

공교육비	• 법적인 예산회계 절차를 거쳐 교육활동에 투입되는 비용 • 공부담 공교육비와 사부담 공교육비로 분류
사교육비 (사부담 사교육비)	법적인 예산회계 결산 절차를 거칠 필요 없이 학부모 혹은 학생이 자의적으로 지출하는 비용

• 간접교육비(교육 기회비용): 교육활동을 함으로써 포기하게 되는 모든 형태의 기회비용

사부담 간접교육비	교육 기간 학생이 취업을 포기함으로써 발생하는 유실 소득
공부담 간접교육비	학교에 주어진 각종 면세 혜택 비용, 학교 건물과 교육시설을 경제적 수익사업을 위해 사용하지 않았기 때문에 발생한 비용 및 이자, 학교시설 감가상각비 등

18 정답 ④

정답의 이유

ⓒ · ⓔ 동기요인에 해당한다.

오답의 이유

㉠ · ㉡ 위생요인에 해당한다.

더 알아보기

허즈버그(Herzberg)의 동기-위생이론

동기 (만족)요인	• 동기부여 요인에 있어서 만족을 얻으려는 접근 욕구와 관련된 일 자체를 의미한다. • 개인 내적인 구성요소로는 성장 및 발전, 인정, 성취감, 자아실현, 승진 가능성, 책임감 등이 있다.
위생 (불만족)요인	• 직무에 대해 불만족을 느끼게 하는 환경요인으로, 불만족을 회피하려는 욕구이다. • 충족 시에 불만이 줄지만 만족감이 생기지는 않고, 충족되지 않으면 불만이 발생한다. • 개인 외적인 구성요소로는 근무조건, 직업의 안정성, 보수, 대인관계 등이 있다.

교육학개론

교육행정직

정답의 이유

④ 최종 성취 수준에 대한 관심보다는 초기 능력 수준에 비추어 얼마만큼 능력의 향상을 보였느냐에 관심을 두는 것은 성장참조평가이다.

더 알아보기

평가 기준에 따른 교육평가

규준참조평가	• 평가 결과를 학습자가 속해 있는 집단의 규준에 비추어 상대적인 위치를 밝히는 평가이다. • 암기 위주의 학습을 유도할 가능성이 있다.
준거참조평가	• 정해진 준거나 목표에 도달하였는지를 판단하는 평가로, 경쟁심을 배제하기 때문에 협동학습이 가능하여 탐구 정신과 협동 정신을 함양할 수 있다. • 일정 점수 이상을 획득한 대상에게 자격증을 부여할 때 주로 사용된다.
능력참조평가	학생이 지닌 능력에 비추어 얼마나 최선을 다했는지를 중시하는 평가로, 성장참조평가와 함께 평가 기준을 학습자 내부에 설정하는 자기참조평가에 해당한다.
성장참조평가	최종 성취 수준 그 자체보다 사전 능력 수준과 평가 시점에 측정된 능력 수준 간의 차이에 관심을 두는 평가로, 개별화 교육을 촉진할 수 있다.

정답의 이유

③ 물건 값을 계산하는 것은 선행학습인 사칙연산과 완전히 다른 새로운 장면이 아니고 유사하므로, 일반 전이가 아닌 특수 전이에 해당한다.

오답의 이유

① 사칙연산 학습이 후행학습인 물건 값을 계산하는 데 도움을 주었으므로, 긍정적 전이에 해당한다.

② 학교에서 배운 것을 유사한 상황에 적용한 경우이기 때문에 특수 전이에 해당한다.

④ 선행학습과 후행학습 수준이 유사하므로 수평적 전이에 해당한다.

더 알아보기

학습의 전이

정의		특정 장면의 학습이 새로운 학습 장면에 영향을 미치는 현상이다.
종류	긍정적 전이	선행학습이 후속학습의 이해를 촉진하는 현상이다.
	부정적 전이	선행학습이 후속학습을 방해하는 현상이다.
	특수 전이	선행 장면에서 학습한 지식, 기능, 법칙 등을 매우 유사한 장면에 적용할 때 나타나기 때문에 특수 전이는 일반 전이에 비해 나타나기가 쉽고 가르치기도 쉽다.
	일반 전이	선행학습에서 획득한 지식, 기능, 법칙 등을 완전히 새로운 장면에 적용할 때 나타난다.
	수평적 전이	선행학습 과제와 후속학습 과제의 수준이 비슷한 경우에서 발생한다.
	수직적 전이	특정 교과의 학습이 다른 교과의 학습에 영향을 미치는 경우 발생한다.

교육학개론 | 2022년 국가직 9급

✓ 빠른 정답

01	02	03	04	05	06	07	08	09	10
③	④	③	②	④	③	④	②	①	③
11	12	13	14	15	16	17	18	19	20
①	②	①	④	②	①	③	④	③	②

✓ 점수 체크

구분	1회독	2회독	3회독
맞힌 문항 수	/ 20	/ 20	/ 20
나의 점수	점	점	점

01   정답 ③

[정답의 이유]

③ u-러닝(Ubiquitous Learning, 유비쿼터스 러닝)은 학생들이 언제 어디서나 어떤 내용에 상관없이 어떤 단말기로도 학습할 수 있는 교육환경을 조성해줌으로써, 학습자 중심의 교육과정을 실현하는 것을 말한다.

[오답의 이유]

① e-러닝(Electronic Learning)은 전자교육 또는 전자학습이라고 하며, 인터넷을 활용해 원하는 시간·장소에서 교육이 가능하다. 초기에는 콘텐츠를 일방향적으로 전달하는 학습 위주였으나, 점차적으로 사이버 공간을 활용한 양방향 학습과 다양한 디지털 콘텐츠를 활용한 실감형, 사물인터넷·AI 기술을 활용한 지능형 학습들이 개발되고 있다.

② m-러닝(Mobile Learning)은 PDA, 태블릿 PC, 스마트폰 등을 이용하여 무선 인터넷으로 학습자가 시간과 장소에 구애받지 않고 학습을 돕는 형태로서 '스마트 러닝'이라고도 한다.

④ 기계학습(Machine Learning)은 알고리즘을 이용해 데이터를 분석하여 학습을 하고, 그 학습을 통해 얻은 정보를 기반으로 판단·예측하며 새로운 지식을 추출하는 것을 말한다.

02   정답 ④

[정답의 이유]

④ 사회충원의 기능: 교육이 사회의 각 분야에서 요구하는 전문적 능력을 갖춘 인력을 양성하고 공급하여 충원하는 기능을 수행하는 것을 말한다.

[오답의 이유]

① 문화전승의 기능: 교육의 기본적 기능으로, 생활방식·행동양식을 내면화시키고 전승함으로써 사회를 유지하고 존속시킨다.

② 사회이동의 기능: 개인의 사회적 위치나 계층을 이동시키는 기능을 수행한다.

③ 사회통합의 기능: 다양한 구성원들을 지적·정서적으로 일체화시켜 하나의 통합된 집단으로 형성하는 교육의 기능을 말한다.

03   정답 ③

[정답의 이유]

③ 능력주의 평등화론은 기능주의적 관점으로 능력에 따라 계층이동의 기회가 주어지면 사회적 평등을 가져온다는 이론이다. 능력에서의 사회구조적 불평등을 고려하는 것은 갈등론적 관점에 해당한다.

교육학개론

교육행정직

04

정답의 이유

② 협동학습(공동학습)이란 학습자들이 이질적인 집단을 이루어 공유하는 목표를 성취하기 위해 함께 노력하는 것을 말하는 것으로, 협동학습의 기본 원리에는 긍정적 상호의존성, 상호작용의 촉진과 대면관계의 선호, 대인 및 소집단기술(사회적 기술), 집단화 과정, 개별 책무성 등이 있다.

오답의 이유

① · ④ 집단은 목표를 성취하기 위해 개별 책무성을 가지고 있어야 하며, 집단의 각 구성원도 이러한 공동의 목표를 달성하기 위하여 자신의 역할에 최선을 다할 책임을 가지고 있어야 한다.

③ 다른 구성원이 성취하지 못하면 자신도 성취하지 못하는 관계를 말하는 것으로, 긍정적 상호의존성은 협동학습을 구조화하기 위한 가장 우선적이고 중요한 요소이다.

05
정답 ④

정답의 이유

④ 가장 기초적인 신뢰도 검증방법으로서, 동일한 대상에 동일한 평가도구를 서로 상이한 시간에 두 번 측정한 다음 그 결과를 비교하는 것은 검사-재검사 신뢰도(안정성 계수)이다.

오답의 이유

① 신뢰도는 측정하려는 대상을 얼마나 정확하게 측정하고 있는가의 정도를 말한다.

② 타당도와 신뢰도의 관계에서, 타당도가 높기 위해서는 신뢰도가 높아야 한다.

③ 공인타당도는 한 검사가 그 준거로 사용된 현재의 어떤 행동이나 특성과 관련된 정도를 나타내는 것으로, 검사점수와 준거점수가 동일한 시점에서 수집된다.

06
정답 ③

정답의 이유

③ 고전적 조건형성(Classical Conditioning) 이론: 파블로프(I. Pavlov)에 의해 처음 연구되었으며, 개에게 규칙적으로 종소리를 들려준 후 먹이를 주자 이후 종소리만 들려주어도 개가 침을 흘리는 실험 과정에서 비롯되었다.

오답의 이유

① 구성주의 이론: 지식은 외부에서 주어지는 것이 아니라 자신(인식의 주체)이 발견하고 경험한 것을 통해 구성된다는 이론이다.

② 정보처리 이론: 새로운 정보가 투입되고 저장되며 기억으로부터 인출되는 방식을 연구하여 학습자의 내부에서 학습이 발생하는 기제로 설명하는 이론이다.

④ 조작적 조건형성 이론: 인간이 환경적 자극에 수동적으로 반응하여 형성되는 행동에 몰두한 파블로프의 고전적 조건형성과 달리, 스키너(B. Skinner)의 조작적 조건형성은 행동이 발생한 이후의 결과에 관심을 가진다. 스키너의 조작적 조건형성은 보상에 의한 강화를 통해 반응행동을 변화시키려는 방법이므로 '강화 이론'이라고도 불린다.

07
정답 ④

정답의 이유

④ 초자아(Superego): 무엇이 옳고 그른가를 판단하는 데 관여하는 성격의 일부분으로 도덕성 및 죄책감과 연관되며, 양심(Conscience)과 자아이상(Ego Ideal)이라는 두 가지 과정에 의해 형성된다.

오답의 이유

① 무의식(Unconsciousness): 정신의 3요소(의식, 전의식, 무의식) 중 하나로, 의식적 사고와 행동을 전적으로 통제하는 힘으로서 자신이 전혀 의식하지 못하는 정신작용의 부분을 말한다.

② 원초아(Id): 성격의 3요소(원초아, 자아, 초자아)에 해당하는 것으로, 출생 시 타고나는 성격의 가장 원초적인 부분으로서 본능적 충동과 쾌락의 원리에 의해 지배되므로, 충동적 · 비합리적 · 자애적으로 나타나는 것을 말한다.

③ 자아(Ego): 출생 후에 발달하기 시작하는 것으로, 성격의 조직적 · 합리적 · 현실지향적인 체계를 말한다.

08
정답 ②

정답의 이유

② 파지 단계는 모델의 행동을 마음속으로 그려보는 인지적 시연을 통한 인지적 행위 단계를 말하는 것이다. 모델의 행동을 기억하여 장기간 보존하기 위해 심상(Imaginal) 및 언어(Verbal) 두 가지의 내적 표상체계를 이용한다.

더 알아보기

반두라(Bandura)의 관찰학습 단계

주의집중 단계	모델의 행동이나 특성, 결과에 주의를 기울이고 관찰하는 단계
파지 단계	모델의 행동을 마음속으로 그려보는 인지적 시연을 통한 인지적 행위 단계
(운동)재생 단계	저장된 기억을 재생하는 단계
동기화 단계	모델의 행동을 재생산한 것에 대해 강화를 기대하며 동기를 가지는 단계

09
정답 ①

정답의 이유

㉠ 성장참조평가는 교육평가를 상대적 서열이나 준거점수에 비추어 평가하는 것보다, 교육의 진행과정을 통해 얼마나 성장하였는가에 비추어 평가하는 것이다.

㉡ 성장참조평가는 최종 성취수준 그 자체보다 사전 능력수준과 평가시점에 측정된 능력수준 간의 차이에 관심을 두는 평가로 개별화교육을 촉진할 수 있다.

오답의 이유

㉢ 상관이 높을 경우 성장이 아닌 관계에 의한 결과로 볼 수 있으므로, 사전에 측정한 측정치와 현재 측정한 측정치의 상관이 낮아야 한다.

ⓔ 고부담검사에서는 평가결과에 대한 공정성 문제가 제기될 수 있으므로 성장참조평가에는 적합하지 않다.

10 정답 ③

정답의 이유

③ 학문중심 교육과정은 교과의 기본개념(지식의 구조)과 학습방법에서의 탐구를 중요내용 및 활동으로 한다. 기본개념을 배움으로써 얻어지는 지식은 다른 상황에도 잘 전이가 되며, 이를 통해 새로운 지식을 얻을 수 있음을 주장한다.

오답의 이유

① 경험중심 교육과정은 아동에게 가치 있는 경험을 제공함으로써 경험을 통해 현실 문제를 해결하는 지식을 얻게끔 하여 아동의 계속적인 성장을 돕는 것을 목표로 한다.

② 교과중심 교육과정의 목표는 장래생활의 대비이며, 문화유산의 전달이 주된 교육내용이다. 교사중심의 교육(설명식 교수법, 수용 학습)이 강조되며, 제한된 교과 영역에서만 학습활동이 이루어진다.

④ 인간중심 교육과정은 개인적 의미의 중요성을 강조하고 전인적 발달을 추구함으로써 학습자의 자아실현을 돕는다. 아동을 성장의 가능성을 지닌 주체적 존재로 보고, 전인적 능력을 계발하여 자아실현을 할 수 있도록 돕는 것을 교육목적으로 한다.

11 정답 ①

정답의 이유

① 분석적 교육철학에서는 개념의 의미를 명료화하기 위해서는 논리구조를 드러내야 한다고 주장한다. 규범적 교육철학에 해당하는 설명으로 분석적 교육철학과는 거리가 멀다.

12 정답 ②

정답의 이유

② 비형식 교육: 학교교육 밖에서 이루어지는 모든 구조화된 학습활동을 말한다. 형식 교육과 동일하게 계획적이고 체계적이며 조직화된 교수과정을 포함하고 있지만, 국가의 '학력·학위' 인증을 받지 않은 교육이다. 공식적인 학위나 졸업장의 취득을 목적으로 하지 않으면서 교육프로그램이나 강좌 형태로 '기관에 등록하여' 참여하거나 지속적인 스터디클럽, 개인과외 형태로 참여한 교육으로 구체적인 교육프로그램이나 교육과정이 있는 학습을 말한다.

오답의 이유

① 형식 교육: 학교 안에서 이루어지는 교육 방식으로, 제도화되고 구조적이며 국가의 공인을 받은 교육이다. 초·중·고등학교, 대학교, 대학원 등 공식적으로 졸업장이나 학위를 취득할 수 있는 교육을 말한다.

③ 무형식 교육: 형식·비형식 교육을 제외한 것으로, 학습자가 자발적으로 학습하는 것을 말한다. 가족·친구 등 주변인의 도움이나 조언, 인쇄매체, 컴퓨터나 인터넷을 활용하여 학습하는 것을 포함한다.

④ 우연적 학습: 의도한 것은 아니지만 추후 학습이 이루어졌음을 인식하게 되는 학습으로, 무형식 교육의 한 형태이다.

13 정답 ①

정답의 이유

① 변혁적 리더십 이론: 번즈(Burns)와 배스(Bass)가 주장한 것으로 지도자의 특성으로 이상화된 영향력(Idealized Influence), 감화력(Inspirational Motivation), 지적 자극(Intellectual Stimulation), 개별적 배려(Individualized Consideration)를 강조한다

오답의 이유

② 문화적 리더십: 서지오바니(Sergiovanni)가 주장한 것으로 구성원의 의미추구욕구를 만족시킴으로써 구성원을 조직의 주인으로 만들고 조직의 제도적 통합을 가능하게 한다. 개개인의 조직원보다는 조직 자체의 문화에 초점을 둔다.

③ 도덕적 리더십: 서지오바니(Sergiovanni)와 오웬스(Owens)가 주장한 것으로, 지도자의 도덕성 및 추종자의 자율성 확보로 지도자는 스스로 '지도자의 지도자', 추종자는 '자기 지도자'가 되도록 하는 것이다.

④ 슈퍼 리더십: 만즈(Mans)와 심스(Sims)가 주장한 것으로, 지도자가 구성원을 스스로 판단하고 행동하며 그 결과도 책임지는 자율적 지도자로 만드는 지도성을 말한다.

14 정답 ④

정답의 이유

④ 고려 말 성리학의 도입 이후 사서를 중시하기 시작하였으므로, 고구려의 경당과는 시기적으로 어울리지 않는다.

오답의 이유

①·②·③ 고구려의 경당에 대해서는 중국 측 사서인 『구당서(舊唐書)』와 『신당서(新唐書)』에 그 자세한 기록이 전해지고 있다.

더 알아보기

고구려 경당의 기록

• 『구당서』의 관련 기록에서는 고구려인이 "문선(文選)을 대단히 귀중하게 여긴다."라고 하고 있다.

• 고구려 사람들은 배우기를 좋아하여 가난한 마을이나 미천한 집안에 이르기까지 서로 힘써 배우므로, 길거리마다 큼지막한 집을 짓고 경당이라고 부른다. 결혼하지 않은 자제들을 이곳에 머물게 하여 글을 읽고 활쏘기를 익히게 한다.   - 『신당서』 -

15 정답 ②

정답의 이유

② 『아학편(兒學編)』은 정약용이 체계적 한자 학습을 위하여 엮은 교육용 교재로서 『천자문』의 결점을 극복하기 위하여 만들어졌다. 상권에는 유형적 개념에 해당하는 한자를 담았고, 하권에는 계절, 기구, 방위 등의 무형적 개념에 해당하는 한자를 담았다.

① 『사소절(士小節)』은 이덕무가 우리 민족의 당시 풍속에 맞게 서술한 수양서로, 선비 · 부녀자 · 아동 등이 일상생활에 있어서 따라야 할 예절과 수신에 관한 내용을 수록하였다. 사전 · 부의 · 동규편으로 나뉘며, 사전편은 인간의 자기통제법, 부의편은 주부로서의 도, 동규편에서는 자제를 교육하는 방법이 담겨 있다.

③ 『아희원람(兒戲原覽)』은 장혼이 아동의 교육을 위해 저술한 책으로, 고금의 사문(事文)에서 필요한 내용을 뽑아 엮었으며, 형기 · 창시 · 방도 · 국속 · 탄аз · 자성 · 재민 · 수부 · 변이 · 전운 등 한국 문화사적인 내용을 중심으로 다룬다.

④ 『하학지남(下學指南)』은 안정복이 경서의 문구와 격언을 뽑아 저술한 것으로, 수권과 권상, 권하로 구성되어 있다.

16 ※개정 · 변경된 내용으로 선지 교체   정답 ①

① 교육부장관은 외국이나 군사분계선 이북지역에서 대학교육에 상응하는 교육과정을 마친 자에게 그에 상당하는 학점을 인정할 수 있다(학점인정 등에 관한 법률 제7조 제2항 제2호).

② 학점인정 등에 관한 법률 제7조 제2항 제4호
③ 학점인정 등에 관한 법률 제7조 제2항 제3호
④ 학점인정 등에 관한 법률 제7조 제2항 제6호

제7조(학점인정)

② 교육부장관은 다음 각 호의 어느 하나에 해당하는 자에게 그에 상당하는 학점을 인정할 수 있다.

1. 대통령령으로 정하는 학교 또는 평생교육시설에서 「고등교육법」, 「평생교육법」 또는 학칙으로 정하는 바에 따라 교육과정을 마친 자

2. 외국이나 군사분계선 이북지역에서 대학교육에 상응하는 교육과정을 마친 자

3. 「고등교육법」 제36조 제1항, 「평생교육법」 제32조 또는 제33조에 따라 시간제로 등록하여 수업을 받은 자

4. 대통령령으로 정하는 자격을 취득하거나 그 자격 취득에 필요한 교육과정을 마친 자

5. 대통령령으로 정하는 시험에 합격하거나 그 시험이 면제되는 교육과정을 마친 자

6. 「무형유산의 보전 및 진흥에 관한 법률」 제17조에 따라 국가무형유산의 보유자로 인정된 사람과 그 전수교육을 받은 사람으로서 대통령령으로 정하는 사람

---

17   정답 ③

③ 만족 모형은 최선의 결정은 이론적으로 가능할 뿐이며 실제로는 제한된 범위 안에서의 합리성만 추구할 수 있다고 본다. 이 외의 특징으로는 주관적 합리성을 추구하며, 보수적인 성격을 지닌 모형이라는 것이 있다.

① 혼합 모형은 합리성 모형의 현실 감각 부족과 점증주의 모형의 보수주의 지향이라는 약점을 보완하여 이 둘을 혼합한 모형이다.

② 인간의 이성과 합리적 행동에 대한 믿음을 바탕으로 가장 합리적인 최선의 대안을 찾고자 하는 모형은 합리성 모형이다.

④ 기존의 정책 대안과 경험을 기초로 약간의 개선을 도모할 수 있는 제한된 수의 대안을 검토하여 현실성 있는 정책을 선택하는 것은 점증 모형에 해당한다.

18   정답 ④

④ 과학적 관리론에서는 절약과 능률을 위한 최선의 방법이나 수단의 채택을 주요 관건으로 보았다. 보비트(Bobbit)는 테일러(Taylor)의 과학적 관리론을 교육행정에 도입하였다. 교사를 노동자, 학교장을 관리자로 보고 학교 조직을 하나의 기업체에 비유하여, 교사는 교수자로서 학생을 가르치는 데 전념하고, 학교장은 관리자로서 학교행정을 책임지는 일에 집중해야 한다고 주장하였다.

19   정답 ③

③ 몰입풍토 유형의 교장은 지시 · 제한적이나 교사들은 높은 전문적 업무수행을 보인다.

더 알아보기

호이(Hoy)와 미스켈(Miskel)의 학교풍토 유형

구분		교장 행동	
		개방	폐쇄
교사 행동	개방	개방풍토	몰입풍토
	폐쇄	일탈풍토	폐쇄풍토

20   정답 ②

② 성과주의 예산제도는 예산의 항목을 사업계획별 · 활동별로 분류한 다음, 각 세부사업별로 단위 원가에 업무량을 곱하여 예산액을 표시하고, 그 집행의 성과를 측정 · 분석 · 평가하여 재정을 통제하는 방법이다.

① 기획 예산제도는 합리적인 조직목표를 설정하고, 이 목표를 성취하기 위한 계획과 행동과정 그리고 자원배분을 수립·설계함으로써 조직목표 달성의 효율성을 향상하려는 제도이다.

③ 영기준 예산제도는 전년도 예산 편성과 상관없이 신년도 사업을 평가하여 예산을 결정하는 것으로서, 창의적이고 자발적인 사업의 구상과 실행을 유도할 수 있다.

④ 품목별 예산제도는 예산 항목을 경비의 성격과 위계에 따라 관, 항, 목, 세목 등으로 제도화하는 것으로, 예산편성 과정이 점증주의에 기초하므로 간편하다는 이점을 가진다.

교육학개론 | 2022년 지방직 9급

빠른 정답

01	02	03	04	05	06	07	08	09	10
④	③	②	①	①	②	①	③	④	④
11	12	13	14	15	16	17	18	19	20
③	①	③	②	④	①	①	④	②	③

점수 체크

구분	1회독	2회독	3회독
맞힌 문항 수	/ 20	/ 20	/ 20
나의 점수	점	점	점

01　　　　정답 ④

정답의 이유

④ 적응성의 원리: 급격하게 변화하는 상황을 반영할 수 있어야 한다는 원리이다.

오답의 이유

① 민주성의 원리: 국민의 참여를 통한 공정한 민의를 반영해야 한다는 것이다.

② 안정성의 원리: 교육정책은 장기적 안목에서 지속성과 일관성을 유지해야 한다는 것이다.

③ 전문성의 원리: 전문가가 교육행정을 담당해야 한다는 것이다.

02　　　　정답 ③

정답의 이유

③ 가드너(Gardner)의 다중지능론: 가드너는 다중지능론에서 인간의 지능은 단일능력이 아니라 상호독립적이며, 사회문화적 맥락의 영향을 받는다고 주장하였다.

오답의 이유

① 스피어만(Spearman)의 일반요인이론: 스피어만은 2요인설[일반요인(G요인), 특수요인(S요인)]을 주장하였다. 그중 일반요인(G요인)은 모든 개인이 공통적으로 가지고 있는 요인을 말하고, 특수요인(S요인)은 언어나 숫자 등 특정한 부분에 대한 능력으로서의 요인을 말한다.

② 길포드(Guilford)의 지능구조모형: 길포드가 제시한 지능의 구조는 내용, 조작, 결과(산출)의 3차원적 입체모형으로 이루어지며, 이들의 조합에 의해 180개의 조작적인 지적 능력으로 나타난다.

④ 캐롤(Carroll)의 지능위계모형: 지능을 구성하는 요인들이 위계를 이루고 있다는 것으로, 캐롤은 3계층 지능위계모형을 주장하였다. 1층에는 좁은 능력, 2층에는 광범위의 능력, 3층에는 일반요인(G요인)이 위치한다.

03 정답 ②

정답의 이유

② 학교는 관료적 성격과 전문적 성격을 모두 지닌 조직이므로, 순수한 관료제 조직과는 거리가 멀다.

오답의 이유

①·③·④ 학교조직은 그 하위의 체제들이 서로 연결되어 있으나 각자의 자주성, 자율성 및 개별성을 유지하고 있다. 웨이크(Weick)는 이러한 학교조직의 특성을 이완결합체제라 하였다.

04 정답 ①

정답의 이유

(가) 기능주의적 관점은 학교가 개인을 사회적 존재로 성장시킨다고 본다. 학교는 능력주의에 따라 학생을 선발하고 교육 수준에 따라 인재를 적재적소에 배치하는 기능을 한다.

(나) 갈등론적 관점은 학교가 기존의 불평등한 계층구조를 재생산한다고 본다. 학교는 교육내용뿐만 아니라 교육분위기를 통해 기존의 계층구조를 정당화하는 교육을 한다.

더 알아보기

기능주의적 관점과 갈등주의적 관점

구분	내용
기능주의적 관점	• 학교는 사회의 유지와 질서에 기여하는 제도 • 학교는 사회구조적 모순 해결을 통해 사회 평등화를 추구 • 교과내용은 사회구성원들의 합의에 의한 것 • 교육내용, 교육평가, 교육목표의 보편성 원칙을 강조 • 새로운 세대에게 교육을 통해 사회의 가치를 전수하는 역할 수행 • 개개인의 능력에 맞는 인력 개발 및 훈련이 필요
갈등주의적 관점	• 학교는 사회 불평등을 영속화시키는 기관 • 학교는 인간을 억압하여 수동적인 인간으로 만듦 • 지배계층이 선호하는 가치를 보편적 가치로 내면화 • 기존의 가치를 재생산하여 사회 계급구조를 유지 • 능력에 맞는 교육은 자본주의적 질서를 정당화하는 것에 불과함

05 정답 ①

정답의 이유

① 체계적 둔감법은 파블로프(Pavlov)의 고전적 조건화설에 해당한다. 불안, 공포와 같은 부정적인 감정이 이완반응과 점진적으로 대체되면서 부정적인 감정에서 벗어나도록 하는 기법이다.

오답의 이유

②·③·④ 로저스(Rogers)는 인간의 자기실현 경향성을 촉진시키는 상담자의 3가지 태도로 진실성과 사실성(일치성), 무조건적 긍정적 존중과 수용, 공감적 이해를 이야기하였다.

더 알아보기

상담자의 3가지 태도

일치성 (진실성과 사실성)	• 상담자가 순간순간 경험하는 자신의 감정이나 태도를 있는 그대로 표현하고 개방하는 진술한 태도이다. • '지금-여기'의 경험과 관련하여 현재에 집중하고, 높은 수준의 자각을 유지한다. • 자기수용과 자기신뢰를 가지며, 집단원과의 인간적 만남을 위해 노력한다.
무조건적 긍정적 존중과 수용	집단원의 느낌이나 생각을 평가하거나 판단하지 않고 애정을 전달하는 것을 의미한다.
공감	상담시간 순간순간의 상호작용에서 나타내는 집단원의 경험과 감정들을 민감하고 정확하게 이해하는 것이다.

06 정답 ②

정답의 이유

② 블렌디드 러닝(Blended Learning): 학습의 효과성을 향상시키고 학습경험을 극대화하기 위해 온라인과 오프라인 학습환경뿐만 아니라 다양한 학습방법과 매체를 결합하여 활용하는 학습법이다.

오답의 이유

① 상황학습(Situated Learning): 실제적 과제를 통해 문제를 해결함으로써 지식의 적용 능력을 향상시킨다. 실제적 과제를 부여하고, 구체적이며 다양한 사례를 제시한다.

③ 모바일 러닝(Mobile Learning): PDA, 태블릿 PC, 스마트폰 등을 이용하여 무선 인터넷으로 학습자가 시간과 장소에 구애받지 않고 학습을 돕는 형태로 '스마트 러닝'이라고도 한다.

④ 팀기반학습(Team-based Learning): 학습자들이 소그룹을 이루어 서로 상호작용함으로써 공동의 목표를 달성하는 집단학습법을 말한다.

07 정답 ①

정답의 이유

① 제시문은 루소(Rousseau)에 대한 설명이다. 자연주의 사상가 루소는 인간의 본성은 본래 선하나 환경에 의해 영향을 받는다는 성선설의 입장에서 인위적인 교육을 비판하고, 자연의 원리에 맞는 교육을 강조하였다.

오답의 이유

② 페스탈로치(Pestalozzi)는 교육을 인간성을 계발하는 것으로 보았으며, 지적(머리, Head)·도덕적(가슴, Heart)·기술적(손, Hand) 영역의 조화로운 발달을 통해 이루어진다고 주장하였다.

③ 듀이(Dewey)는 교육을 경험의 재구성을 통한 성장이라고 보았으며 진보주의의 대표적인 학자이다.

④ 허친스(Hutchins)는 항존주의 교육이론가이며 이성을 계발하여 절대적인 진리를 체득하는 것을 교육의 목적으로 보았다.

교육학개론

교육행정직

08

정답의 이유

③ 자유교양교육을 교육적 이상으로 삼는 것은 허친스(Hutchins)이다. 허친스는 항존주의 교육원리를 주장하였다.

더 알아보기

진보주의 교육원리

진보주의 교육원리는 학습자의 실생활과 유사한 경험을 통해 문제해결력을 획득함으로써 계속적으로 성장할 수 있도록 돕는 데 초점을 두는 학습자 중심의 교육철학이다. 교육은 실생활에 직접적으로 관계있어야 하며, 학습자가 능동적으로 문제를 해결하는 과정에서 지식이 획득되고 성장하게 되므로, 학습자의 흥미를 존중하는 교육활동이 제공되어야 한다. 교사는 학습자가 곤경에 처했을 때 자신의 지식과 경험으로 학습자에게 안내자 혹은 충고자의 역할만 하고, 경쟁보다는 협동을 중시하였다.

09

정답 ④

정답의 이유

④ 독학학위제의 시험에 응시할 수 있는 사람은 고등학교 졸업이나 이와 같은 수준 이상의 학력(學力)이 있다고 인정된 사람이어야 한다(독학에 의한 학위취득에 관한 법률 제4조 제1항).

오답의 이유

① 학습휴가제는 직장인과 공무원이 계속교육이나 재교육을 위해 일정기간 유급 또는 무급 휴가를 실시할 수 있도록 하는 제도이다. 평생교육법 제8조에 따르면 국가·지방자치단체와 공공기관의 장 또는 각종 사업의 경영자는 소속 직원의 평생학습기회를 확대하기 위하여 유급 또는 무급의 학습휴가를 실시하거나 도서비·교육비·연구비 등 학습비를 지원할 수 있다.

② 평생교육바우처는 학습자가 본인의 학습 요구에 따라 자율적으로 학습 활동을 결정하고 참여할 수 있도록 정부가 제공하는 평생교육 이용권을 말한다. 지원대상은 만 19세 이상 성인 중 기초생활보장 수급자, 차상위계층, 기준 중위소득 65% 이하인 가구의 구성원이다. 사용처는 평생교육바우처 사용기관으로 등록된 기관의 수강료, 해당 강좌의 교재비이다.

③ 학습계좌제는 국민의 학력·자격이수 결과에 대한 사회적 인정 및 활용기반을 확대하기 위한 제도이다. 학습계좌제는 학교교육이나 비형식교육 등 국민의 다양한 개인적 학습경험을 학습이력 관리시스템으로 누적·관리하는 제도를 말한다.

10

정답 ④

정답의 이유

④ 계열성: 교육과정의 내용은 단순한 내용에서 복잡한 내용으로, 부분에서 전체로, 친숙한 내용에서 미친숙한 내용 등 순서대로 제시되어야 한다.

오답의 이유

① 적절성: 타당성의 원리라고도 하며, 교육내용은 교육의 목표를 달성하는 데 도움을 주는 것으로 선정되어야 한다.

② 스코프: 특정한 시점에서 학생들이 배우게 될 내용의 폭과 깊이를 말한다. 어떠한 특정 시점에서 학생들이 배워야 할 내용이 무엇인지, 그 깊이는 어느 정도의 수준으로 설정해야 하는지를 결정한다.

③ 통합성: 다른 교육내용이더라도 관련 있는 내용을 바탕으로 하나의 교과·단원으로 연결시키고 통합하여 제시한다.

더 알아보기

교육내용의 수평적·수직적 조직 원리
- 수평적 조직: 스코프, 통합성
- 수직적 조직: 계열성

11

정답 ③

정답의 이유

③ 교육감후보자가 되려는 사람은 후보자등록신청개시일을 기준으로 교육경력과 교육행정경력 어느 하나에 해당하는 경력이 3년 이상 있거나, 합한 경력이 3년 이상 있는 사람이어야 한다(지방교육자치에 관한 법률 제24조 제2항).

> **제24조(교육감후보자의 자격)**
> ② 교육감후보자가 되려는 사람은 후보자등록신청개시일을 기준으로 다음 각 호의 어느 하나에 해당하는 경력이 3년 이상 있거나 다음 각 호의 어느 하나에 해당하는 경력을 합한 경력이 3년 이상 있는 사람이어야 한다.
> 1. 교육경력 : 「유아교육법」 제2조 제2호에 따른 유치원, 「초·중등교육법」 제2조 및 「고등교육법」 제2조에 따른 학교(이와 동등한 학력이 인정되는 교육기관 또는 평생교육시설로서 다른 법률에 따라 설치된 교육기관 또는 평생교육시설을 포함한다)에서 교원으로 근무한 경력
> 2. 교육행정경력 : 국가 또는 지방자치단체의 교육기관에서 국가공무원 또는 지방공무원으로 교육·학예에 관한 사무에 종사한 경력과 「교육공무원법」 제2조 제1항 제2호 또는 제3호에 따른 교육공무원으로 근무한 경력

오답의 이유

① 시·도의 교육·학예에 관한 사무의 집행기관으로 시·도에 교육감을 둔다(지방교육자치에 관한 법률 제18조 제1항).

② 교육감은 교육·학예에 관한 교육규칙의 제정에 관한 사항을 관장한다(지방교육자치에 관한 법률 제20조 제4호).

④ 주민은 교육감을 소환할 권리를 가진다(지방교육자치에 관한 법률 제24조의2 제1항).

12 정답 ①

① 측정을 통해 얻은 사실로 미래의 행동특성을 예견하는 것은 예언타당도이다.

② 공인타당도: 한 검사가 그 준거로 사용된 현재의 어떤 행동이나 특성과 관련된 정도를 나타내는 타당도를 말한다.
③ 구인타당도: 연구자가 측정하고자 하는 추상적 개념이 실제로 측정도구에 의해 제대로 측정되었는지의 정도를 나타낸다.
④ 내용타당도: 측정도구에 포함된 지표가 측정하고자 하는 내용을 얼마나 대표하는지의 정도를 나타낸다.

13 정답 ③

③ 정교화: 어떤 정보에 조작을 가하여 정보가 갖는 의미의 깊이와 폭을 더욱 확장시키거나 심화하는 전략이다.

① 감각기억: 학습자가 눈이나 귀 같은 감각수용기관을 통해 환경으로부터 얻은 정보(자극)를 감각등록기에 저장하는 최초의 기억이다.
② 시연: 기억해야 할 정보를 여러 번 반복해서 암송하는 것이다.
④ 조직화: 기억하려는 정보를 의미적으로 관련 있는 것끼리 묶어서 범주화함으로써 기억의 효율성을 높이는 전략이다.

14 정답 ②

② 학습자가 가지고 있는 기존의 인지구조에 새로운 지식을 연결함으로써 의미를 갖게 되는 것을 유의미학습이라 칭한다. 오수벨(Ausubel)의 유의미 학습 이론은 선행조직자의 원리, 점진적 분화의 원리, 통합적 조정의 원리, 선행학습의 요약·정리의 원리, 내용의 체계적 조직의 원리, 학습 준비도의 원리로 구성되어 있다.

① 블룸(Bloom)은 상위 75~90%의 학습자들로 하여금 전형적인 집단수업 상황에서 상위 25%의 학생들이 성취한 수준과 동일한 수준의 성취를 가능하게 하는 완전학습이론을 주장하였다. 개인차의 문제 해결을 위해 수업 전 단계(2) – 수업 활동 단계(7) – 수업 후 단계(1)의 총 10단계로 구성되어 있다.
③ 스키너(Skinner)는 행동주의 학습이론 중에서도 조작적 조건형성이론을 주장하였다. 스키너의 조작적 조건형성은 행동이 발생한 이후의 결과에 관심을 가진다. 보상에 의한 강화를 통해 반응행동을 변화시키려는 방법으로 '강화이론'이라고도 불린다.
④ 콜린스(Collins)는 전통적인 도제식 수업방법을 현대에 맞게끔 발전시킨 학습이론을 주장하였으며, 학습자가 전문가를 관찰하며 스스로 지식을 구성하여 습득할 수 있다고 하였다. 모델링 – 코칭 – 스캐폴딩 – 명료화 – 반성적 사고 – 탐구의 순서로 전개된다.

15 정답 ④

④ 국가와 지방자치단체가 설립한 학교에서는 특정한 종교를 위한 종교교육을 하여서는 아니 된다(교육기본법 제6조 제2항).

① 교육은 교육 본래의 목적에 따라 그 기능을 다하도록 운영되어야 하며, 정치적·파당적 또는 개인적 편견을 전파하기 위한 방편으로 이용되어서는 아니 된다(교육기본법 제6조 제1항).
② 교원의 노동조합은 어떠한 정치활동도 하여서는 아니 된다(교원의 노동조합 설립 및 운영 등에 관한 법률 제3조).
③ 교원은 특정한 정당이나 정파를 지지하거나 반대하기 위하여 학생을 지도하거나 선동하여서는 아니 된다(교육기본법 제14조 제4항).

16 정답 ①

① 엘리스(Ellis)의 합리적·정서적 행동 상담은 인간의 감정, 즉 정서적 문제의 원인이 비합리적 신념임을 가정하고, 이러한 잘못된 인지과정을 합리적·현실적·자기 긍정적으로 변화시켜 융통성 있고 생산적인 삶을 살아가도록 돕는 이론이다.

② 게슈탈트 상담: 형태주의적 접근모형은 펄스(Perls)에 의해 개발되고 보급되었다. 상담과정에서 집단원들 간의 상호작용에 초점을 두기보다는 상담자가 중심이 되어 한 번에 한 집단원의 문제를 집중적으로 다룬다.
③ 개인심리학적 상담: 아들러(Adler)는 프로이트의 생물학적·결정론적인 관점에서 벗어나 사회심리적·비결정론적 관점으로 전환하였다. 무의식이 아닌 의식이 성격의 중심이며, 의식에 의한 선택과 책임, 삶의 의미, 성공과 완벽의 욕구를 강조하였다.
④ 정신분석적 상담: 프로이트(Freud)의 성격 이론을 근거로 하고 있다. 인간의 부적응 행동의 원인을 무의식 세계에 억압되어 있는 감정이라고 보았으며, 이 억압된 감정을 파헤쳐서 부적응 행동을 치료할 수 있다고 하였다.

17 정답 ①

① 문제중심학습의 특징으로 '비구조적인 문제'를 들 수 있는데, 비구조적인 문제는 학습자가 어떻게 접근하는지에 따라 문제의 결론이 달라질 수 있다. 이러한 비구조적 문제는 처음에 문제를 접하면 복잡하고 완전한 이해가 어려울 수 있으며, 한 가지 정답이 아니라 다양한 정답을 가질 수 있고, 또한 문제를 규명해 가는 과정에서 문제가 변경이 될 수 있다는 특징이 있다.

② 토의법이란 어떤 문제를 학습자들 간의 상호작용을 통해 해결해 나가는 것을 말하며, 종류로는 원탁토의, 배심토의, 단상토의(심포지엄), 공개토의(포럼), 대화식 토의, 버즈토의가 있다.
③ 직소모형은 조각을 맞추어 전체적인 그림을 완성하는 직소퍼즐

처럼 각자 할당받은 어떤 문제의 전문가가 되어 다른 구성원에게 알려줌으로써 상호의존성과 협동성을 유발하는 모형이다.
④ 발견학습이란 교사의 지시를 최소한으로 하여 학생 스스로 자율적인 학습을 통해서 학습목표를 성취하도록 하는 교수·학습과정의 형태이다. 이는 학습자의 자발적인 노력에 의한 발견 및 재발견의 과정을 통하여 학습이 이루어지도록 하는 것이다.

18 정답 ④

정답의 이유

④ 실존주의 교육철학은 이전의 학문중심 교육과정, 합리주의적 관념주의·실증주의에서 발생한 인간 소외현상에서 벗어나 인간을 '자유롭게 선택할 수 있는 가능성을 지닌 개별적·독자적·절대적 존재'로 바라보는 교육철학이다.

오답의 이유

① 실존주의 교육철학에서의 이상적인 개인은 '선택하는 행위자, 자유로운 행위자, 책임지는 행위자'로, 창조적 개인의 성장과 자아실현을 강조하였다.
② 실존주의 교육철학은 인간 자신의 주체적 결단, 실천을 강조하며 이런 자아의 실현을 목표로 자아인식을 위한 교육과정을 중시한다.
③ 실존주의 교육철학의 사상가인 부버(Buber)는 학생의 사람됨은 인간적인 교사와 인간적인 만남의 교육방법에 의해 계발될 수 있으며, 교사와 학생은 동등한 인격자로 '만남'이 이루어졌을 때 참다운 교육이 일어난다고 보았다.

더 알아보기

실존주의 교육철학
• 실존주의에서는 인간이 불변의 본질을 가지고 세상에 태어난다는 것을 부정한다.
• 인간은 자신의 자유의지에 의해 본질을 창조해 가는 존재이다.
• 인간이 자유의지에 의해 스스로의 본질을 완성시켜 간다는 것은 실존이 본질에 앞선다는 의미가 된다.
• 인간이 자신의 자유의지에 의해 자신의 행동과 운명을 선택할 수 있는 존재라고 한다면 자신의 행동결과에 대해 책임을 져야 한다.
• 모든 인식에 있어 무엇이 자기에게 진리인가를 궁극적으로 결정하는 것은 개별적 자아이다.
• 개인이 자유의지에 따른 선택과 판단에 의하여 자신의 생활과 운명을 결정짓고 책임을 질 수 있도록 하는, '자아실현적 인간의 형성'을 도모하는 것이 교육의 목적이다.

19 정답 ②

정답의 이유

② 지방교육재정은 지방교육자치에 관한 법률 제38조의 '시·도의 교육·학예에 관한 경비를 따로 경리하기 위하여 해당지방자치단체에 교육비특별회계를 둔다.'에 따라 교육비특별회계라는 이름으로 지방자치단체의 일반회계와 분리되어 운영되고 있다. 지방교육재정의 세입은 지방교육재정교부금·지방자치단체 전입금·자체수입·차입 및 기타로 구성되어 있다. 따라서 지방교육재정교부금은 지방자치단체 교육비특별회계의 세입 재원에 포함된다.

오답의 이유

① 이 법은 지방자치단체가 교육기관 및 교육행정기관을 설치·경영하는 데 필요한 재원(財源)의 전부 또는 일부를 국가가 교부하여 교육의 균형 있는 발전을 도모함을 목적으로 한다(지방교육재정교부금법 제1조).
③ 국가는 회계연도마다 이 법에 따른 교부금을 국가예산에 계상(計上)하여야 한다(지방교육재정교부금법 제9조 제1항).
④ 국가가 제1조의 목적을 위하여 지방자치단체에 교부하는 교부금은 보통교부금과 특별교부금으로 나눈다(지방교육재정교부금법 제3조 제1항).

20 정답 ③

정답의 이유

③ 교육조건의 평등은 교육받는 조건의 차이(교사, 교육목표, 교육과정, 교육방법, 교육시설 등)가 없어야 한다는 것을 의미하며, 이는 교육에서 평등관 중 과정적 평등관에 해당한다.

PART 5

행정법총론

한눈에 훑어보기

 영역 분석

행정법통론 01 08 12
3문항, 15%

행정작용법 05 14 15 16 17 18 19
7문항, 35%

행정과정의 규율 02 04
2문항, 10%

실효성 확보수단 06 07 13
3문항, 15%

손해전보 03 10
2문항, 10%

행정쟁송 11 20
2문항, 10%

단원종합 09
1문항, 5%

빠른 정답

01	02	03	04	05	06	07	08	09	10
③	③	②	③	①	②	③	①	①	④
11	12	13	14	15	16	17	18	19	20
③	③	①	②	②	④	④	④	③	④

점수 체크

구분	1회독	2회독	3회독
맞힌 문항 수	/ 20	/ 20	/ 20
나의 점수	점	점	점

---

01 난도 ★★☆　　　　　　　　　　　정답 ③

행정법통론 > 행정상 법률관계

[정답의 이유]

③ 법령 등을 공포한 날부터 일정 기간이 경과한 날부터 시행하는 경우 법령 등을 공포한 날을 첫날에 산입하지 아니한다(행정기본법 제7조 제2호).

[오답의 이유]

① 행정기본법 제6조 제1항
② 행정기본법 제7조 제3호

> **제7조(법령 등 시행일의 기간 계산)**
> 법령 등(훈령 · 예규 · 고시 · 지침 등을 포함한다. 이하 이 조에서 같다)의 시행일을 정하거나 계산할 때에는 다음 각 호의 기준에 따른다.
> 1. 법령 등을 공포한 날부터 시행하는 경우에는 공포한 날을 시행일로 한다.
> 2. 법령 등을 공포한 날부터 일정 기간이 경과한 날부터 시행하는 경우 법령 등을 공포한 날을 첫날에 산입하지 아니한다.
> 3. 법령 등을 공포한 날부터 일정 기간이 경과한 날부터 시행하는 경우 그 기간의 말일이 토요일 또는 공휴일인 때에는 그 말일로 기간이 만료한다.

④ 행정기본법 제6조 제2항 제1호

> **제6조(행정에 관한 기간의 계산)**
> ② 법령 등 또는 처분에서 국민의 권익을 제한하거나 의무를 부과하는 경우 권익이 제한되거나 의무가 지속되는 기간의 계산은 다음 각 호의 기준에 따른다. 다만, 다음 각 호의 기준에 따르는 것이 국민에게 불리한 경우에는 그러하지 아니하다.
> 1. 기간을 일, 주, 월 또는 연으로 정한 경우에는 기간의 첫날을 산입한다.
> 2. 기간의 말일이 토요일 또는 공휴일인 경우에도 기간은 그 날로 만료한다.

행정과정의 규율 > 행정절차

정답의 이유

③ 공무원 인사관계 법령에 의한 처분에 관한 사항 전부에 대하여 행정절차법의 적용이 배제되는 것이 아니라 성질상 행정절차를 거치기 곤란하거나 불필요하다고 인정되는 처분이나 행정절차에 준하는 절차를 거치도록 하고 있는 처분의 경우에만 행정절차법의 적용이 배제된다. 따라서 군인사법령에 의하여 진급예정자명단에 포함된 자에 대하여 의견제출의 기회를 부여하지 아니한 채 지급선발을 취소하는 처분을 한 것이 절차상 하자가 있어 위법하다(대판 2007.9.21, 2006두20631).

오답의 이유

① 행정절차법 제30조

> 제30조(청문의 공개)
> 청문은 당사자가 공개를 신청하거나 청문 주재자가 필요하다고 인정하는 경우 공개할 수 있다. 다만, 공익 또는 제3자의 정당한 이익을 현저히 해칠 우려가 있는 경우에는 공개하여서는 아니 된다.

② 대판 2002.5.17, 2000두8912

④ 대판 1987.2.10, 86누91

손해전보 > 행정상 손해배상

정답의 이유

② 헌법재판소 재판관이 청구기간 내에 제기된 헌법소원심판청구 사건에서 청구기간을 오인하여 각하결정을 한 경우, 이에 대한 불복절차 내지 시정절차가 없는 때에는 국가배상책임(위법성)을 인정할 수 있다(대판 2003.7.11, 99다24218).

오답의 이유

① 국가배상청구의 요건인 '공무원의 직무'에는 권력적 작용만이 아니라 비권력적 작용도 포함되며 단지 행정주체가 사경제주체로서 하는 활동만 제외된다(대판 2001.1.5, 98다39060).

③ 다른 법령에 따라 지급받은 급여와의 조정에 관한 조항을 두고 있지 아니한 보훈보상대상자 지원에 관한 법률과 달리, 군인연금법 제41조 제1항은 "다른 법령에 따라 국가나 지방자치단체의 부담으로 이 법에 따른 급여와 같은 종류의 급여를 받은 사람에게는 그 급여금에 상당하는 금액에 대하여는 이 법에 따른 급여를 지급하지 아니한다."라고 명시적으로 규정하고 있다. 나아가 군인연금법이 정하고 있는 급여 중 사망보상금(군인연금법 제31조)은 일실손해의 보전을 위한 것으로 불법행위로 인한 소극적 손해배상과 같은 종류의 급여라고 봄이 타당하므로 피고에게 군인연금법 제41조 제1항에 따라 원고가 받은 손해배상금 상당 금액에 대하여는 사망보상금을 지급할 의무가 존재하지 아니한다(대판 2018.7.20, 2018두36691).

④ 국가배상법은 외국인이 피해자인 경우에는 해당 국가와 상호 보증이 있을 때에만 적용한다(국가배상법 제7조).

행정과정의 규율 > 정보공개와 개인정보 보호

정답의 이유

③ '2002년도 및 2003년도 국가 수준 학업성취도평가 자료'는 공공기관의 정보공개에 관한 법률 제9조 제1항 제5호에서 정한 비공개대상정보에 해당하는 부분이 있으나, '2002학년도부터 2005학년도까지의 대학수학능력시험 원데이터'는 연구목적으로 그 정보의 공개를 청구하는 경우 위 조항의 비공개대상정보에 해당하지 않는다(대판 2010.2.25, 2007두9877).

오답의 이유

① 대판 2010.6.10, 2010두2913

② 정보공개를 청구하는 자가 공공기관에 대해 정보의 사본 또는 출력물의 교부의 방법으로 공개방법을 선택하여 정보공개청구를 한 경우에 공개청구를 받은 공공기관으로서는 법 제8조 제2항에서 규정한 정보의 사본 또는 복제물의 교부를 제한할 수 있는 사유에 해당하지 않는 한 정보공개청구자가 선택한 공개방법에 따라 정보를 공개하여야 하므로 그 공개방법을 선택할 재량권이 없다고 해석함이 상당하다(대판 2004.8.20, 2003두8302).

④ 공공기관의 정보공개에 관한 법률 제7조 제1항 제6호 단서 (다)목 소정의 '공개하는 것이 공익을 위하여 필요하다고 인정되는 정보'에 해당하는지 여부는 비공개에 의하여 보호되는 개인의 사생활 보호 등의 이익과 공개에 의하여 보호되는 국정운영의 투명성 확보 등의 공익을 비교·교량하여 구체적 사안에 따라 신중히 판단하여야 한다(대판 2003.3.11, 2001두6425).

행정작용법 > 행정행위

정답의 이유

① 소멸시효는 객관적으로 권리가 발생하여 그 권리를 행사할 수 있는 때로부터 진행하고 그 권리를 행사할 수 없는 동안만은 진행하지 아니하는데, 여기서 권리를 행사할 수 없는 경우라 함은 그 권리행사에 법률상의 장애사유가 있는 경우를 말하는데, 변상금 부과처분에 대한 취소소송이 진행 중이라도 그 부과권자로서는 위법한 처분을 스스로 취소하고 그 하자를 보완하여 다시 적법한 부과처분을 할 수도 있는 것이어서 그 권리행사에 법률상의 장애사유가 있는 경우에 해당한다고 할 수 없으므로, 그 처분에 대한 취소소송이 진행되는 동안에도 그 부과권의 소멸시효가 진행된다(대판 2006.2.10, 2003두5686).

오답의 이유

② 행정기본법 제19조 제1항 제2호

> 제19조(적법한 처분의 철회)
> ① 행정청은 적법한 처분이 다음 각 호의 어느 하나에 해당하는 경우에는 그 처분의 전부 또는 일부를 장래를 향하여 철회할 수 있다.
>   1. 법률에서 정한 철회 사유에 해당하게 된 경우
>   2. 법령 등의 변경이나 사정변경으로 처분을 더 이상 존속시킬 필요가 없게 된 경우
>   3. 중대한 공익을 위하여 필요한 경우

③ 개별토지에 대한 가격결정도 행정처분에 해당하며, 원래 행정처분을 한 처분청은 그 행위에 하자가 있는 경우에는 원칙적으로 별도의 법적 근거가 없더라도 스스로 이를 직권으로 취소할 수 있는 것이고, 행정처분에 대한 법정의 불복기간이 지나면 직권으로도 취소할 수 없게 되는 것은 아니므로, 처분청은 토지에 대한 개별토지가격의 산정에 명백한 잘못이 있다면 이를 직권으로 취소할 수 있으며, 개별토지가격합동조사지침 제12조의3에서 토지특성조사의 착오 또는 위산·오기 등 지가산정에 명백한 잘못이 있는 경우에 경정결정이 가능한 것으로 예시하고 있는 것처럼, 비교표준지 선정의 잘못으로 인하여 개별토지가격의 산정이 명백히 잘못된 경우도 개별토지가격합동조사지침 제12조의3의 규정에 의하여 개별토지의 가격결정에 대한 직권취소가 가능하다(대판 1995.9.15, 95누6311).

④ 행정기본법 제18조 제1항

> 제18조(위법 또는 부당한 처분의 취소)
> ① 행정청은 위법 또는 부당한 처분의 전부나 일부를 소급하여 취소할 수 있다. 다만, 당사자의 신뢰를 보호할 가치가 있는 등 정당한 사유가 있는 경우에는 장래를 향하여 취소할 수 있다.

06 난도 ★★★   정답 ②

실효성 확보수단 > 새로운 의무이행확보수단

[정답의 이유]

② 과징금 납부 의무자는 법 제29조 각 호 외의 부분 단서에 따라 과징금 납부기한을 연기하거나 과징금을 분할 납부하려는 경우에는 납부기한 10일 전까지 과징금 납부기한의 연기나 과징금의 분할 납부를 신청하는 문서에 같은 조 각 호의 사유를 증명하는 서류를 첨부하여 행정청에 신청해야 한다(행정기본법 시행령 제7조 제1항).

[오답의 이유]

① 구 독점규제 및 공정거래에 관한 법률(1999.2.5, 법률 제5813호로 개정되기 전의 것) 제23조 제1항 제7호, 같은 법 제24조의2 소정의 부당지원행위를 한 지원주체에 대한 과징금은 그 취지와 기능, 부과의 주체와 절차 등을 종합할 때 부당지원행위의 억지(抑止)라는 행정목적을 실현하기 위한 입법자의 정책적 판단에 기하여 그 위반행위에 대하여 제재를 가하는 행정상의 제재금으로서의 기본적 성격에 부당이득환수적 요소도 부가되어 있는 것이라고 할 것이어서 그것이 헌법 제13조 제1항에서 금지하는 국가형벌권 행사로서의 처벌에 해당한다고 할 수 없다(대판

2004.4.9, 2001두6197).

③ 관할 행정청이 여객자동차운송사업자의 여러 가지 위반행위를 인지하였다면 그 전부에 대하여 일괄하여 5,000만 원의 최고한도 내에서 하나의 과징금 부과처분을 하는 것이 원칙이고, 인지한 여러 가지 위반행위 중 일부에 대해서만 우선 과징금 부과처분을 하고 나머지에 대해서는 차후에 별도의 과징금 부과처분을 하는 것은 다른 특별한 사정이 없는 한 허용되지 않는다(대판 2021.2.4, 2020두48390).

④ 행정기본법 제28조 제2항

> 제28조(과징금의 기준)
> ② 과징금의 근거가 되는 법률에는 과징금에 관한 다음 각 호의 사항을 명확하게 규정하여야 한다.
>   1. 부과·징수 주체
>   2. 부과 사유
>   3. 상한액
>   4. 가산금을 징수하려는 경우 그 사항
>   5. 과징금 또는 가산금 체납 시 강제징수를 하려는 경우 그 사항

07 난도 ★★★   정답 ③

실효성 확보수단 > 행정강제

[정답의 이유]

㉠ 피수용자 등이 기업자에 대하여 부담하는 수용대상 토지의 인도 의무에 관한 구 토지수용법(2002.2.4, 법률 제6656호 공익사업을 위한 토지 등의 취득 및 보상에 관한 법률 부칙 제2조로 폐지) 제63조, 제64조, 제77조 규정에서의 '인도'에는 명도도 포함되는 것으로 보아야 하고, 이러한 명도의무는 그것을 강제적으로 실현하면서 직접적인 실력행사가 필요한 것이지 대체적 작위의무라고 볼 수 없으므로 특별한 사정이 없는 한 행정대집행법에 의한 대집행의 대상이 될 수 있는 것이 아니다(대판 2005.8.19, 2004다2809).

㉡ 관계 법령상 행정대집행의 절차가 인정되어 행정청이 행정대집행의 방법으로 건물의 철거 등 대체적 작위의무의 이행을 실현할 수 있는 경우에는 따로 민사소송의 방법으로 그 의무의 이행을 구할 수 없다(대판 2017.4.28, 2016다213916).

㉣ 행정청이 행정대집행의 방법으로 건물철거의무의 이행을 실현할 수 있는 경우에는 건물철거 대집행 과정에서 부수적으로 건물의 점유자들에 대한 퇴거 조치를 할 수 있고, 점유자들이 적법한 행정대집행을 위력을 행사하여 방해하는 경우 형법상 공무집행방해죄가 성립하므로, 필요한 경우에는 '경찰관 직무집행법'에 근거한 위험발생 방지조치 또는 형법상 공무집행방해죄의 범행방지 내지 현행범체포의 차원에서 경찰의 도움을 받을 수도 있다(대판 2017.4.28, 2016다213916).

[오답의 이유]

㉢ 구 토지수용법(2002.2.4, 법률 제6656호 공익사업을 위한 토지 등의 취득 및 보상에 관한 법률 부칙 제2조로 폐지) 제63조의 규정에 따라 피수용자 등이 기업자에 대하여 부담하는 수용대상

토지의 인도 또는 그 지장물의 명도의무 등이 비록 공법상의 법률관계라고 하더라도, 그 권리를 피보전권리로 하는 명도단행가처분은 그 권리에 끼칠 현저한 손해를 피하거나 급박한 위험을 방지하기 위하여 또는 그 밖의 필요한 이유가 있을 경우에는 허용될 수 있다(대판 2005.8.19, 2004다2809).

더 알아보기

행정의 실효성 확보수단의 종류

행정상 강제집행	대집행, 직접강제, 이행강제금(집행벌), 행정상 강제징수	
행정상 즉시강제	–	
행정조사	–	
행정벌	행정형벌, 행정질서벌	
새로운 실효성 확보 수단	금전상 제재	과징금, 가산세, 가산금
	비금전상 제재	명단공표, 공급거부, 관허사업 제한, 시정명령

08 난도 ★★☆　　　　　　　　　정답 ①

행정법통론 > 행정·행정법

[정답의 이유]

① 개발이익환수에 관한 법률에 정한 개발사업을 시행하기 전에, 행정청이 토지 지상에 예식장 등을 건축하는 것이 관계 법령상 가능한지 여부를 질의하는 민원예비심사에 대하여 관련부서 의견으로 개발이익환수에 관한 법률에 '저촉사항 없음'이라고 기재하였다고 하더라도, 이후의 개발부담금부과처분에 관하여 신뢰보호의 원칙을 적용하기 위한 요건인, 개인에 대하여 신뢰의 대상이 되는 공적인 견해표명을 한 것이라고는 보기 어렵다(대판 2006.6.9, 2004두46).

[오답의 이유]

② 대판 2008.10.9, 2008두6127

③ 대판 2008.5.29, 2004다33469

④ 대판 2003.6.27, 2002두6965

09 난도 ★★☆　　　　　　　　　정답 ①

단원종합

[정답의 이유]

① 과징금 부과처분이 법이 정한 한도액을 초과하여 위법할 경우 법원으로서는 그 전부를 취소할 수밖에 없고, 그 한도액을 초과한 부분이나 법원이 적정하다고 인정되는 부분을 초과한 부분만을 취소할 수는 없다(대판 1993.7.27, 93누1077).

[오답의 이유]

② 대판 2009.1.30, 2007두7277

③ 원심판결 이유와 기록에 의하면, 피고가 2008.12.31. 원고에 대하여 한 공사낙찰적격심사 감점처분(이하 '이 사건 감점조치'라한다)의 근거로 내세운 규정은 피고의 공사낙찰적격심사세부기준(이하 '이 사건 세부기준'이라 한다) 제4조 제2항인 사실, 이

사건 세부기준은 공공기관의 운영에 관한 법률 제39조 제1항, 제3항, 구 공기업·준정부기관 계약사무규칙(2009.3.5, 기획재정부령 제59호로 개정되기 전의 것, 이하 같다) 제12조에 근거하고 있으나, 이러한 규정은 공공기관이 사인과 사이의 계약관계를 공정하고 합리적·효율적으로 처리할 수 있도록 관계 공무원이 지켜야 할 계약사무처리에 관한 필요한 사항을 규정한 것으로서 공공기관의 내부규정에 불과하여 대외적 구속력이 없는 것임을 알 수 있다(대판 2014.12.24, 2010두6700).

④ 식품위생법과 건축법은 그 입법 목적, 규정사항, 적용범위 등을 서로 달리하고 있어 식품접객업에 관하여 식품위생법이 건축법에 우선하여 배타적으로 적용되는 관계에 있다고는 해석되지 않는다. 그러므로 식품위생법에 따른 식품접객업(일반음식점영업)의 영업신고의 요건을 갖춘 자라고 하더라도, 그 영업신고를 한 당해 건축물이 건축법 소정의 허가를 받지 아니한 무허가 건물이라면 적법한 신고를 할 수 없다(대판 2009.4.23, 2008도6829).

10 난도 ★★☆　　　　　　　　　정답 ④

손해전보 > 행정상 손실보상

[정답의 이유]

④ 어떤 보상항목이 공익사업을 위한 토지 등의 취득 및 보상에 관한 법령상 손실보상대상에 해당함에도 관할 토지수용위원회가 사실을 오인하거나 법리를 오해함으로써 손실보상대상에 해당하지 않는다고 잘못된 내용의 재결을 한 경우에는, 피보상자는 관할 토지수용위원회를 상대로 그 재결에 대한 취소소송을 제기할 것이 아니라, 사업시행자를 상대로 공익사업을 위한 토지 등의 취득 및 보상에 관한 법률 제85조 제2항에 따른 보상금증감소송을 제기하여야 한다(대판 2019.11.28, 2018두227).

[오답의 이유]

① 대판 2006.1.27, 2003두13106

② 토지보상법 제85조 제2항은 토지소유자 등이 보상금 증액 청구의 소를 제기할 때에는 사업시행자를 피고로 한다고 규정하고 있다. 위 규정에 따른 보상금 증액 청구의 소는 토지소유자 등이 사업시행자를 상대로 제기하는 당사자소송의 형식을 취하고 있지만, 토지수용위원회의 재결 중 보상금 산정에 관한 부분에 불복하여 그 증액을 구하는 소이므로 실질적으로는 재결을 다투는 항고소송의 성질을 가진다(대판 2022.11.24, 2018두67 전합).

③ 제83조에 따른 이의의 신청이나 제85조에 따른 행정소송의 제기는 사업의 진행 및 토지의 수용 또는 사용을 정지시키지 아니한다(공익사업을 위한 토지 등의 취득 및 보상에 관한 법률 제88조).

11 난도 ★★☆　　　　　　　　정답 ③

행정쟁송 > 행정심판

[정답의 이유]

③ 당사자의 신청을 받아들이지 않은 거부처분이 재결에서 취소된 경우에 행정청은 종전 거부처분 또는 재결 후에 발생한 새로운 사유를 내세워 다시 거부처분을 할 수 있다(대판 2017.10.31. 2015두45045).

[오답의 이유]

① 대판 1997.5.30. 96누14678

② 행정처분이나 행정심판재결이 불복기간의 경과로 인하여 확정 될 경우, 그 확정력은 그 처분으로 인하여 법률상 이익을 침해받 은 자가 당해 처분이나 재결의 효력을 더이상 다툴 수 없다는 의 미일 뿐, 더 나아가 판결에 있어서와 같은 기판력이 인정되는 것 은 아니어서 그 처분의 기초가 된 사실관계나 법률적 판단이 확 정되고 당사자들이나 법원이 이에 기속되어 모순되는 주장이나 판단을 할 수 없게 되는 것은 아니다(대판 1994.11.8. 93누 21927).

④ 교원소청심사위원회(이하 '위원회'라 한다)의 결정은 처분청에 대하여 기속력을 가지고 이는 그 결정의 주문에 포함된 사항뿐 아니라 그 전제가 된 요건사실의 인정과 판단, 즉 처분 등의 구 체적 위법사유에 관한 판단에까지 미친다(대판 2013.7.25. 2012두12297).

12 난도 ★★☆　　　　　　　　정답 ③

행정법통론 > 행정법관계

[정답의 이유]

ⓛ 음주운전으로 적발된 주취운전자가 도로 밖으로 차량을 이동하 겠다며 단속경찰관으로부터 보관중이던 차량열쇠를 반환받아 몰래 차량을 운전하여 가던 중 사고를 일으킨 경우, 국가배상책 임을 인정한다(대판 1998.5.8. 97다54482).

ⓒ 행정처분의 직접 상대방이 아닌 제3자라도 당해 행정처분의 취 소를 구할 법률상의 이익이 있는 경우에는 원고적격이 인정되는 데, 여기서 말하는 법률상의 이익은 당해 처분의 근거 법률에 의 하여 보호되는 직접적이고 구체적인 이익이 있는 경우를 말하 고, 다만 공익보호의 결과로 국민 일반이 공통적으로 가지는 추 상적, 평균적, 일반적인 이익과 같이 간접적이나 사실적, 경제 적, 이해관계를 가지는데 불과한 경우는 여기에 포함되지 않는 다(대판 1995.9.26. 94누14544).

[오답의 이유]

ⓐ 공개청구의 취지에 어긋나지 아니하는 범위 안에서 비공개대상 정보에 해당하는 부분과 공개가 가능한 부분을 분리할 수 있다 고 함은, 이 두 부분이 물리적으로 분리가능한 경우를 의미하는 것이 아니고 당해 정보의 공개방법 및 절차에 비추어 당해 정보 에서 비공개대상 정보에 관련된 기술 등을 제외 내지 삭제하고 그 나머지 정보만을 공개하는 것이 가능하고 나머지 부분의 정보 만으로도 공개의 가치가 있는 경우를 의미한다(대판 2004.12.9. 2003두12707).

ⓓ 2종 교과용 도서에 대하여 검정신청을 하였다가 불합격결정처분 을 받은 뒤 그 처분이 위법하다 하여 이의 취소를 구하면서 위 처분 당시 시행중이던 구 교과용 도서에관한규정(1988.8.22. 대통령령 제12508호로 개정되기 전의 것) 제19조에 "2종 도서 의 합격종수는 교과목 당 5종류 이내로 한다"고 규정되어 있음 을 들어 위 처분과 같은 때에 행하여진 수학, 음악, 미술, 한문, 영어과목의 교과용 도서에 대한 합격결정처분의 취소를 구하고 있으나 원고들은 각 한문, 영어, 음악과목에 관한 교과용 도서에 대하여 검정신청을 하였던 자들이므로 자신들이 검정신청한 교 과서의 과목과 전혀 관계가 없는 수학, 미술과목의 교과용 도서 에 대한 합격결정처분에 대하여는 그 취소를 구할 법률상의 이 익이 없다(대판 1992.4.24. 91누6634).

13 난도 ★★☆　　　　　　　　정답 ①

실효성 확보수단 > 행정벌

[정답의 이유]

① 지방자치단체 소속 공무원이 압축트럭 청소차를 운전하여 고 속도로를 운행하던 중 제한축중을 초과 적재 운행함으로써 도 로관리청의 차량운행제한을 위반한 사안에서, 해당 지방자치 단체가 도로법 제86조의 양벌규정에 따른 처벌대상이 된다(대 판 2005.11.10. 2004도2657).

[오답의 이유]

② 구 개인정보 보호법은 제2조 제5호, 제6호에서 공공기관 중 법 인격이 없는 '중앙행정기관 및 그 소속 기관' 등을 개인정보처리 자 중 하나로 규정하고 있으면서도, 양벌규정에 의하여 처벌되 는 개인정보처리자로는 같은 법 제74조 제2항에서 '법인 또는 개인'만을 규정하고 있을 뿐이고, 법인격 없는 공공기관에 대하 여도 위 양벌규정을 적용할 것인지 여부에 대하여는 명문의 규 정을 두고 있지 않으므로, 죄형법정주의의 원칙상 '법인격 없는 공공기관'을 위 양벌규정에 의하여 처벌할 수 없고, 그 경우 행 위자 역시 위 양벌규정으로 처벌할 수 없다고 봄이 타당하다(대 판 2021.10.28. 2020도1942).

③ 질서위반행위규제법 제5조

> **제5조(다른 법률과의 관계)**
> 과태료의 부과·징수, 재판 및 집행 등의 절차에 관한 다른 법률의 규정 중 이 법의 규정에 저촉되는 것은 이 법으로 정하는 바에 따 른다.

④ 질서위반행위규제법 제38조 제1항

> **제38조(항고)**
> ① 당사자와 검사는 과태료 재판에 대하여 즉시항고를 할 수 있다. 이 경우 항고는 집행정지의 효력이 있다.

행정벌과 이행강제금 비교

구분	행정벌	이행강제금
규제 대상	과거 위반에 대한 제재	장래의 의무를 심리적으로 강제
반복 부과 여부	반복하여 부과 불가	반복적으로 부과 가능
납부 면제 여부	나중에 의무 이행하여도 과태료 납부 등의 면제 불가	기간 내 의무이행이 이루어지면 원칙적으로 강제금 납부 면제

14 난도 ★★☆   정답 ②

행정작용법 > 행정행위

정답의 이유

㉠ 과세처분과 압류처분은 별개의 행정처분이므로 선행처분인 과세처분이 당연무효인 경우를 제외하고는 <u>과세처분의 하자를 이유로 후속 체납처분인 압류처분의 효력을 다툴 수 없다</u>(대판 2012.2.16. 2010두10907 전합).

㉡ <u>과세처분 근거규정이 직접 적용되지 않고 체납처분 관련 규정이 적용될 뿐이므로, 과세처분 근거규정에 대한 위헌결정의 기속력은 체납처분과는 무관하고 이에 미치지 않는다고 보아야 한다</u>(대판 2012.2.16. 2010두10907).

오답의 이유

㉢ 구 헌법재판소법(2011.4.5. 법률 제10546호로 개정되기 전의 것) 제47조 제1항은 "법률의 위헌결정은 법원 기타 국가기관 및 지방자치단체를 기속한다."고 규정하고 있는데, 이러한 위헌결정의 기속력과 헌법을 최고규범으로 하는 법질서의 체계적 요청에 비추어 국가기관 및 지방자치단체는 위헌으로 선언된 법률규정에 근거하여 새로운 행정처분을 할 수 없음은 물론이고, 위헌결정 전에 이미 형성된 법률관계에 기한 후속처분이라도 그것이 새로운 위헌적 법률관계를 생성·확대하는 경우라면 이를 허용할 수 없다. 따라서 조세 부과의 근거가 되었던 법률규정이 위헌으로 선언된 경우, 비록 그에 기한 과세처분이 위헌결정 전에 이루어졌고, 과세처분에 대한 제소기간이 이미 경과하여 조세채권이 확정되었으며, 조세채권의 집행을 위한 체납처분의 근거규정 자체에 대하여는 따로 위헌결정이 내려진 바 없다고 하더라도, 위와 같은 위헌결정 이후에 조세채권의 집행을 위한 새로운 체납처분에 착수하거나 이를 속행하는 것은 더 이상 허용되지 않고, 나아가 이러한 위헌결정의 효력에 위배하여 이루어진 체납처분은 그 사유만으로 하자가 중대하고 객관적으로 명백하여 당연무효라고 보아야 한다(대판 2012.2.16. 2010두10907).

15 난도 ★★☆   정답 ②

행정작용법 > 기타 행정작용

정답의 이유

㉠ 행정기본법 제27조 제1항

> **제27조(공법상 계약의 체결)**
> ① 행정청은 법령 등을 위반하지 아니하는 범위에서 행정목적을 달성하기 위하여 필요한 경우에는 공법상 법률관계에 관한 계약(이하 "공법상 계약"이라 한다)을 체결할 수 있다. 이 경우 계약의 목적 및 내용을 명확하게 적은 계약서를 작성하여야 한다

㉣ 대판 2018.2.13. 2014두11328

오답의 이유

㉡ 계약직공무원에 관한 현행 법령의 규정에 비추어 볼 때, 계약직공무원 채용계약해지의 의사표시는 일반공무원에 대한 징계처분과는 달라서 항고소송의 대상이 되는 처분 등의 성격을 가진 것으로 인정되지 아니하고, 일정한 사유가 있을 때에 국가 또는 지방자치단체가 채용계약 관계의 한쪽 당사자로서 대등한 지위에서 행하는 의사표시로 취급되는 것으로 이해되므로, 이를 징계해고 등에서와 같이 그 징계사유에 한하여 효력 유무를 판단하여야 하거나, <u>행정처분과 같이 행정절차법에 의하여 근거와 이유를 제시하여야 하는 것은 아니다</u>(대판 2002.11.26. 2002두5948).

㉢ 공익사업을 위한 토지 등의 취득 및 보상에 관한 법령(이하 '공익사업법'이라고 한다)에 의한 협의취득은 사법상의 법률행위이므로 당사자 사이의 자유로운 의사에 따라 채무불이행책임이나 매매대금 과부족금에 대한 지급의무를 약정할 수 있다(대판 2012.2.23. 2010다91206).

16 난도 ★★☆   정답 ④

행정작용법 > 행정행위

정답의 이유

④ 행정처분에 부담인 부관을 붙인 경우 부관의 무효화에 의하여 본체인 행정처분 자체의 효력에도 영향이 있게 될 수는 있지만, 그 처분을 받은 사람이 부담의 이행으로 사법상 매매 등의 법률행위를 한 경우에는 그 부관은 특별한 사정이 없는 한 법률행위를 하게 된 동기 내지 연유로 작용하였을 뿐이므로 이는 <u>법률행위의 취소사유가 될 수 있음은 별론으로 하고 그 법률행위 자체를 당연히 무효화하는 것은 아니다</u>(대판 2009.6.25. 2006다18174).

오답의 이유

① 대판 2001.6.15. 99두509

② 대판 1999.5.25. 98다53134

③ 대판 1992.1.21. 91누1264

17 난도 ★★☆   정답 ④

행정작용법 > 기타 행정작용

[정답의 이유]

④ 도시기본계획이라는 것은 도시의 장기적 개발방향과 미래상을 제시하는 도시계획 입안의 지침이 되는 장기적·종합적인 개발계획으로서 직접적인 구속력은 없는 것이므로, 도시계획시설결정 대상면적이 도시기본계획에서 예정했던 것보다 증가하였다 하여 그것이 도시기본계획의 범위를 벗어나 위법하다고 할 수 없다(대판 1998.11.27, 96누13927).

[오답의 이유]

① 대판 2021.7.29, 2021두33593

② 행정청이 행정계획을 입안·결정할 때 이익형량을 전혀 행하지 아니하거나 이익형량의 고려 대상에 마땅히 포함시켜야 할 사항을 누락한 경우 또는 이익형량을 하였으나 정당성과 객관성이 결여된 경우에는 그 행정계획 결정은 이익형량에 하자가 있어 위법하게 될 수 있다(대판 2021.7.29, 2021두33593).

③ 대판 2000.9.8, 99두11257

18 난도 ★★★   정답 ④

행정작용법 > 행정행위

[정답의 이유]

④ 공익법인의 기본재산의 처분에 관한 공익법인의 설립·운영에 관한 법률 제11조 제3항의 규정은 강행규정으로서 이에 위반하여 주무관청의 허가를 받지 않고 기본재산을 처분하는 것은 무효라 할 것인데, 위 처분허가에 부관을 붙인 경우 그 처분허가의 법률적 성질이 형성적 행정행위로서의 인가에 해당한다고 하여 조건으로서의 부관의 부과가 허용되지 아니한다고 볼 수는 없다(대판 2005.9.28, 2004다50044).

[오답의 이유]

① 대판 2020.6.11, 2020두34384

② 대판 2017.12.5, 2016두42913

③ 자동차관리법상 조합 등 설립인가 제도의 입법 취지, 조합 등에 대하여 인가권자가 가지는 지도·감독 권한의 범위 등과 아울러 자동차관리법상 조합 등 설립인가에 관하여 구체적인 기준이 정하여져 있지 않은 점에 비추어 보면, 인가권자인 시·도지사 등은 조합 등의 설립인가 신청에 대하여 자동차관리법 제67조 제3항에 정한 설립요건의 충족 여부는 물론, 나아가 조합 등의 사업 내용이나 운영계획 등이 자동차관리사업의 건전한 발전과 질서 확립이라는 사업자단체 설립의 공익적 목적에 부합하는지 여부 등을 함께 검토하여 설립인가 여부를 결정할 재량을 가진다고 보아야 한다(대판 2015.5.29, 2013두635).

19 난도 ★★☆   정답 ③

행정작용법 > 행정입법

[정답의 이유]

③ 일반적으로 법률의 위임에 따라 효력을 갖는 법규명령의 경우에 위임의 근거가 없어 무효였더라도 나중에 법 개정으로 위임의 근거가 부여되면 그때부터는 유효한 법규명령으로 볼 수 있다(대판 2017.4.20, 2015두45700 전합).

[오답의 이유]

① 행정기본법 제39조 제1항

제39조(행정법제의 개선)

① 정부는 권한 있는 기관에 의하여 위헌으로 결정되어 법령이 헌법에 위반되거나 법률에 위반되는 것이 명백한 경우 등 대통령령으로 정하는 경우에는 해당 법령을 개선하여야 한다.

② 헌법 제107조 제2항의 규정에 따르면 행정입법의 심사는 일반적인 재판절차에 의하여 구체적 규범통제의 방법에 의하도록 명시하고 있으므로, 당사자는 구체적 사건의 심판을 위한 선결문제로서 행정입법의 위법성을 주장하여 법원에 대하여 당해 사건에 대한 적용 여부의 판단을 구할 수 있을 뿐 행정입법 자체의 합법성의 심사를 목적으로 하는 독립한 신청을 제기할 수는 없다(대판 1994.4.26, 93부32).

④ 법률의 시행령은 모법인 법률에 의하여 위임받은 사항이나, 법률이 규정한 범위 내에서 법률을 현실적으로 집행하는 데 필요한 세부적인 사항만을 규정할 수 있을 뿐, 법률의 위임 없이 법률이 규정한 개인의 권리·의무에 관한 내용을 변경·보충하거나 법률에서 규정하지 아니한 새로운 내용을 규정할 수 없는 것이다(대판 1999.2.11, 98도2816 전합).

20 난도 ★★☆   정답 ④

행정쟁송 > 행정소송

[정답의 이유]

④ 지방자치단체의 장이 공유재산법에 근거하여 기부채납 및 사용·수익허가 방식으로 민간투자사업을 추진하는 과정에서 사업시행자를 지정하기 위한 전 단계에서 공모제안을 받아 일정한 심사를 거쳐 우선협상대상자를 선정하는 행위와 이미 선정된 우선협상대상자를 그 지위에서 배제하는 행위는 민간투자사업의 세부내용에 관한 협상을 거쳐 공유재산법에 따른 공유재산의 사용·수익허가를 우선적으로 부여받을 수 있는 지위를 설정하거나 또는 이미 설정한 지위를 박탈하는 조치이므로 모두 항고소송의 대상이 되는 행정처분으로 보아야 한다(대판 2020.4.29, 2017두31064).

① 구 여객자동차 운수사업법(2012.2.1. 법률 제11295호로 개정되기 전의 것) 제51조 제3항에 따라 국토해양부장관 또는 시·도지사는 여객자동차 운수사업자가 '거짓이나 부정한 방법으로 지급받은 보조금'에 대하여 반환할 것을 명하여야 하고, 위 규정을 '정상적으로 지급받은 보조금'까지 반환하도록 명할 수 있는 것으로 해석하는 것은 문언의 범위를 넘어서는 것이며, 규정의 형식이나 체재 등에 비추어 보면, 위 환수처분은 국토해양부장관 또는 시·도지사가 지급받은 보조금을 반환할 것을 명하여야 하는 기속행위라고 본 원심판단은 정당하다(대판 2013.12.12. 2011두3388).

② 대판 2017.10.12. 2017두48956

③ 사업주가 당연가입자가 되는 고용보험 및 산재보험에서 보험료 납부의무 부존재확인의 소는 공법상의 법률관계 자체를 다투는 소송으로서 공법상 당사자소송이다(대판 2016.10.13. 2016다221658).

한눈에 훑어보기

✔ 빠른 정답

01	02	03	04	05	06	07	08	09	10
①	④	④	②	④	①	③	③	①	③
11	12	13	14	15	16	17	18	19	20
②	④	②	②	②	③	④	①	②	①

✔ 점수 체크

구분	1회독	2회독	3회독
맞힌 문항 수	/ 20	/ 20	/ 20
나의 점수	점	점	점

01 난도 ★★☆   정답 ①

행정법통론 > 행정 · 행정법

정답의 이유

① 신뢰보호의 원칙은 행정청이 공적인 견해를 표명할 당시의 사정이 그대로 유지됨을 전제로 적용되는 것이 원칙이므로, 사후에 그와 같은 사정이 변경된 경우에는 <u>그 공적 견해가 더 이상 개인에게 신뢰의 대상이 된다고 보기 어려운 만큼, 특별한 사정이 없는 한 행정청이 그 견해표명에 반하는 처분을 하더라도 신뢰보호의 원칙에 위반된다고 할 수 없다</u>(대판 2020.6.25, 2018두34732).

오답의 이유

② 개인의 귀책사유라 함은 행정청의 견해표명의 하자가 상대방 등 관계자의 사실은폐나 기타 사위의 방법에 의한 신청행위 등 부정행위에 기인한 것이거나 그러한 부정행위가 없다고 하더라도 하자가 있음을 알았거나 중대한 과실로 알지 못한 경우 등을 의미한다고 해석함이 상당하고, 귀책사유의 유무는 상대방과 그로부터 신청행위를 위임받은 수임인 등 관계자 모두를 기준으로 판단하여야 한다(대판 2002.11.8, 2001두1512).

③ 행정청의 공적 견해표명이 있었는지를 판단할 때에는 반드시 행정조직상의 형식적인 권한분장에 구애될 것은 아니고, 담당자의 조직상의 지위와 임무, 해당 언동을 하게 된 구체적인 경위 및 그에 대한 상대방의 신뢰가능성에 비추어 실질에 의하여 판단해야 한다(대판 2024.3.12, 2022두60011).

④ 행정기본법 제12조 제2항

> **제12조(신뢰보호의 원칙)**
> ① 행정청은 공익 또는 제3자의 이익을 현저히 해칠 우려가 있는 경우를 제외하고는 행정에 대한 국민의 정당하고 합리적인 신뢰를 보호하여야 한다.
> ② 행정청은 권한 행사의 기회가 있음에도 불구하고 장기간 권한을 행사하지 아니하여 국민이 그 권한이 행사되지 아니할 것으로 믿을 만한 정당한 사유가 있는 경우에는 그 권한을 행사해서는 아니 된다. 다만, 공익 또는 제3자의 이익을 현저히 해칠 우려가 있는 경우는 예외로 한다.

02 난도 ★☆☆

정답 ④

행정법통론 > 행정 · 행정법

정답의 이유

④ 도시계획구역 내 토지 등을 소유하고 있는 주민으로서는 입안권자에게 도시계획입안을 요구할 수 있는 법규상 또는 조리상의 신청권이 있다고 할 것이고, 이러한 신청에 대한 거부행위는 항고소송의 대상이 되는 행정처분에 해당한다(대판 2004.4.28, 2003두1806).

오답의 이유

① 대판 2006.3.16, 2006두330 전합

② 사회적 기본권의 성격을 가지는 연금수급권은 국가에 대하여 적극적으로 급부를 요구하는 것이므로 헌법규정만으로는 이를 실현할 수 없고, 법률에 의한 형성을 필요로 한다. 연금수급권의 구체적 내용, 즉 수급요건, 수급권자의 범위, 급여금액 등은 법률에 의하여 비로소 확정된다(헌재 1999.4.29, 97헌마333).

③ 행정처분에 있어서 불이익처분의 상대방은 직접 개인적 이익의 침해를 받은 자로서 원고적격이 인정되지만 수익처분의 상대방은 그의 권리나 법률상 보호되는 이익이 침해되었다고 볼 수 없으므로 달리 특별한 사정이 없는 한 취소를 구할 이익이 없다(대판 1995.8.22, 94누8129).

03 난도 ★★☆

정답 ④

행정쟁송 > 행정소송

정답의 이유

④ 행정처분의 당연무효를 주장하여 그 무효확인을 구하는 소송과 그 무효확인을 구하는 뜻에서 그 처분의 취소를 구하는 소송에 있어서는 그 무효를 구하는 사람(원고)에게 행정처분에 존재하는 하자(위법성)가 중대하고 명백하다는 것을 주장 입증할 책임이 있다(대판 1976.1.13, 75누175).

오답의 이유

①·③ 행정소송법 제38조 규정에서는 취소판결 등의 기속력에 관한 규정과 취소소송의 집행정지 규정을 준용하고 있다.

제23조(집행정지)
② 취소소송이 제기된 경우에 처분 등이나 그 집행 또는 절차의 속행으로 인하여 생길 회복하기 어려운 손해를 예방하기 위하여 긴급한 필요가 있다고 인정할 때에는 본안이 계속되고 있는 법원은 당사자의 신청 또는 직권에 의하여 처분 등의 효력이나 그 집행 또는 절차의 속행의 전부 또는 일부의 정지(이하 '執行停止'를 결정할 수 있다. 다만, 처분의 효력정지는 처분 등의 집행 또는 절차의 속행을 정지함으로써 목적을 달성할 수 있는 경우에는 허용되지 아니한다.
⑥ 제30조 제1항의 규정은 제2항의 규정에 의한 집행정지의 결정에 이를 준용한다.

제30조(취소판결 등의 기속력)
① 처분 등을 취소하는 확정판결은 그 사건에 관하여 당사자인 행정청과 그 밖의 관계행정청을 기속한다.

제38조(준용규정)
① 제9조, 제10조, 제13조 내지 제17조, 제19조, 제22조 내지 제26조, 제29조 내지 제31조 및 제33조의 규정은 무효등 확인소송의 경우에 준용한다.

② 행정처분의 직접 상대방이 아닌 제3자라 하더라도 당해 행정처분으로 인하여 법률상 보호되는 이익을 침해당한 경우에는 그 처분의 취소나 무효확인을 구하는 행정소송을 제기하여 그 당부의 판단을 받을 자격 즉 원고적격이 있고, 여기에서 말하는 법률상 보호되는 이익은 당해 처분의 근거 법규 및 관련 법규에 의하여 보호되는 개별적·직접적·구체적 이익을 말하며, 원고적격은 소송요건의 하나이므로 사실심 변론종결시는 물론 상고심에서도 존속하여야 하고 이를 흠결하면 부적법한 소가 된다(대판 2007.4.12, 2004두7924).

04 난도 ★★☆

정답 ②

행정쟁송 > 행정소송

정답의 이유

② 조례가 집행행위의 개입 없이도 그 자체로서 직접 국민의 구체적인 권리의무나 법적 이익에 영향을 미치는 등의 법률상 효과를 발생하는 경우 그 조례는 항고소송의 대상이 되는 행정처분에 해당하고, 이러한 조례에 대한 무효확인소송을 제기함에 있어서 행정소송법 제38조 제1항, 제13조에 의하여 피고적격이 있는 처분 등을 행한 행정청은, 행정주체인 지방자치단체 또는 지방자치단체의 내부적 의결기관으로서 지방자치단체의 의사를 외부에 표시한 권한이 없는 지방의회가 아니라, 구 지방자치법(1994.3.16, 법률 제4741호로 개정되기 전의 것) 제19조 제2항, 제92조에 의하여 지방자치단체의 집행기관으로서 조례로서의 효력을 발생시키는 공포권이 있는 지방자치단체의 장이다(대판 1996.9.20, 95누8003).

오답의 이유

① 행정소송법 제13조 제1항

제13조(피고적격)
① 취소소송은 다른 법률에 특별한 규정이 없는 한 그 처분 등을 행한 행정청을 피고로 한다. 다만, 처분 등이 있은 뒤에 그 처분 등에 관계되는 권한이 다른 행정청에 승계된 때에는 이를 승계한 행정청을 피고로 한다.

③ 행정소송법 제14조 제1항

제14조(피고경정)
① 원고가 피고를 잘못 지정한 때에는 법원은 원고의 신청에 의하여 결정으로써 피고의 경정을 허가할 수 있다.

④ 행정처분을 행할 적법한 권한 있는 상급행정청으로부터 내부위임을 받은 데 불과한 하급행정청이 권한 없이 행정처분을 한 경우에도 실제로 그 처분을 행한 하급행정청을 피고로 하여야 할

것이지 그 처분을 행할 적법한 권한 있는 상급행정청을 피고로 할 것은 아니다(대판 1994.8.12, 94누2763).

05 난도 ★☆☆　　　　　　　　　　　정답 ④

실효성 확보수단 > 행정조사

정답의 이유

④ 행정조사기본법 제17조 제1항

> **제17조(조사의 사전통지)**
> ① 행정조사를 실시하고자 하는 행정기관의 장은 제9조에 따른 출석요구서, 제10조에 따른 보고요구서·자료제출요구서 및 제11조에 따른 현장출입조사서(이하 "출석요구서 등"이라 한다)를 조사개시 7일 전까지 조사대상자에게 서면으로 통지하여야 한다. 다만, 다음 각 호의 어느 하나에 해당하는 경우에는 행정조사의 개시와 동시에 출석요구서 등을 조사대상자에게 제시하거나 행정조사의 목적 등을 조사대상자에게 구두로 통지할 수 있다.
> 　1. 행정조사를 실시하기 전에 관련 사항을 미리 통지하는 때에는 증거인멸 등으로 행정조사의 목적을 달성할 수 없다고 판단되는 경우

오답의 이유

① 우편물 통관검사절차에서 이루어지는 우편물의 개봉, 시료채취, 성분분석 등의 검사는 수출입물품에 대한 적정한 통관 등을 목적으로 한 행정조사의 성격을 가지는 것으로서 수사기관의 강제처분이라고 할 수 없으므로, 압수·수색영장 없이 우편물의 개봉, 시료채취, 성분분석 등 검사가 진행되었다 하더라도 특별한 사정이 없는 한 위법하다고 볼 수 없다(대법원 2013.9.26, 2013도7718).

② 대판 2011.3.10, 2009두23617, 23624

③ 행정조사기본법 제20조 제2항

> **제20조(자발적인 협조에 따라 실시하는 행정조사)**
> ① 행정기관의 장이 제5조 단서에 따라 조사대상자의 자발적인 협조를 얻어 행정조사를 실시하고자 하는 경우 조사대상자는 문서·전화·구두 등의 방법으로 당해 행정조사를 거부할 수 있다.
> ② 제1항에 따른 행정조사에 대하여 조사대상자가 조사에 응할 것인지에 대한 응답을 하지 아니하는 경우에는 법령 등에 특별한 규정이 없는 한 그 조사를 거부한 것으로 본다.

06 난도 ★☆☆　　　　　　　　　　　정답 ①

손해전보 > 행정상 손해배상

정답의 이유

① 국가배상법 제2조 소정의 '공무원'이라 함은 국가공무원법이나 지방공무원법에 의하여 공무원으로서의 신분을 가진 자에 국한하지 않고, 널리 공무를 위탁받아 실질적으로 공무에 종사하고 있는 일체의 자를 가리키는 것으로서, 공무의 위탁이 일시적이

고 한정적인 사항에 관한 활동을 위한 것이어도 달리 볼 것은 아니다(대판 2001.1.5, 98다39060).

오답의 이유

② 국가배상청구의 요건인 '공무원의 직무'에는 권력적 작용만이 아니라 비권력적 작용도 포함되며 단지 행정주체가 사경제주체로서 하는 활동만 제외된다(대판 2001.1.5, 98다39060).

③ 어떠한 행정처분이 후에 항고소송에서 위법한 것으로서 취소되었다고 하더라도 그로써 곧 당해 행정처분이 공무원의 고의 또는 과실에 의한 불법행위를 구성한다고 단정할 수는 없지만, 그 행정처분의 담당공무원이 보통 일반의 공무원을 표준으로 하여 볼 때 객관적 주의의무를 결하여 그 행정처분이 객관적 정당성을 상실하였다고 인정될 정도에 이른 경우에는 국가배상법 제2조 소정의 국가배상책임의 요건을 충족하였다고 보아야 한다(대판 2011.1.27, 2008다30703).

④ 대판 2018.10.25, 2013다44720

더 알아보기

공무원의 인정 범위

공무원에 해당하는 경우	공무원에 해당하지 않는 경우
• 시 청소차 운전사 • 소집 중인 예비군, 방범대원, 카투사 • 통장, 청원경찰 • 공무수탁사인: 교통할아버지 • 수산업협동조합 • 별정우체국장, 선장 • 군운전업무 종사자	• 의용소방대원 • 시영버스운전사 • 한국토지공사(행정주체)

07 난도 ★★☆　　　　　　　　　　　정답 ③

행정작용법 > 행정행위

정답의 이유

ⓒ 여객자동차 운수사업법에 의한 개인택시운송사업면허는 특정인에게 권리나 이익을 부여하는 행정행위로서 법령에 특별한 규정이 없는 한 재량행위이고, 그 면허를 위하여 정하여진 순위 내에서의 운전경력인정방법의 기준설정 역시 행정청의 재량에 속한다 할 것이다(대판 2010.1.28, 2009두19137).

ⓔ 국적은 국민의 자격을 결정짓는 것이고, 이를 취득한 사람은 국가의 주권자가 되는 동시에 국가의 속인적 통치권의 대상이 되므로, 귀화허가는 외국인에게 대한민국 국적을 부여함으로써 국민으로서의 법적 지위를 포괄적으로 설정하는 행위에 해당한다(대판 2010.10.28, 2010두6496).

오답의 이유

ⓐ 변상금 부과처분에 대한 취소소송이 진행중이라도 그 부과권자로서는 위법한 처분을 스스로 취소하고 그 하자를 보완하여 다시 적법한 부과처분을 할 수도 있는 것이어서 그 권리행사에 법률상의 장애사유가 있는 경우에 해당한다고 할 수 없으므로, 그 처분에 대한 취소소송이 진행되는 동안에도 그 부과권의 소멸시효가 진행된다(대판 2006.2.10, 2003두5686).

ⓛ 행정청이 도시 및 주거환경정비법 등 관련 법령에 근거하여 행하는 조합설립인가처분은 단순히 사인들의 조합설립행위에 대한 보충행위로서의 성질을 갖는 것에 그치는 것이 아니라 법령상 요건을 갖출 경우 도시 및 주거환경정비법상 주택재건축사업을 시행할 수 있는 권한을 갖는 행정주체(공법인)로서의 지위를 부여하는 일종의 설권적 처분의 성격을 갖는다고 보아야 한다(대판 2009.9.24, 2008다60568).

08 난도 ★★★　　　　　　　　　　　정답 ③

손해전보 > 행정상 손해배상

[정답의 이유]

③ 군 복무 중 사망한 망인의 유족이 국가배상을 받은 경우, 국가가 사망보상금에서 정신적 손해배상금 상당액까지 공제할 수 있는지 문제 된 사안에서, 사망보상금에서 소극적 손해배상금 상당액을 공제할 수 있을 뿐 이를 넘어 정신적 손해배상금 상당액까지 공제할 수 없다(대판 2022.3.31, 2019두36711).

[오답의 이유]

① 국가배상법 제9조

> 제9조(소송과 배상신청의 관계)
> 이 법에 따른 손해배상의 소송은 배상심의회에 배상신청을 하지 아니하고도 제기할 수 있다.

② 공무원의 직무상 불법행위로 손해를 받은 국민이 국가 또는 공공단체에 배상을 청구하는 경우 국가 또는 공공단체에 대하여 그의 불법행위를 이유로 손해배상을 구함은 국가배상법이 정한 바에 따른다 하여도 이 역시 민사상의 손해배상 책임을 특별법인 국가배상법이 정한데 불과하며 헌법 제26조 단서는 국가 또는 공공단체가 불법행위로 인한 손해배상책임을 지는 경우 공무원 자신의 책임은 면제되지 아니한다고 규정하여 공무원의 직무상 불법행위로 손해를 받은 국민이 공무원 자신에게 대하여도 직접 그의 불법행위를 이유로 손해배상을 청구할 수 있음을 규정하였다(대판 1972.10.10, 69다701).

④ 일본인 甲이 대한민국 소속 공무원의 위법한 직무집행에 따른 피해에 대하여 국가배상청구를 한 사안에서, 일본 국가배상법 제1조 제1항, 제6조가 국가배상청구권의 발생요건 및 상호보증에 관하여 우리나라 국가배상법과 동일한 내용을 규정하고 있는 점 등에 비추어 우리나라와 일본 사이에 국가배상법 제7조가 정하는 상호보증이 있다(대판 2015.6.11, 2013다208388).

국가배상과 손실배상의 비교

구분	국가배상	손실보상
의의	위법한 행정작용으로 인하여 국민에게 생명, 신체, 재산상 손해가 발생한 경우	적법한 행정작용으로 인하여 국민에게 재산상 손해가 발생한 경우
정신적 손해(위자료)	긍정	부정
법적 근거	헌법 제29조 / 일반법: 국가배상법	헌법 제23조 제3항 / 일반법 ×
법적 성질	민사소송(판례)	민사소송(원칙, 판례)

09 난도 ★★☆　　　　　　　　　　　정답 ①

행정과정의 규율 > 행정절차

[정답의 이유]

① 행정절차법 제23조 제2항

> 제23조(처분의 이유 제시)
> ① 행정청은 처분을 할 때에는 다음 각 호의 어느 하나에 해당하는 경우를 제외하고는 당사자에게 그 근거와 이유를 제시하여야 한다.
> 　1. 신청 내용을 모두 그대로 인정하는 처분인 경우
> 　2. 단순·반복적인 처분 또는 경미한 처분으로서 당사자가 그 이유를 명백히 알 수 있는 경우
> 　3. 긴급히 처분을 할 필요가 있는 경우
> ② 행정청은 제1항 제2호 및 제3호의 경우에 처분 후 당사자가 요청하는 경우에는 그 근거와 이유를 제시하여야 한다.

[오답의 이유]

② 육군3사관학교의 사관생도에 대한 징계절차에서 징계심의대상자가 대리인으로 선임한 변호사가 징계위원회 심의에 출석하여 진술하려고 하였음에도, 징계권자나 그 소속 직원이 변호사가 징계위원회의 심의에 출석하는 것을 막았다면 징계위원회 심의·의결의 절차적 정당성이 상실되어 그 징계의결에 따른 징계처분은 위법하여 원칙적으로 취소되어야 한다(대판 2018.3.13, 2016두33339).

③ 공무원 인사관계 법령에 의한 처분에 관한 사항이라 하더라도 전부에 대하여 행정절차법의 적용이 배제되는 것이 아니라, 성질상 행정절차를 거치기 곤란하거나 불필요하다고 인정되는 처분이나 행정절차에 준하는 절차를 거치도록 하고 있는 처분의 경우에만 행정절차법의 적용이 배제되는 것으로 보아야 하고, 이러한 법리는 '공무원 인사관계 법령에 의한 처분'에 해당하는 별정직 공무원에 대한 직권면직 처분의 경우에도 마찬가지로 적용된다(대판 2013.1.16, 2011두30687).

④ 군인사법령에 의하여 진급예정자명단에 포함된 자에 대하여 의견제출의 기회를 부여하지 아니한 채 진급선발을 취소하는 처분을 한 것이 절차상 하자가 있어 위법하다(대판 2007.9.21, 2006두20631).

10 난도 ★☆☆　　　　　　　　　　　　　정답 ③

행정과정의 규율 > 정보공개와 개인정보 보호

정답의 이유

③ 공공기관의 정보공개에 관한 법률 제2조 제3호 마목, 시행령 제2조 제1호

> 제2조(정의)
> 3. "공공기관"이란 다음 각 목의 기관을 말한다.
> 　　마. 그 밖에 대통령령으로 정하는 기관
>
> 시행령 제2조(공공기관의 범위)
> 「공공기관의 정보공개에 관한 법률」 제2조 제3호 마목에서 "대통령령으로 정하는 기관"이란 다음 각 호의 기관 또는 단체를 말한다.
> 　　1. 「유아교육법」, 「초·중등교육법」, 「고등교육법」에 따른 각급 학교 또는 그 밖의 다른 법률에 따라 설치된 학교

오답의 이유

① 공공기관의 정보공개에 관한 법률 제10조 제1항 제2호는 정보의 공개를 청구하는 자는 정보공개청구서에 '공개를 청구하는 정보의 내용' 등을 기재할 것을 규정하고 있는바, 청구대상정보를 기재함에 있어서는 사회일반인의 관점에서 청구대상정보의 내용과 범위를 확정할 수 있을 정도로 특정함을 요한다(대판 2007.6.1, 2007두2555).

② 대판 2016.11.10, 2016두44674

④ 공공기관의 정보공개에 관한 법률 제13조 제4항

> 제13조(정보공개 여부 결정의 통지)
> ④ 공공기관은 제1항에 따라 정보를 공개하는 경우에 그 정보의 원본이 더럽혀지거나 파손될 우려가 있거나 그 밖에 상당한 이유가 있다고 인정할 때에는 그 정보의 사본·복제물을 공개할 수 있다.

11 난도 ★★★　　　　　　　　　　　　　정답 ②

행정쟁송 > 행정소송

정답의 이유

② 타인 사이의 항고소송에서 소송의 결과에 관하여 이해관계가 있다고 주장하면서 민사소송법(2002.1.26, 법률 제6626호로 전문 개정된 것) 제71조에 의한 보조참가를 할 수 있는 제3자는 민사소송법상의 당사자능력 및 소송능력을 갖춘 자이어야 하므로 그러한 당사자능력 및 소송능력이 없는 행정청으로서는 민사소송법상의 보조참가를 할 수는 없고, 다만 행정소송법 제17조 제1항에 의한 소송참가를 할 수 있을 뿐이다(대판 2002.9.24, 99두1519).

오답의 이유

① 대판 2017.3.9, 2013두16852

③ 대판 1999.12.7, 97누17568

④ 건설교통부장관은 지방자치단체의 장이 기관위임사무인 국토이용계획 사무를 처리함에 있어 자신과 의견이 다를 경우 행정협의조정위원회에 협의·조정 신청을 하여 그 협의·조정 결정에

따라 의견불일치를 해소할 수 있고, 법원에 의한 판결을 받지 않고서도 행정권한의 위임 및 위탁에 관한 규정이나 구 지방자치법에서 정하고 있는 지도·감독을 통하여 직접 지방자치단체의 장의 사무처리에 대하여 시정명령을 발하고 그 사무처리를 취소 또는 정지할 수 있으며, 지방자치단체의 장에게 기간을 정하여 직무이행명령을 하고 지방자치단체의 장이 이를 이행하지 아니할 때에는 직접 필요한 조치를 할 수도 있으므로, 국가가 국토이용계획과 관련한 지방자치단체의 장의 기관위임사무의 처리에 관하여 지방자치단체의 장을 상대로 취소소송을 제기하는 것은 허용되지 않는다(대판 2007.9.20, 2005두6935).

> **더 알아보기**
>
> **제3자의 소송참가 요건**
> 제3자의 소송참가가 허용되기 위하여는 당해 소송의 결과에 따라 제3자의 권리 또는 이익이 침해되어야 하고, 이때의 이익은 법률상 이익을 말하며 단순한 사실상의 이익이나 경제상의 이익은 포함되지 않는다(대판 2008.5.29, 2007두23873).

12 난도 ★★☆　　　　　　　　　　　　　정답 ④

행정쟁송 > 행정소송

정답의 이유

④ 이 사건 대문은 적법한 것임에도 피고가 원고에 대하여 명한 이 사건 대문의 철거명령은 그 하자가 중대하고 명백하여 당연무효라고 할 것이고, 그 후행행위인 이 사건 계고처분 역시 당연무효라고 할 것인바, 이와 같은 취지의 원심 판단은 정당하고, 거기에 피고가 주장하는 바와 같은 주택건설촉진법에 관한 법리오해의 위법이 없다(대판 1999.4.27, 97누6780).

오답의 이유

① 관계 법령상 행정대집행의 절차가 인정되어 행정청이 행정대집행의 방법으로 건물의 철거 등 대체적 작위의무의 이행을 실현할 수 있는 경우에는 따로 민사소송의 방법으로 그 의무의 이행을 구할 수 없다. 한편 건물의 점유자가 철거의무자일 때에는 건물철거의무에 퇴거의무도 포함되어 있는 것이어서 별도로 퇴거를 명하는 집행권원이 필요하지 않다(대판 2017.4.28, 2016다213916).

② 행정대집행법상 대집행의 대상이 되는 대체적 작위의무는 공법상 의무이어야 할 것인데, 구 공공용지의 취득 및 손실보상에 관한 특례법(2002.2.4, 법률 제6656호 공익사업을 위한 토지 등의 취득 및 보상에 관한 법률 부칙 제2조로 폐지)에 따른 토지 등의 협의취득은 공공사업에 필요한 토지 등을 그 소유자와의 협의에 의하여 취득하는 것으로서 공공기관이 사경제주체로서 행하는 사법상 매매 내지 사법상 계약의 실질을 가지는 것이므로, 그 협의취득시 건물소유자가 매매대상 건물에 대한 철거의무를 부담하겠다는 취지의 약정을 하였다고 하더라도 이러한 철거의무는 공법상의 의무가 될 수 없고, 이 경우에도 행정대집행법을 준용하여 대집행을 허용하는 별도의 규정이 없는 한 위와 같은 철거의무는 행정대집행법에 의한 대집행의 대상이 되지 않는다(대판 2006.10.13, 2006두7096).

③ 행정대집행법 제6조 제3항

제6조(비용징수)
③ 대집행에 요한 비용을 징수하였을 때에는 그 징수금은 사무비의 소속에 따라 국고 또는 지방자치단체의 수입으로 한다.

13 난도 ★☆☆   정답 ②

실효성 확보수단 > 행정강제

정답의 이유

② 계고서라는 명칭의 1장의 문서로서 일정기간 내에 위법건축물의 자진철거를 명함과 동시에 그 소정기한 내에 자진철거를 하지 아니할 때에는 대집행할 뜻을 미리 계고한 경우라도 건축법에 의한 철거명령과 행정대집행법에 의한 계고처분은 독립하여 있는 것으로서 각 그 요건이 충족되었다고 볼 것이다(대판 1992.6.12, 91누13564).

오답의 이유

① 우선 행정법상의 질서벌인 과태료의 부과처분과 형사처벌은 그 성질이나 목적을 달리하는 별개의 것이므로 행정법상의 질서벌인 과태료를 납부한 후에 형사처벌을 한다고 하여 이를 일사부재리의 원칙에 반하는 것이라고 할 수는 없다(대판 1996.4.12, 96도158).

③ 행정기본법 제32조 제1항

제32조(직접강제)
① 직접강제는 행정대집행이나 이행강제금 부과의 방법으로는 행정상 의무 이행을 확보할 수 없거나 그 실현이 불가능한 경우에 실시하여야 한다.

④ 대판 1984.9.25, 84누201

14 난도 ★★☆   정답 ②

행정작용법 > 행정입법

정답의 이유

② 교육부장관이 내신성적 산정기준의 통일을 기하기 위해 대학입시기본계획의 내용에서 내신성적 산정기준에 관한 시행지침을 마련하여 시·도 교육감에서 통보한 것은 행정조직 내부에서 내신성적 평가에 관한 내부적 심사기준을 시달한 것에 불과하며, 각 고등학교에서 위 지침에 일률적으로 기속되어 내신성적을 산정할 수밖에 없고 또 대학에서도 이를 그대로 내신성적으로 인정하여 입학생을 선발할 수밖에 없는 관계로 장차 일부 수험생들이 위 지침으로 인해 어떤 불이익을 입을 개연성이 없지는 아니하나, 그러한 사정만으로서 위 지침에 의하여 곧바로 개별적이고 구체적인 권리의 침해를 받은 것으로는 도저히 인정할 수 없으므로, 그것만으로는 현실적으로 특정인의 구체적인 권리의무에 직접적으로 변동을 초래케 하는 것은 아니라 할 것이어서 내신성적 산정지침을 항고소송의 대상이 되는 행정처분으로 볼 수 없다(대판 1994.9.10, 94두33).

오답의 이유

① 행정 각부의 장이 정하는 특정 고시가 비록 법령에 근거를 둔 것이더라도 규정 내용이 법령의 위임 범위를 벗어난 것일 경우에는 법규명령으로서의 대외적 구속력을 인정할 여지는 없다. 그리고 특정 고시가 위임의 한계를 준수하고 있는지를 판단할 때에는, 당해 법률 규정의 입법 목적과 규정 내용, 규정의 체계, 다른 규정과의 관계 등을 종합적으로 살펴야 하고, 법률의 위임 규정 자체가 의미 내용을 정확하게 알 수 있는 용어를 사용하여 위임의 한계를 분명히 하고 있는데도 고시에서 문언적 의미의 한계를 벗어났다든지, 위임 규정에서 사용하고 있는 용어의 의미를 넘어 범위를 확장하거나 축소함으로써 위임 내용을 구체화하는 단계를 벗어나 새로운 입법을 한 것으로 평가할 수 있다면, 이는 위임의 한계를 일탈한 것으로서 허용되지 아니한다(대판 2019.5.30, 2016다276177).

③ 일반적으로 법률의 위임에 따라 효력을 갖는 법규명령의 경우에 위임의 근거가 없어 무효였더라도 나중에 법 개정으로 위임의 근거가 부여되면 그때부터는 유효한 법규명령으로 볼 수 있다(대판 2017.4.20, 2015두45700 전합).

④ 여객자동차 운수사업법에 의한 개인택시운송사업면허는 특정인에게 권리나 이익을 부여하는 행정행위로서 법령에 특별한 규정이 없는 한 재량행위이고, 그 면허를 위하여 정하여진 순위 내에서의 운전경력인정방법의 기준설정 역시 행정청의 재량에 속한다 할 것이지만, 행정청이 면허발급 여부를 심사함에 있어서 이미 설정된 면허기준의 해석상 당해 신청이 면허발급의 우선순위에 해당함이 명백함에도 이를 제외시켜 면허거부처분을 하였다면 특별한 사정이 없는 한 그 거부처분은 재량권을 남용한 위법한 처분이 된다(대판 2010.1.28, 2009두19137).

15 난도 ★★☆   정답 ②

행정작용법 > 행정행위

정답의 이유

② 부담부 행정처분에 있어서 처분의 상대방이 부담(의무)을 이행하지 아니한 경우에 처분행정청으로서는 이를 들어 당해 처분을 취소(철회)할 수 있는 것이다(대판 1989.10.24, 89누2431).

오답의 이유

① 행정처분에 붙은 부담인 부관이 제소기간의 도과로 확정되어 이미 불가쟁력이 생겼다면 그 하자가 중대하고 명백하여 당연 무효로 보아야 할 경우 외에는 누구나 그 효력을 부인할 수 없을 것이지만, 부담의 이행으로서 하게 된 사법상 매매 등의 법률행위는 부담을 붙인 행정처분과는 어디까지나 별개의 법률행위이므로 그 부담의 불가쟁력의 문제와는 별도로 법률행위가 사회질서 위반이나 강행규정에 위반되는지 여부 등을 따져보아 그 법률행위의 유효 여부를 판단하여야 한다(대판 2009.6.25, 2006다18174).

③ 행정행위의 부관은 부담의 경우를 제외하고는 독립하여 행정소송의 대상이 될 수 없는 것인바, 지방국토관리청장이 일부 공유수면매립지에 대하여 한 국가 또는 직할시 귀속처분은 매립준공인가를 함에 있어서 매립의 면허를 받은 자의 매립지에 대한 소

유권취득을 규정한 공유수면매립법 제14조의 효과 일부를 배제하는 부관을 붙인 것이고, 이러한 행정행위의 부관은 위 법리와 같이 독립하여 행정소송 대상이 될 수 없다(대판 1993.10.8, 93누2032).

④ 행정청이 수익적 행정처분을 하면서 부가한 부담의 위법 여부는 처분 당시 법령을 기준으로 판단하여야 하고, 부담이 처분 당시 법령을 기준으로 적법하다면 처분 후 부담의 전제가 된 주된 행정처분의 근거 법령이 개정됨으로써 행정청이 더 이상 부관을 붙일 수 없게 되었다 하더라도 곧바로 위법하게 되거나 그 효력이 소멸하게 되는 것은 아니다(대법원 2009.2.12, 2005다65500).

16 난도 ★★☆ 정답 ③

행정작용법 > 행정행위

정답의 이유

③ 행정청이 청문서 도달기간을 다소 어겼다하더라도 영업자가 이에 대하여 이의하지 아니한 채 스스로 청문일에 출석하여 그 의견을 진술하고 변명하는 등 방어의 기회를 충분히 가졌다면 청문서 도달기간을 준수하지 아니한 하자는 치유되었다고 봄이 상당하다(대판 1992.10.23, 92누2844).

오답의 이유

① 수익적 행정처분에 대한 취소권 등의 행사는 기득권의 침해를 정당화할 만한 중대한 공익상의 필요 또는 제3자의 이익보호의 필요가 있는 때에 한하여 허용될 수 있다는 법리는, 처분청이 수익적 행정처분을 직권으로 취소·철회하는 경우에 적용되는 법리일 뿐 쟁송취소의 경우에는 적용되지 않는다(대판 2019.10.17, 2018두104).

② 행정청이 구 학교보건법(2005.12.7. 법률 제7700호로 개정되기 전의 것) 소정의 학교환경위생정화구역 내에서 금지행위 및 시설의 해제 여부에 관한 행정처분을 함에 있어 학교환경위생정화위원회의 심의를 거치도록 한 취지는 그에 관한 전문가 내지 이해관계인의 의견과 주민의 의사를 행정청의 의사결정에 반영함으로써 공익에 가장 부합하는 민주적 의사를 도출하고 행정처분의 공정성과 투명성을 확보하려는 데 있고, 나아가 그 심의의 요구가 법률에 근거하고 있을 뿐 아니라 심의에 따른 의결내용도 단순히 절차의 형식에 관련된 사항에 그치지 않고 금지행위 및 시설의 해제 여부에 관한 행정처분에 영향을 미칠 수 있는 사항에 관한 것임을 종합해 보면, 금지행위 및 시설의 해제 여부에 관한 행정처분을 하면서 절차상 위와 같은 심의를 누락한 흠이 있다면 그와 같은 흠을 가리켜 위 행정처분의 효력에 아무런 영향을 주지 않는다거나 경미한 정도에 불과하다고 볼 수는 없으므로, 특별한 사정이 없는 한 이는 행정처분을 위법하게 하는 취소사유가 된다(대판 2007.3.15, 2006두15806).

④ 토지등급결정내용의 개별통지가 있다고 볼 수 없어 토지등급결정이 무효인 이상, 토지소유자가 그 결정 이전이나 이후에 토지등급결정내용을 알았다거나 또는 그 결정 이후 매년 정기 등급수정의 결과가 토지소유자 등의 열람에 공하여졌다 하더라도 개별통지의 하자가 치유되는 것은 아니다(대판 1997.5.28, 96누5308).

17 난도 ★★☆ 정답 ④

행정작용법 > 기타 행정작용

정답의 이유

④ 장기미집행 도시계획시설결정의 실효제도는 도시계획시설부지로 하여금 도시계획시설결정으로 인한 사회적 제약으로부터 벗어나게 하는 것으로서 결과적으로 개인의 재산권이 보다 보호되는 측면이 있는 것은 사실이나, 이와 같은 보호는 입법자가 새로운 제도를 마련함에 따라 얻게 되는 법률에 기한 권리일 뿐 헌법상 재산권으로부터 당연히 도출되는 권리는 아니다(헌재 2005.9.29, 2002헌바84·89, 2003헌마678·943 병합).

오답의 이유

① 후행 도시계획의 결정을 하는 행정청이 선행 도시계획의 결정·변경 등에 관한 권한을 가지고 있지 아니한 경우에 선행 도시계획과 서로 양립할 수 없는 내용이 포함된 후행 도시계획결정을 하는 것은 아무런 권한 없이 선행 도시계획결정을 폐지하고, 양립할 수 없는 새로운 내용이 포함된 후행 도시계획결정을 하는 것으로서, 선행 도시계획결정의 폐지 부분은 권한 없는 자에 의하여 행해진 것으로서 무효이고, 같은 대상지역에 대하여 선행 도시계획결정이 적법하게 폐지되지 아니한 상태에서 그 위에 다시 한 후행 도시계획결정 역시 위법하고, 그 하자는 중대하고도 명백하여 다른 특별한 사정이 없는 한 무효라고 보아야 한다(대판 2000.9.8, 99두11257).

② 도시 및 주거환경정비법(이하 '도시정비법'이라고 한다)에 따른 주택재건축정비사업조합(이하 '재건축조합'이라고 한다)은 관할 행정청의 감독 아래 도시정비법상의 주택재건축사업을 시행하는 공법인(도시정비법 제18조)으로서, 그 목적 범위 내에서 법령이 정하는 바에 따라 일정한 행정작용을 행하는 행정주체의 지위를 갖는다. 그리고 재건축조합이 행정주체의 지위에서 도시정비법 제48조에 따라 수립하는 관리처분계획은 정비사업의 시행 결과 조성되는 대지 또는 건축물의 권리귀속에 관한 사항과 조합원의 비용 분담에 관한 사항 등을 정함으로써 조합원의 재산상 권리·의무 등에 구체적이고 직접적인 영향을 미치게 되므로, 이는 구속적 행정계획으로서 재건축조합이 행하는 독립된 행정처분에 해당한다(대판 2009.9.17, 2007다2428 전합).

③ 도시계획시설의 지정으로 말미암아 당해 토지의 이용가능성이 배제되거나 또는 토지소유자가 토지를 종래 허용된 용도대로도 사용할 수 없기 때문에 이로 말미암아 현저한 재산적 손실이 발생하는 경우에는, 원칙적으로 사회적 제약의 범위를 넘는 수용적 효과를 인정하여 국가나 지방자치단체는 이에 대한 보상을 해야 한다(헌재 1999.10.21, 97헌바26).

실효성 확보 > 수단행정강제

[정답의 이유]

① 건축법상의 이행강제금은 시정명령의 불이행이라는 과거의 위반행위에 대한 제재가 아니라, 의무자에게 시정명령을 받은 의무의 이행을 명하고 그 이행기간 안에 의무를 이행하지 않으면 이행강제금이 부과된다는 사실을 고지함으로써 의무자에게 심리적 압박을 주어 의무의 이행을 간접적으로 강제하는 행정상의 간접강제 수단에 해당한다(대판 2018.1.25, 2015두35116).

[오답의 이유]

② 행정기본법 제31조 제6항

> 제31조(이행강제금의 부과)
> ⑥ 행정청은 이행강제금을 부과받은 자가 납부기한까지 이행강제금을 내지 아니하면 국세강제징수의 예 또는 「지방행정제재·부과금의 징수 등에 관한 법률」에 따라 징수한다.

③ 농지법 제62조 제6항, 제7항이 위와 같이 이행강제금 부과처분에 대한 불복절차를 분명하게 규정하고 있으므로, 이와 다른 불복절차를 허용할 수는 없다. 설령 관할청이 이행강제금 부과처분을 하면서 재결청에 행정심판을 청구하거나 관할 행정법원에 행정소송을 할 수 있다고 잘못 안내하거나 관할 행정심판위원회가 각하재결이 아닌 기각재결을 하면서 관할 법원에 행정소송을 할 수 있다고 잘못 안내하였다고 하더라도, 그러한 잘못된 안내로 행정법원의 항고소송 재판관할이 생긴다고 볼 수도 없다(대판 2019.4.11, 2018두42955).

④ 구 건축법상 이행강제금을 부과받은 사람이 이행강제금사건의 제1심결정 후 항고심결정이 있기 전에 사망한 경우, 항고심결정은 당연무효이고, 이미 사망한 사람의 이름으로 제기된 재항고는 보정할 수 없는 흠결이 있는 것으로서 부적법하다(대판 2006.12.8, 2006마470).

더 알아보기

이행강제금과 행정벌

구분	이행강제금	행정벌
규제 대상	장래의 의무를 심리적으로 강제	과거 위반에 대한 제재
반복 부과 여부	반복적으로 부과 가능	반복하여 부과 불가
납부 면제 여부	기간 내 의무이행이 이루어지면 원칙적으로 강제금 납부 면제	나중에 의무 이행하여도 과태료 납부 등의 면제 불가

손해전보 > 행정상 손실보상

[정답의 이유]

㉠ 헌법 제23조 제3항

> 제23조
> ① 모든 국민의 재산권은 보장된다. 그 내용과 한계는 법률로 정한다.
> ② 재산권의 행사는 공공복리에 적합하도록 하여야 한다.
> ③ 공공필요에 의한 재산권의 수용·사용 또는 제한 및 그에 대한 보상은 법률로써 하되, 정당한 보상을 지급하여야 한다.

㉣ 수용재결에 불복하여 취소소송을 제기하는 때에는 이의신청을 거친 경우에도 수용재결을 한 중앙토지수용위원회 또는 지방토지수용위원회를 피고로 하여 수용재결의 취소를 구하여야 하고, 다만 이의신청에 대한 재결 자체에 고유한 위법이 있음을 이유로 하는 경우에는 그 이의재결을 한 중앙토지수용위원회를 피고로 하여 이의재결의 취소를 구할 수 있다고 보아야 한다(대판 2010.1.28, 2008두1504).

[오답의 이유]

㉡ 법률 제3782호 하천법 중 개정법률(이하 '개정 하천법'이라 한다)은 그 부칙 제2조 제1항에서 개정 하천법의 시행일인 1984.12.31. 전에 유수지에 해당되어 하천구역으로 된 토지 및 구 하천법(1971.1.19. 법률 제2292호로 전문 개정된 것)의 시행으로 국유로 된 제외지 안의 토지에 대하여는 관리청이 그 손실을 보상하도록 규정하였고, '법률 제3782호 하천법 중 개정법률 부칙 제2조의 규정에 의한 보상청구권의 소멸시효가 만료된 하천구역 편입토지 보상에 관한 특별조치법' 제2조는 개정 하천법 부칙 제2조 제1항에 해당하는 토지로서 개정 하천법 부칙 제2조 제2항에서 규정하고 있는 소멸시효의 만료로 보상청구권이 소멸되어 보상을 받지 못한 토지에 대하여는 시·도지사가 그 손실을 보상하도록 규정하고 있는바, 위 각 규정들에 의한 손실보상청구권은 모두 종전의 하천법 규정 자체에 의하여 하천구역으로 편입되어 국유로 되었으나 그에 대한 보상규정이 없었거나 보상청구권이 시효로 소멸되어 보상을 받지 못한 토지들에 대하여, 국가가 반성적 고려와 국민의 권리구제 차원에서 그 손실을 보상하기 위하여 규정한 것으로서, 그 법적 성질은 하천법 본칙(本則)이 원래부터 규정하고 있던 하천구역에의 편입에 의한 손실보상청구권과 하등 다를 바가 없는 것이어서 공법상의 권리임이 분명하므로 그에 관한 쟁송도 행정소송절차에 의하여야 한다. 위 규정들에 의한 손실보상청구권은 1984.12.31. 전에 토지가 하천구역으로 된 경우에는 당연히 발생되는 것이지, 관리청의 보상금지급결정에 의하여 비로소 발생하는 것은 아니므로, 위 규정들에 의한 손실보상금의 지급을 구하거나 손실보상청구권의 확인을 구하는 소송은 행정소송법 제3조 제2호 소정의 당사자소송에 의하여야 한다(대판 2006.5.18, 2004다6207 전합).

㉢ 공익사업을 위한 토지 등의 취득 및 보상에 관한 법률 제85조 제2항

행정법총론

과목별 해설

20 난도 ★★☆ 정답 ①

단원종합

[정답의 이유]

① 교원소청심사위원회의 결정은 학교법인 등에 대하여 기속력을 가지고 이는 그 결정의 주문에 포함된 사항뿐 아니라 그 전제가 된 요건사실의 인정과 판단, 즉 불리한 처분 등의 구체적 위법사유에 관한 판단에까지 미친다(대판 2018.7.12, 2017두65821).

[오답의 이유]

② 어업권면허에 선행하는 우선순위결정은 행정청이 우선권자로 결정된 자의 신청이 있으면 어업권면허처분을 하겠다는 것을 약속하는 행위로서 강학상 확약에 불과하고 행정처분은 아니므로, 우선순위결정에 공정력이나 불가쟁력과 같은 효력은 인정되지 아니하며, 따라서 우선순위결정이 잘못되었다는 이유로 종전의 어업권면허처분이 취소되면 행정청은 종전의 우선순위결정을 무시하고 다시 우선순위를 결정한 다음 새로운 우선순위결정에 기하여 새로운 어업권면허를 할 수 있다(대판 1995.1.20, 94누6529).

③ 대판 2008.9.25, 2006다18228

④ 구 공익사업을 위한 토지 등의 취득 및 보상에 관한 법률(2007.10.17, 법률 제8665호로 개정되기 전의 것) 제2조, 제78조에 의하면, 세입자는 사업시행자가 취득 또는 사용할 토지에 관하여 임대차 등에 의한 권리를 가진 관계인으로서, 같은 법 시행규칙 제54조 제2항 본문에 해당하는 경우에는 주거이전에 필요한 비용을 보상받을 권리가 있다. 그런데 이러한 주거이전비는 당해 공익사업 시행지구 안에 거주하는 세입자들의 조기이주를 장려하여 사업추진을 원활하게 하려는 정책적인 목적과 주거이전으로 인하여 특별한 어려움을 겪게 될 세입자들을 대상으로 하는 사회보장적인 차원에서 지급되는 금원의 성격을 가지므로, 적법하게 시행된 공익사업으로 인하여 이주하게 된 주거용 건축물 세입자의 주거이전비 보상청구권은 공법상의 권리이고, 따라서 그 보상을 둘러싼 쟁송은 민사소송이 아니라 공법상의 법률관계를 대상으로 하는 행정소송에 의하여야 한다(대판 2008.5.29, 2007다8129).

행정법총론 | 2023년 국가직 9급

한눈에 훑어보기

✔ 영역 분석

행정법통론   04   05
2문항, 10%

행정작용법   02   03   06   07
4문항, 20%

행정과정의 규율   01   10
2문항, 10%

실효성 확보수단   11   12   18   20
4문항, 20%

손해전보   14   17
2문항, 10%

행정쟁송   08   13   15   16
4문항, 20%

단원종합   09   19
2문항, 10%

✔ 빠른 정답

01	02	03	04	05	06	07	08	09	10
②	②	①	④	④	③	①	①	②	③
11	12	13	14	15	16	17	18	19	20
④	③	②	③	④	①	①	②	①	④

✔ 점수 체크

구분	1회독	2회독	3회독
맞힌 문항 수	/ 20	/ 20	/ 20
나의 점수	점	점	점

01 난도 ★☆☆   정답 ②

행정과정의 규율 > 행정절차

정답의 이유

② 행정청은 신청에 구비서류의 미비 등 흠이 있는 경우에는 보완에 필요한 상당한 기간을 정하여 지체 없이 신청인에게 보완을 요구하여야 한다(행정절차법 제17조 제5항).

오답의 이유

① 행정절차법 제17조 제7항

③ 행정절차법 제17조 제4항 및 동법 시행령 제9조 제2호

> **제17조(처분의 신청)**
> ④ 행정청은 신청을 받았을 때에는 다른 법령 등에 특별한 규정이 있는 경우를 제외하고는 그 접수를 보류 또는 거부하거나 부당하게 되돌려 보내서는 아니 되며, 신청을 접수한 경우에는 신청인에게 접수증을 주어야 한다. 다만, 대통령령으로 정하는 경우에는 접수증을 주지 아니할 수 있다.
>
> **시행령 제9조(접수증)**
> 행정절차법 제17조 제4항 단서에서 "대통령령이 정하는 경우"라 함은 다음 각 호의 1에 해당하는 신청의 경우를 말한다.
> 1. 구술·우편 또는 정보통신망에 의한 신청
> 2. 처리기간이 "즉시"로 되어 있는 신청
> 3. 접수증에 갈음하는 문서를 주는 신청

④ 행정절차법 제18조

02 난도 ★☆☆   정답 ②

행정작용법 > 행정행위

정답의 이유

② 행정행위의 취소는 일단 유효하게 성립한 행정행위를 그 행위에 위법 또는 부당한 하자가 있음을 이유로 소급하여 그 효력을 소멸시키는 별도의 행정처분이고, 행정행위의 철회는 적법요건을 구비하여 완전한 효력을 발하고 있는 행정행위를 사후적으로 그 행위의 전부 또는 일부를 장래에 향해 소멸시키는 행정처분이므로, 행정행위의 취소 사유는 행정행위의 성립 당시에 존재하였던 하자를 말하고, 철회 사유는 행정행위가 성립된 이후에 새로이 발생한 것으로서 행정행위의 효력을 존속시킬 수 없는 사유를 말한다(대판 2003.5.30, 2003다6422).

행정법총론 국가직 9급

① 행정기본법 제18조 및 제19조에 처분청의 직권취소와 철회에 대한 일반적 근거규정을 두고 있다. 또한 별도의 법적 근거가 없어도 공익상 필요가 있으면 직권취소나 철회가 가능하다.

> **제18조(위법 또는 부당한 처분의 취소)**
> ① 행정청은 위법 또는 부당한 처분의 전부나 일부를 소급하여 취소할 수 있다. 다만, 당사자의 신뢰를 보호할 가치가 있는 등 정당한 사유가 있는 경우에는 장래를 향하여 취소할 수 있다.
>
> **제19조(적법한 처분의 철회)**
> ① 행정청은 적법한 처분이 다음 각 호의 어느 하나에 해당하는 경우에는 그 처분의 전부 또는 일부를 장래를 향하여 철회할 수 있다.
> 1. 법률에서 정한 철회 사유에 해당하게 된 경우
> 2. 법령 등의 변경이나 사정변경으로 처분을 더 이상 존속시킬 필요가 없게 된 경우
> 3. 중대한 공익을 위하여 필요한 경우

③ 수익적 처분이 있으면 상대방은 그것을 기초로 하여 새로운 법률관계 등을 형성하게 되는 것이므로, 이러한 상대방의 신뢰를 보호하기 위하여 수익적 처분의 취소에는 일정한 제한이 따르는 것이나, 수익적 처분이 상대방의 허위 기타 부정한 방법으로 인하여 행하여졌다면 상대방은 그 처분이 그와 같은 사유로 인하여 취소될 것임을 예상할 수 없었다고 할 수 없으므로, 이러한 경우에까지 상대방의 신뢰를 보호하여야 하는 것은 아니라고 할 것이다(대판 1995.1.20, 94누6529).

④ 행정행위를 한 처분청은 그 행위에 흠이 있는 경우 별도의 법적 근거가 없더라도 스스로 이를 취소할 수 있고, 다만 수익적 행정처분을 취소할 때에는 이를 취소하여야 할 공익상의 필요와 그 취소로 인하여 당사자가 입게 될 기득권과 신뢰보호 및 법률생활 안정의 침해 등 불이익을 비교·교량한 후 공익상의 필요가 당사자가 입을 불이익을 정당화할 만큼 강한 경우에 한하여 취소할 수 있다(대판 2006.5.25, 2003두4669).

03 난도 ★☆☆ 정답 ①

행정작용법 > 행정행위

① • 수익적 행정처분에 있어서는 법령에 특별한 근거규정이 없다고 하더라도 그 부관으로서 부담을 붙일 수 있고, 그와 같은 부담은 행정청이 행정처분을 하면서 일방적으로 부가할 수도 있지만 부담을 부가하기 이전에 상대방과 협의하여 부담의 내용을 협약의 형식으로 미리 정한 다음 행정처분을 하면서 이를 부가할 수도 있다(대판 2009.2.12, 2005다65500).
• 행정기본법 역시 행정청은 처분에 재량이 있는 경우 부관으로서 부담을 붙일 수 있다고 규정하여 재량행위의 부관 성립 시 별도의 법적 근거를 요구하고 있지 않다(행정기본법 제17조 제1항).

> **제17조(부관)**
> ① 행정청은 처분에 재량이 있는 경우에는 부관(조건, 기한, 부담, 철회권의 유보 등을 말한다. 이하 이 조에서 같다)을 붙일 수 있다.

② 대판 1990.4.27, 89누6808

③ • 부관은 면허 발급 당시에 붙이는 것뿐만 아니라 면허 발급이 후에 붙이는 것도 법률에 명문의 규정이 있거나 변경이 미리 유보되어 있는 경우 또는 상대방의 동의가 있는 경우 등에는 특별한 사정이 없는 한 허용된다(대판 2016.11.24, 2016두45028).
• 행정기본법 역시 사후부관에 대하여 같은 입장이다(행정기본법 제17조 제3항).

> **제17조(부관)**
> ③ 행정청은 부관을 붙일 수 있는 처분이 다음 각 호의 어느 하나에 해당하는 경우에는 그 처분을 한 후에도 부관을 새로 붙이거나 종전의 부관을 변경할 수 있다.
> 1. 법률에 근거가 있는 경우
> 2. 당사자의 동의가 있는 경우
> 3. 사정이 변경되어 부관을 새로 붙이거나 종전의 부관을 변경하지 아니하면 해당 처분의 목적을 달성할 수 없다고 인정되는 경우

④ 대판 1999.5.25, 98다53134

04 난도 ★★☆ 정답 ④

행정법통론 > 행정법관계

④ 준정부기관으로부터 공공기관운영법 제44조 제2항에 따라 계약체결 업무를 위탁받은 조달청장은 국가계약법 제27조 제1항에 따라 입찰참가자격 제한 처분을 할 수 있는 권한이 있다(대판 2017.12.28, 2017두39433). 즉, 국가와 지방자치단체, 공공기관운영법상 공공기관 그리고 조달청장 등 행정청이 행하는 입찰참가자격제한은 항고소송의 대상인 행정처분에 해당하므로 공법관계에 해당한다.

① 행정재산의 사용허가는 강학상 특허로서 항고소송의 대상이 되는 행정처분이므로 공법관계이지만, 사용허가를 받은 행정재산의 '전대'는 사법상 임대차계약이므로 사법관계에 해당한다.
• 국유재산 등의 관리청이 하는 행정재산의 사용·수익에 대한 허가는 순전히 사경제주체로서 행하는 사법상의 행위가 아니라 관리청이 공권력을 가진 우월적 지위에서 행하는 행정처분으로서 특정인에게 행정재산을 사용할 수 있는 권리를 설정하여 주는 강학상 특허에 해당한다(대판 2006.3.9, 2004다31074).
• 한국공항공단이 무상사용허가를 받은 행정재산에 대하여 하는 전대행위는 통상의 사인 간의 임대차와 다를 바가 없고, 그 임대차계약이 임차인의 사용승인신청과 임대인의 사용승인의

형식으로 이루어졌다고 하여 달리 볼 것은 아니다(대판 2004. 1.15, 2001다12638).

② 예산회계법에 따라 체결되는 계약은 사법상의 계약이라고 할 것이고, 동법 제70조의5의 입찰보증금은 사법상의 손해배상 예정으로서의 성질을 갖는 것이라고 할 것이므로 입찰보증금의 국고귀속조치는 국가가 사법상의 재산권의 주체로서 행위하는 것이지 공권력을 행사하는 것이거나 공권력 작용과 일체성을 가진 것이 아니라 할 것이므로 이에 관한 분쟁은 행정소송이 아닌 민사소송의 대상이 될 수밖에 없다(대판 1983.12.27, 81누366).

③ • 국유재산의 관리청이 그 무단점유자에 대하여 하는 변상금 부과처분은 순전히 사경제 주체로서 행하는 사법상의 법률행위라 할 수 없고 이는 관리청이 공권력을 가진 우월적 지위에서 행한 것으로서 행정소송의 대상이 되는 행정처분이라고 보아야 한다(대판 1988.2.23, 87누1046, 1047).
• 국유잡종재산(현 일반재산)을 대부하는 행위는 국가가 사경제 주체로서 상대방과 대등한 위치에서 행하는 사법상의 계약이고, 행정청이 공권력의 주체로서 상대방의 의사 여하에 불구하고 일방적으로 행하는 행정처분이라고 볼 수 없다(대판 2000. 2.11, 99다61675).

05 난도 ★★☆   정답 ④

행정법통론 > 행정상 법률관계

[정답의 이유]

④ 당사자가 인허가나 신고의 위법성을 경과실로 알지 못한 경우는 중과실로 알지 못한 경우와 달리 행정기본법상 제재처분의 제척기간 적용제외 대상이 아니다. 따라서 제재처분 제척기간 규정이 적용되므로 5년이 지나면 제재처분을 할 수 없다(행정기본법 제23조 제1항). 즉, 당사자가 인허가나 신고의 위법성을 알고 있었거나 중대한 과실로 알지 못한 경우 제재처분의 제척기간에 관한 규정이 적용되지 않으므로, 위반행위가 종료된 날부터 5년이 지나더라도 제재처분을 할 수 있다.

> 제23조(제재처분의 제척기간)
> ① 행정청은 법령 등의 위반행위가 종료된 날부터 5년이 지나면 해당 위반행위에 대하여 제재처분(인허가의 정지 · 취소 · 철회, 등록 말소, 영업소 폐쇄와 정지를 갈음하는 과징금 부과를 말한다. 이하 이 조에서 같다)을 할 수 없다.
> ② 다음 각 호의 어느 하나에 해당하는 경우에는 제1항을 적용하지 아니한다.
> 　1. 거짓이나 그 밖의 부정한 방법으로 인허가를 받거나 신고를 한 경우
> 　2. 당사자가 인허가나 신고의 위법성을 알고 있었거나 중대한 과실로 알지 못한 경우
> 　3. 정당한 사유 없이 행정청의 조사 · 출입 · 검사를 기피 · 방해 · 거부하여 제척기간이 지난 경우
> 　4. 제재처분을 하지 아니하면 국민의 안전 · 생명 또는 환경을 심각하게 해치거나 해칠 우려가 있는 경우

[오답의 이유]

① 행정기본법 제23조 제2항 제4호

② 행정기본법 제23조 제2항 제1호

③ 행정기본법 제23조 제2항 제3호

06 난도 ★☆☆   정답 ③

행정작용법 > 행정입법

[정답의 이유]

③ 법령에서 행정처분의 요건 중 일부 사항을 부령으로 정할 것을 위임한 데 따라 시행규칙 등 부령에서 이를 정한 경우에 그 부령의 규정은 국민에 대해서도 구속력이 있는 법규명령에 해당한다고 할 것이지만, 법령의 위임이 없음에도 법령에 규정된 처분 요건에 해당하는 사항을 부령에서 변경하여 규정한 경우에는 그 부령의 규정은 행정청 내부의 사무처리 기준 등을 정한 것으로서 행정조직 내에서 적용되는 행정명령의 성격을 지닐 뿐 국민에 대한 대외적 구속력은 없다고 보아야 한다(대판 2013.9.12, 2011두10584).

[오답의 이유]

① 대통령령은 필수적으로 국무회의 심의를 거쳐야 하지만, 총리령 · 부령은 국무회의 심의절차가 필수는 아니다(헌법 제89조 제3호). 그러나 필요한 경우 국무회의에 제출되어 국무회의를 거칠 수는 있다(헌법 제89조 제17호). 또한, 총리령 · 부령 역시 법제처 심사는 반드시 거쳐야 한다(정부조직법 제23조 제1항).

> 헌법 제89조
> 다음 사항은 국무회의의 심의를 거쳐야 한다.
> 　3. 헌법개정안 · 국민투표안 · 조약안 · 법률안 및 대통령령안
> 　17. 기타 대통령 · 국무총리 또는 국무위원이 제출한 사항
>
> 정부조직법 제23조(법제처)
> ① 국무회의에 상정될 법령안 · 조약안과 총리령안 및 부령안의 심사와 그 밖에 법제에 관한 사무를 전문적으로 관장하기 위하여 국무총리 소속으로 법제처를 둔다.

② 행정규칙이 법령의 규정에 의하여 행정관청에 법령의 구체적 내용을 보충할 권한을 부여한 경우(법령보충적 행정규칙)나 재량권행사의 준칙인 규칙이 그 정한 바에 따라 되풀이 시행되어 행정관행이 이룩되게 되면 평등의 원칙이나 신뢰보호의 원칙에 따라 행정기관은 그 상대방에 대한 관계에서 그 규칙에 따라야 할 자기구속을 당하게 되는 경우에는 대외적인 구속력을 가지게 되는바 이러한 경우에는 헌법소원의 대상이 될 수도 있다(헌재 2001.5.31, 99헌마413).

④ 특정다목적댐법 제41조에 의하면 다목적댐 건설로 인한 손실보상 의무가 국가에게 있고, 같은 법 제42조에 의하면 손실보상 절차와 그 방법 등 필요한 사항은 대통령령으로 규정하도록 되어 있음에도 피고가 이를 제정하지 아니한 것은 행정입법부작위에 해당하는 것이어서 그 부작위위법확인을 구한다고 주장하나, 행정소송은 구체적 사건에 대한 법률상 분쟁을 법에 의하여 해결함으로써 법적 안정을 기하자는 것이므로 부작위위법확인소

행정법총론
국가행정직

송의 대상이 될 수 있는 것은 구체적 권리의무에 관한 분쟁이어야 하고 추상적인 법령에 관하여 제정의 여부 등은 그 자체로서 국민의 구체적인 권리의무에 직접적 변동을 초래하는 것이 아니어서 행정소송의 대상이 될 수 없으므로 이 사건 소는 부적법하다(대판 1992.5.8, 91누11261).

07 난도 ★★☆ 정답 ①

행정작용법 > 행정행위

정답의 이유

① 개별공시지가결정은 이를 기초로 한 과세처분 등과는 별개의 독립된 처분으로서 서로 독립하여 별개의 법률효과를 목적으로 하는 것이나, 위법한 개별공시지가결정에 대하여 그 정해진 시정절차를 통하여 시정하도록 요구하지 아니하였다는 이유로 위법한 개별공시지가를 기초로 한 과세처분 등 후행 행정처분에서 개별공시지가결정의 위법을 주장할 수 없도록 하는 것은 수인한도를 넘는 불이익을 강요하는 것으로서 개별공시지가결정에 위법이 있는 경우에는 그 자체를 행정소송의 대상이 되는 행정처분으로 보아 그 위법 여부를 다툴 수 있음은 물론 이를 기초로 한 과세처분 등 행정처분의 취소를 구하는 행정소송에서도 선행처분인 개별공시지가결정의 위법을 독립된 위법사유로 주장할 수 있다(대판 1994.1.25, 93누8542).

오답의 이유

② 재건축조합설립인가처분 당시 동의율을 충족하지 못한 하자는 후에 추가동의서가 제출되었다는 사정만으로 치유될 수 없다(대판 2013.7.11, 2011두27544).

③ 적법한 건축물에 대한 철거명령은 그 하자가 중대하고 명백하여 당연무효라고 할 것이고, 그 후행행위인 건축물철거 대집행계고처분 역시 당연무효라고 할 것이다(대판 1999.4.27, 97누6780).

④ 세액산출근거가 기재되지 아니한 납세고지서에 의한 부과처분은 강행법규에 위반하여 취소대상이 된다 할 것이므로 이와 같은 하자는 납세의무자가 전심절차에서 이를 주장하지 아니하였거나, 그 후 부과된 세금을 자진납부하였다거나, 또는 조세채권의 소멸시효기간이 만료되었다 하여 치유되는 것이라고는 할 수 없다(대판 1985.4.9, 84누431).

08 난도 ★★☆ 정답 ①

행정쟁송 > 행정소송

정답의 이유

① 항고소송의 대상인 '처분'이란 "행정청이 행하는 구체적 사실에 관한 법집행으로서의 공권력의 행사 또는 그 거부와 그 밖에 이에 준하는 행정작용"(행정소송법 제2조 제1항 제1호)을 말한다. 행정청의 행위가 항고소송의 대상이 될 수 있는지는 추상적·일반적으로 결정할 수 없고, 구체적인 경우에 관련 법령의 내용과 취지, 그 행위의 주체·내용·형식·절차, 그 행위와 상대방 등 이해관계인이 입는 불이익 사이의 실질적 견련성, 법치행정의 원리와 그 행위에 관련된 행정청이나 이해관계인의 태도 등을 고려하여 개별적으로 결정하여야 한다. 또한 어떠한 처분에 법

령상 근거가 있는지, 행정절차법에서 정한 처분절차를 준수하였는지는 본안에서 당해 처분이 적법한가를 판단하는 단계에서 고려할 요소이지, 소송요건 심사단계에서 고려할 요소가 아니다(대판 2020.1.16, 2019다264700).

오답의 이유

② 대판 2019.6.27, 2018두49130

③ 국민건강보험 직장가입자 또는 지역가입자 자격변동은 법령이 정하는 사유가 생기면 별도 처분 등의 개입 없이 사유가 발생한 날부터 변동의 효력이 당연히 발생하므로, 국민건강보험공단이 갑 등에 대하여 가입자 자격이 변동되었다는 취지의 '직장가입자 자격상실 및 자격변동 안내' 통보를 하였거나, 그로 인하여 사업장이 국민건강보험법상의 적용대상사업장에서 제외되었다는 취지의 '사업장 직권탈퇴에 따른 가입자 자격상실 안내' 통보를 하였더라도, 이는 갑 등의 가입자 자격의 변동 여부 및 시기를 확인하는 의미에서 한 사실상 통지행위에 불과할 뿐, 위 각 통보에 의하여 가입자 자격이 변동되는 효력이 발생한다고 볼 수 없고, 또한 위 각 통보로 갑 등에게 지역가입자로서의 건강보험료를 납부하여야 하는 의무가 발생함으로써 갑 등의 권리의무에 직접적 변동을 초래하는 것도 아니다. 따라서 위 각 통보의 처분성이 인정되지 않는다(대판 2019.2.14, 2016두41729).

④ 대판 2021.1.14, 2020두50324

09 난도 ★★★ 정답 ②

단원종합

정답의 이유

㉠ 「공공기관의 정보공개에 관한 법률」상 비공개사유에 해당한다.

> **제9조(비공개 대상 정보)**
> ① 공공기관이 보유·관리하는 정보는 공개 대상이 된다. 다만, 다음 각 호의 어느 하나에 해당하는 정보는 공개하지 아니할 수 있다.
> 　6. 해당 정보에 포함되어 있는 성명·주민등록번호 등 「개인정보 보호법」 제2조 제1호에 따른 개인정보로서 공개될 경우 사생활의 비밀 또는 자유를 침해할 우려가 있다고 인정되는 정보. 다만, 다음 각 목에 열거한 사항은 제외한다.
> 　　가. 법령에서 정하는 바에 따라 열람할 수 있는 정보
> 　　나. 공공기관이 공표를 목적으로 작성하거나 취득한 정보로서 사생활의 비밀 또는 자유를 부당하게 침해하지 아니하는 정보
> 　　다. 공공기관이 작성하거나 취득한 정보로서 공개하는 것이 공익이나 개인의 권리 구제를 위하여 필요하다고 인정되는 정보
> 　　라. 직무를 수행한 공무원의 성명·직위
> 　　마. 공개하는 것이 공익을 위하여 필요한 경우로서 법령에 따라 국가 또는 지방자치단체가 업무의 일부를 위탁 또는 위촉한 개인의 성명·직업

ⓔ 학술·연구를 위하여 일시적으로 체류하는 외국인은 정보공개 청구권이 인정된다(공공기관의 정보공개에 관한 법률 제5조 제2항 및 동법 시행령 제3조 제1호).

> 제5조(정보공개 청구권자)
> ② 외국인의 정보공개 청구에 관하여는 대통령령으로 정한다.
>
> 시행령 제3조(외국인의 정보공개 청구)
> 법 제5조 제2항에 따라 정보공개를 청구할 수 있는 외국인은 다음 각 호의 어느 하나에 해당하는 자로 한다.
> 　　1. 국내에 일정한 주소를 두고 거주하거나 학술·연구를 위하여 일시적으로 체류하는 사람

오답의 이유
ⓛ 甲이 행정심판을 청구한 2022.12.27.은 심판청구의 대상인 비공개결정통보를 받은 2022.8.26.로부터 90일이 경과하였으므로 행정심판 제기기간을 경과한 부적법한 심판제기로서 각하재결의 대상이다.

ⓒ 甲의 국민권익위원회에 대한 고충민원 제기는 행정심판의 대상이 되는 처분성이 없으므로 행정기본법상 이의신청에 해당하는 것이 아니다. 따라서 고충민원에 대한 답변을 받은 날이 행정심판 제기기간의 기산점이 될 수 없다. 행정심판법상 행정심판의 대상이 되는 처분은 고충민원이 아니라 법정민원에 대한 거부처분이므로 이의신청 대상이 되어 그 답변을 받은 날이 행정심판 제기기간의 기산점이 될 수 있다(행정기본법 제36조 제4항).

> 제36조(처분에 대한 이의신청)
> ④ 이의신청에 대한 결과를 통지받은 후 행정심판 또는 행정소송을 제기하려는 자는 그 결과를 통지받은 날(제2항에 따른 통지기간 내에 결과를 통지받지 못한 경우에는 같은 항에 따른 통지기간이 만료되는 날의 다음 날을 말한다)부터 90일 이내에 행정심판 또는 행정소송을 제기할 수 있다.

더 알아보기
• 행정기본법 제36조(처분에 대한 이의신청)는 시행일인 2023.3.24. 이후에 하는 처분부터 적용되므로, 시행일 전에 이루어진 사안의 처분들은 애초 행정기본법 제36조와는 관련이 없다고도 할 수 있다.
• 행정기본법 부칙 제6조(처분에 대한 이의신청에 관한 적용례) 제36조는 부칙 제1조 단서에 따른 시행일 이후에 하는 처분부터 적용한다.

10 난도 ★★★ 　　　　　　　　　　정답 ③

행정과정의 규율 > 행정절차

정답의 이유
③ 공청회가 개최는 되었으나 정상적으로 진행되지 못하고 무산된 횟수가 3회 이상인 경우 온라인공청회를 단독으로 개최할 수 있다(행정절차법 제38조의2 제2항 제2호).

오답의 이유
① 행정절차법 제20조에 따르면 처분기준의 설정·공표는 처분의 공통규정에 해당하므로, 적용대상이 침익적 처분에 한정되는 것이 아니라 수익적 처분도 포함된다.

> 제20조(처분기준의 설정·공표)
> ① 행정청은 필요한 처분기준을 해당 처분의 성질에 비추어 되도록 구체적으로 정하여 공표하여야 한다. 처분기준을 변경하는 경우에도 또한 같다.

② 행정절차법 제15조 제2항
④ 행정절차법 제14조 제4항 제2호

11 난도 ★★☆ 　　　　　　　　　　정답 ④

실효성 확보수단 > 행정벌

정답의 이유
④ 행정청이 위반사실을 적발하면 행정청이 먼저 과태료 처분을 하고, 당사자가 이의제기를 하면 그때부터 14일 이내에 과태료를 부과받을 자의 주소지를 관할하는 지방법원에 통보하여야 한다(질서위반행위규제법 제21조 제1항).

> 제21조(법원에의 통보)
> ① 제20조 제1항에 따른 이의제기를 받은 행정청은 이의제기를 받은 날부터 14일 이내에 이에 대한 의견 및 증빙서류를 첨부하여 관할 법원에 통보하여야 한다. 다만, 다음 각 호의 어느 하나에 해당하는 경우에는 그러하지 아니하다.
> 　　1. 당사자가 이의제기를 철회한 경우
> 　　2. 당사자의 이의제기에 이유가 있어 과태료를 부과할 필요가 없는 것으로 인정되는 경우

오답의 이유
① 질서위반행위규제법 제12조 제2항
② 질서위반행위규제법 제13조 제1항
③ 질서위반행위규제법 제8조

12 난도 ★★☆ 　　　　　　　　　　정답 ③

실효성 확보수단 > 행정조사

정답의 이유
③ 행정기관의 장은 인터넷 등 정보통신망을 통하여 조사대상자로 하여금 자료의 제출 등을 하게 할 수 있다(행정조사기본법 제28조 제1항).

오답의 이유
① 행정기관의 장은 조사원이 조사목적의 달성을 위하여 한 시료채취로 조사대상자에게 손실을 입힌 때에는 대통령령으로 정하는 절차와 방법에 따라 그 손실을 보상하여야 한다(행정조사기본법 제12조 제1항·제2항).

제12조(시료채취)
① 조사원이 조사목적의 달성을 위하여 시료채취를 하는 경우에는 그 시료의 소유자 및 관리자의 정상적인 경제활동을 방해하지 아니하는 범위 안에서 최소한도로 하여야 한다.
② 행정기관의 장은 제1항에 따른 시료채취로 조사대상자에게 손실을 입힌 때에는 대통령령으로 정하는 절차와 방법에 따라 그 손실을 보상하여야 한다.

② 행정기관은 법령 등에서 행정조사를 규정하고 있는 경우에 한하여 행정조사를 실시할 수 있다. 다만, 조사대상자의 자발적인 협조를 얻어 실시하는 행정조사의 경우에는 그러하지 아니하다(행정조사기본법 제5조).
④ 행정조사기본법 제14조 제1항 제1호

더 알아보기

행정조사기본법 제6조(연도별 행정조사운영계획의 수립 및 제출)
① 행정기관의 장은 매년 12월 말까지 다음 연도의 행정조사운영계획을 수립하여 국무조정실장에게 제출하여야 한다. 다만, 행정조사운영계획을 제출해야 하는 행정기관의 구체적인 범위는 대통령령으로 정한다.

행정조사기본법 제14조(공동조사)
④ 국무조정실장은 행정기관의 장이 제6조에 따라 제출한 행정조사운영계획의 내용을 검토한 후 관계 부처의 장에게 공동조사의 실시를 요청할 수 있다.

13 난도 ★☆☆
정답 ②

행정쟁송 > 행정소송

정답의 이유
② 사정판결의 요건인 처분의 위법성은 <u>처분 시를 기준으로 판단</u>하고, 공공복리를 위한 사정판결의 필요성은 <u>변론 종결 시를 기준으로 판단</u>하여야 한다.

오답의 이유
① 신청에 대한 거부처분의 효력을 정지하더라도 거부처분이 없었던 것과 같은 상태, 즉 거부처분이 있기 전의 신청 시의 상태로 되돌아가는 데에 불과하고 행정청에게 신청에 따른 처분을 하여야 할 의무가 생기는 것이 아니므로, 거부처분의 효력정지는 그 거부처분으로 인하여 신청인에게 생길 손해를 방지하는 데 아무런 보탬이 되지 아니하여 그 효력정지를 구할 이익이 없다(대판 1995.6.21, 95두26).
③ 행정소송법 제23조 제3항에서 집행정지의 요건으로 규정하고 있는 '공공복리에 중대한 영향을 미칠 우려'가 없을 것이라고 할 때의 '공공복리'는 그 처분의 집행과 관련된 구체적이고도 개별적인 공익을 말하는 것으로서 이러한 집행정지의 소극적 요건에 대한 주장·소명책임은 행정청에게 있다(대결 1999.12.20, 99무42).

행정소송법 제23조(집행정지)
③ 집행정지는 공공복리에 중대한 영향을 미칠 우려가 있을 때에는 허용되지 아니한다.

④ 조합설립인가처분은 도시 및 주거환경정비법상 주택재건축사업을 시행할 수 있는 권한을 갖는 행정주체(공법인)로서의 지위를 부여하는 일종의 설권적 처분의 성격을 갖는다고 보아야 한다. 그리고 그와 같이 보는 이상 조합설립결의는 조합설립인가처분이라는 행정처분을 하는 데 필요한 요건 중 하나에 불과한 것이어서, 조합설립결의에 하자가 있다면 그 하자를 이유로 직접 항고소송의 방법으로 조합설립인가처분의 취소 또는 무효확인을 구하여야 한다(대판 2009.9.24, 2008다60568).

14 난도 ★★☆
정답 ③

손해전보 > 행정상 손해배상

정답의 이유
③ 전투·훈련 등 직무집행과 관련하여 공상을 입은 군인·군무원·경찰공무원 또는 향토예비군대원이 먼저 국가배상법에 따라 손해배상금을 지급받은 다음 보훈보상대상자 지원에 관한 법률(이하 '보훈보상자법'이라 한다)이 정한 보상금 등 보훈급여금의 지급을 청구하는 경우, …(중략)… 국가배상법에 따라 손해배상을 받았다는 사정을 들어 보상금 등 보훈급여금의 지급을 거부할 수 없다(대판 2017.2.3, 2015두60075).

오답의 이유
① 국가배상법 제2조 제1항 단서 규정은 다른 법령에 보상제도가 규정되어 있고, 그 법령에 규정된 상이등급 또는 장애등급 등의 요건에 해당되어 그 권리가 발생한 이상, 실제로 그 권리를 행사하였는지 또는 그 권리를 행사하고 있는지 여부에 관계없이 적용된다고 보아야 하고, 그 각 법률에 의한 보상금청구권이 시효로 소멸되었다 하여 적용되지 않는다고 할 수는 없다(대판 2002.5.10, 2000다39735).
→ 국가배상법 제2조 제1항 단서는 '다른 법령에 따라 재해보상금·유족연금·상이연금 등의 보상을 지급받은 때가 아니라 지급받을 수 있을 때'라고 규정하고 있다. 따라서 개별법상의 보상금을 받을 수 있었음에도 시효기간 내 수령하지 않아 받을 수 없게 된 경우라면, 여전히 이중배상금지가 적용되어 국가배상이 불가하다는 것이 판례의 취지이다.
② 경찰공무원인 피해자가 구 공무원연금법의 규정에 따라 공무상 요양비를 지급받는 것은 국가배상법 제2조 제1항 단서에서 정한 '다른 법령의 규정'에 따라 보상을 지급받는 것에 해당하지 않는다(대판 2019.5.30, 2017다16174). 즉, 공무원연금법에 따른 공무상 요양비는 이중배상금지가 적용되는 보상금에 해당하지 않으므로, 이를 지급받았어도 배상청구가 제한되지 않는다.
④ 군인, 군무원 등 국가배상법 제2조 제1항 단서에 열거된 자가 전투·훈련 기타 직무집행과 관련하는 등으로 공상을 입은 경우라고 하더라도 군인연금법 또는 국가유공자예우 등에 관한 법률에 의하여 재해보상금, 유족연금, 상이연금 등 별도의 보상을 받

을 수 없는 경우에는 국가배상법 제2조 제1항 단서의 적용 대상에서 제외된다(대판 1996.12.20, 96다42178).

더 알아보기

국가보상법 제2조(배상책임)
① 국가나 지방자치단체는 공무원 또는 공무를 위탁받은 사인(이하 "공무원"이라 한다)이 직무를 집행하면서 고의 또는 과실로 법령을 위반하여 타인에게 손해를 입히거나, 「자동차손해배상 보장법」에 따라 손해배상의 책임이 있을 때에는 이 법에 따라 그 손해를 배상하여야 한다. 다만, 군인·군무원·경찰공무원 또는 예비군대원이 전투·훈련 등 직무 집행과 관련하여 전사(戰死)·순직(殉職)하거나 공상(公傷)을 입은 경우에 본인이나 그 유족이 다른 법령에 따라 재해보상금·유족연금·상이연금 등의 보상을 지급받을 수 있을 때에는 이 법 및 「민법」에 따른 손해배상을 청구할 수 없다.

15 난도 ★★☆ 정답 ④

행정쟁송 > 행정소송

정답의 이유

④ 지방의회 의원에 대한 제명의결 취소소송 계속 중 의원의 임기가 만료된 사안에서, 제명의결의 취소로 의원의 지위를 회복할 수는 없다 하더라도 제명의결 시부터 임기만료일까지의 기간에 대한 월정수당의 지급을 구할 수 있는 등 여전히 그 제명의결의 취소를 구할 법률상 이익이 있다(대판 2009.1.30, 2007두13487).

오답의 이유

① 지방의회의원에 대한 제명의결은 항고소송의 대상인 행정처분이므로, 甲이 제명의결을 행정소송으로 다투는 경우 소송의 유형은 무효확인소송 또는 취소소송으로 할 수 있다.

② A구 의회는 법령에 따라 제명의결처분을 할 수 있는 권한을 보유하고 있으므로 행정소송법상 행정청의 지위를 가진다. 따라서 甲에 대한 제명의결을 다투는 행정소송에서는 제명의결처분을 자신의 명의로 표시한 A구 의회가 피고가 되어야 한다.

③ 행정소송법 제12조의 '법률상 이익' 개념에 관하여 법률상 이익 구제설에 따르는 판례에 의하면 甲은 침해된 자신의 법률상 이익의 구제를 위해 제명의결을 다툴 원고적격을 갖는다.

16 난도 ★☆☆ 정답 ①

행정쟁송 > 행정소송

정답의 이유

① 입주자나 입주예정자들은 사용검사처분의 무효확인을 받거나 그 처분을 취소하지 않고도 민사소송 등을 통하여 분양계약에 따른 법률관계 및 하자 등을 주장·증명함으로써 사업주체 등으로부터 하자의 제거·보완 등에 관한 권리구제를 받을 수 있으므로, 입주자나 입주예정자는 사용검사처분의 무효확인 또는 취소를 구할 법률상 이익이 없다(대판 2015.1.29, 2013두24976). 즉 건축물의 하자를 다투는 입주자나 입주예정자들은 건물의 사용검사처분을 취소시키더라도 건축물의 하자가 원상

회복되는 것이 아니므로 취소를 구할 법률상 이익이 부정된다. 따라서 입주예정자들은 제3자의 지위에서 건물사용검사처분의 취소를 행정소송을 통해 다툴 수 없다.

오답의 이유

② 이 사건 소(당사자소송을 민사소송으로 제기한 소)는 제1심 관할법원인 서울행정법원에 제기되었어야 할 것인데도 서울북부지방법원에 제기되어 심리되었으므로 확인의 이익 유무에 앞서 전속관할을 위반한 위법이 있다(대판 2009.9.24, 2008다60568).

③ 민사소송인 이 사건 소(환매권의 존부확인 및 환매금증감청구)가 서울행정법원에 제기되었는데도 피고는 제1심법원에서 관할위반이라고 항변하지 아니하고 본안에 대하여 변론을 한 사실을 알 수 있는바 행정소송법 제8조 제2항, 민사소송법 제30조에 의하여 제1심법원에 변론관할이 생겼다고 봄이 상당하다(대판 2013.2.28, 2010두22368).

④ 환경부장관이 생태·자연도 1등급으로 지정되었던 지역을 2등급 또는 3등급으로 변경하는 내용의 생태·자연도 수정·보완을 고시하자, 인근 주민 甲이 생태·자연도 등급변경처분의 무효 확인을 청구한 사안에서 생태·자연도는 토지이용 및 개발계획의 수립이나 시행에 활용하여 자연환경을 체계적으로 보전·관리하기 위한 것일 뿐 1등급 권역의 인근주민들이 가지는 이익은 환경보호라는 공공의 이익이 달성됨에 따라 반사적으로 얻게 되는 이익에 불과하므로, 인근 주민에 불과한 甲은 원고적격이 없다(대판 2014.2.21, 2011두29052).

17 난도 ★☆☆ 정답 ①

손해전보 > 행정상 손실보상

정답의 이유

① 공익사업을 위한 토지 등의 취득 및 보상에 관한 법률(이하 '토지보상법'이라 한다)에 의한 협의취득은 사법상의 매매계약에 해당한다(대판 2022.7.14, 2017다242232).

오답의 이유

② 사업인정고시가 된 후 토지의 사용으로 인하여 토지의 형질이 변경되는 경우 해당 토지소유자는 사업시행자에게 해당 토지의 매수를 청구하거나 관할 토지수용위원회에 그 토지의 수용을 청구할 수 있다(공익사업을 위한 토지 등의 취득 및 보상에 관한 법률 제72조 제2호).

제72조(사용하는 토지의 매수청구 등)
사업인정고시가 된 후 다음 각 호의 어느 하나에 해당할 때에는 해당 토지소유자는 사업시행자에게 해당 토지의 매수를 청구하거나 관할 토지수용위원회에 그 토지의 수용을 청구할 수 있다. 이 경우 관계인은 사업시행자나 관할 토지수용위원회에 그 권리의 존속(存續)을 청구할 수 있다.
1. 토지를 사용하는 기간이 3년 이상인 경우
2. 토지의 사용으로 인하여 토지의 형질이 변경되는 경우
3. 사용하려는 토지에 그 토지소유자의 건축물이 있는 경우

③ 개발제한구역의 지정으로 그 효용이 현저히 감소한 토지 또는 당해 토지의 사용 및 수익이 사실상 불가능한 토지의 소유자에게 토지매수청구권을 인정하고 있는 점 등을 종합할 때, 이 사건 법률조항은 비례의 원칙에 위반하여 당해 토지 소유자의 재산권을 침해하지 않는다(헌재 2007.8.30, 2006헌바9).
→ 헌법재판소는 개발제한구역의 지정 및 관리에 관한 특별조치법 제11조 제1항 등에 대한 위헌소원사건에서 토지의 효용이 감소한 토지소유자에게 토지매수청구권을 인정하는 등 보상규정을 두고 있는 것이 토지소유자의 재산권을 침해하지 않는 적절한 손실보상에 해당한다고 보아 합헌결정을 하였다.
④ 사업시행자는 동일한 사업지역에 보상시기를 달리하는 동일인 소유의 토지 등이 여러 개 있는 경우 토지소유자나 관계인이 요구할 때에는 한꺼번에 보상금을 지급하도록 하여야 한다(공익사업을 위한 토지 등의 취득 및 보상에 관한 법률 제65조).

18 난도 ★★★   정답 ②

실효성 확보수단 > 행정강제

정답의 이유

② 건축법상의 이행강제금은 시정명령의 불이행이라는 과거의 위반행위에 대한 제재가 아니라, 의무자에게 시정명령을 받은 의무의 이행을 명하고 그 이행기간 안에 의무를 이행하지 않으면 이행강제금이 부과된다는 사실을 고지함으로써 의무자에게 심리적 압박을 주어 의무의 이행을 간접적으로 강제하는 행정상의 간접강제 수단에 해당한다. 이러한 이행강제금의 본질상 시정명령을 받은 의무자가 이행강제금이 부과되기 전에 그 의무를 이행한 경우에는 비록 시정명령에서 정한 기간을 지나서 이행한 경우라도 이행강제금을 부과할 수 없다. 나아가 시정명령을 받은 의무자가 그 시정명령의 취지에 부합하는 의무를 이행하기 위한 정당한 방법으로 행정청에 신청 또는 신고를 하였으나 행정청이 위법하게 이를 거부 또는 반려함으로써 결국 그 처분이 취소되기에 이르렀다면, 특별한 사정이 없는 한 그 시정명령의 불이행을 이유로 이행강제금을 부과할 수는 없다고 보는 것이 위와 같은 이행강제금 제도의 취지에 부합한다(대판 2018.1.25, 2015두35116).

오답의 이유

① 대판 1996.4.12, 96도158
③ 대판 1994.10.28, 94누5144
④ 대판 2021.2.4, 2020두48390

19 난도 ★★☆   정답 ①

단원종합

정답의 이유

㉠ 구 상훈법 제8조는 서훈취소의 요건을 구체적으로 명시하고 있고 절차에 관하여 상세하게 규정하고 있다. 그리고 서훈취소는 서훈수여의 경우와는 달리 이미 발생된 서훈대상자 등의 권리 등에 영향을 미치는 행위로서 관련 당사자에게 미치는 불이익의 내용과 정도 등을 고려하면 사법심사의 필요성이 크다. 따라서 기본권의 보장 및 법치주의의 이념에 비추어 보면, 비록 서훈취소가 대통령이 국가원수로서 행하는 행위라고 하더라도 법원이 사법심사를 자제하여야 할 고도의 정치성을 띤 행위라고 볼 수는 없다(대판 2015.4.23, 2012두26920).
㉡ 서훈은 서훈대상자의 특별한 공적에 의하여 수여되는 고도의 일신전속적 성격을 가지는 것이다. 나아가 서훈은 단순히 서훈대상자 본인에 대한 수혜적 행위로서의 성격만을 가지는 것이 아니라, 국가에 뚜렷한 공적을 세운 사람에게 영예를 부여함으로써 국민 일반에 대하여 국가와 민족에 대한 자긍심을 높이고 국가적 가치를 통합·제시하는 행위의 성격도 있다. 서훈의 이러한 특수성으로 말미암아 상훈법은 일반적인 행정행위와 달리 사망한 사람에 대하여도 그의 공적을 영예의 대상으로 삼아 서훈을 수여할 수 있도록 규정하고 있다. 그러나 그러한 경우에도 서훈은 어디까지나 서훈대상자 본인의 공적과 영예를 기리기 위한 것이므로 비록 유족이라고 하더라도 제3자는 서훈수여 처분의 상대방이 될 수 없다(대판 2014.9.26, 2013두2518).

오답의 이유

㉢ 건국훈장 독립장이 수여된 망인에 대한 서훈취소를 국무회의에서 의결하고 대통령이 결재함으로써 서훈취소가 결정된 후에 국가보훈처장이 망인의 유족에게 독립유공자 서훈취소결정 통보를 한 경우 항고소송의 대상은 대통령의 서훈취소결정처분이므로, 당해 취소소송에서의 피고적격은 국가보훈처장이 아니라 대통령에 있다.
㉣ • 서훈추천권의 행사, 불행사가 당연무효임의 확인, 또는 그 불작위가 위법함의 확인을 구하는 청구는 과거의 역사적 사실관계의 존부나 공법상의 구체적인 법률관계가 아닌 사실관계에 관한 것들을 확인의 대상으로 하는 것이거나 행정청의 단순한 부작위를 대상으로 하는 것으로서 항고소송의 대상이 되지 아니하는 것이다(대판 1990. 11. 23, 90누3553).
• 국가보훈처장이 서훈추천 신청자에 대한 서훈추천을 하여 주어야 할 헌법적 작위의무가 있다고 할 수는 없으므로, 서훈추천을 거부한 것에 대하여 행정권력의 부작위에 대한 헌법소원으로서 다툴 수 없다(헌재 2005.6.30, 2004헌마859).

실효성 확보수단 > 행정강제

정답의 이유

④ 대집행에 요한 비용에 대하여서는 행정청은 사무비의 소속에 따라 국세에 다음가는 순위의 선취득권을 가지며, 대집행에 요한 비용을 징수하였을 때에는 그 징수금은 사무비의 소속에 따라 국고 또는 지방자치단체의 수입으로 한다(행정대집행법 제6조 제2항·제3항).

제6조(비용징수)

① 대집행에 요한 비용은 국세징수법의 예에 의하여 징수할 수 있다.

② 대집행에 요한 비용에 대하여서는 행정청은 사무비의 소속에 따라 국세에 다음가는 순위의 선취득권을 가진다.

③ 대집행에 요한 비용을 징수하였을 때에는 그 징수금은 사무비의 소속에 따라 국고 또는 지방자치단체의 수입으로 한다.

오답의 이유

① 행정기본법 역시 제30조에서 행정상 강제집행의 하나인 행정대집행을 행정상 강제의 일종으로 규정하고 있다.

제30조(행정상 강제)

① 행정청은 행정목적을 달성하기 위하여 필요한 경우에는 법률로 정하는 바에 따라 필요한 최소한의 범위에서 다음 각 호의 어느 하나에 해당하는 조치를 할 수 있다.

　　1. 행정대집행: 의무자가 행정상 의무(법령 등에서 직접 부과하거나 행정청이 법령 등에 따라 부과한 의무를 말한다. 이하 이 절에서 같다)로서 타인이 대신하여 행할 수 있는 의무를 이행하지 아니하는 경우 법률로 정하는 다른 수단으로는 그 이행을 확보하기 곤란하고 그 불이행을 방치하면 공익을 크게 해칠 것으로 인정될 때에 행정청이 의무자가 하여야 할 행위를 스스로 하거나 제3자에게 하게 하고 그 비용을 의무자로부터 징수하는 것

---

② 행정대집행법 제6조 제1항

③ 행정대집행법상 대집행의 대상이 되는 대체적 작위의무는 공법상 의무이어야 할 것인데, 사법상 계약의 실질을 가지는 것이므로, 그 협의취득 시 건물소유자가 매매대상 건물에 대한 철거의무를 부담하겠다는 취지의 약정을 하였다고 하더라도 이러한 철거의무는 공법상의 의무가 될 수 없고, 이 경우에도 행정대집행법을 준용하여 대집행을 허용하는 별도의 규정이 없는 한 위와 같은 철거의무는 행정대집행법에 의한 대집행의 대상이 되지 않는다(대판 2006.10.13, 2006두7096).

행정법총론 | 2023년 지방직 9급

한눈에 훑어보기

✔ 영역 분석

행정법통론 02 05 09
3문항, 15%

행정작용법 01 03 07 10 11 20
6문항, 30%

행정과정의 규율 13 18
2문항, 10%

실효성 확보수단 04 08 19
3문항, 15%

손해전보 14 16
2문항, 10%

행정쟁송 06 12 15 17
4문항, 20%

✔ 빠른 정답

01	02	03	04	05	06	07	08	09	10
③	②	④	④	②	②	④	①	①	③

11	12	13	14	15	16	17	18	19	20
②	④	②	①	①	③	③	③	②	③

✔ 점수 체크

구분	1회독	2회독	3회독
맞힌 문항 수	/ 20	/ 20	/ 20
나의 점수	점	점	점

---

01 난도 ★☆☆　　　　　　　　　　　정답 ③

행정작용법 > 행정행위

정답의 이유

③ 행정기본법상 자동적 처분을 할 수 있는 '완전히 자동화된 시스템'에 '인공지능 기술을 적용한 시스템'이 포함된다(행정기본법 제20조).

> **제20조(자동적 처분)**
> 행정청은 법률로 정하는 바에 따라 완전히 자동화된 시스템(인공지능 기술을 적용한 시스템을 포함한다)으로 처분을 할 수 있다. 다만, 처분에 재량이 있는 경우는 그러하지 아니하다.

오답의 이유

① 행정의 자동화는 주로 컴퓨터 등의 전자데이터 처리장치를 투입하여 미리 입력된 프로그램에 따라 행정결정이 자동으로 행해지는 것을 의미한다. 컴퓨터에 의한 납세고지서의 발부 등도 그 예이다.

② 자동적 처분, 즉 행정의 자동결정은 행정행위로서의 성질을 갖는다고 보는 것이 일반적이다. 따라서 처분성이 인정되며 항고소송의 대상이 된다.

④ 행정기본법 제20조

02 난도 ★☆☆　　　　　　　　　　　정답 ②

행정법통론 > 법치행정

정답의 이유

② 헌법 제75조는 "대통령은 법률에서 구체적으로 범위를 정하여 위임받은 사항과 법률을 집행하기 위하여 필요한 사항에 관하여 대통령령을 발할 수 있다."라고 규정하고 있다. 따라서 대통령은 법률에서 구체적으로 범위를 정하여 위임받은 사항과 법률을 집행하기 위하여 필요한 사항에 관하여만 대통령령을 발할 수 있으므로, 법률의 시행령은 모법인 법률에 의하여 위임받은 사항이나 법률이 규정한 범위 내에서 법률을 현실적으로 집행하는데 필요한 세부적인 사항만을 규정할 수 있을 뿐, 법률에 의한 위임이 없는 한 법률이 규정한 개인의 권리·의무에 관한 내용을 변경·보충하거나 법률에 규정되지 아니한 새로운 내용을 규정할 수는 없다(대판 2020.9.3, 2016두32992 전합).

오답의 이유

① 대판 2015.8.20, 2012두23808

③ 헌재 2005.2.24, 2003헌마289

④ 행정기본법 제8조

03 난도 ★☆☆　　　　　　　　　　정답 ④

행정작용법 > 행정입법

[정답의 이유]

④ 행정소송은 구체적 사건에 대한 법률상 분쟁을 법에 의하여 해결함으로써 법적 안정을 기하자는 것이므로 부작위위법확인소송의 대상이 될 수 있는 것은 구체적 권리의무에 관한 분쟁이어야 하고 추상적인 법령에 관하여 제정의 여부 등은 그 자체로서 국민의 구체적인 권리의무에 직접적 변동을 초래하는 것이 아니어서 행정소송의 대상이 될 수 없으므로 이 사건 소는 부적법하다(대판 1992.5.8, 91누11261). 따라서 행정입법부작위는 부작위위법확인소송의 대상이 될 수 없다.

[오답의 이유]

① · ② 법규명령은 행정입법이므로 직접 항고소송의 대상이 되는 것이 아니라 구체적 · 간접적 규범통제가 원칙이다. 단, 예외적으로 처분적 법령의 경우 직접 항고소송의 대상이 된다.

③ 명령 · 규칙 또는 처분이 헌법이나 법률에 위반되는 여부가 재판의 전제(선결문제)가 된 경우에는 각급 법원의 통제대상이 된다. 최종적으로 대법원에 의해 확정된 경우 대법원이 그 사유를 행정안전부장관에게 통보한다(행정소송법 제6조 제1항). 법률이 헌법에 위반되는 여부가 재판의 전제가 된 경우에는 헌법재판소가 전속적으로 심사하게 된다.

> **제6조(명령 · 규칙의 위헌판결 등 공고)**
> ① 행정소송에 대한 대법원판결에 의하여 명령 · 규칙이 헌법 또는 법률에 위반된다는 것이 확정된 경우에는 대법원은 지체없이 그 사유를 행정안전부장관에게 통보하여야 한다.
> ② 제1항의 규정에 의한 통보를 받은 행정안전부장관은 지체없이 이를 관보에 게재하여야 한다.

04 난도 ★★☆　　　　　　　　　　정답 ④

실효성 확보수단 > 종합

[정답의 이유]

④ 체납자 등에 대한 공매통지는 국가의 강제력에 의하여 진행되는 공매에서 체납자 등의 권리 내지 재산상의 이익을 보호하기 위하여 법률로 규정한 절차적 요건이라고 보아야 하며, 공매처분을 하면서 체납자 등에게 공매통지를 하지 않았거나 공매통지를 하였더라도 그것이 적법하지 아니한 경우에는 절차상의 흠이 있어 그 공매처분이 위법하게 되는 것이지만, 공매통지 자체가 그 상대방인 체납자 등의 법적 지위나 권리 · 의무에 직접적인 영향을 주는 행정처분에 해당한다고 할 것은 아니므로 다른 특별한 사정이 없는 한 체납자 등은 공매통지의 결여나 위법을 들어 공매처분의 취소 등을 구할 수 있는 것이지 공매통지 자체를 항고소송의 대상으로 삼아 그 취소 등을 구할 수는 없다(대판 2011.3.24, 2010두25527).

[오답의 이유]

① 국세징수법 제21조, 제22조가 규정하는 가산금 또는 중가산금은 국세를 납부기한까지 납부하지 아니하면 과세청의 확정절차

없이도 법률 규정에 의하여 당연히 발생하는 것이므로 가산금 또는 중가산금의 고지가 항고소송의 대상이 되는 처분이라고 볼 수 없다(대판 2005.6.10, 2005다15482).

② 국가가 본래 그의 사무의 일부를 지방자치단체의 장에게 위임하여 그 사무를 처리하게 하는 기관위임사무의 경우에는 지방자치단체는 국가기관의 일부로 볼 수 있는 것이지만, 지방자치단체가 그 고유의 자치사무를 처리하는 경우에는 지방자치단체는 국가기관의 일부가 아니라 국가기관과는 별도의 독립된 공법인이므로, 지방자치단체 소속 공무원이 지방자치단체 고유의 자치사무를 수행하던 중 도로법 제81조 내지 제85조의 규정에 의한 위반행위를 한 경우에는 지방자치단체는 도로법 제86조의 양벌규정에 따라 처벌대상이 되는 법인에 해당한다(대판 2005.11.10, 2004도2657).

③ 불법게임물의 수거 · 폐기는 즉시강제로서 영장 없는 수거를 인정하고 있는 이 사건 법률조항은 헌법상 영장주의에 위배되는 것으로는 볼 수 없다(헌재 2002.10.31, 2000헌가12 참고).

05 난도 ★★☆　　　　　　　　　　정답 ②

행정법통론 > 행정상 법률관계의 원인

[정답의 이유]

② 전입신고를 받은 시장 · 군수 또는 구청장의 심사 대상은 전입신고자가 30일 이상 생활의 근거로 거주할 목적으로 거주지를 옮기는지 여부만으로 제한된다고 보아야 한다. 따라서 전입신고자가 거주의 목적 이외에 다른 이해관계에 관한 의도를 가지고 있는지 여부, 무허가 건축물의 관리, 전입신고를 수리함으로써 당해 지방자치단체에 미치는 영향 등과 같은 사유는 주민등록법이 아닌 다른 법률에 의하여 규율되어야 하고, 주민등록전입신고의 수리 여부를 심사하는 단계에서는 고려 대상이 될 수 없다(대판 2009.6.18, 2008두10997 전합).

[오답의 이유]

① 공무원이 한 사직 의사표시의 철회나 취소는 그에 터잡은 의원면직처분이 있을 때까지 할 수 있는 것이고, 일단 면직처분이 있고 난 이후에는 철회나 취소할 여지가 없다(대판 2001.8.24, 99두9971).

③ 민원사무처리법상 보완의 대상이 되는 흠은 보완이 가능한 경우이어야 함은 물론이고, 그 내용 또한 형식적 · 절차적인 요건이거나, 실질적인 요건에 관한 흠이 있는 경우라도 그것이 민원인의 단순한 착오나 일시적인 사정 등에 기한 경우 등이라야 한다(대판 2004.10.15, 2003두6573). 즉, 신청의 실질적인 요건에 관한 흠이 민원인의 단순한 착오나 일시적인 사정 등에 기인한 경우에는 예외적으로 보완을 요구할 수 있다.

④ 사인의 공법행위 역시 의사표시의 일반법리에 의하므로 원칙적으로 도달주의에 따라 그 효력이 발생한다. 개별법상 발신인의 이익을 위해 특별히 발신주의를 규정하고 있는 예외도 있다(국세기본법 제5조의2).

제5조의2(우편신고 및 전자신고)

① 우편으로 과세표준신고서, 과세표준수정신고서, 경정청구서 또는 과세표준신고·과세표준수정신고·경정청구와 관련된 서류를 제출한 경우 「우편법」에 따른 우편날짜도장이 찍힌 날(우편날짜도장이 찍히지 아니하였거나 분명하지 아니한 경우에는 통상 걸리는 배송일수를 기준으로 발송한 날로 인정되는 날)에 신고되거나 청구된 것으로 본다.

② 제1항의 신고서 등을 국세정보통신망을 이용하여 제출하는 경우에는 해당 신고서 등이 국세청장에게 전송된 때에 신고되거나 청구된 것으로 본다.

06 난도 ★☆☆ 정답 ②

행정쟁송 > 행정소송

정답의 이유

② 행정처분의 위법 여부는 행정처분이 행하여진 때의 법령과 사실을 기준으로 판단하므로, 확정판결의 당사자인 처분 행정청은 종전 처분 후에 발생한 새로운 사유를 내세워 다시 처분을 할 수 있고, 새로운 처분의 처분사유가 종전 처분의 처분사유와 기본적 사실관계에서 동일하지 않은 다른 사유에 해당하는 이상, 처분사유가 종전 처분 당시 이미 존재하고 있었고 당사자가 이를 알고 있었더라도 이를 내세워 새로이 처분을 하는 것은 확정판결의 기속력에 저촉되지 않는다(대판 2016.3.24, 2015두48235).

오답의 이유

① 행정소송법 제29조 제1항

③ 행정소송법 제28조 제1항

④ 과세처분 시 납세고지서에 과세표준, 세율, 세액의 산출근거 등이 누락되어 있어 이러한 절차 내지 형식의 위법을 이유로 과세처분을 취소하는 판결이 확정된 경우에 그 확정판결의 기판력은 확정판결에 적시된 절차 내지 형식의 위법사유에 한하여 미친다고 할 것이므로 과세처분권자가 그 확정판결에 적시된 위법사유를 보완하여 행한 새로운 과세처분은 확정판결에 의하여 취소된 종전의 과세처분과는 별개의 처분으로서 확정판결의 기판력에 저촉되는 것은 아니다(대판 1986.11.11, 85누231).

07 난도 ★☆☆ 정답 ④

행정작용법 > 기타 행정행위

정답의 이유

④ 교도소 수형자에게 소변을 받아 제출하게 한 것은, 형을 집행하는 우월적인 지위에서 외부와 격리된 채 형의 집행에 관한 지시, 명령을 복종하여야 할 관계에 있는 자에게 행해진 것으로서 그 목적 또한 교도소 내의 안전과 질서유지를 위하여 실시하였고, 일방적으로 강제하는 측면이 존재하며, 응하지 않을 경우 직접적인 징벌 등의 제재는 없다고 하여도 불리한 처우를 받을 수 있다는 심리적 압박이 존재하리라는 것을 충분히 예상할 수 있는 점에 비추어, 권력적 사실행위로서 헌법재판소법 제68조 제1항의 공권력의 행사에 해당한다(헌재 2006.7.27, 2005헌마277).

오답의 이유

① 공법상 법률행위인 행정행위처럼 직접적인 법률효과의 발생을 목적으로 하는 것이 아니라, 어떠한 사실상의 결과실현을 목적으로 하는 행정주체의 일체의 행위를 '행정상 사실행위'라 한다. 도로의 보수공사, 각종 홍보활동, 교통정리, 경찰관의 무기사용, 소방자동차 운전, 하천의 준설 등도 그 대표적인 예이다.

② 위법 건축물에 대한 단전 및 전화통화 단절조치 요청행위는 항고소송의 대상이 되는 행정처분이 아니다(대판 1996.3.22, 96누433).

③ 마산교도소장이 행형법 시행령 제131조 제2항, 영치금품관리규정(법무부예규관리 제630호) 제28조 제1항 별표 수용자 1인의 영치품 휴대 허가기준에 따라 이에 부합하지 않는 위 단추 달린 남방형 티셔츠에 대하여 휴대를 불허한 이 사건 행위는 이른바 "권력적 사실행위"로서 행정소송법 및 행정심판법의 대상이 되는 "행정청이 행하는 구체적 사실에 대한 법집행으로서의 공권력의 행사"(행정소송법 제2조 제1항 제1호, 행정심판법 제2조 제1항 제1호)에 해당하고, 따라서 이 사건 행위에 대하여는 행정소송 및 행정심판이 가능할 것이므로 헌법소원심판청구를 하기 위하여서는 먼저 헌법재판소법 제68조 제1항 단서 규정에 따라 행정소송 등 권리구제절차를 거쳐야 할 것이다(헌결 2002.8.5, 2002헌마462).

→ 헌법재판소법 제68조 제1항 단서에서, 다른 법률에 구제절차가 있는 경우에는 그 절차를 모두 거친 후가 아니면 헌법소원심판을 청구할 수 없다고 규정하고 있다. 따라서 항고소송의 대상인 처분성을 긍정하여, 헌법소원의 보충성 원칙상 헌법소원의 대상으로는 인정되지 않은 판례이다.

더 알아보기

헌법소원 보충성 원칙의 예외 부정

수형자의 영치품에 대한 사용신청 불허처분 후 수형자가 다른 교도소로 이송되었다 하더라도 수형자의 권리와 이익의 침해 등이 해소되지 않은 점에 비추어, 위 영치품 사용신청 불허처분의 취소를 구할 이익이 있다(대판 2008.2.14, 2007두13203).

08 난도 ★☆☆ 정답 ①

실효성 확보수단 > 종합

정답의 이유

① 농지법은 농지 처분명령에 대한 이행강제금 부과처분에 불복하는 자가 그 처분을 고지받은 날부터 30일 이내에 부과권자에게 이의를 제기할 수 있고, 이의를 받은 부과권자는 지체 없이 관할 법원에 그 사실을 통보하여야 하며, 그 통보를 받은 관할 법원은 비송사건절차법에 따른 과태료 재판에 준하여 재판을 하도록 정하고 있다(제62조 제1항, 제6항, 제7항). 따라서 농지법 제62조 제1항에 따른 이행강제금 부과처분에 불복하는 경우에는 비송사건절차법에 따른 재판절차가 적용되어야 하고, 행정소송법상 항고소송의 대상은 될 수 없다(대판 2019.4.11, 2018두42955).

오답의 이유

② 대판 2017.4.28, 2016다213916

③ 행정조사기본법 제20조 제1항

④ 헌재 1998.5.28, 96헌바4

09 난도 ★★☆

정답 ①

행정법통론 > 행정상 법률관계

[정답의 이유]

㉠ 산림청장이나 그로부터 권한을 위임받은 행정청이 산림법 등이 정하는 바에 따라 국유임야를 대부하거나 매각하는 행위는 사경제적 주체로서 상대방과 대등한 입장에서 하는 사법상 계약이지 행정청이 공권력의 주체로서 상대방의 의사 여하에 불구하고 일방적으로 행하는 행정처분이라고 볼 수 없으며 이 대부계약에 의한 대부료 부과조치 역시 사법상 채무이행을 구하는 것으로 보아야지 이를 행정처분이라고 할 수 없다(대판 1993.12.7, 91누11612).

[오답의 이유]

㉡ 국유 일반재산의 대부료 등의 징수에 관하여는 국세징수법 규정을 준용한 간이하고 경제적인 특별구제절차가 마련되어 있으므로, 특별한 사정이 없는 한 민사소송의 방법으로 대부료 등의 지급을 구하는 것은 허용되지 아니한다(대판 2014.9.4, 2014다203588). 따라서 ㉡은 국세징수법이 준용되어 행정상 강제징수가 가능한 경우이므로, 민사상 강제집행은 허용되지 않는다. 그러므로 甲은 대부료를 납부하지 않은 乙을 상대로 민사소송을 제기하여 대부료 지급을 구할 수 없다.

㉢ 국유재산 '무단점유자에 대한 변상금부과처분'은 관리청이 우월적 지위에서 행한 것으로서 행정처분이다(대판 1988.2.23, 87누1046 등). 따라서 丙은 그 처분에 대해 항고소송을 제기하여 다툴 수 있다.

10 난도 ★☆☆

정답 ③

행정작용법 > 기타 행정작용

[정답의 이유]

③ 행정관청이 국토이용관리법 소정의 토지거래계약신고에 관하여 공시된 기준시가를 기준으로 매매가격을 신고하도록 행정지도를 하여 그에 따라 허위신고를 한 것이라 하더라도 이와 같은 행정지도는 법에 어긋나는 것으로서 그와 같은 행정지도나 관행에 따라 허위신고행위에 이르렀다고 하여도 이것만 가지고서는 그 범법행위가 정당화될 수 없다(대판 1994.6.14, 93도3247). 즉, 위법한 행정지도에 따른 사인의 행위도 (행정지도의 한계를 일탈한 경우가 아니라면) 임의적인 자의에 의한 행위이므로 법령에 명시적으로 정함이 없는 한, 위법성이 조각된다고 할 수 없다. 따라서 사인의 위반행위는 범법행위이고 가벌성이 소멸되는 것은 아니다.

[오답의 이유]

① 행정절차법 제48조 제2항

② 행정절차법 제51조

④ 대판 2008.9.25, 2006다18228

11 난도 ★☆☆

정답 ②

행정작용법 > 행정행위

[정답의 이유]

② 선행처분과 후행처분이 서로 독립하여 별개의 효과를 목적으로 하는 경우에도 선행처분의 불가쟁력이나 구속력이 그로 인하여 불이익을 입게 되는 자에게 수인한도(受忍限度)를 넘는 가혹함을 가져오며, 그 결과가 당사자에게 예측가능한 것이 아닌 경우에는 국민의 재판받을 권리를 보장하고 있는 헌법의 이념에 비추어 선행처분의 후행처분에 대한 구속력은 인정될 수 없다고 봄이 타당할 것이다(하자승계 긍정)(대판 1994.1.25, 93누8542).

[오답의 이유]

① 대판 2019.1.31, 2017두40372

③ 과세관청의 선행처분인 소득금액변동통지에 하자가 존재하더라도 당연무효사유에 해당하지 않는 한 후행처분인 징수처분에 그대로 승계되지 아니한다. 따라서 과세관청의 소득처분과 그에 따른 소득금액변동통지가 있는 경우 원천징수하는 소득세의 납세의무에 관하여는 이를 확정하는 소득금액변동통지에 대한 항고소송에서 다투어야 하고, 소득금액변동통지가 당연무효가 아닌 한 징수처분에 대한 항고소송에서 이를 다툴 수는 없다(대판 2012.1.26, 2009두14439).

④ 대판 2008.8.21, 2007두13845

12 난도 ★☆☆

정답 ④

행정쟁송 > 행정소송

[정답의 이유]

④ 당사자소송은 공법상 법률관계에 관한 소송이므로 이를 본안으로 하는 가처분에 대하여는 항고소송과 달리 민사집행법상 가처분에 관한 규정이 준용된다.

[오답의 이유]

① 행정소송법 제3조 제2호

> **제3조(행정소송의 종류)**
>
> 행정소송은 다음의 네 가지로 구분한다.
>
> 1. 항고소송: 행정청의 처분 등이나 부작위에 대하여 제기하는 소송
> 2. 당사자소송: 행정청의 처분 등을 원인으로 하는 법률관계에 관한 소송 그 밖에 공법상의 법률관계에 관한 소송으로서 그 법률관계의 한쪽 당사자를 피고로 하는 소송
> 3. 민중소송: 국가 또는 공공단체의 기관이 법률에 위반되는 행위를 한 때에 직접 자기의 법률상 이익과 관계없이 그 시정을 구하기 위하여 제기하는 소송
> 4. 기관소송: 국가 또는 공공단체의 기관상호간에 있어서의 권한의 존부 또는 그 행사에 관한 다툼이 있을 때에 이에 대하여 제기하는 소송. 다만, 헌법재판소법 제2조의 규정에 의하여 헌법재판소의 관장사항으로 되는 소송은 제외한다.

② 대판 2021.2.4, 2019다277133

③ 대판 2016.5.24, 2013두14863

13 난도 ★☆☆　　　　　　정답 ②

행정과정의 규율 > 정보공개와 개인정보 보호

정답의 이유

㉠ 공공기관의 정보공개에 관한 법률 제5조 제1항
㉢ 대판 2014.12.24, 2014두9349

오답의 이유

㉡ 검찰보존사무규칙이 검찰청법 제11조에 기하여 제정된 법무부령이기는 하지만, 그 사실만으로 같은 규칙 내의 모든 규정이 법규적 효력을 가지는 것은 아니다. 검사의 불기소사건기록의 열람·등사의 제한을 정하고 있는 같은 규칙 제22조는 법률상의 위임근거가 없어 행정기관 내부의 사무처리준칙으로서 행정규칙에 불과하므로, 위 규칙상의 열람·등사의 제한을 공공기관의 정보공개에 관한 법률 제9조 제1항 제1호의 '다른 법률 또는 법률에 의한 명령에 의하여 비공개사항으로 규정된 경우'에 해당한다고 볼 수 없다(대판 2006.5.25, 2006두3049).

㉣ 청구인이 정보공개와 관련한 공공기관의 결정에 대하여 불복이 있거나 정보공개청구 후 20일이 경과하도록 정보공개 결정이 없는 때에는 행정심판법에서 정하는 바에 따라 행정심판을 청구할 수 있다(공공기관의 정보공개에 관한 법률 제19조 제1항).

14 난도 ★★☆　　　　　　정답 ①

손해전보 > 행정상 손해배상

정답의 이유

① 지방자치단체장이 교통신호기를 설치하여 그 관리권한이 도로교통법 제71조의2 제1항의 규정에 의하여 관할 지방경찰청장에게 위임되어 지방자치단체 소속 공무원과 지방경찰청 소속 공무원이 합동 근무하는 교통종합관제센터에서 그 관리업무를 담당하던 중 위 신호기가 고장난 채 방치되어 교통사고가 발생한 경우, 국가배상법 제2조 또는 제5조에 의한 배상책임을 부담하는 것은 지방경찰청장이 소속된 국가가 아니라, 그 권한을 위임한 지방자치단체 장이 소속된 지방자치단체라고 할 것이다(대판 1999.6.25, 99다11120).

오답의 이유

② 헌법소원심판을 청구한 자로서는 헌법재판소 재판관이 일자 계산을 정확하게 하여 본안판단을 할 것으로 기대하는 것이 당연하고, 따라서 헌법재판소 재판관의 위법한 직무집행의 결과 잘못된 각하결정을 함으로써 청구인으로 하여금 본안판단을 받을 기회를 상실하게 한 이상, 설령 본안판단을 하였더라도 어차피 청구가 기각되었을 것이라는 사정이 있다고 하더라도 잘못된 판단으로 인하여 헌법소원심판 청구인의 위와 같은 합리적인 기대를 침해한 것이고 이러한 기대는 인격적 이익으로서 보호할 가치가 있다고 할 것이므로 그 침해로 인한 정신상 고통에 대하여는 위자료를 지급할 의무가 있다(대판 2003.7.11, 99다24218).

③ 국가배상법 제6조 제1항·제2항

제6조(비용부담자 등의 책임)

① 제2조·제3조 및 제5조에 따라 국가나 지방자치단체가 손해를 배상할 책임이 있는 경우에 공무원의 선임·감독 또는 영조물의 설치·관리를 맡은 자와 공무원의 봉급·급여, 그 밖의 비용 또는 영조물의 설치·관리 비용을 부담하는 자가 동일하지 아니하면 그 비용을 부담하는 자도 손해를 배상하여야 한다.

② 제1항의 경우에 손해를 배상한 자는 내부관계에서 그 손해를 배상할 책임이 있는 자에게 구상할 수 있다.

④ 다른 법령에 따라 지급받은 급여와의 조정에 관한 조항을 두고 있지 아니한 보훈보상대상자 지원에 관한 법률과 달리 군인연금법 제41조 제1항은 "다른 법령에 따라 국가나 지방자치단체의 부담으로 이 법에 따른 급여와 같은 종류의 급여를 받은 사람에게는 그 급여금에 상당하는 금액에 대하여는 이 법에 따른 급여를 지급하지 아니한다."라고 명시적으로 규정하고 있다. 나아가 군인연금법이 정하고 있는 급여 중 사망보상금(군인연금법 제31조)은 일실손해의 보전을 위한 것으로 불법행위로 인한 소극적 손해배상과 같은 종류의 급여라고 봄이 타당하다. 따라서 피고에게 군인연금법 제41조 제1항에 따라 원고가 받은 손해배상금 상당 금액에 대하여는 사망보상금을 지급할 의무가 존재하지 아니한다(대판 2018.7.20, 2018두36691).

15 난도 ★☆☆　　　　　　정답 ①

행정쟁송 > 행정소송

정답의 이유

① 법원은 필요하다고 인정할 때에는 직권으로 증거조사를 할 수 있고, 이 경우 당사자가 주장하지 아니한 사실에 대하여도 판단할 수 있다(행정소송법 제26조).

오답의 이유

② 대판 1993.5.27, 92누19033
③ 행정소송법 제25조 제1항·제2항
④ 결혼이민[F-6 (다)목] 체류자격을 신청한 외국인에 대하여 행정청이 그 요건을 충족하지 못하였다는 이유로 거부처분을 하는 경우에는 '그 요건을 갖추지 못하였다는 판단', 다시 말해 '혼인파탄의 주된 귀책사유가 국민인 배우자에게 있지 않다는 판단' 자체가 처분사유가 된다. 부부가 혼인파탄에 이르게 된 여러 사정들은 그와 같은 판단의 근거가 되는 기초 사실 내지 평가요소에 해당한다. 결혼이민[F-6 (다)목] 체류자격 거부처분 취소소송에서 원고와 피고 행정청은 각자 자신에게 유리한 평가요소들을 적극적으로 주장·증명하여야 하며, 수소법원은 증명된 평가요소들을 종합하여 혼인파탄의 주된 귀책사유가 누구에게 있는지를 판단하여야 한다. 수소법원이 '혼인파탄의 주된 귀책사유가 국민인 배우자에게 있다'고 판단하게 되는 경우에는, 해당 결혼이민[F-6 (다)목] 체류자격 거부처분은 위법하여 취소되어야 하므로, 이러한 의미에서 결혼이민[F-6 (다)목] 체류자격 거부처분 취소소송에서도 그 처분사유에 관한 증명책임은 피고 행정청에 있다(대판 2019.7.4, 2018두66869).

16 난도 ★★☆   정답 ④

손해전보 > 행정상 손실보상

[정답의 이유]

④ 어떤 보상항목이 공익사업을 위한 토지 등의 취득 및 보상에 관한 법령상 손실보상대상에 해당함에도 관할 토지수용위원회가 사실을 오인하거나 법리를 오해함으로써 손실보상대상에 해당하지 않는다고 잘못된 내용의 재결을 한 경우에는, 피보상자는 관할 토지수용위원회를 상대로 그 재결에 대한 취소소송을 제기할 것이 아니라, 사업시행자를 상대로 구 공익사업을 위한 토지 등의 취득 및 보상에 관한 법률 제85조 제2항에 따른 보상금증감소송을 제기하여야 한다(대판 2018.7.20, 2015두4044).

[오답의 이유]

① 하천법 제50조에 의한 하천수 사용권은 하천법 제33조에 의한 하천의 점용허가에 따라 해당 하천을 점용할 수 있는 권리와 마찬가지로 특허에 의한 공물사용권의 일종으로서, 양도가 가능하고 이에 대한 민사집행법상의 집행 역시 가능한 독립된 재산적 가치가 있는 구체적인 권리라고 보아야 한다. 따라서 하천법 제50조에 의한 하천수 사용권은 공익사업을 위한 토지 등의 취득 및 보상에 관한 법률 제76조 제1항이 손실보상의 대상으로 규정하고 있는 '물의 사용에 관한 권리'에 해당한다(대판 2018. 12.27, 2014두11601).

② 공익사업을 위한 토지 등의 취득 및 보상에 관한 법률 제88조

③ 사업인정은 공익사업의 토지 등을 수용 또는 사용할 사업으로 결정하는 것으로서 단순한 확인행위가 아니라 일정한 수용권을 설정해 주는 형성행위이다(대판 2005.4.29, 2004두14670).

17 난도 ★★☆   정답 ③

행정쟁송 > 행정심판

[정답의 이유]

③ 행정심판법 제49조 제1항에 따르면 처분청 및 관계 행정청은 인용재결의 기속력을 받는다(반복금지의무). 따라서 행정심판위원회 丙이 영업정지처분을 취소하는 재결을 할 경우, 피청구인 乙은 이 인용재결의 취소를 구하는 행정소송을 제기할 수 없다.

제49조(재결의 기속력 등)
① 심판청구를 인용하는 재결은 피청구인과 그 밖의 관계 행정청을 기속(羈束)한다.

[오답의 이유]

① 행정심판법 제43조 제3항에 따르면 행정심판위원회는 인용재결의 하나로 적극적인 변경재결이 가능하다. 따라서 丙은 영업정지 2개월에 갈음하여 식품위생법 소정의 과징금으로 변경할 수 있다.

제43조(재결의 구분)
③ 위원회는 취소심판의 청구가 이유가 있다고 인정하면 처분을 취소 또는 다른 처분으로 변경하거나 처분을 다른 처분으로 변경할 것을 피청구인에게 명한다.

---

② 행정소송법 제19조는 취소소송은 행정청의 원처분을 대상으로 하되(원처분주의), 다만 "재결 자체에 고유한 위법이 있음을 이유로 하는 경우"에 한하여 행정심판의 재결도 취소소송의 대상으로 삼을 수 있도록 규정하고 있으므로 재결취소소송의 경우 재결 자체에 고유한 위법이 있는지 여부를 심리할 것이고, 재결 자체에 고유한 위법이 없는 경우에는 원처분의 당부와는 상관없이 당해 재결취소소송은 이를 기각하여야 한다(대판 1994. 1.25, 93누16901).

④ 행정심판법 제47조 제2항에 따르면 행정심판법상 불이익변경금지의 원칙이 재결에 요구된다. 따라서 행정심판위원회 丙은 피청구인 乙의 2개월 영업정지와는 별도로 1개월 영업정지를 추가하여 청구인에게 불리한 재결을 할 수 없다.

제47조(재결의 범위)
② 위원회는 심판청구의 대상이 되는 처분보다 청구인에게 불리한 재결을 하지 못한다.

18 난도 ★★☆   정답 ③

행정과정의 규율 > 행정절차

[정답의 이유]

③ 행정절차법상 사전통지 및 의견제출에 대한 권리를 부여하고 있는 '당사자 등'에는 불이익처분의 직접 상대방인 당사자와 행정청이 직권으로 또는 신청에 따라 행정절차에 참여하게 한 이해관계인이 포함되며(행정절차법 제2조 제4호), 그밖의 제3자는 포함되지 않는다.

제2조(정의)
이 법에서 사용하는 용어의 뜻은 다음과 같다.
4. "당사자 등"이란 다음 각 목의 자를 말한다.
   가. 행정청의 처분에 대하여 직접 그 상대가 되는 당사자
   나. 행정청이 직권으로 또는 신청에 따라 행정절차에 참여하게 한 이해관계인

[오답의 이유]

① 행정절차법 제20조 제3항

② 행정처분의 상대방이 통지된 청문일시에 불출석하였다는 이유만으로 행정청이 관계 법령상 그 실시가 요구되는 청문을 실시하지 아니한 채 침해적 행정처분을 할 수는 없을 것이므로, 행정처분의 상대방에 대한 청문통지서가 반송되었다거나, 행정처분의 상대방이 청문일시에 불출석하였다는 이유로 청문을 실시하지 아니하고 한 침해적 행정처분은 위법하다(대판 2001.4.13, 2000두3337).

④ 일반적으로 당사자가 근거규정 등을 명시하여 신청하는 인허가 등을 거부하는 처분을 함에 있어 당사자가 그 근거를 알 수 있을 정도로 상당한 이유를 제시한 경우에는 당해 처분의 근거 및 이유를 구체적으로 명시하지 않았더라도 처분이 위법하다고 할 수 없다(대판 2002.5.17, 2000두8912).

19 난도 ★☆☆   정답 ②

실효성 확보수단 > 행정벌

정답의 이유

② 고의 또는 과실이 없는 질서위반행위에는 과태료를 부과할 수
없다(질서위반행위규제법 제7조).

오답의 이유

① 질서위반행위규제법 제3조 제2항

③ 질서위반행위규제법 제20조 제1항

④ 질서위반행위규제법 제44조·제45조 제1항

제44조(약식재판)

법원은 상당하다고 인정하는 때에는 제31조 제1항에 따른 심문 없
이 과태료 재판을 할 수 있다.

제45조(이의신청)

① 당사자와 검사는 제44조에 따른 약식재판의 고지를 받은 날부터
7일 이내에 이의신청을 할 수 있다.

---

20 난도 ★★☆   정답 ③

행정작용법 > 행정행위

정답의 이유

③ 구 도시 및 주거환경정비법에 기초하여 주택재개발정비사업조
합이 수립한 사업시행계획은 관할 행정청의 인가·고시를 통해
이루어지면 이해관계인들에게 구속력이 발생하는 독립된 행정
처분에 해당하고, 관할 행정청의 사업시행계획 인가처분은 사업
시행계획의 법률상 효력을 완성시키는 보충행위에 해당한다. 따
라서 기본행위인 사업시행계획에는 하자가 없는데 보충행위인
인가처분에 고유한 하자가 있다면 그 인가처분의 무효확인이나
취소를 구하여야 할 것이지만, 인가처분에는 고유한 하자가 없
는데 사업시행계획에 하자가 있다면 사업시행계획의 무효확인
이나 취소를 구하여야 할 것이지 사업시행계획의 무효를 주장하
면서 곧바로 그에 대한 인가처분의 무효확인이나 취소를 구하여
서는 아니된다(대판 2021.2.10, 2020두48031).

오답의 이유

① 구 자동차관리법상 자동차관리사업자로 구성하는 사업자단체인
조합 또는 협회(이하 '자동차정비조합'이라고 한다)의 설립인가
처분은 국토해양부장관 또는 시·도지사 등이 자동차관리사업
자들의 단체결성행위를 보충하여 효력을 완성시키는 처분에 해
당한다(대판 2015.5.29, 2013두635).

② 조합설립추진위원회의 구성을 승인하는 처분은 조합의 설립을
위한 주체에 해당하는 추진위원회를 구성하는 행위를 보충하여
그 효력을 부여하는 처분이다(대판 2013.12.26, 2011두8291).

④ 토지 등 소유자들이 조합을 따로 설립하지 않고 직접 시행하는
도시환경정비사업에서 사업시행인가처분의 법적 성격은 단순히
사업시행계획에 대한 보충행위로서의 성질을 가지는 것이 아니
라 구 도시정비법상 정비사업을 시행할 수 있는 권한을 가지는
행정주체로서의 지위를 부여하는 일종의 설권적 처분의 성격을
가진다(대판 2013.6.13, 2011두19994).

한눈에 훑어보기

✓ 빠른 정답

01	02	03	04	05	06	07	08	09	10
④	①	①	④	①	③	①	④	④	①
11	12	13	14	15	16	17	18	19	20
③	②	③	①	③	②	③	③	②	③

✓ 점수 체크

구분	1회독	2회독	3회독
맞힌 문항 수	/ 20	/ 20	/ 20
나의 점수	점	점	점

---

01 난도 ★★☆ 정답 ④

행정법통론 > 행정 · 행정법

[정답의 이유]

④ 지방병무청 총무과 민원팀장에 불과한 甲이 법령의 내용을 숙지하지 못한 상태에서 원고측의 상담에 응하여 민원봉사차원에서 위와 같이 안내하였다고 하여 그것이 피고의 공적인 견해표명이라고 하기 어렵고, 원고측이 더 나아가 담당부서의 담당공무원에게 공적 견해의 표명을 구하는 정식의 서면질의 등을 하지 아니한 채 甲의 안내만을 신뢰한 것에는 원고측에 귀책사유도 있어 신뢰보호의 원칙이 적용되지 아니한다(대판 2003.12.26, 2003두1875).

[오답의 이유]

① 대판 2002.11.8, 2001두1512

② 공적인 의사표명 자체에서 상대방으로 하여금 언제까지 처분의 발령을 신청을 하도록 유효기간을 두었는데도 그 기간 내에 상대방의 신청이 없었다거나 확약 또는 공적인 의사표명이 있은 후에 사실적 · 법률적 상태가 변경되었다면, 그와 같은 확약 또는 공적인 의사표명은 행정청의 별다른 의사표시를 기다리지 않고 실효된다(대판 1996.8.20, 95누10877).

③ 소급효는 이미 과거에 완성된 사실관계를 규율의 대상으로 하는 이른바 진정소급효와 과거에 시작하였으나 아직 완성되지 아니하고 진행과정에 있는 사실관계를 규율대상으로 하는 이른바 부진정소급효를 상정할 수 있는바(81누423 참조), 대학이 성적불량을 이유로 학생에 대하여 징계처분을 하는 경우에 있어서 수강신청이 있은 후 징계요건을 완화하는 학칙개정이 이루어지고 이어 당해 시험이 실시되어 그 개정학칙에 따라 징계처분을 한 경우라면 이는 이른바 부진정소급효에 관한 것으로서 구 학칙의 존속에 관한 학생의 신뢰보호가 대학당국의 학칙개정의 목적달성보다 더 중요하다고 인정되는 특별한 사정이 없는 한 위법하다고 할 수 없다(대판 1989.7.11, 87누1123).

02 난도 ★★☆ 정답 ①

행정작용법 > 행정행위

[정답의 이유]

① 영업의 금지를 명한 영업허가취소처분 자체가 나중에 행정쟁송절차에 의하여 취소되었다면 그 영업허가취소처분은 그 처분 시에 소급하여 효력을 잃게 되며, 그 영업허가취소처분에 복종할 의무가 원래부터 없었음이 확정되었다고 봄이 타당하고, 영업허가취소처분이 장래에 향하여서만 효력을 잃게 된다고 볼 것은

아니므로 그 영업허가취소처분 이후의 영업행위를 무허가영업이라고 볼 수는 없다(대판 1993.6.25, 93도277).

오답의 이유

② 대판 1982.6.8, 80도2646

③ 처벌을 하기 위하여는 그 처분이나 조치명령이 적법한 것이라야 하고, 그 처분이 당연무효가 아니라 하더라도 그것이 위법한 처분으로 인정되는 한 같은 법 제92조 위반죄가 성립될 수 없다(대판 2004.5.14, 2001도2841). 즉, 구 도시계획법상 범죄구성요건을 구성하는 사안에서 처분의 적법여부는 판단할 수 있다.

④ 대판 2019.9.26, 2017도11812

03 난도 ★★☆   정답 ①

행정작용법 > 행정행위

정답의 이유

① 지방자치단체의 장이 공유재산법에 근거하여 기부채납 및 사용·수익허가 방식으로 민간투자사업을 추진하는 과정에서 사업시행자를 지정하기 위한 전 단계에서 공모제안을 받아 일정한 심사를 거쳐 우선협상대상자를 선정하는 행위와 이미 선정된 우선협상대상자를 그 지위에서 배제하는 행위는 민간투자사업의 세부내용에 관한 협상을 거쳐 공유재산법에 따른 공유재산의 사용·수익허가를 우선적으로 부여받을 수 있는 지위를 설정하거나 또는 이미 설정한 지위를 박탈하는 조치이므로 모두 항고소송의 대상이 되는 행정처분이다(대판 2020.4.29, 2017두31064).

오답의 이유

② 원자로 및 관계 시설의 부지사전승인처분은 그 자체로서 건설부지를 확정하고 사전공사를 허용하는 법률효과를 지닌 독립한 행정처분이기는 하지만, 건설허가 전에 신청자의 편의를 위하여 미리 그 건설허가의 일부 요건을 심사하여 행하는 사전적 부분건설허가처분의 성격을 갖고 있는 것이어서 나중에 건설허가처분이 있게 되면 그 건설허가처분에 흡수되어 독립된 존재가치를 상실함으로써 그 건설허가처분만이 쟁송의 대상이 된다(대판 1998.9.4, 97누19588).

③ 후행처분은 자진신고 감면까지 포함하여 처분 상대방이 실제로 납부하여야 할 최종적인 과징금액을 결정하는 종국적 처분이고, 선행처분은 이러한 종국적 처분을 예정하고 있는 일종의 잠정적 처분으로서 후행처분이 있을 경우 선행처분은 후행처분에 흡수되어 소멸한다. 따라서 위와 같은 경우에 선행처분의 취소를 구하는 소는 이미 효력을 잃은 처분의 취소를 구하는 것으로 부적법하다(대판 2015.2.12, 2013두987).

④ 내인가를 취소함으로써 다시 본인가에 대하여 따로이 인가 여부의 처분을 한다는 사정이 보이지 않는다면 위 내인가취소를 인가신청을 거부하는 처분으로 보아야 할 것이다(대판 1991.6.28, 90누4402).

04 난도 ★★☆   정답 ④

행정작용법 > 행정행위

정답의 이유

④ 직위해제처분과 구 경찰공무원법 제3항에 의한 면직처분은 후자가 전자의 처분을 전제로 한 것이기는 하나 각각 단계적으로 별개의 법률효과를 발생하는 행정처분이어서 선행직위 해제처분의 위법사유가 면직처분에는 승계되지 아니한다 할 것이므로 선행된 직위해제 처분의 위법사유를 들어 면직처분의 효력을 다툴 수는 없다(대판 1984.9.11, 84누191).

오답의 이유

① 이미 불가쟁력이 생겨 그 효력을 다툴 수 없게 된 경우에는, 병역처분변경신청에 의하는 경우는 별론으로 하고, 보충역편입처분에 하자가 있다고 할지라도 그것이 당연무효라고 볼만한 특단의 사정이 없는 한 그 위법을 이유로 공익근무요원소집처분의 효력을 다툴 수 없다(대판 2002.12.10, 2001두5422).

② 건물철거명령이 당연무효가 아닌 이상 행정심판이나 소송을 제기하여 그 위법함을 소구하는 절차를 거치지 아니하였다면 위 선행행위인 건물철거명령은 적법한 것으로 확정되었다고 할 것이므로 후행행위인 대집행계고처분에서는 그 건물이 무허가건물이 아닌 적법한 건축물이라는 주장이나 그러한 사실인정을 하지 못한다(대판 1998.9.8, 97누20502).

③ 선행처분과 후행처분이 서로 독립하여 별개의 법률효과를 목적으로 하는 때에도 선행처분이 당연무효이면 선행처분의 하자를 이유로 후행처분의 효력을 다툴 수 있다. 도시계획시설사업의 시행자가 작성한 실시계획을 인가하는 처분은 도시계획시설사업 시행자에게 도시계획시설사업의 공사를 허가하고 수용권을 부여하는 처분으로서 선행처분인 도시계획시설사업 시행자 지정 처분이 처분 요건을 충족하지 못하여 당연무효인 경우에는 사업시행자 지정 처분이 유효함을 전제로 이루어진 후행처분인 실시계획 인가처분도 무효라고 보아야 한다(대판 2017.7.11, 2016두35120).

05 난도 ★★☆   정답 ①

행정과정의 규율 > 정보공개와 개인정보 보호

정답의 이유

① 정보공개청구권은 법률상 보호되는 구체적인 권리이므로 청구인이 공공기관에 대하여 정보공개를 청구하였다가 거부처분을 받은 것 자체가 법률상 이익의 침해에 해당한다고 할 것이고, 거부처분을 받은 것 이외에 추가로 어떤 법률상의 이익을 가질 것을 요구하지 않는다(대판 2004.9.23, 2003두1370). 따라서 법률상 이익과 무관하게 취소소송을 제기할 수 있다.

오답의 이유

② 공개청구정보에 직접적인 이해관계가 있는 경우에는 공개거부에 대해 공개 이행을 구하는 당사자소송이 아닌 정보공개거부처분에 대한 취소소송을 제기해야 한다(대판 2010.12.23, 2008두13101).

③ 법원이 행정기관의 정보공개거부처분의 위법 여부를 심리한 결과 공개를 거부한 정보에 비공개사유에 해당하는 부분과 그렇지 않은 부분이 혼합되어 있고, 공개청구의 취지에 어긋나지 않는 범위 안에서 두 부분을 분리할 수 있음을 인정할 수 있을 때에는 공개가 가능한 정보에 한하여 일부취소를 명할 수 있다. 이러한 정보의 부분 공개가 허용되는 경우란 그 정보의 공개방법 및 절차에 비추어 당해 정보에서 비공개대상정보에 관련된 기술 등을 제외 혹은 삭제하고 나머지 정보만을 공개하는 것이 가능하고 나머지 부분의 정보만으로도 공개의 가치가 있는 경우를 의미한다(대판 2009.12.10, 2009두12785).

④ 정보공개법에서 정한 '진행 중인 재판에 관련된 정보'에 해당한다는 사유로 정보공개를 거부하기 위하여는 반드시 그 정보가 진행 중인 재판의 소송기록 자체에 포함된 내용일 필요는 없다. 그러나 재판에 관련된 일체의 정보가 그에 해당하는 것은 아니고 진행 중인 재판의 심리 또는 재판결과에 구체적으로 영향을 미칠 위험이 있는 정보에 한정된다(대판 2011.11.24, 2009두19021).

06 난도 ★★☆　　　　　　　　　　정답 ③

행정쟁송 > 행정소송

정답의 이유

③ 이행강제금 부과처분에 대한 불복절차를 분명하게 규정하고 있으므로, 이와 다른 불복절차를 허용할 수는 없다. 설령 관할청이 이행강제금 부과처분을 하면서 재결청에 행정심판을 청구하거나 관할 행정법원에 행정소송을 할 수 있다고 잘못 안내하거나 관할 행정심판위원회가 각하재결이 아닌 기각재결을 하면서 관할 법원에 행정소송을 할 수 있다고 잘못 안내하였다고 하더라도, 그러한 잘못된 안내로 행정법원의 항고소송 재판관할이 생긴다고 볼 수도 없다(대판 2019.4.11, 2018두42955).

오답의 이유

① 행정처분의 무효확인 또는 취소를 구하는 소에서, 비록 행정처분의 위법을 이유로 무효확인 또는 취소 판결을 받더라도 처분에 의하여 발생한 위법상태를 원상으로 회복시키는 것이 불가능한 경우에는 원칙적으로 무효확인 또는 취소를 구할 법률상 이익이 없고, 다만 원상회복이 불가능하더라도 무효확인 또는 취소로써 회복할 수 있는 다른 권리나 이익이 남아 있는 경우 예외적으로 법률상 이익이 인정될 수 있을 뿐이다(대판 2016.6.10, 2013두1638).

② 해임처분 무효확인 또는 취소소송 계속 중 임기가 만료되어 해임처분의 무효확인 또는 취소로 그 지위를 회복할 수는 없다 할지라도, 그 무효확인 또는 취소로 인하여 해임처분일부터 임기만료일까지의 기간에 대한 보수 지급을 구할 수 있는 경우에는 해임처분의 무효확인 또는 취소를 구할 법률상 이익이 있다(대판 2003.4.22, 2002두10483).

④ 대판 1997.9.12, 96누14661

07 난도 ★★☆　　　　　　　　　　정답 ①

행정법통론 > 행정법관계

정답의 이유

① 우선 관계 법령에 따라 국방부장관 등에게 급여지급을 청구하여 국방부장관 등이 이를 거부하거나 일부 금액만 인정하는 급여지급결정을 하는 경우 그 결정을 대상으로 항고소송을 제기하는 등으로 구체적 권리를 인정받은 다음 비로소 당사자소송으로 그 급여의 지급을 구해야 한다. 이러한 구체적인 권리가 발생하지 않은 상태에서 곧바로 국가를 상대로 한 당사자소송으로 급여의 지급을 소구하는 것은 허용되지 않는다(대판 2021.12.16, 2010두45944).

오답의 이유

② 법무사가 사무원 채용에 관하여 법무사법이나 법무사규칙을 위반하는 경우에는 소관 지방법원장으로부터 징계를 받을 수 있으므로, 법무사에 대하여 지방법무사회로부터 채용승인을 얻어 사무원을 채용할 의무는 법무사법에 의하여 강제되는 공법적 의무이다(대판 2020.4.9, 2015다34444).

③ 원고가 방제작업을 하면서 해양경찰의 지시·통제를 받았던 점 등에 비추어 원고는 피고의 사무를 처리한다는 의사로 방제작업을 한 것으로 볼 수 있어서, 원고는 피고의 사무인 방제작업을 보조함으로써 의무 없이 피고의 사무를 관리하였다고 할 것이므로, 허베이 스피리트호 선주 측이 방제비용의 최종적인 부담자라고 하여도 원고는 피고에 대하여 사무관리를 근거로 방제비용을 청구할 수 있다(대판 2014.12.11, 2012다15602).

④ 구 공익사업을 위한 토지 등의 취득 및 보상에 관한 법률상 제91조에 규정된 환매권은 상대방에 대한 의사표시를 요하는 형성권의 일종으로서 재판상이든 재판 외든 위 규정에 따른 기간 내에 행사하면 매매의 효력이 생기는 바, 각 소송은 모두 민사소송에 해당한다고 보아야 한다(대판 2013.2.28, 2010두22368).

08 난도 ★★☆　　　　　　　　　　정답 ④

실효성 확보수단 > 행정벌

정답의 이유

④ 양벌규정에 의한 법인의 처벌은 어디까지나 형벌의 일종으로서 행정적 제재처분이나 민사상 불법행위책임과는 성격을 달리하는 것이다(대판 2019.11.14, 2017도4111).

오답의 이유

① 대판 1999.7.15, 95도2870 전합

② 대판 2006.2.24, 2005도7673

③ 법인은 기관을 통하여 행위를 하므로 법인이 대표자를 선임한 이상 그의 행위로 인한 법률효과는 법인에게 귀속되어야 하고 법인 대표자의 범죄행위에 대하여는 법인 자신이 자신의 행위에 대한 책임을 부담하여야 하는바, 법인 대표자의 법규위반행위에 대한 법인의 책임은 법인 자신의 법규위반행위로 평가될 수 있는 행위에 대한 법인의 직접책임으로서, 대표자의 고의에 의한 위반행위에 대하여는 법인 자신의 고의에 의한 책임을, 대표자의 과실에 의한 위반행위에 대하여는 법인 자신의 과실에 의한 책임을 부담하는 것이다(헌재 2011.10.25, 2010헌바307).

09 난도 ★★☆ 정답 ④

실효성 확보수단 > 새로운 의무이행확보수단

정답의 이유

④ 부동산 실권리자명의 등기에 관한 법률 제3조 제1항, 제5조 제1항, 같은 법 시행령 제3조 제1항의 규정을 종합하면, 명의신탁자에 대하여 과징금을 부과할 것인지 여부는 기속행위에 해당하므로, 명의신탁이 조세를 포탈하거나 법령에 의한 제한을 회피할 목적이 아닌 경우에 한하여 그 과징금을 일정한 범위 내에서 감경할 수 있을 뿐이지 그에 대하여 과징금 부과처분을 하지 않거나 과징금을 전액 감면할 수 있는 것은 아니다(대판 2007. 7.12, 2005두17287).

오답의 이유

① 과징금은 원칙적으로 행정법상의 의무를 위반한 자에 대하여 당해 위반행위로 얻게 된 경제적 이익을 박탈하기 위한 목적으로 부과하는 금전적인 제재이므로, 법이 규정한 범위 내에서 그 부과처분 당시까지 부과관청이 확인한 사실을 기초로 일의적으로 확정되어야 할 것이지, 추후에 부과금 산정기준이 되는 새로운 자료가 나왔다고 하여 새로운 부과처분을 할 수 있는 것은 아니다(대판 2002.5.28, 2000두6121).

② 자동차운수사업면허조건 등을 위반한 사업자에 대하여 행정청이 행정제재수단으로 사업 정지를 명할 것인지, 과징금을 부과할 것인지, 과징금을 부과키로 한다면 그 금액은 얼마로 할 것인지에 관하여 재량권이 부여되었다 할 것이다(대판 1998.4.10, 98두2270).

③ 공정거래법에서 형사처벌과 아울러 과징금의 병과를 예정하고 있더라도 이중처벌금지원칙에 위반된다고 볼 수 없으며, 이 과징금 부과처분에 대하여 공정력과 집행력을 인정한다고 하여 이를 확정판결 전의 형벌집행과 같은 것으로 보아 무죄추정의 원칙에 위반된다고도 할 수 없다(헌재 2003.7.24, 2001헌가25 전합).

10 난도 ★★☆ 정답 ①

손해전보 > 행정상 손해배상

정답의 이유

① 공무원의 불법행위로 손해를 입은 피해자의 국가배상청구권의 소멸시효 기간이 지났으나 국가가 소멸시효 완성을 주장하는 것이 신의성실의 원칙에 반하는 권리남용으로 허용될 수 없어 배상책임을 이행한 경우에는, 소멸시효 완성 주장이 권리남용에 해당하게 된 원인행위와 관련하여 공무원이 원인이 되는 행위를 적극적으로 주도하였다는 등의 특별한 사정이 없는 한, 국가가 공무원에게 구상권을 행사하는 것은 신의칙상 허용되지 않는다(대판 2016.6.10, 2015다217843).

오답의 이유

② 처분 당시 그와 같은 처리 방법 이상의 것을 성실한 평균적 공무원에게 기대하기 어려웠던 경우라면 특별한 사정이 없는 한 이를 두고 공무원의 과실로 인한 것이라고는 할 수 없기 때문에, 그 행정처분이 후에 항고소송에서 취소되었다고 할지라도 당해

행정처분이 곧바로 공무원의 고의 또는 과실로 인한 불법행위를 구성한다고 단정할 수는 없다(대판 1997.7.11, 97다7608).

③ 대판 2006.4.14, 2003다41746

④ 어떠한 행정처분이 후에 항고소송에서 취소되었다고 할지라도 그 기판력에 의하여 당해 행정처분이 곧바로 공무원의 고의 또는 과실로 인한 것으로서 불법행위를 구성한다고 단정할 수는 없는 것이고, 그 행정처분의 담당공무원이 보통 일반의 공무원을 표준으로 하여 볼 때 객관적 주의의무를 결하여 그 행정처분이 객관적 정당성을 상실하였다고 인정될 정도에 이른 경우에 국가배상법 제2조 소정의 국가배상책임의 요건을 충족하였다고 봄이 상당할 것이며, 이때에 객관적 정당성을 상실하였는지 여부는 피침해이익의 종류 및 성질, 침해행위가 되는 행정처분의 태양 및 그 원인, 행정처분의 발동에 대한 피해자 측의 관여의 유무, 정도 및 손해의 정도 등 제반 사정을 종합하여 손해의 전보책임을 국가 또는 지방자치단체에게 부담시켜야 할 실질적인 이유가 있는지 여부에 의하여 판단하여야 한다(대판 2000. 5.12, 99다70600).

11 난도 ★★★ 정답 ③

행정작용법 > 행정행위

정답의 이유

③ 행정행위를 한 처분청은 비록 처분 당시에 별다른 하자가 없었고, 처분 후에 이를 철회할 별도의 법적 근거가 없더라도 원래의 처분을 존속시킬 필요가 없게 된 사정변경이 생겼거나 중대한 공익상 필요가 발생한 경우에는 그 효력을 상실케 하는 별개의 행정행위로 이를 철회할 수 있다(대판 2017.3.15, 2014두41190).

오답의 이유

① 토지사용승낙서를 받아 그 토지 위에 건축물을 건축하는 대물적(對物的) 성질의 건축허가를 받았다가 착공에 앞서 건축주의 귀책사유로 해당 토지를 사용할 권리를 상실한 경우, 건축허가의 존재로 말미암아 토지에 대한 소유권 행사에 지장을 받을 수 있는 토지 소유자로서는 건축허가의 철회를 신청할 수 있다(대판 2017.3.15, 2014두41190).

②·④ 대판 2017.3.15, 2014두41190

더 알아보기

행정기본법 제19조(적법한 처분의 철회)

① 행정청은 적법한 처분이 다음 각 호의 어느 하나에 해당하는 경우에는 그 처분의 전부 또는 일부를 장래를 향하여 철회할 수 있다.
  1. 법률에서 정한 철회 사유에 해당하게 된 경우
  2. 법령 등의 변경이나 사정변경으로 처분을 더 이상 존속시킬 필요가 없게 된 경우
  3. 중대한 공익을 위하여 필요한 경우

② 행정청은 제1항에 따라 처분을 철회하려는 경우에는 철회로 인하여 당사자가 입게 될 불이익을 철회로 달성되는 공익과 비교·형량하여야 한다.

12 난도 ★★★ 정답 ②

행정작용법 > 행정행위

정답의 이유

② 위헌결정이 있기 전에 이와 동종의 위헌 여부에 관하여 헌법재판소에 위헌여부심판제청을 하였거나 법원에 위헌여부심판제청 신청을 한 경우의 당해 사건과 따로 위헌제청신청은 아니하였지만 당해 법률 또는 법률의 조항이 재판의 전제가 되어 <u>법원에 계속 중인 사건뿐만 아니라 위헌결정 이후에 위와 같은 이유로 제소된 일반사건에도 미친다</u>(대판 1993.1.15, 91누5747). 즉, 소급효가 미친다.

오답의 이유

① 위헌결정 이후에 별도의 행정처분으로서 다른 재산에 대한 압류처분, 징수처분 등 체납처분절차를 진행하였다면 이는 근거되는 법률이 없는 것이어서 그 하자가 중대하고 명백하여 당연무효라고 하지 않을 수 없다(대판 2002.6.28, 2001다60873).

③ 행정심판을 청구하는 방법을 선택한 때에는 처분이 있음을 안 날부터 90일 이내에 행정심판을 청구하고 행정심판의 재결서를 송달받은 날부터 90일 이내에 취소소송을 제기하여야 한다(대판 2011.11.24, 2011두18786).

④ 과세처분을 하고 처분이 확정되었는데, 이후 위 규정에 대해 헌법재판소의 위헌결정이 있었으나 과세관청이 조세채권의 집행을 위해 乙의 예금채권에 압류처분을 한 사안에서, 위헌결정 이후에는 위헌법률의 종국적인 집행을 위한 국가기관의 추가적인 행위를 용납하여서는 안 된다는 전제하에 압류처분은 당연무효이다(대판 2012.2.16, 2010두10907 전합).

13 난도 ★★☆ 정답 ③

행정작용법 > 행정입법

정답의 이유

③ 일반적으로 법률의 위임에 의하여 효력을 갖는 법규명령의 경우, 구법에 위임의 근거가 없어 무효였더라도 사후에 법개정으로 위임의 근거가 부여되면 그때부터는 유효한 법규명령이 되나, 반대로 <u>구법의 위임에 의한 유효한 법규명령이 법개정으로 위임의 근거가 없어지게 되면 그때부터 무효인 법규명령이 되므로</u>, 어떤 법령의 위임 근거 유무에 따른 유효 여부를 심사하려면 법개정의 전·후에 걸쳐 모두 심사하여야만 그 법규명령의 시기에 따른 유효·무효를 판단할 수 있다(대판 1995.6.30, 93추83).

오답의 이유

① 제재적 행정처분의 기준이 부령의 형식으로 규정되어 있더라도 그것은 행정청 내부의 사무처리준칙을 정한 것에 지나지 아니하여 대외적으로 국민이나 법원을 기속하는 효력이 없고, 당해 처분의 적법 여부는 위 처분기준만이 아니라 관계 법령의 규정 내용과 취지에 따라 판단되어야 한다(대판 2007.9.20, 2007두6946).

② 대결 2003.10.9, 2003무23

④ 대판 2020.5.28, 2017두66541

14 난도 ★★☆ 정답 ①

행정쟁송 > 행정소송

정답의 이유

① '4대강 살리기 마스터플랜' 등은 4대강 정비사업과 주변 지역의 관련 사업을 체계적으로 추진하기 위하여 수립한 종합계획이자 '4대강 살리기 사업'의 기본방향을 제시하는 계획으로서, 행정기관 내부에서 사업의 기본방향을 제시하는 것일 뿐, 국민의 권리·의무에 직접 영향을 미치는 것이 아니어서 행정처분에 해당하지 않는다(대결 2011.4.21, 2010무111 전합).

오답의 이유

② 공법상 계약에는 공정력이 인정되지 않기 때문에 취소가 적용되지 않는다. 따라서 원칙상 언제나 무효이다.

③ 행정지도는 비권력적 사실행위로 항고소송의 대상이 되지 않는다는 것이 통설이다. 판례에서는 "행정권 내부에서의 행위나 알선, 권유, 사실상의 통지 등과 같이 상대방 또는 기타 관계자들의 법률상 지위에 직접적인 법률적 변동을 일으키지 아니하는 행위는 항고소송의 대상이 될 수 없다"(대판 1993.10.26, 93누6331)고 판시하고 있다.

④ 국가를 당사자로 하는 계약에 관한 법률에 따라 국가가 당사자가 되는 이른바 공공계약에 관한 법적 분쟁은 사적 자치와 계약 자유의 원칙을 비롯한 사법의 원리가 원칙적으로 적용된다(대판 2017.12.21, 2012다74076 전합).

더 알아보기

행정지도의 항고소송 적격성

행정지도는 비권력적 사실행위로, 쟁송법상의 처분개념에 해당하여 항고소송의 대상적격성이 인정되는지가 문제된다. 이는 이른바 쟁송법상의 처분개념을 어떻게 해석하는지에 따라 대상적격성이 결정된다.

- 부정설: 쟁송법상의 처분개념과 강학상 행정행위를 같은 의미로 보는 견해에 의하면, 비권력적 사실행위인 행정지도는 행정행위가 아니기 때문에 처분성이 없게 된다.
- 긍정설: 쟁송법상의 처분개념을 강학상 처분개념보다 더 넓은 개념으로 보는 견해에 의하면, 규제적·조정적 행정지도의 경우 사실상 강제력을 갖고 국민의 권리·의무에 영향을 미치므로 이 때는 '그 밖에 이에 준하는 행정작용'에 해당하는 것으로 보고 처분성을 인정한다.
- 판례·다수설: 부정설을 긍정한다.
- 결론: 행정지도는 비권력적 사실행위이므로 행정쟁송법상 처분성이 없다. 따라서 행정지도에 대해 항고쟁송을 제기할 수 없다는 것이 통설이다. 다만 행정지도에 따르지 않는다는 이유로 발령된 행정행위에 대하여는 항고소송을 제기할 수 있다.

15 난도 ★★☆　　　　　　　　　　정답 ③

행정과정의 규율 > 행정절차

[정답의 이유]

③ 내용을 행정의 공정성, 투명성 및 신뢰성을 확보하고 국민의 권익을 보호함을 목적으로 하는 행정절차법의 입법 목적에 비추어 보면, '공무원 인사관계 법령에 의한 처분'에 해당하는 별정직 공무원에 대한 직권면직 처분의 경우에도 마찬가지로 적용된다(대판 2013.1.16, 2011두30687).

[오답의 이유]

① 행정절차법 제21조(처분의 사전통지) 제4항 제2호

② 행정절차법 제22조(의견청취) 제4항

④ 행정청이 침해적 행정처분을 하면서 당사자에게 행정절차법상의 사전통지를 하거나 의견제출의 기회를 주지 않고, 그 처분의 근거와 이유를 제시하지 아니하였다면, 그러한 절차를 거치지 않아도 되는 예외적인 경우에 해당하지 아니하는 한 그 처분은 위법하다(대판 2012.2.23, 2011두5001).

16 난도 ★★☆　　　　　　　　　　정답 ②

행정쟁송 > 행정소송

[정답의 이유]

② 처분성이 인정되는 국민권익위원회의 조치요구에 불복하고자 하는 소방청장으로서는 조치요구의 취소를 구하는 항고소송을 제기하는 것이 유효·적절한 수단으로 볼 수 있으므로 소방청장이 예외적으로 당사자능력과 원고적격을 가진다(대판 2018.8.1, 2014두35379).

[오답의 이유]

① 대한민국에서 출생하여 오랜 기간 대한민국 국적을 보유하면서 거주한 사람이므로 이미 대한민국과 실질적 관련성이 있거나 대한민국에서 법적으로 보호가치 있는 이해관계를 형성하였다고 볼 수 있다. 또한 재외동포의 대한민국 출입국과 대한민국 안에서의 법적 지위를 보장함을 목적으로 '재외동포법'이 특별히 제정되어 시행 중이다. 따라서 원고는 이 사건 사증발급 거부처분의 취소를 구할 법률상 이익이 인정된다(대판 2019.7.11, 2017두38874).

③ 대판 2005.4.15, 2004두11626

④ 피해자의 의사와 무관하게 주민등록번호가 유출된 경우에는 조리상 주민등록번호의 변경을 요구할 신청권을 인정함이 타당하고, 구청장의 주민등록번호 변경신청 거부행위는 항고소송의 대상이 되는 행정처분에 해당한다(대판 2017.6.15, 2013두2945).

17 난도 ★★☆　　　　　　　　　　정답 ③

실효성 확보수단 > 행정강제

[정답의 이유]

㉠ 행정상의 즉시강제는 권력적 사실행위로 항고소송의 대상이 되는 처분이다.

㉣ 즉시강제 중 '개별법상 강제'에는 감염병환자의 강제격리·강제건강진단(감염병예방법), 물건의 수거(청소년보호법), 차량 또는 물건의 제거(소방기본법) 등이 있다.

㉤ 국가배상법 제2조 제1항

[오답의 이유]

㉡ 과거의 의무위반에 대하여 가해지는 제재는 행정벌이다.

㉢ 기본권 침해가 불가피하기 때문에 법률에 명시적으로 규정된 경우에만 인정된다.

> **더 알아보기**
>
> **행정기본법 제30조(행정상 강제)**
> ① 행정청은 행정목적을 달성하기 위하여 필요한 경우에는 법률로 정하는 바에 따라 필요한 최소한의 범위에서 다음 각 호의 어느 하나에 해당하는 조치를 할 수 있다.
> 　1. 행정대집행: 의무자가 행정상 의무(법령 등에서 직접 부과하거나 행정청이 법령 등에 따라 부과한 의무를 말한다. 이하 이 절에서 같다)로서 타인이 대신하여 행할 수 있는 의무를 이행하지 아니하는 경우 법률로 정하는 다른 수단으로는 그 이행을 확보하기 곤란하고 그 불이행을 방치하면 공익을 크게 해칠 것으로 인정될 때에 행정청이 의무자가 하여야 할 행위를 스스로 하거나 제3자에게 하게 하고 그 비용을 의무자로부터 징수하는 것
> 　2. 이행강제금의 부과: 의무자가 행정상 의무를 이행하지 아니하는 경우 행정청이 적절한 이행기간을 부여하고, 그 기한까지 행정상 의무를 이행하지 아니하면 금전급부의무를 부과하는 것
> 　3. 직접강제: 의무자가 행정상 의무를 이행하지 아니하는 경우 행정청이 의무자의 신체나 재산에 실력을 행사하여 그 행정상 의무의 이행이 있었던 것과 같은 상태를 실현하는 것
> 　4. 강제징수: 의무자가 행정상 의무 중 금전급부의무를 이행하지 아니하는 경우 행정청이 의무자의 재산에 실력을 행사하여 그 행정상 의무가 실현된 것과 같은 상태를 실현하는 것
> 　5. 즉시강제: 현재의 급박한 행정상의 장해를 제거하기 위한 경우로서 다음 각 목의 어느 하나에 해당하는 경우에 행정청이 곧바로 국민의 신체 또는 재산에 실력을 행사하여 행정목적을 달성하는 것
> 　　가. 행정청이 미리 행정상 의무 이행을 명할 시간적 여유가 없는 경우
> 　　나. 그 성질상 행정상 의무의 이행을 명하는 것만으로는 행정목적 달성이 곤란한 경우
> ② 행정상 강제 조치에 관하여 이 법에서 정한 사항 외에 필요한 사항은 따로 법률로 정한다.

18 난도 ★★☆   정답 ③

행정쟁송 > 행정심판

정답의 이유

ⓒ 토지보상법에 의한 이의신청은 행정심판으로서의 성질을 가지므로 행정심판법 제4조 '특별행정심판 등'에 해당한다. 따라서 행정심판법 제51조에 의거하여 심판청구에 대한 재결을 허용하지 않는다. 즉 행정심판을 청구할 수 없다.

ⓒ 난민법 제21조(이의신청) 제1항에 의한 이의신청을 한 경우 행정심판을 청구할 수 없다고 규정하고 있다(난민법 제21조 제2항).

오답의 이유

㉠ 정보공개법 제19조 제2항

㉣ 민원 처리에 관한 법률 제35조 제3항

19 난도 ★★★   정답 ②

손해전보 > 행정상 손실보상

정답의 이유

② 토지보상법 제85조 제1항

> 제85조(행정소송의 제기)
> ① 사업시행자, 토지소유자 또는 관계인은 제34조에 따른 재결에 불복할 때에는 재결서를 받은 날부터 90일 이내에, 이의신청을 거쳤을 때에는 이의신청에 대한 재결서를 받은 날부터 60일 이내에 각각 행정소송을 제기할 수 있다. 이 경우 사업시행자는 행정소송을 제기하기 전에 제84조에 따라 늘어난 보상금을 공탁하여야 하며, 보상금을 받을 자는 공탁된 보상금을 소송이 종결될 때까지 수령할 수 없다.

오답의 이유

① 제83조에 따른 이의의 신청이나 제85조에 따른 행정소송의 제기는 사업의 진행 및 토지의 수용 또는 사용을 정지시키지 아니한다(토지보상법 제88조).

③ 행정소송이 보상금의 증감(增減)에 관한 소송인 경우 그 소송을 제기하는 자가 토지소유자 또는 관계인일 때에는 사업시행자를, 사업시행자일 때에는 토지소유자 또는 관계인을 각각 피고로 한다(토지보상법 제85조 제2항). 이 소송은 형식적 당사자소송이다.

④ 피수용자 등이 기업자에 대하여 부담하는 수용대상 토지의 인도의무에 관한 구 토지수용법 제63조, 제64조, 제77조 규정에서의 '인도'에는 명도도 포함되는 것으로 보아야 하고, 이러한 명도의무는 그것을 강제적으로 실현하면서 직접적인 실력행사가 필요한 것이지 대체적 작위의무라고 볼 수 없으므로 특별한 사정이 없는 한 행정대집행법에 의한 대집행의 대상이 될 수 있는 것이 아니다(대판 2005.8.19, 2004다2809).

20 난도 ★★★   정답 ③

실효성 확보수단 > 새로운 의무이행확보수단

정답의 이유

③ 구 식품위생법시행규칙 제53조에서 [별표 15]로 식품위생법 제58조에 따른 행정처분의 기준을 정하였다고 하더라도 이는 형식만 부령으로 되어 있을 뿐, 그 성질은 행정기관 내부의 사무처리준칙을 정한 것으로서 행정명령의 성질을 가지는 것이고, 대외적으로 국민이나 법원을 기속하는 힘이 있는 것은 아니다(대판 1995.3.28, 94누6925). 따라서 행정처분의 기준은 행정청 내부의 재량준칙에 불과하다.

오답의 이유

① 조세부과처분이 당연무효임을 전제로 하여 이미 납부한 세금의 반환을 청구하는 것은 민사상의 부당이득반환청구로서 민사소송절차에 따라야 한다(대판 1995.4.28, 94다55019).

② 과세처분 시 납세고지서에 과세표준, 세율, 세액의 산출근거 등이 누락된 경우에는 늦어도 과세처분에 대한 불복여부의 결정 및 불복신청에 편의를 줄 수 있는 상당한 기간내에 보정행위를 하여야 그 하자가 치유된다 할 것이므로, 과세처분이 있은 지 4년이 지나서 그 취소소송이 제기된 때에 보정된 납세고지서를 송달하였다는 사실이나 오랜 기간(4년)의 경과로써 과세처분의 하자가 치유되었다고 볼 수는 없다(대판 1983.7.26, 82누420). 즉, 행정심판이나 행정소송을 제기하기 전까지만 하자치유가 가능하다.

④ 청소년 고용 사실과 유통기한 경과 식품판매 사실은 기본적으로 동일성이 인정되지 않기 때문에 처분사유의 추가·변경이 인정되지 않는다.

한눈에 훑어보기

✅ 영역 분석

행정법통론 05
1문항, 5%

행정작용법 01 02 03 06 09 14 15
7문항, 35%

행정과정의 규율 04 07
2문항, 10%

실효성 확보수단 10 12 13
3문항, 15%

손해전보 11
1문항, 5%

행정쟁송 08 16 17 18 19 20
6문항, 30%

✅ 빠른 정답

01	02	03	04	05	06	07	08	09	10
②	④	③	③	②	④	②	①	④	②
11	12	13	14	15	16	17	18	19	20
①	③	①	②	④	①	②	④	③	④

✅ 점수 체크

구분	1회독	2회독	3회독
맞힌 문항 수	/ 20	/ 20	/ 20
나의 점수	점	점	점

---

01 난도 ★★☆

정답 ②

행정작용법 > 행정입법

정답의 이유

② 제재적 행정처분의 기준이 부령의 형식으로 규정되어 있더라도 그것은 행정청 내부의 사무처리준칙을 정한 것에 지나지 아니하여 대외적으로 국민이나 법원을 기속하는 효력이 없다(대판 2007. 9.20, 2007두6946).

오답의 이유

① 조례의 제정권자인 지방의회는 선거를 통해서 그 지역적인 민주적 정당성을 지니고 있는 주민의 대표기관이고 헌법이 지방자치단체에 포괄적인 자치권을 보장하고 있는 취지로 볼 때, 조례에 대한 법률의 위임은 법규명령에 대한 법률의 위임과 같이 반드시 구체적으로 범위를 정하여 할 필요가 없으며 포괄적인 것으로 족하다(헌재 1995.4.20, 92헌마264).

③ 행정규칙인 부령이나 고시가 법령의 수권에 의하여 법령을 보충하는·사항을 정하는 경우에는 그 근거 법령규정과 결합하여 대외적으로 구속력이 있는 법규명령으로서의 성질과 효력을 가진다(대판 2007.5.10, 2005도591 등).

④ 법률의 시행령은 모법인 법률의 위임 없이 법률이 규정한 개인의 권리·의무에 관한 내용을 변경·보충하거나 법률에서 규정하지 아니한 새로운 내용을 규정할 수 없고, 특히 법률의 시행령이 형사처벌에 관한 사항을 규정하면서 법률의 명시적인 위임범위를 벗어나 처벌의 대상을 확장하는 것은 죄형법정주의의 원칙에도 어긋나는 것이므로, 그러한 시행령은 위임입법의 한계를 벗어난 것으로서 무효이다(대판 2017.2.16, 2015도16014 전합).

---

02 난도 ★★☆

정답 ④

행정작용법 > 행정행위

정답의 이유

④ 행정행위의 부관은 부담인 경우를 제외하고는 독립하여 행정소송의 대상이 될 수 없는 바, 기부채납받은 행정재산에 대한 사용·수익허가에서 공유재산의 관리청이 정한 사용·수익허가의 기간은 그 허가의 효력을 제한하기 위한 행정행위의 부관으로서 이러한 사용·수익허가의 기간에 대해서는 독립하여 행정소송을 제기할 수 없다(대판 2001.6.15, 99두509).

오답의 이유

① 행정처분에 부담인 부관을 붙인 경우 부관의 무효화에 의하여 본체인 행정처분 자체의 효력에도 영향이 있게 될 수는 있지만, 그 처분을 받은 사람이 부담의 이행으로 사법상 매매 등의 법률행위를 한 경우에는 그 부관은 특별한 사정이 없는 한 법률행위

를 하게 된 동기 내지 연유로 작용하였을 뿐이므로 이는 법률행위의 취소사유가 될 수 있음은 별론으로 하고 그 법률행위 자체를 당연히 무효화하는 것은 아니다(대판 2009.6.25, 2006다18174).

② 행정기본법 제17조 제3항

> **제17조(부관)**
> ③ 행정청은 부관을 붙일 수 있는 처분이 다음 각 호의 어느 하나에 해당하는 경우에는 그 처분을 한 후에도 부관을 새로 붙이거나 종전의 부관을 변경할 수 있다.
> 1. 법률에 근거가 있는 경우
> 2. 당사자의 동의가 있는 경우
> 3. 사정이 변경되어 부관을 새로 붙이거나 종전의 부관을 변경하지 아니하면 해당 처분의 목적을 달성할 수 없다고 인정되는 경우

③ 부담은 법치주의와 사유재산 존중, 조세법률주의 등 헌법의 기본원리에 비추어 비례의 원칙이나 부당결부의 원칙에 위반되지 않아야만 적법한 것인바, 행정처분과 부관 사이에 실제적 관련성이 있다고 볼 수 없는 경우 공무원이 위와 같은 공법상의 제한을 회피할 목적으로 행정처분의 상대방과 사이에 사법상 계약을 체결하는 형식을 취하였다면 이는 법치행정의 원리에 반하는 것으로서 위법하다(대판 2009.12.10, 2007다63966).

03 난도 ★★☆　　　　　　　　　　　　　　　　정답 ③

행정작용법 > 행정행위

[정답의 이유]

㉠ 여객자동차 운수사업법에 의한 개인택시운송사업면허는 특정인에게 권리나 이익을 부여하는 행정행위로서 법령에 특별한 규정이 없는 한 재량행위이고, 그 면허를 위하여 정하여진 순위 내에서의 운전경력인정방법의 기준설정 역시 행정청의 재량이다(대판 2010.1.28, 2009두19137).

㉡ 대기오염물질 총량관리사업장 설치의 허가 또는 변경허가는 특정인에게 인구가 밀집되고 대기오염이 심각하다고 인정되는 수도권 대기관리권역에서 총량관리대상 오염물질을 일정량을 초과하여 배출할 수 있는 특정한 권리를 설정하여 주는 행위로서 그 처분의 여부 및 내용의 결정은 행정청의 재량에 속한다(대판 2013.5.9, 2012두22799).

㉣ 체류자격 변경허가는 신청인에게 당초의 체류자격과 다른 체류자격에 해당하는 활동을 할 수 있는 권한을 부여하는 일종의 설권적 처분의 성격을 가지므로, 허가권자는 신청인이 관계 법령에서 정한 요건을 충족하였더라도, 신청인의 적격성, 체류 목적, 공익상의 영향 등을 참작하여 허가 여부를 결정할 수 있는 재량을 가진다(대판 2016.7.14, 2015두48846).

[오답의 이유]

㉢ 국가공무원법 제73조 제2항의 문언에 비추어 복직명령은 기속행위이므로 휴직 사유가 소멸하였음을 이유로 신청하는 경우 임용권자는 지체 없이 복직명령을 하여야 한다(대판 2014.6.12, 2012두4852).

학설 정리

학설	내용
요건재량설	• 요건이 다의적인 경우: 재량행위 • 요건이 일의적인 경우: 기속행위
효과재량설	• 수익적 효과: 재량행위 • 침익적 효과: 기속행위
법률문언설 (통설·판례)	• 하여야 한다: 기속행위 • 할 수 있다: 재량행위 • 판례: 법률문언설(원칙) + 효과재량설(예외)

04 난도 ★★☆　　　　　　　　　　　　　　　　정답 ③

행정과정의 규율 > 행정절차

[정답의 이유]

③ 국가공무원법상 직위해제처분은 구 행정절차법(2012.10.22. 법률 제11498호로 개정되기 전의 것)에 의하여 당해 행정작용의 성질상 행정절차를 거치기 곤란하거나 불필요하다고 인정되는 사항 또는 행정절차에 준하는 절차를 거친 사항에 해당하므로, 처분의 사전통지 및 의견청취 등에 관한 행정절차법의 규정이 별도로 적용되지 않는다(대판 2014.5.16, 2012두26180).

[오답의 이유]

① 계약직공무원 채용계약해지의 의사표시는 일반공무원에 대한 징계처분과는 달라서 항고소송의 대상이 되는 처분 등의 성격을 가진 것으로 인정되지 아니하고, 일정한 사유가 있을 때에 국가 또는 지방자치단체가 채용계약 관계의 한쪽 당사자로서 대등한 지위에서 행하는 의사표시로 취급되는 것으로 이해되므로, 이를 징계해고 등에서와 같이 그 징계사유에 한하여 효력 유무를 판단하여야 하거나, 행정처분과 같이 행정절차법에 의하여 근거와 이유를 제시하여야 하는 것은 아니다(대판 2002.11.26, 2002두5948).

② 교육부장관이 어떤 후보자를 총장으로 임용제청하는 행위 자체에 그가 총장으로 더욱 적합하다는 정성적 평가 결과가 당연히 포함되어 있는 것으로, 이로써 행정절차법상 이유제시의무를 다한 것이라고 보아야 한다. 여기에서 나아가 교육부장관에게 개별 심사항목이나 고려요소에 대한 평가 결과를 더 자세히 밝힐 의무까지는 없다(대판 2018.6.15, 2016두57564).

④ 납세고지서에서 과세표준 등의 기재를 누락시킨 하자가 있는 때에는 적법한 부과결정의 고지라 볼 수 없어 부과처분 자체가 위법한 것이므로 설사 납세의무자가 사실상 과세표준 과세액 등을 알고 쟁송에 이르렀다 하여 그 위법이 치유될 수는 없다 할 것이다(대판 1984.2.28, 83누674).

행정법통론 > 행정·행정법

정답의 이유

㉠ 비례의 원칙은 법치국가 원리에서 당연히 파생되는 헌법상의 기본원리로서, 모든 국가작용에 적용된다. 따라서 행정목적을 달성하기 위한 수단은 목적달성에 유효·적절하고, 가능한 한 최소 침해를 가져오는 것이어야 하며, 아울러 그 수단의 도입에 따른 침해가 의도하는 공익을 능가하여서는 안 된다(대판 2020. 1.9, 2018두47561).

㉣ 주택사업과는 아무런 관련이 없는 토지를 기부채납하도록 하는 부관을 위 주택사업계획승인에 붙인 사실이 인정되므로, 위 부관은 부당결부금지의 원칙에 위반되어 위법하다고 할 것이다(대판 1997.3.11, 96다49650).

오답의 이유

㉡ 평등의 원칙은 본질적으로 같은 것을 자의적으로 다르게 취급함을 금지하는 것이고, 위법한 행정처분이 수차례에 걸쳐 반복적으로 행하여졌다 하더라도 그러한 처분이 위법한 것인 때에는 행정청에 대하여 자기구속력을 갖게 된다고 할 수 없다(대판 2009.6.25, 2008두13132).

㉢ 국가가 공무원임용결격사유가 있는 자에 대하여 결격사유가 있는 것을 알지 못하고 공무원으로 임용하였다가 사후에 결격사유가 있는 자임을 발견하고 공무원 임용행위를 취소하는 것은 당사자에게 원래의 임용행위가 당초부터 당연무효이었음을 통지하여 확인시켜 주는 행위에 지나지 아니하는 것이므로, 그러한 의미에서 당초의 임용처분을 취소함에 있어서는 신의칙 내지 신뢰의 원칙을 적용할 수 없고 또 그러한 의미의 취소권은 시효로 소멸하는 것도 아니다(대판 1987.4.14, 86누459).

행정작용법 > 행정행위

정답의 이유

④ 공유수면매립면허는 설권행위인 특허의 성질을 갖는 것이므로 원칙적으로 행정청의 자유재량에 속하며, 일단 실효된 공유수면매립면허의 효력을 회복시키는 행위도 특단의 사정이 없는 한 새로운 면허부여와 같이 면허관청의 자유재량에 속한다(대판 1989. 9.12, 88누9206).

오답의 이유

① 대판 2017.3.15, 2014두41190

② 지방경찰청장이 횡단보도를 설치하여 보행자의 통행방법 등을 규제하는 것은 행정청이 특정사항에 대하여 의무의 부담을 명하는 행위이고, 이는 국민의 권리·의무에 직접 관계가 있는 행위로서 행정처분이다(대판 2000.10.27, 98두8964).

③ 국유재산의 무단점유 등에 대한 변상금징수의 요건은 국유재산법 제51조 제1항에 명백히 규정되어 있으므로 변상금을 징수할 것인가는 처분청의 재량을 허용하지 않는 기속행위이다(대판 2000.1.28, 97누4098).

행정과정의 규율 > 정보공개와 개인정보 보호

정답의 이유

② 학교환경위생구역 내 금지행위(숙박시설) 해제결정에 관한 학교환경위생정화위원회의 회의록에 기재된 발언내용에 대한 해당 발언자의 인적사항 부분에 관한 정보는 정보공개법 제7조 제1항 제5호 소정의 비공개대상에 해당한다(대판 2003.8.22, 2002두12946).

오답의 이유

① 정보공개 청구권자가 공개를 청구하는 정보와 어떤 관련성을 가질 것을 요구하거나 정보공개청구의 목적에 특별한 제한을 두고 있지 아니하므로 정보공개 청구권자의 권리구제 가능성 등은 정보의 공개 여부 결정에 아무런 영향을 미치지 못한다(대판 2017. 9.7, 2017두44558).

③ 대상이 된 정보의 내용을 구체적으로 확인·검토하여, 어느 부분이 어떠한 법익 또는 기본권과 충돌되어 정보공개법 제9조 제1항 몇 호에서 정하고 있는 비공개사유에 해당하는지를 주장·증명하여야만 하고, 그에 이르지 아니한 채 개괄적인 사유만을 들어 공개를 거부하는 것은 허용되지 아니한다(대판 2018.4.12, 2014두5477).

④ 공개청구자는 그가 공개를 구하는 정보를 공공기관이 보유·관리하고 있을 상당한 개연성이 있다는 점에 대하여 입증할 책임이 있으나, 공개를 구하는 정보를 공공기관이 한때 보유·관리하였으나 후에 그 정보가 담긴 문서들이 폐기되어 존재하지 않게 된 것이라면 그 정보를 더 이상 보유·관리하고 있지 않다는 점에 대한 증명책임은 공공기관에 있다(대판 2013.1.24, 2010두18918).

행정쟁송 > 행정소송

정답의 이유

① 처분청이 위 규정에 따른 고지의무를 이행하지 아니하였다고 하더라도 경우에 따라서는 행정심판의 제기기간이 연장될 수 있는 것에 그치고 이로 인하여 심판의 대상이 되는 행정처분에 어떤 하자가 수반된다고 할 수 없다(대판 1987.11.24, 87누529).

오답의 이유

② 행정처분이 뒤에 항고소송에서 취소되었다고 할지라도 그 자체만으로 그 행정처분이 곧바로 공무원의 고의 또는 과실로 인한 불법행위를 구성한다고 단정할 수는 없다. 왜냐하면 행정청이 관계 법령의 해석이 확립되기 전에 어느 한 설을 취하여 업무를 처리한 것이 결과적으로 위법하게 되어 그 법령의 부당집행이라는 결과를 빚었다고 하더라도 처분 당시 그와 같은 처리방법 이상의 것을 성실한 평균적 공무원에게 기대하기 어려웠던 경우라면 특별한 사정이 없는 한 이를 두고 공무원의 과실로 인한 것이라고는 볼 수 없기 때문이다(대판 2001.3.13, 2000다20731).

③ 행정처분의 절차 또는 형식에 위법이 있어 행정처분을 취소하는 판결이 확정되었을 때는 그 확정판결의 기판력은 거기에 적시된

절차 및 형식의 위법사유에 한하여 미치는 것이므로 행정관청은 그 위법사유를 보완하여 다시 새로운 행정처분을 할 수 있고 그 새로운 행정처분은 확정판결에 의하여 취소된 종전의 행정처분과는 별개의 처분이라 할 것이어서 종전의 처분과 중복된 행정처분이 아니다(대판 1992.5.26, 91누5242).

④ 대판 1984.10.10, 84누463

09 난도 ★★☆   정답 ④

행정작용법 > 행정행위

[정답의 이유]

④ 사실상 영업이 양도·양수되었지만 아직 승계신고 및 그 수리처분이 있기 이전에는 여전히 종전의 영업자인 양도인이 영업허가자이고, 양수인은 영업허가자가 되지 못한다 할 것이어서 행정제재처분의 사유가 있는지 여부 및 그 사유가 있다고 하여 행하는 행정제재처분은 영업허가자인 양도인을 기준으로 판단하여 그 양도인에 대하여 행하여야 할 것이고, 한편 양도인이 그의 의사에 따라 양수인에게 영업을 양도하면서 양수인으로 하여금 영업을 하도록 허락하였다면 그 양수인의 영업 중 발생한 위반행위에 대한 행정적인 책임은 영업허가자인 양도인에게 귀속된다(대판 1995.2.24, 94누9146).

[오답의 이유]

① 구 식품위생법 규정에 의하여 영업자지위승계신고를 수리하는 처분은 종전의 영업자의 권익을 제한하는 처분이라 할 것이고 따라서 종전의 영업자는 그 처분에 대하여 직접 그 상대가 되는 자에 해당한다고 봄이 상당하므로, 행정청으로서는 위 신고를 수리하는 처분을 함에 있어서 행정절차법 규정 소정의 당사자에 해당하는 종전의 영업자에 대하여 위 규정 소정의 행정절차를 실시하고 처분을 하여야 한다(대판 2003.2.14, 2001두7015).

② 개인택시운송사업을 양수한 사람은 양도인의 운송사업자로서의 지위를 승계하므로, 관할 관청은 개인택시 운송사업의 양도·양수에 대한 인가를 한 후에도 그 양도·양수 이전에 있었던 양도인에 대한 운송사업면허 취소사유를 들어 양수인의 사업면허를 취소할 수 있다(대판 2010.11.11, 2009두14934).

③ 사업의 양도행위가 무효라고 주장하는 양도자는 민사쟁송으로 양도·양수행위의 무효를 구함이 없이 막바로 허가관청을 상대로 하여 행정소송으로 위 신고수리처분의 무효확인을 구할 법률상 이익이 있다(대판 2005.12.23, 2005두3554).

10 난도 ★★☆   정답 ②

실효성 확보수단 > 새로운 의무이행확보수단

[정답의 이유]

② 과징금 부과처분은 제재적 행정처분으로서 여객자동차 운수사업에 관한 질서를 확립하고 여객의 원활한 운송과 여객자동차 운수사업의 종합적인 발달을 도모하여 공공복리를 증진한다는 행정목적의 달성을 위하여 행정법규 위반이라는 객관적 사실에 착안하여 가하는 제재이므로 반드시 현실적인 행위자가 아니라도 법령상 책임자로 규정된 자에게 부과되고 원칙적으로 위반자

의 고의·과실을 요하지 아니하나, 위반자의 의무 해태를 탓할 수 없는 정당한 사유가 있는 등의 특별한 사정이 있는 경우에는 이를 부과할 수 없다(대판 2014.10.15, 2013두5005).

[오답의 이유]

① 대판 2014.10.15, 2013두5005

③ 과징금 부과행위는 급부하명으로 행정쟁송법상 처분에 해당한다. 따라서 이 처분에 대한 취소소송이 가능하다.

④ 과징금 부과처분이 법이 정한 한도액을 초과하여 위법할 경우 법원으로서는 그 전부를 취소할 수밖에 없고, 그 한도액을 초과한 부분이나 법원이 적정하다고 인정되는 부분을 초과한 부분만을 취소할 수 없다(대판 1998.4.10, 98두2270).

11 난도 ★★☆   정답 ①

손해전보 > 행정상 손해배상

[정답의 이유]

① 공무원이 고의 또는 과실로 그에게 부과된 직무상 의무를 위반하였을 경우라고 하더라도 국가는 그러한 직무상의 의무 위반과 피해자가 입은 손해 사이에 상당인과관계가 인정되는 범위 내에서만 배상책임을 지는 것이고, 이 경우 상당인과관계가 인정되기 위하여는 공무원에게 부과된 직무상 의무의 내용이 단순히 공공 일반의 이익을 위한 것이거나 행정기관 내부의 질서를 규율하기 위한 것이 아니고 전적으로 또는 부수적으로 사회구성원 개인의 안전과 이익을 보호하기 위하여 설정된 것이어야 한다(대판 2010.9.9, 2008다77795).

[오답의 이유]

② 국가배상청구의 요건인 '공무원의 직무'에는 권력적 작용만이 아니라 비권력적 작용도 포함되며 단지 행정주체가 사경제주체로서 하는 활동만 제외된다(대판 2001.1.5, 98다39060).

③ 경과실이 있는 공무원이 피해자에 대하여 손해배상책임을 부담하지 아니함에도 피해자에게 손해를 배상하였다면 그것은 채무자 아닌 사람이 타인의 채무를 변제한 경우에 해당하고, 이는 민법 제469조의 '제3자의 변제' 또는 민법 제744조의 '도의관념에 적합한 비채변제'에 해당하여 피해자는 공무원에 대하여 이를 반환할 의무가 없다(대판 2014.8.20, 2012다54478).

④ 국가배상법 제5조 제1항 소정의 '공공의 영조물'이라 함은 국가 또는 지방자치단체에 의하여 특정 공공의 목적에 공여된 유체물 내지 물적 설비를 말하며, 국가 또는 지방자치단체가 소유권, 임차권 그 밖의 권한에 기하여 관리하고 있는 경우뿐만 아니라 사실상의 관리를 하고 있는 경우도 포함된다(대판 1998.10.23, 98다17381).

더 알아보기

직무행위 범위에 관한 학설

학설	내용
협의설	권력적 작용
광의설(통설·판례)	권력적 작용 + 비권력적 작용
최광의설	권력적 작용 + 비권력적 작용 + 사경제작용

12 난도 ★★☆ 정답 ③

[정답의 이유]

③ 질서위반행위규제법 제20조 제1항·제2항

> 제20조(이의제기)
> ① 행정청의 과태료 부과에 불복하는 당사자는 제17조 제1항에 따른 과태료 부과 통지를 받은 날부터 60일 이내에 해당 행정청에 서면으로 이의제기를 할 수 있다.
> ② 제1항에 따른 이의제기가 있는 경우에는 행정청의 과태료 부과처분은 그 효력을 상실한다.
> ③ 당사자는 행정청으로부터 제21조 제3항에 따른 통지를 받기 전까지는 행정청에 대하여 서면으로 이의제기를 철회할 수 있다.

[오답의 이유]

① 양벌규정에 의한 영업주의 처벌은 금지위반행위자인 종업원의 처벌에 종속하는 것이 아니라 독립하여 그 자신의 종업원에 대한 선임감독상의 과실로 인하여 처벌되는 것이므로 종업원의 범죄성립이나 처벌이 영업주 처벌의 전제조건이 될 필요는 없다(대판 2006.2.24, 2005도7673).

② 통고처분은 행정소송의 대상이 되는 행정처분이 아니므로 그 처분의 취소를 구하는 소송은 부적법하고, 도로교통법상의 통고처분을 받은 자가 그 처분에 대하여 이의가 있는 경우에는 통고처분에 따른 범칙금의 납부를 이행하지 아니함으로써 경찰서장의 즉결심판청구에 의하여 법원의 심판을 받을 수 있게 될 뿐이다(대판 1995.6.29, 95누4674).

④ 과태료재판은 관할 관청이 부과한 과태료처분에 대한 당부를 심판하는 행정소송절차가 아니라 법원이 직권으로 개시·결정하는 것이므로, 원칙적으로 과태료재판에서는 행정소송에서와 같은 신뢰보호의 원칙 위반 여부가 문제로 되지 않는다(대결 2006.4.28, 2003마715).

13 난도 ★★☆ 정답 ①

[정답의 이유]

㉠ 행정청이 행정대집행의 방법으로 건물철거의무의 이행을 실현할 수 있는 경우에는 건물철거 대집행 과정에서 부수적으로 그 건물의 점유자들에 대한 퇴거 조치를 할 수 있다(대판 2017.4.28, 2016다213916).

㉡ 아무런 권원 없이 국유재산에 설치한 시설물에 대하여 행정청이 행정대집행을 실시하지 않는 경우, 토지 사용청구권을 가지는 원고로서는 위 청구권을 보전하기 위하여 국가를 대위하여 피고들을 상대로 민사소송의 방법으로 이 사건 시설물의 철거를 구하는 이외에는 이를 실현할 수 있는 다른 절차와 방법이 없어 그 보전의 필요성이 인정되므로, 원고는 국가를 대위하여 피고들을 상대로 민사소송의 방법으로 이 사건 시설물의 철거를 구할 수 있다(대판 2009.6.11, 2009다1122).

[오답의 이유]

㉢ 공유 일반재산의 대부료의 징수에 관하여도 지방세 체납처분의 예에 따른 간이하고 경제적인 특별한 구제절차가 마련되어 있으므로, 특별한 사정이 없는 한 민사소송으로 공유 일반재산의 대부료의 지급을 구하는 것은 허용되지 아니한다(대판 2017.4.13, 2013다207941).

㉣ 용도위반 부분을 장례식장으로 사용하는 것이 관계법령에 위반한 것이라는 이유로 장례식장의 사용을 중지할 것과 이를 불이행할 경우 행정대집행법에 의하여 대집행하겠다는 내용의 이 사건 처분은, 이 사건 처분에 따른 '장례식장 사용중지 의무'가 원고 이외의 '타인이 대신'할 수도 없고, 타인이 대신하여 '행할 수 있는 행위'라고도 할 수 없는 비대체적 부작위 의무에 대한 것이므로, 그 자체로 위법함이 명백하다(대판 2005.9.28, 2005두7464).

14 난도 ★★☆ 정답 ②

[정답의 이유]

② 위법한 행정대집행이 완료되면 그 처분의 무효확인 또는 취소를 구할 소의 이익은 없다 하더라도, 미리 그 행정처분의 취소판결이 있어야만, 그 행정처분의 위법임을 이유로 한 손해배상 청구를 할 수 있는 것은 아니다(대판 1972.4.28, 72다337). 즉 처분이 위법하면 국가배상청구가 인정된다.

[오답의 이유]

① 조세부과처분이 당연무효임을 전제로 하여 이미 납부한 세금의 반환을 청구하는 것은 민사상의 부당이득반환청구로서 민사소송절차에 따라야 한다는 것이 대법원의 확립된 견해이다(대판 1995.4.28, 94다55019).

③ 대판 1989.3.28, 89도149

④ 영업의 금지를 명한 영업허가취소처분 자체가 나중에 행정쟁송절차에 의하여 취소되었다면 그 영업허가취소처분은 그 처분 시에 소급하여 효력을 잃게 되며, 그 영업허가취소처분에 복종할 의무가 원래부터 없었음이 확정되었다고 봄이 타당하고, 영업허가취소처분이 장래에 향하여서만 효력을 잃게 된다고 볼 것은 아니므로 그 영업허가취소처분 이후의 영업행위를 무허가영업이라고 볼 수는 없다(대판 1993.6.25, 93도277).

15 난도 ★★☆ 정답 ④

[정답의 이유]

④ 갑 지방자치단체가 을 주식회사 등 4개 회사로 구성된 공동수급체를 자원회수시설과 부대시설의 운영·유지관리 등을 위탁할 민간사업자로 선정하고 을 회사 등의 공동수급체와 위 시설에 관한 위·수탁 운영 협약을 체결하였는데, 민간위탁 사무감사를 실시한 결과 을 회사 등이 위 협약에 근거하여 노무비와 복지후생비 등 비정산비용 명목으로 지급받은 금액 중 집행되지 않은 금액에 대하여 회수하기로 하고 을 회사에 이를 납부하라고 통보하자, 을 회사 등이 이를 납부한 후 회수통보의 무효확인 등을

구하는 소송을 제기한 사안에서, 위 협약은 갑 지방자치단체가 사인인 을 회사 등에 위 시설의 운영을 위탁하고 그 위탁운영비용을 지급하는 것을 내용으로 하는 용역계약으로서 상호 대등한 입장에서 당사자의 합의에 따라 체결한 사법상 계약에 해당하고, 위 협약에 따르면 수탁자인 을 회사 등이 위탁운영비용 중 비정산비용 항목을 일부 집행하지 않았다고 하더라도, 위탁자인 갑 지방자치단체에 미집행액을 회수할 계약상 권리가 인정된다고 볼 수 없는 점, 인건비 등이 일부 집행되지 않았다는 사정만으로 을 회사 등이 협약상 의무를 불이행하였다고 볼 수는 없는 점, 을 회사 등이 갑 지방자치단체에 미집행액을 반환하여야 할 계약상 의무가 없으므로 결과적으로 을 회사 등이 미집행액을 계속 보유하고 자신들의 이윤으로 귀속시킬 수 있다고 해서 협약에서 정한 '운영비용의 목적 외 사용'에 해당한다고 볼 수도 없는 점 등을 종합하면, 갑 지방자치단체가 미집행액 회수를 위하여 을 회사 등으로부터 지급받은 돈이 부당이득에 해당하지 않는다고 본 원심판단에 법리를 오해한 잘못이 있다고 한 사례이다(대판 2019.10.17, 2018두60588).

오답의 이유

① 지방자치단체가 일방 당사자가 되는 이른바 '공공계약'이 사경제의 주체로서 상대방과 대등한 위치에서 체결하는 사법상 계약에 해당하는 경우 그에 관한 법령에 특별한 정함이 있는 경우를 제외하고는 사적 자치와 계약자유의 원칙 등 사법의 원리가 그대로 적용된다(대판 2018.2.13, 2014두11328).

② 국립의료원 부설 주차장에 관한 위탁관리용역운영계약의 실질은 행정재산에 대한 국유재산법 제24조 제1항의 사용·수익 허가(강학상 특허)이다(대판 2006.3.9, 2004다31074).

③ 공법상 계약이란 공법적 효과의 발생을 목적으로 하여 대등한 당사자 사이의 의사표시의 합치로 성립하는 공법행위를 말한다. 공법상 계약의 한쪽 당사자가 다른 당사자를 상대로 효력을 다투거나 이행을 청구하는 소송은 공법상의 법률관계에 관한 분쟁이므로 분쟁의 실질이 공법상 권리·의무의 존부·범위에 관한 다툼이 아니라 손해배상액의 구체적인 산정방법·금액에 국한되는 등의 특별한 사정이 없는 한 공법상 당사자소송으로 제기하여야 한다(대판 2021.2.4, 2019다277133).

더 알아보기

행정기본법 제27조(공법상 계약의 체결)
① 행정청은 법령 등을 위반하지 아니하는 범위에서 행정목적을 달성하기 위하여 필요한 경우에는 공법상 법률관계에 관한 계약(이하 "공법상 계약"이라 한다)을 체결할 수 있다. 이 경우 계약의 목적 및 내용을 명확하게 적은 계약서를 작성하여야 한다.
② 행정청은 공법상 계약의 상대방을 선정하고 계약 내용을 정할 때 공법상 계약의 공공성과 제3자의 이해관계를 고려하여야 한다.

16 난도 ★★☆
정답 ①

행정쟁송 > 행정소송

정답의 이유

① 행정처분이 위법한 경우에는 이를 취소하는 것이 원칙이고, 예외적으로 그 위법한 처분을 취소·변경하는 것이 도리어 현저히 공공복리에 적합하지 아니하는 경우에는 그 취소를 허용하지 아니하는 사정판결을 할 수 있고, 이러한 사정판결에 관하여는 당사자의 명백한 주장이 없는 경우에도 기록에 나타난 여러 사정을 기초로 직권으로 판단할 수 있다(대판 2001.1.19, 99두9674).

오답의 이유

② 행정처분을 취소한다는 확정판결이 있으면 그 취소판결의 형성력에 의하여 당해 행정처분의 취소나 취소통지 등의 별도의 절차를 요하지 아니하고 당연히 취소의 효과가 발생한다고 할 것이고 별도로 취소의 절차를 취할 필요는 없을 것이다(대판 1991.10.11, 90누5443).

③ 행정청이 관련 법령에 근거하여 행한 공사중지명령의 상대방이 명령의 취소를 구한 소송에서 패소함으로써 그 명령이 적법한 것으로 이미 확정되었다면, 이후 이러한 공사중지명령의 상대방은 그 명령의 해제신청을 거부한 처분의 취소를 구하는 소송에서 그 명령의 적법성을 다툴 수 없다(대판 2014.11.27, 2014두37665).

④ 새로운 처분의 처분사유가 종전 처분의 처분사유와 기본적 사실관계에서 동일하지 않은 다른 사유에 해당하는 이상, 처분사유가 종전 처분 당시 이미 존재하고 있었고 당사자가 이를 알고 있었더라도 이를 내세워 새로이 처분을 하는 것은 확정판결의 기속력에 저촉되지 않는다(대판 2016.3.24, 2015두48235).

17 난도 ★★☆
정답 ②

행정쟁송 > 행정심판

정답의 이유

② 행정심판법 제43조 제3항에 따르면 행정심판 중 취소심판 인용재결에는 취소·변경·변경명령재결이 있다. 취소·변경재결은 형성적 재결, 변경명령재결은 이행적 재결이다.

제43조(재결의 구분)
③ 위원회는 취소심판의 청구가 이유가 있다고 인정하면 처분을 취소 또는 다른 처분으로 변경하거나 처분을 다른 처분으로 변경할 것을 피청구인에게 명한다.

오답의 이유

① 재결의 기속력은 인용재결에 있기 때문에 기각재결과 각하재결은 기속력이 없다. 따라서 처분청은 기각재결 후 처분을 직권취소 하거나 변경이 가능하다.

③ 무효확인심판에는 사정재결이 인정되지 않는다(행정심판법 제44조 제3항). 따라서 청구가 이유있다고 판단되면 인용재결을 하면 될 뿐, 공공복리를 고려할 필요는 없다.

제44조(사정재결)

① 위원회는 심판청구가 이유가 있다고 인정하는 경우에도 이를 인용(認容)하는 것이 공공복리에 크게 위배된다고 인정하면 그 심판청구를 기각하는 재결을 할 수 있다. 이 경우 위원회는 재결의 주문(主文)에서 그 처분 또는 부작위가 위법하거나 부당하다는 것을 구체적으로 밝혀야 한다.

② 위원회는 제1항에 따른 재결을 할 때에는 청구인에 대하여 상당한 구제방법을 취하거나 상당한 구제방법을 취할 것을 피청구인에게 명할 수 있다.

③ 제1항과 제2항은 무효등확인심판에는 적용하지 아니한다.

④ 재결에 고유한 위법이 있다면 원처분에 대한 행정소송을 제기하면 되고 다시 행정심판을 청구할 수 없다(행정심판법 제51조).

제51조(행정심판 재청구의 금지)

심판청구에 대한 재결이 있으면 그 재결 및 같은 처분 또는 부작위에 대하여 다시 행정심판을 청구할 수 없다.

18 난도 ★★☆ 정답 ④

행정쟁송 > 행정소송

정답의 이유

④ 乙이 건축허가거부처분에 대해 제기한 취소소송에서 인용판결이 확정되었으나 B 시장이 기속력에 위반하여 다시 거부처분(→ 무효)을 한 경우 乙은 간접강제신청을 할 수 있다(대결 2002.12.11. 2002무22).

오답의 이유

① 甲이 취소소송을 제기하면서 집행정지 신청을 한 경우 법원이 집행정지결정을 하는 데 있어 권리보호수단이라는 점에 비추어 보면 집행정지사건 자체에 의하여도 신청인의 본안청구가 적법한 것이어야 한다는 것을 집행정지의 요건에 포함시켜야 할 것이다(대결 1995.2.28. 94두36).

② 행정심판을 거쳤으므로 재결서 정본을 2022.4.2. 송달받은 경우 취소소송의 기산점은 2022.4.2.(90일 이내)이다(행정소송법 제20조 제1항).

제20조(제소기간)

① 취소소송은 처분 등이 있음을 안 날부터 90일 이내에 제기하여야 한다. 다만, 제18조 제1항 단서에 규정한 경우와 그 밖에 행정심판청구를 할 수 있는 경우 또는 행정청이 행정심판청구를 할 수 있다고 잘못 알린 경우에 행정심판청구가 있은 때의 기간은 재결서의 정본을 송달받은 날부터 기산한다.

③ 행정심판법 제50조 제1항에 따르면 乙이 의무이행심판을 제기하여 처분명령재결이 있었음에도 B 시장이 허가를 하지 않는 경우(→ 재처분의무 불이행) 행정심판위원회는 신청으로 시정을 명하고 이를 이행하지 아니하면 직접 건축허가처분을 할 수 있다.

제49조(재결의 기속력 등)

③ 당사자의 신청을 거부하거나 부작위로 방치한 처분의 이행을 명하는 재결이 있으면 행정청은 지체 없이 이전의 신청에 대하여 재결의 취지에 따라 처분을 하여야 한다.

제50조(위원회의 직접 처분)

① 위원회는 피청구인이 제49조 제3항에도 불구하고 처분을 하지 아니하는 경우에는 당사자가 신청하면 기간을 정하여 서면으로 시정을 명하고 그 기간에 이행하지 아니하면 직접 처분을 할 수 있다. 다만, 그 처분의 성질이나 그 밖의 불가피한 사유로 위원회가 직접 처분을 할 수 없는 경우에는 그러하지 아니하다.

19 난도 ★★☆ 정답 ③

행정쟁송 > 행정소송

정답의 이유

③ 도시 및 주거환경정비법상 주택재건축정비사업조합이 같은 법 제48조에 따라 수립한 관리처분계획에 대하여 관할 행정청의 인가·고시까지 있게 되면 관리처분계획은 행정처분으로서 효력이 발생하게 되므로, 총회결의의 하자를 이유로 하여 행정처분의 효력을 다투는 항고소송의 방법으로 관리처분계획의 취소 또는 무효확인을 구하여야 하고, 그와 별도로 행정처분에 이르는 절차적 요건 중 하나에 불과한 총회결의 부분만을 따로 떼어내어 효력 유무를 다투는 확인의 소를 제기하는 것은 특별한 사정이 없는 한 허용되지 않는다(대판 2009.9.17. 2007다2428 전합). 즉 甲이 ⓔ에 대해 소송으로 다투려면 항고소송을 제기하여야 한다.

오답의 이유

① ㉠ 행정청이 도시정비법 등 관련 법령에 근거하여 행하는 조합설립인가처분은 단순히 사인들의 조합설립행위에 대한 보충행위로서의 성질을 갖는 것에 그치는 것이 아니라 법령상 요건을 갖출 경우 도시정비법상 주택재건축사업을 시행할 수 있는 권한을 갖는 행정주체(공법인)로서의 지위를 부여하는 일종의 설권적 처분의 성격을 갖는다고 보아야 한다(대판 2009.10.15. 2009다10638 등). 즉 조합설립인가는 설권적 처분(공법인으로서의 지위 부여)이다.

ⓒ 도시 및 주거환경정비법(이하 '도시정비법'이라 한다)에 기초하여 주택재개발정비사업조합(이하 '조합'이라 한다)이 수립한 관리처분계획은 그것이 인가·고시를 통해 확정되면 이해관계인에 대한 구속적 행정계획으로서 독립적인 행정처분에 해당한다. 이러한 관리처분계획을 인가하는 행정청의 행위는 조합의 관리처분계획에 대한 법률상의 효력을 완성시키는 보충행위이다(대판 2016.12.15. 2015두51347). 즉 관리처분계획에 대한 인가는 인가(법률상 효력을 완성하는 보충행위)이다.

② ⓑ 도시 및 주거환경정비법상 행정주체인 주택재건축정비사업조합을 상대로 관리처분계획안에 대한 조합 총회결의의 효력 등을 다투는 소송은 행정처분에 이르는 절차적 요건의 존부

나 효력 유무에 관한 소송으로서 그 소송결과에 따라 행정처분의 위법 여부에 직접 영향을 미치는 공법상 법률관계에 관한 것이므로, 이는 행정소송법상의 당사자소송에 해당한다(대판 2009.9.17, 2007다2428 전합). 즉 관리처분계획에 대한 의결을 소송에서 다투려면 A주택재건축정비사업조합을 상대로 공법상 당사자소송을 제기하여야 한다.

④ 관리처분계획은 토지 등의 소유자에게 구체적이고 결정적인 영향을 미치는 것으로서 조합이 행한 처분에 해당하므로 항고소송에 의하여 관리처분계획 또는 그 내용인 분양거부처분 등의 취소를 구할 수 있다(대판 1996.2.15, 94다31235 전합). 즉 관리처분계획은 재건축조합이 주진한 것으로 ㉣에 대한 소송은 A 수택재건축정비사업조합을 피고로 하여야 한다.

20 난도 ★★★   정답 ④

행정쟁송 > 행정심판

[정답의 이유]

④ 행정소송을 제기한 경우에까지 확대된다고 할 수 없으므로, 당사자가 행정처분 시나 그 이후 행정청으로부터 행정심판 제기기간에 관하여 법정 심판청구기간보다 긴 기간으로 잘못 통지받아 행정소송법상 법정 제소기간을 도과하였다고 하더라도, 그것이 당사자가 책임질 수 없는 사유로 인한 것이라고 할 수는 없다(대판 2001.5.8, 2000두6916).

[오답의 이유]

① 재결은 판결에서와 같은 기판력이 인정되는 것은 아니어서 재결이 확정된 경우에도 처분의 기초가 된 사실관계나 법률적 판단이 확정되고 당사자들이나 법원이 이에 기속되어 모순되는 주장이나 판단을 할 수 없게 되는 것은 아니다(대판 2015.11.27, 2013다6759).

② 행정처분의 당연무효를 선언하는 의미에서 그 취소를 청구하는 행정소송을 제기하는 경우에도 소원의 전치와 제소기간의 준수 등 취소소송의 제소요건을 갖추어야 한다(대판 1984.5.29, 84누175).

③ 거부행위가 항고소송의 대상인 처분이 되기 위해서는 그 거부행위가 신청인의 실체상의 권리관계에 직접적인 변동을 일으키는 것이어야 하며, 신청인이 실체상의 권리자로서 권리를 행사함에 중대한 지장을 초래하는 것도 포함된다(대판 2007.10.11, 2007두1316).

좋은 책을 만드는 길, 독자님과 함께하겠습니다.

2025 시대에듀 기출이 답이다 9급 공무원 교육행정직 전과목 3개년 기출문제집

개정9판1쇄 발행	2024년 10월 15일 (인쇄 2024년 08월 29일)
초 판 발 행	2016년 01월 05일 (인쇄 2015년 09월 18일)
발 행 인	박영일
책 임 편 집	이해욱
편 저	시대공무원시험연구소
편 집 진 행	박종옥 · 정유진
표지디자인	박종우
편집디자인	김예슬 · 고현준
발 행 처	(주)시대고시기획
출 판 등 록	제10-1521호
주 소	서울시 마포구 큰우물로 75 [도화동 538 성지 B/D] 9F
전 화	1600-3600
팩 스	02-701-8823
홈 페 이 지	www.sdedu.co.kr
I S B N	979-11-383-7606-8 (13350)
정 가	31,000원